U0605861

薛德震◎著

为他人作嫁衣裳

——薛德震编辑出版文集

（增订本）

人民出版社

目 录

增订本代自序

致黄书元、辛广伟、乔还田的一封信

书元、广伟、还田同志：

拙著《为他人作嫁衣裳——薛德震编辑出版文集》一书承蒙社里的关怀和支持，于2004年出版发行。该书面市后很快就售完了，当时我购了200册赠送友人，后来社内外的朋友索要此书，我想再从社里购一些，书库中已空无一本。今年，为了纪念建社90周年，我撰写了几篇有关我社社史和人物的文章，于是萌生了出版这本书增订本的想法。产生这一想法，主要有如下几个理由：

一、这本书出版后，出版史学家方厚枢先生比较关注，以《新中国出版史研究中有特色的"个案"》为题发表了他为本书写的序言，热情地向读者和出版界推荐本书，如果加进新写的几篇有关我社社史和人物的文章，我认为可以增添这一"个案"的分量。

二、我们是编辑出版工作者，以向广大读者提供健康的、富有营养的精神食粮为职志，我们人民出版社的办社宗旨更是把传播马克思主义和中国化的马克思主义作为首要任务,所以对于我们来说教育者首先应当受教育,搞好自身的学习非常重要,特别是学习和研究马克思主义和中国化的马克思主义应当成为我们的必修课程。这次拟增加一组近十年来撰写的读书心得和书评,谈了我重新学习《共产党宣言》、《资本论》、《反杜林论》、《费尔巴哈和德国古典哲学的终结》、《家庭、私有制和国家的起源》、《国家与革命》、《论人民民主专政》等经典名著的新的心得体会和阅读几位著名教授最新论著的读后感,不但反映了一个出版人对出版事业发展的持续关注,而且凸显了我对马克思主义和有关学术进展的新的认识和感悟,反映了我的读书和学习生活。

三、这本书的初版所收录的文章,基本上都是我在职期间写的有关编辑出版工作的篇札,没有反映我自己的著述和著述的编辑出版情况及其经验,应该有一组我为自己的论著的出版所写的自序跋文、前言后记等文稿,以便了解我撰写这些论著的意图和它们的基本内容。因这些篇札大部分已编入《征途——薛德震哲学书信集》一书之中,在本书中只增补了3篇文稿。

四、在编辑本书的增订本时,我再次翻阅了离休后的篇札,觉得还有一组文章同编辑出版工作有着密切的关系,就是我对人民的知情权、表达权和政治文明建设的理解;对共产主义者的世界观和价值观的理解;对马克思主义哲学的社会功能和应然形象与品格的理解;对如何在实践中坚持和发展马克思主义哲学以及变革思维方式的理解,等等,于是又增补了6篇文稿。这些文稿虽然带有理论色彩,但是实际上也可以说是我一辈子从事编辑出版工作,从事媒体工作的经验谈,对别人多少还有点参考价值。

五、初版附录只收录了报刊记者对我的采访记,没有学者们的评说,这次编增订本,除了增加一篇新闻出版报记者薛冬的采访记,拟增补 18 篇学者们的评说作为附录。这是学界朋友们对一个出版人、对一个学人的评说,有褒有贬,属于客观的评论,我是比较珍惜的,将其收录到我的文集中,一方面是给自己留一个纪念,另一方面也是对学者们的一种感谢。这些评论大部分已编入《征途》一书,这次实际上只增补了 5 篇。

我的这几点想法,不知是否在理,写出来供你们参考。我只是提出出版这本书的增订本的建议,是否可行,请你们定夺。

这本书的初版是哲学编辑室操办的,如果你们同意出版增订本,请交给方国根同志,仍由他们操办。

附上增订本拟新增篇目。这几十篇文稿,我正在进行整理和加工,俟你们批准后,即可提交哲学编辑室编审。

如果你们批准出版增订本,出书后请不要支付稿酬,因书中收录了几十位学者、记者的文稿,稿酬不多,分发又很繁琐,届时请给我 300 册样书分赠他们作为酬谢。

此致
敬礼!

薛 德 震
2011 年 7 月 18 日

为他人作嫁衣裳

WEI TAREN ZUO JIA YISHANG

序

方厚枢

　　从1949年10月中华人民共和国成立到2004年，新中国的出版业已走过了55个春秋。从20世纪90年代开始，在出版界的领导部门和部分老同志的倡议、推动下，对新中国出版史的研究工作有了可喜的成就。十多年来，不仅出版了王子野主编的《当代中国的出版事业》、于友先主编的《新中国出版五十年》、刘杲、石峰主编的《新中国出版五十年纪事》、袁亮主编的《中华人民共和国出版史料》（多卷集）、宋原放主编的《中国出版史料（现代部分）》（第三卷为中华人民共和国时期）、宋应离等编的《中国当代出版史料》等一批著作和史料集；同时还出版了一批出版界的老领导、老编辑、老出版工作者的个人文集，其中有在新中国担任国家出版行政管理机关历届领导人的胡愈之、叶圣陶、王益、陈翰伯、王子野、许力以、边春光、陈原、王仿子、宋木文、刘杲等,还有一些曾在编辑出版部门长期辛勤耕耘和默默奉献的老同志,他们在职时以全部身心为多出好书或者为出版单位的经营管理费心操劳,直到离退休后,才有时间将过去的亲身经历、工作成果以及在编辑、出版工作实践中的心得体会等文章汇编成集。这批长期在出版界工作的老同志的编辑出版文集,所收集的在新中国各个时期的论述,不仅对当时出版业的发展起过积极的影响和指导作用,而且对当今的出版业也有认识、借鉴意义。其中有些论述经过多年的历史检验,至今还有较强的生命力;有些论述难免带有时代的痕迹和历史的局限性,但对后人研究新中国半个世纪的出版史也有有益的参考价值。

薛德震同志最近辑录成书定名《为他人作嫁衣裳》的编辑出版文集,是他在编辑出版岗位连续工作 52 年(其中有 43 年是在新中国成立后的第一家国家政治书籍出版社——人民出版社度过的)工作经验和成果的结晶。他是新中国自己培养出来的第一代编辑出版工作者,从出版社的一名普通校对起步,历经见习编辑、助理编辑、编辑、代理编辑组长、编辑室主任、副总编辑,直到担任了近十年的人民出版社社长兼总编辑,是一步一个脚印地经历了编辑出版工作的全面锻炼而成长起来的。他在这本文集中所反映的工作经验和思考所得,可以说凝聚了新中国老一辈编辑出版工作者所共有的那种认真、严谨、殚精竭虑,全心全意将全部智慧和精力贡献给人民出版事业的一种可贵的奉献精神,值得当今和后来的编辑出版工作者继承和发扬光大。

薛德震在完成繁重的编辑出版业务和行政领导工作的同时,还勤于思考、重视经验的总结、潜心编辑出版工作的理论研究。在这本文集收集的学术论文,如论述《编辑工作在社会中的地位和作用》、《社长总编辑的社会角色及其职责》、《知识经济与中国的出版业》、《坚决贯彻执行党的宣传出版方针》、《对当前出版工作的一些思考》、《更新知识结构,建立新的知识体系》等,都是他在编辑出版工作的切身实践中认真思考得出的经验之谈,具有普遍的理论学术意义。

薛德震于1988年11月接受新闻出版署任命为人民出版社社长兼总编辑时,这家老牌出版社正面临着严峻的形势:我国的经济体制处于由计划经济体制向社会主义市场经济体制的转换期,新的社会主义市场经济体制尚未完全建立与健全,旧的计划经济体制在一些地方还起作用。从20世纪80年代中期以后,与人民出版社性质相近的出版社纷纷成立,人民出版社原来承担的出书范围不断被分割出去,生存空间逐渐缩小,日子过得相当艰难。具体的表现之一是:新书的征订数连续下降,最多的征订数仅有2000多册,少的只有几百册。全社出版的学术著作面临更加困难的境地。1986年出的100种书中,赔钱的就占86%,1987年出版72种,有89%赔钱,两年内仅学术著作一项亏损72.5万元。面对这样严峻的困难局面,薛德震没有气馁和退缩,他带领新一届领导班子一班人,向全社同志提出:一方面要有强烈的忧患意识和危机意识,从而产生强烈的紧迫感和责任感;另一方面鼓励大家不要垂头丧气,失去信心,而是要振奋精神,迎接挑战,克服困难,开拓前进。社领导提出扭转困难局面的设想,一是进一步明确出版社的性质,创造较好的外部环境;二是通过深化改革,建立新的运行机制,搞活出版社。经过全社同志的努力,出版社的工作逐渐有了起色,每年都有所前进。从1988年11月到1998年7月,薛德震作为人民出版社的法人,与领导班子的成员团结拼搏,在前一届领导班子创造的较好的工作基础上,在中央宣传部和新闻出版署的正确领导下,依靠和团结全社职工,紧跟国家改革的形势,集中精力抓了目标管理责任制和劳动、工资、人事三项制度的改革以及党的建设、队伍建设、精神文明建设,较好地完成了党和人民赋予的编辑出版任务。他们在工作中始终坚持为人民服务、为社会主义服务、为党和国家的工作大局服务的出版方针,弘扬主旋律,兼顾多样化,实现了较好的社会效益和经济效益。十年来共出版新书 1848 种,重印书 941 种,其中有 207 种图书获得国家级和省部级以上的奖励。十年中共实现利润总额 5321 万元,减去上交国家的所得税 2103 万元,税后留利 3218 万元。1992 年和 1997 年人民出版社连续两次被国家人事部和新闻出版署评为全国出版系统先进单位;1993 年被中央宣传部和新闻出版署评为全国首批优秀出版社。

近年来,为了促进对新中国出版史的深入研究,出版界有些研究工作者提出加强对出版界的个案研究的建议,通过对某些出版单位内部详细、真实的材料作深入具体的研究,或通过某些同类型的出版单位的横向比较、分析,找出带有共同规律性的问题。从这些实际情况的叙述中,可以清晰地了解到出版社十年来是如何从困境中逐步走向持续发展的历程,其经验和教训对于其他出版单位是很有借鉴价值的。

我有幸在薛德震这本编辑出版文集问世之前看到全书的清样,成为这本书的最早读者之一。读完全书后,我从研究新中国出版史的角度,认为这是一个出版史研究中具有丰富内容和特色的"个案",值得向出版界的同志和对新中国出版史研究有兴趣的同志推荐,并真诚地期望这类著作今后能更多地出现。

(2004 年 7 月 1 日)

自 序

　　我自 1947 年开始工作至 1999 年离休,在编辑出版工作岗位上干了 52 年。离休后,回首往事,虽然没有干出什么轰轰烈烈的大事,但自认为也没有虚度年华。编辑出版是个服务性的行业,也是一种平凡的工作。在这个岗位上工作,要耐得寂寞,安于平凡,在平凡中作出一点自己应有的贡献。在职时,主要是同读者、作者打交道,成天想的是策划和开发选题、组稿和看稿,最后的十多年还要加上对全社的经营管理,所思所虑都是怎样为读者、作者和全社职工服好务,写作的时间并不多,常常是在夜深人静时。但我这个人天生好静,爱思考一些问题,思有所得时多少也写点东西。再看过去写过的东西,自觉还不属于无病呻吟。敝帚自珍,人之常情,所以利用离休后的空闲,编了两本集子,一本是由中国社会科学出版社 2004 年出版的《人的哲学论说》,那是理论思维的成果,也可以说是 20 多年来参加学术界、理论界一场大争论的成果,理论上的是非对错,只能让广大读者和历史老人去评说了,但为追求真理而有所获,自己也得到了精神上的愉悦与享受。另一本就是这本《为他人作嫁衣裳》。一辈子干编辑出版,在实践中也有所思考,有所心得,平时零零星星地写下来,也没有在意,现在汇集起来也成了一本书。我们出版人有个习惯,就是干工作时只考虑为他人出书(包括为读者、为作者),为他人作嫁衣裳,很少考虑为自己出书。离休后,资深出版家王仿子先生、出版史家方厚枢先生都向我提过,说人民出版社是新中国成立后建立的第一家国营出版机构,它的历史及其档案对研究新中国出版史具有重要的价值。我听了引起了共鸣,但我的精力已经不容许去整理、编撰全社半个多世纪的历史及其档案,这件事只能留给人民出版社的青年后俊们去干了,我力所能及的是把自己在职时的亲身经历,以及为解决工作实践中的问题而作的所思所得,汇集起来,编个集子,留给后来者。这就是编这个集子的缘起。

前一代人的所思所得,对后来者已是过去了的陈年旧事,不会有太大的兴趣,但是对于想开创新局面、想有所作为者,前人走过的路,前人的得与失、在行进中的披荆斩棘,却可能成为宝贵的精神财富和有益的借鉴。正是本着这种考虑,所以不避简陋,还是将这本自编集付梓。通过这本书能沟通读者、作者与出版人之间的关系,增进互相间的了解和合作,共同为繁荣出版事业而努力,就算达到了目的。

(2004 年 5 月 1 日)

编辑工作在社会中的
地位与作用*

　　要讲清楚编辑工作在社会中的地位与作用,按照我的思路,我想首先要弄清楚出版物的社会功能。社会功能是一种客观存在的东西,不是由人们的情感和意志决定的,所以,从社会功能讲起,可以避免情感的纠缠和主观的夸张。

　　概括地说,出版物包括图书、报纸、期刊、音像制品、电子出版物、网络等。过去我们讲编辑工作,常常偏重于讲图书的编辑工作,就连我们最近成立的全国编辑学会也只包括出版社的编辑。一位大报的记者就提出了意见,希望把报社的编辑也纳入到编辑学会中来。我赞同他的意见。我们过去对编辑工作的理解太褊狭,不全面,其实报纸、期刊、音像制品、电子出版物、网络等,也都离不开编辑工作。所以,编辑在社会上是一个相当大的行当,据统计,现在仅仅出版社的编辑就有三万多人,加上其他方面的编辑恐怕不下十几万人。

---

　　* 本文曾获第二届全国出版科学研究优秀论文奖。

3

一、出版物的社会功能

出版物的社会功能,大体上有这样八个方面:

(一)宣传鼓动和思想教育功能

对我们革命政党来说,这个功能更为重要。在革命战争年代、在革命高潮时期这个功能更为明显和突出。在建设中国特色社会主义的伟大实践中,我们仍然需要充分发挥出版物的这一功能,在十四大召开期间及其以后,我国各种出版物的宣传鼓动功能再一次显示了它的重大作用。

(二)道德教化功能

任何一个文明社会,要维持正常生活、正常运转,一方面少不了法律的强制约束,另一方面也不可缺少道德规范的自我约束。道德虽然是一种发自内心的自我约束,但是这种自我约束不是天生固有的,必须经过后天的教化,而出版物在这种教化过程中发挥着举足轻重的作用。道德教化是出版物的一个重要的社会功能。

(三)传播知识功能

高尔基讲的"书籍是人类进步的阶梯"这句名言,说明人类的物质文明和精神文明发展到今天这样高的水平,同书籍具有传播知识这样的功能是分不开的。在当今的社会中,出版物传播知识的功能几乎无处不在、无时不在,我们要想获得任何一点知识,几乎都离不开出版物。所以人们又说"书籍是打开人类智慧宝库的金钥匙"。

(四)传递信息功能

人们说当今的时代已经进入了信息的时代,有人又说是一个"信息爆炸的时代"。信息是一个比知识更广泛的概念,有些信息不一定是知识类型的,但对人们却很有用,可以创造巨大的财富。信息的载体很多,传递的手段和方式也五花八门,例如无线电波、传真线路、电话线路等,出版物也是传递信息的一个重要手段和方式。出版物传递信息的功能在当今社会中越来越显得突出和重要。

(五)积累文化功能

人类社会之所以能够不断加速度地前进和发展,一个重要的原因是有赖于文化的发展和积累,可以说每一代新人都是踩着前一代文化巨人的肩膀前进的。可以想象一下,如果没有文化的积累,每一代新人一切都是从头做起、从头摸索,那么人类绝对不会有今天这样高的文明,可能至今还在洪荒时代徘徊。人类进入近现代以后,积累文化的手段和方式大大地增加了,例如电影、录音带、录像带、光盘等,越来越多,但是在古代,书籍可以说是用来记录和积累文化知识的唯一的工具,即使到了当代,也仍然是文化积累的一种非常重要的手段。

(六)陶冶情操功能

人类是高智能动物,是有高度理性的,同时也是富有情感的。人们的情感和操守(坚定的行为方式)并不是与生俱来的,而是要靠后天的学习、锻炼和培养,总之是要靠陶冶,而出版物在陶冶人们的情操方面发挥着十分重要的作用,古往今来,概莫能外。

(七)鉴赏愉悦功能

人们的精神生活是多方面的,有些出版物不一定有多么大的宣传鼓动作用,也不一定有很高的知识价值,例如一首抒情的诗词、一幅优美的图画、一首动听的乐曲,都可以给人们带来鉴赏、欣赏的愉悦和快感,这也是出版物的一种非常重要的社会功能。

(八)消遣娱乐功能

人们的文化需求是多种多样、五花八门的,有不同层次之分。在紧张的劳动、工作之余,需要放松一下肌肉、轻松一下头脑,他们需要寻找娱乐和消遣的工具和方式,这时,朗诵一首诗词、阅读一篇小说、欣赏一幅绘画、唱一首歌、听听录音、看看录像或电影,可能会带来极大的愉快。这时,出版物就很好地发挥了它的消遣娱乐功能。

在一个全国性的出版工作会议上,我曾发表过一个意见,我认为我们正规的、大型的出版社也应重视大众文化、市民文化读物的出版工作。改革开放以来,我国的个体小书摊在城乡如雨后春笋般地出现,而且常盛不衰。这说明广大群众、市民有这方面的阅读需求。对这种需求我们严肃的出版工作者不能不屑一顾,嗤之以鼻。小书摊上是有不少乌七八糟的东西,黑的、黄的、灰的都有。但是,这种现象的存在,其中难道不是也有一个原因,就是我们没有出版高质量的可以占领小书摊的文化读物,而让不法书商钻了空子。正确的态度应当是在理论上搞清楚出版物的消遣娱乐功能是客观存在的,读者的这种需求是合理的,我们应当正确地加以引导、给予满足。行政干预、司法查禁是必要的,但单纯的查禁也是不能完全解决问题的,配合查禁,我们还应当用健康有益、群众喜闻乐见的东西取而代之。关于这个问题,去年8月10日李瑞环同志在内蒙乌兰牧骑艺术节上的讲话讲得很好。在谈到繁荣文艺必须解放思想时,李瑞环指出,由于"左"的思想影响,长期以来,我们有些同志对文艺的功能、文艺的目的和文艺的标准,存在着片面的理解。文艺有娱乐、审美、认识、教育等多方面的作用。我们总是希望并努力争取充分发挥文艺的思想政治教育的作用,但必须承认,不可能使每个作品都具有这种作用。文艺的根本任务,是满足广大人民群众日益增长的文化生活的需要。因此,我们在提倡多创作健康有益、群众喜闻乐见作品的同时,也不反对政治思想上无害、艺术上较好、群众喜闻乐见的作品,只要不违反国家宪法和法律的规定,就不要横加干涉。实践证明,对艺术作品简单地、片面地、过分地强调姓"社"姓"资"、强调思想政治教育的作用,就不能很好地坚持"二为"方向和"双百"方针,就很难做到"古为今用"、"洋为中用",就不利于形成生动活泼、百花盛开的良好局面。

我们讲了出版物的八种社会功能,如果采用其他分类方法,可能还可以讲出更多的功能。但是,这都是从总体上说的,具体到某一种出版物,它的功能往往既有侧重(即某一两种功能比较明显和突出),又有交叉(即多种功能集中在一部作品之中)。对于出版社的领导人或出版行政管理机关的领导人来说,我们更应当从整体上把握出版物的社会功能,全面地理解和充分发挥诸种功能的整体作用,不能单打一,更不能片面地只强调一两种功能,忽视或压制其他功能。

回顾新中国四十多年的出版工作,特别是十一届三中全会以来 14 年的出版工作,我们的确取得了很大的成绩,刘杲同志最近仅就图书出版工作,就概括了 14 个大的方面。这些是令人欣慰的。但是,从总结经验教训方面来说,在我们对出版物的社会功能的理解方面,又的确存在着不少片面性,有右的片面性,但主要还是来自"左"的方面的片面性。例如,在"文化大革命"中我们只强调出版工作为无产阶级政治服务,为中心工作服务,为现实政治服务,结果搞得全国 8 亿人民只看一本书、8 个样板戏。当时许多出版社都停止了出书,只留我们人民出版社出"红宝书"和"两报一刊"社论,在一段时间内,8 个样板戏的剧本也由我社出版。搞得我国的文化、出版事业凋零破败,几乎成了一片文化沙漠。这种沉痛的教训我们一定要永记不忘,不要"好了疮疤忘了痛",在形势好了以后,或者在又有了一点风吹草动的时候,又故态复萌,又把"左"的那一套搬了出来。这是我们在学习邓小平同志南方谈话和党的十四大报告时应当特别注意解决的一个重大课题。

二、编辑工作在社会中的作用

讲了出版物的社会功能,我们还要再进一步讲一讲编辑工作在社会中的作用。

(一)在人类两大根本性活动中的作用

人类的活动,如果分得很细,可以分出无数种活动,但是如果上升到哲学层次,人类的活动可以归结为两大根本性活动,一曰认识世界,二曰改造世界。大家细想一下,这两大活动哪一项能够离得开我们编辑出版工作?

我们的出版物,一方面是人类在改造世界的实践中积累的对客观世界认识的结果、结晶,另一方面又推动人类去进一步改造客观世界,更加深入地去认识客观世界,实践——认识——再实践——再认识,这样循环往复以至无穷。人类认识世界和改造世界的每一步都离不开出版物的参与。编辑出版工作在这两大活动中发挥着不可或缺的作用。这两种活动的成果都凝聚着我们编辑出版者的劳动和心血。我们在这个过程中也就实现了我们自身的价值,作出了我们的贡献。

人类在任何形态的社会中都要从事改造世界和认识世界的活动，所以人类任何时候都离不开出版物，都离不开编辑出版工作。所以，我们的事业是永恒的，是值得我们终生为之奋斗的。

（二）在我们正在从事的两大建设中的作用

大家都知道，我国社会主义现代化建设和建设有中国特色社会主义的伟大事业，包括两大建设，一是物质文明建设，一是社会主义精神文明建设。大家也可以细想一下，这两大建设哪一项离得开出版物的参与？我们的许许多多出版物是直接参与物质文明建设的，例如大量的科学技术、经营管理等方面的出版物。有些出版物从表面上看同物质文明建设好像没有多少直接的关系，但也都是对物质文明建设的总结或探索。出版物与社会主义精神文明建设有着更为直接的关系。江泽民同志在十四大报告中说："我们要为改革开放和现代化建设创造有利环境，培养一代又一代有理想、有道德、有文化、有纪律的新人。"这里哪一方面也离不开我们的出版物。我们出版工作者肩负着为两个文明建设以至整个社会主义现代化建设提供强大的精神动力、智力支持和思想保证的巨大任务。

关于现代化，我们习惯上都是讲四个现代化，即工业现代化、农业现代化、科学技术现代化、国防现代化。但是细想一番，关于现代化我们从另一个视角来加以考察，即现代化除了包括经济、政治、文化的现代化，还应包括人自身的现代化。通常讲的四个现代化，主要还是指经济、物质方面的现代化，如果从后一种视角来讲现代化，可能更全面、更深刻，不仅有经济的现代化，而且有政治、文化和人的现代化；不仅有物质的现代化，而且有精神的现代化；不仅有硬件的现代化，而且有软件的现代化。

而所有这些方面的现代化,哪一方面都离不开出版物的参与,都离不开编辑出版工作。由于这样理解的现代化内容更全面、更丰富、更深刻,任务也更加艰巨和伟大,也就更加显出我们编辑出版工作社会作用的重大。

(三)在国际文化交流、汲取人类文明成果和创造出人类先进的精神文明中的作用

由于现代科学技术突飞猛进地发展,现在的地球是越来越"小"了,各国、各民族的距离越来越近了,有人已经用"村"字来称呼我们居住的这个星球,叫它"地球村"。当今的世界,不用说你闭关自守会落后、会挨打,即使你下决心自甘落后、自甘挨打也是不可能了。你在陆地上可以修长城、设关卡,防得慎之又慎,但是它从海上来了,它还可以从空中来。过去的广播是由设在地面上的发射台传播的,还可以受地域的制约,离得远一点还可以不受它的影响,现在不行了,广播、电视、电话、传真、互联网等都可以从空中来,通过空间卫星传播到地球的每一个角落,真叫你防不胜防。所以,我们必须勇敢地面对这个世界,不能有任何的畏缩、胆怯。我们不但要对外开放,而且要全方位地对外开放。全方位对外开放不仅是地域上的,包括东西南北中,而且包括经济、政治、文化的全面开放。

对外开放,不应该是单向的,而应该是双向的,也就是说不仅仅是为了汲取人类文明的各种成果,为我所用,我们还要继承和发扬中华民族优良的思想文化传统,向世界各国、各民族传播、介绍"中华文明"。我们要同全世界进行能量和信息的交换,在世界文明同中华文明的交流结合中,在生动丰富的社会主义实践中,创造出人类先进的精神文明。我们还要在世界高科技领域中占据应有的位置。

在所有这些工作中,我们编辑出版工作者是可以大有作为、大有用武之地的。我们也都是国际文化交流的光荣使者,通过我们的工作,把世界各国、各民族的优秀文明成果介绍到中国来,同时又把"中华文明"传播到世界各国各民族中间去。

三、编辑工作的特点

编辑工作是一种高尚的脑力劳动,这种劳动有如下几个比较明显的特点:

(一)社会性劳动

编辑工作的社会性,包含两层意思:

第一,它是社会所需要的。任何文明社会都需要出版物,都少不了编辑工作者。我国的书籍编辑工作已经有三千多年的历史。只要出现了书,即使是非常原始的书,例如甲骨文书,也就出现了编辑工作。把文章或文件(包括甲骨卜辞等)按一定的次序编列起来,就是编辑工作,尽管这种原始的编辑工作当时还是非常粗略的。最早编辑的是甲骨文片,其后是编辑竹木简。甲骨文片、竹木简就是原始形态的书页。甲骨卜辞是殷代的重要文献,对于殷王朝来说,是记载国家大事的主要文书。储存甲骨卜辞的地窖,可以说是当时的"档案室"。当时的统治者非常重视,由史官负责保管。由此可见,书籍从它出世的那一天起就是因为社会需要它,它是应运而生的。社会越向前发展,社会文明程度越高,越显示编辑工作的社会性。我们在前面所讲的出版物的八种社会功能,就是编辑劳动社会性的最充足的证明。

第二,编辑工作的社会性还有第二层意思,就是编辑工作是一种离不开社会的劳动。编辑工作者不能孤立地存在于社会之外,"孤家寡人"是做不了编辑工作的。

因此,编辑工作者应当自觉地为社会服务,而且要为社会提供优质服务。

(二)具有强烈的意识形态性的劳动

人类社会自从进入阶级社会后,书籍出版除了具有全人类性的一面,即作为人类文明成果的记录,即我们通常所说的"书籍是人类进步的阶梯"外,书籍又加进了一个新的特性,即它的强烈的意识形态性,即我们通常所说的阶级性和党性。

列宁关于出版物的党性原则有很精彩的论述。他说:"写作事业应当成为整个无产阶级事业的一部分,成为由整个工人阶级的整个觉悟的先锋队所开动的一部巨大的社会民主主义机器的'齿轮和螺丝钉'。写作事业应当成为社会民主党有组织的、有计划的、统一的党的工作的一个组成部分。"[①]

出版物的党性原则至今对我们仍然具有十分重要的意义,仍然是我们必须遵循的一个重要原则,这就是我们常常所说的我们的党报、党刊是党的喉舌,我们的出版社是党的重要的舆论阵地。这些年,我们强调要树立"人民出版社意识",主要的也是指这一点。我们人民出版社以及各省、市、区的人民出版社都是党和国家的政治书籍出版社,宣传马列主义毛泽东思想,宣传邓小平同志建设有中国特色社会主义的理论,是我们义不容辞的任务。我们要宣传、坚持我们共产主义者的价值观,而这也是具有强烈的党性、阶级性的。在我们国内,社会的主要矛盾虽然已经不是阶级矛盾和阶级斗争,我们一定要坚定不移地以经济

---

① 《党的组织和党的出版物》,《列宁全集》第12卷,人民出版社1987年版,第93页。

建设为中心，但这并不是说阶级斗争已经不存在了。在我国，阶级斗争在一定范围内还存在，在一定的条件下还可能会激化；在国际范围内，帝国主义者处心积虑地企图颠覆我们，所以阶级观点、阶级分析对于我们还是一个十分重要的原则。就拿"以经济建设为中心"来说，它也不是没有阶级内容和阶级目的的，它的内容和目的也还是为了巩固我们党的领导、我们的无产阶级政权，发展我们的社会主义事业。所以，党性原则，也仍然是我们出版工作必须坚持的一个重要原则。

出版物的意识形态性，不是我们无产阶级政党、社会主义国家特有的。当今发达资本主义国家资产阶级所掌握的出版物，它的阶级性、意识形态性也是非常明显和强烈的。虽然他们口头上不说，甚至否认这一点，但是他们实际上的所作所为，其阶级性是根本无法掩饰的。

对于阶级分析方法、阶级斗争观点的运用，我们也要采取实事求是的科学态度，千万不可泛化、扩大化、绝对化。过去我们在这方面的经验教训是非常沉痛的。"文化大革命"时，滥用阶级斗争观点发展到了登峰造极的程度，对于那时的严重恶果人们记忆犹新。前几年又有那么一些人，又把这种沉痛的教训抛到了脑后，大兴姓"社"还是姓"资"的问罪之师。不管是什么事，都要问一问姓"社"姓"资"，搅得人们在改革开放中迈不出新步子，有时甚至还要向后倒退。如果不是1992年年初邓小平同志在南方发表重要谈话，这股新的"以阶级斗争为纲"的风刮起来，后果确实不堪设想。

总之，阶级斗争的观点不可没有，阶级分析的方法不可弃之不用，但必须用得恰当、用得科学、用得恰如其分，千万不可滥用。

（三）高智力劳动

从我们前面所讲的出版物的社会功能和编辑的社会作用中，我们已经可以看出，编辑工作是一种高尚的脑力劳动，是一种高智力的脑力劳动。我们面对的是一篇篇、一本本文稿，这些文稿本身就是高智力产物；我们面对的作者，在正常情况下（除了不学无术的骗子）也都是专家、学者、文化艺术工作者、文字工作者，总之，都是知识分子。面对这样的作者，处理他们的文稿，要对他们的文稿作出准确的鉴定和判断，要帮助他们进行加工整理，要把他们的作品通过我们的手转化为各种各样可供读者使用的出版物。这无疑是高智力劳动。

（四）创造性劳动

社会上有一种人，对编辑工作有一种误解，以为就是剪剪贴贴、修修补补。他们认为编辑是一种简单劳动，不是创造性劳动，是在别人劳动的基础上修修补补，好像没有多少学问。一个时期还流行一种"编辑无学"的说法。

社会上对编辑工作产生这种误解，我们也不能完全抱怨别人。编辑在社会上的地位，首先决定于我们自己，是由我们自己创造的。地位的高低同我们对社会的贡献是成正比例的。我们应当先问一问自己是否已经是一个合格的编辑，对社会是否作出了应有的贡献。其次，这同我们自己对本行当的研究和宣传不够也有关系。现在正是我们加强对编辑学的研究和宣传的大好时机。我们应当让社会了解我们，理解我们。

叶至善先生最近在中国编辑学会成立大会上说，他之所以一辈子热爱编辑工作，就是因为编辑也是一种创造性劳动，可以发挥自己的创造才能，满足自己的创造欲望，所以他不太同意编辑是"为人作嫁衣裳"的说法。叶至善先生关于编辑也是一种创造性劳动,是他一生经验的总结,我是非常赞成的。

编辑劳动的创造性并不亚于作家、学者劳动的创造性,这已由我们许多著名的编辑家的实践所证明。大家都知道,鲁迅是我国的大文豪,但他同时也是一位著名的编辑。茅盾、叶圣陶是我国著名的文学家,邹韬奋是著名的记者,但同时也都是著名的编辑家。像这样的例子在我国历史上还可以举出许多。例如孔子,是我国古代的大学问家,同时也是我国古代最著名的编辑家之一。

不少著名的文学作品,其初稿只能说是一块粗坯,但是由于编辑慧眼的识别,经过编辑的精细琢磨加工,反复帮助作者修改,最后成了深受读者喜爱、常销不衰的名著,例如《高玉宝》、《红旗谱》、《红岩》、《林海雪原》等。许多学术著作经过编辑的帮助而提高了质量的事例也是很多的。就拿我们人民出版社来说,经常收到作者对我社编辑表示感谢的信件,其中有翦伯赞、侯外庐、罗尔纲、薛暮桥等著名学者。

郭沫若是我国著名的文学家、历史学家、科学家,但是他的著作出版前,都要请编辑为之审读、加工、整理,而他对编辑的辛勤劳动则非常尊重和感谢。我社老社长王子野同志在《初访郭老的回忆》一文中有这样的具体描写:1952年8月,王子野拜访郭沫若,向郭老组稿。郭老对王子野说:"稿子交出之前我还要全部审读一遍并做些删改。不管什么样的作家写出的稿子总会留下或大或小的讹误、差错,出版前经过出版社编辑审读加工这一关至关重要。有些错误可以从作者的笔下漏掉,但是逃不过认真的编辑的眼睛。我的稿子务必请你们认真审读,有什么问题都提出来,不要有什么顾虑。"郭老很快将《中国古代社会研究》的修改稿送交人民出版社。出版社编辑对原稿认真审读加工,提出一些问题请教郭老,郭老都同意照改,并在新版序言中说:"《中国古代社会研究》出版以来二十四年了。七年前曾经改排过一次,有所删改。现在改由人民出版社出版,又重新改排一次。感谢出版社的同志们,费了很大的工夫从事整理,核对引文,校勘全著,订正了不少文字上的错误。"胡乔木同志,是我们党的一位著名的理论家,我社出版了他的文集。对文集的原稿,我社责任编辑王乃庄从内容到文字表述提了几十条意见,绝大多数意见都被他采纳了,他生前对我社编辑的工作精神一再给予肯定。面对这样大量的事实,你能说编辑工作是一种简单劳动吗?

(五)中介性(服务性)劳动

编辑工作还有一个重要的特点,就是它的中介性。它是沟通作者和读者的中介性劳动,也可以叫它服务性劳动。它既要为作者服务,又要为读者服务,我们要根据读者的需要向作者组稿,要为读者提供高质量的富有营养的精神食粮;我们同时又要为作者服务,向作者提供图书市场、读者需求方面的信息,要向作者提出组稿意图、选题设想,在作者写出初稿后,还要作为"第一读者",向作者提出修改建议,还要帮助作者精雕细琢原稿,将作者的原稿转变为精美漂亮的出版物。从事这种劳动需要有高尚的奉献精神,所以人们常常又把编辑比作"无名英雄"、"为人作嫁衣裳"。这种说法如果不是在贬义上使用,而是对编辑奉献精神的褒扬,我觉得这样说是没有害处的。当然我也同意叶至善先生的意见,如果用这种说法贬低编辑工作的意义,由此得出编辑工作是非创造性劳动,那是对这种说法的曲解,我们是不能赞同的。

我们的劳动是沟通作者同读者之间关系的中介性、服务性劳动,干好了,可以得到两方面的肯定和表扬,这是我们编辑的无上光荣,也给我们以极大的精神上的满足和快感。也正因为我们从事的是中介性、服务性劳动,我们就应全心全意地服务好,要树立对作者、对读者高度负责的责任心,要兢兢业业地工作。如果我们的工作使他们两者都不满意,那么就值得我们好好地反省了。

四、编辑的修养

既然出版物在社会中有那样多的功能,编辑工作在社会上有那么重大的作用,编辑工作又有那么多崇高的特点,那么,对编辑工作者应当提出哪些自我修养的要求呢？我想提出如下几点看法,与同志们共勉。

（一）关于政治理论方面的修养

我们是社会主义中国的编辑工作者,我们是信奉马克思主义的编辑工作者。我们要在中国共产党领导下建设中国特色的社会主义。那么,我们的编辑在政治理论方面应当具有如下修养：

第一,应当学习和懂得马列主义、毛泽东思想和邓小平同志建设中国特色社会主义理论的基本原理。这是我们应当具备的最基本的理论修养。

第二,应当学习和懂得党和国家的路线、方针、政策,包括有关编辑出版工作的法律、法规和政策,这是经常用得着的。特别是要坚持党的基本路线,坚持以经济建设为中心,坚持四项基本原则和改革开放。要在政治上同党中央保持一致,并将其贯彻到我们的编辑业务工作中,否则就会犯"左"的或右的错误。我们的国家将要继续加强法制建设，所以我们的编辑也必须加强对宪法、法律、法规的学习和掌握。

第三，要自觉地遵守宣传纪律。我们的出版物具有强烈的意识形态性，是有党性、阶级性的。我们不再提"出版为政治服务"的口号，这是完全正确的，但出版要为人民服务好、为社会主义服务好，这里仍然有党性和阶级性的问题，仍然要讲政治，仍然有一个同敌对的意识形态划清界限和进行必要的斗争的问题。如果模糊了、甚至撤销了这方面的界限，那是会犯极大的错误的。

（二）关于专业知识方面的修养

在知识修养方面，我们通常要求编辑既要"博"又要"专"。在当今"知识爆炸"的时代，知识总量增长的速度很快，更新的速度也很快，我们要求编辑具有广博的科学文化知识，当然并不是要求他成为"百科全书式"的博学之士，而是要求尽量掌握多一些科学文化知识。作为一个现代的编辑，他所面对的书稿绝不会仅是他所熟悉的某一个专业的书稿，不仅综合性出版社所出版的各种门类、品种的书稿所涉及的知识是包罗万象的，就是专业出版社所出版的专著，其内容也是五花八门的、相当广泛的。编辑要具有处理、鉴别、判断各种书稿的能力，就要求他具备比较广博的知识，这是时代和编辑这个行当所提出的客观要求。

编辑又是有分工的，对他所分管的专业，就要求他具备比较专门的知识，例如分管政治理论、文化教育、文学艺术、科学技术、历史古籍等不同专业的编辑，则要求他在有关专业方面有较为专深的知识。否则，不但无法处理作者的书稿，无法提出中肯的修改意见，无法作出准确的学术判断，无法决定采用与否，就是同作者谈话也无法进行。

综上所述,我们的编辑要既是"杂家",又是"专家"。这样要求是不是太高了一点?高是高了一点,但这是客观的要求,不是我们主观随意的要求。当然,达到这样的要求不是一日的工夫,而是我们毕生应当追求的。

要达到这样的要求,我觉得应当注意如下几点:第一对各方面的知识要有强烈的求知欲,要有广泛的兴趣,要像海绵吸水那样不知疲倦地汲取各种知识;第二要注意不断地更新自己的知识结构,不要满足于自己在读大学、研究生时所学的课程,要以那时学到的知识为基础,注意新学科的新成果和老学科的新进展;要养成在工作中学习和充实自己的良好习惯。编辑是一个学习和充实自己的很好的岗位,处理的书稿是专家学者多年甚至十几年、几十年研究的成果,处理这种书稿本身就是一种学习和享受。你如果善于找参考书、使用工具书,还可以向作者提出中肯的修改意见,这更是提高和充实自己的大好机会。现在有些青年编辑,不懂得审读、加工书稿是一种学习的极好机会,处理书稿速度倒是很快,但既不看参考书,也不使用工具书,很少光顾资料室、图书馆。这同"文革"前的老编辑大不一样。那时的编辑处理书稿,都要借阅一大堆参考书,比较书稿的优劣,查核使用的材料是否丰富、准确,是否写出了新的内容、新的特点、新的见解,并认真地对书稿提出修改意见,帮助作者提高书稿质量。处理书稿时发生疑难问题还要查阅工具书。现在这种好的传统慢慢地丢掉了,很可惜。这不但影响编辑工作的质量,而且影响自己的提高。我希望这种状况能够有所改变。

近年来更出现了一种怪现象,就是编辑拿到一本书稿后可以不看、不审、不加工、不整理就发稿。这种做法是一种自杀,自我否定,自己否定了编辑自身的存在价值。不仅如此,更为严重的是必然导致粗制滥造,置出版社的声誉于不顾,坑害读者,坑害社会。

(三)关于语言文字方面的修养

编辑每时每刻都在同各种各样的文稿打交道,要帮助作者从文字方面对书稿进行修改、润饰和加工,可以说是名副其实的文字工作者。在语法、修辞、逻辑、使用标点符号等方面应当有比较高深的修养,应当是这方面的专家,这样才能对作者提供帮助和服务,所以也可以说编辑是出版物文字方面的医生和美工师。

编辑要懂得各种不同体裁的文章的写作方法,对书稿的结构、层次、起承转合等,能够提出设计性或修改性的意见。写作方面的修养还包括自己也能写文章。我们提倡编辑在完成本职工作的前提下,也能写论文、写书评、写书稿,即使不写文稿,你还总得写审读意见、加工整理报告等,如果一点写作能力都没有,做编辑工作肯定会寸步难行。

编辑的语言文字修养还应包括古汉语和外语。中国是有几千年文字记载史的文明古国,古代经典特别丰富,而现代的语言文字同古代的又有很大的区别,完全不懂古汉语在工作中会感到十分困难。外语是对外开放和国际交流的重要工具,过去几十年我们在比较封闭的环境下工作,对掌握外语没有很迫切的感受,有相当一部分老编辑在外语方面有很大的缺陷,现在就深深地感到不适应工作的需要。我们殷切地希望青年编辑,已经掌握外语的一定要继续提高,增加第二外语;外语没有过关的,要抓住年轻这一年龄优势,尽快争取过关。

(四)关于组织活动能力方面的修养

坐在办公室里守株待兔,等着书稿上门的编辑,肯定不是一个合格的编辑。要想做好编辑工作,需要搜集大量的信息,需要了解各方面的动态,需要了解作家们的研究、写作计划,需要了解图书市场的情况,所以编辑,特别是组稿编辑,应当参加各种各样的社会活动,成为名副其实的社会活动家。编辑不但要有选题开发能力,而且要有组织活动能力。有些大型、成套图书的组稿,不只是向个别、少数作者组稿,而是要向一批作者组稿,所以编辑不但要有活动能力,而且还要有组织能力,能把一个个创作个体组织起来形成合力,完成集体创作的任务。

担任总编、副总编、编辑室主任等职务的编辑,不但要具备上述组织能力,而且还要具备组织全室、全编辑部的各方面的编辑力量,通力合作完成全室、全社的编辑出版任务的能力。对他们的组织能力的要求就要更高一些。

(五)关于编辑出版业务知识方面的修养

我们是搞编辑出版工作的,还应具备编辑出版方面的专业知识。过去有人说,"编辑无学","出版无学",经过这十多年的努力,我国已经发表、出版了一大批有关编辑学、出版学方面的论文、专著、资料等,打下了建立我国编辑学、出版学的初步基础。现在在编辑有学、出版有学问题上已形成了共识。

作为一个编辑,不但应当掌握编辑学,懂得编辑的社会地位、社会责任、职业道德,掌握编辑工作的基本技能(包括怎样搜集信息、开发选题、组织稿件、审阅原稿、加工整理、图书宣传等),还应懂得出版学方面的一些知识,例如编辑出版史、封面和版面的装帧设计、校对知识和技能(包括怎样识别字体、字号)、排版(包括铅排、激光照排)和印刷装订知识、纸张和开本方面的知识、计算成本和定价方面的知识,以及发行方面的知识,等等。总之,一本书从选题到出版、发行的全过程以及同这一过程有关的各方面的知识,作为一个编辑都是应该了解的,特别是在我国改革已经进入了一个新的阶段,要建立社会主义市场经济体制,作为一个编辑,还要有经营头脑,要考虑出版物的经济效益。应当说,现在对一个合格编辑的要求比以往任何时候都更高了。

(六)关于职业道德方面的修养

人们生活在社会中,必然发生各种社会关系。道德关系是人类社会的一种特殊社会关系,它所要解决的矛盾是与政治、经济、法律等要解决的矛盾有所不同的特殊矛盾,具有特殊的规范和调节方式。经济关系引起一定的阶级利益和个人利益,各种利益矛盾通过强制性的政策和法律规范来调节。但是,政策和法律规范并不能使人们完全自觉地控制行为,调整相互之间的关系,因而还必须有道德调节。道德调节的特点在于,它不是通过强制性的手段,而是通过社会舆论、风俗习惯、榜样感化和思想教育等手段,使人们形成内心的善恶观念、情感和信念,自觉地按照维护整体利益的原则和规范去行动,从而自动地调整人们之间的关系。

编辑作为社会的人,除了有一个一般的做人的道德修养问题,还有一个有关他所从事的这个社会职业的道德修养问题。作为编辑,职业道德主要是解决同我们的服务对象、工作对象以及同行之间的道德关系问题。

第一,要具有“为他人作嫁衣裳”的献身精神。前面我们讲过,编辑的工作是一种中介性、服务性劳动,他既要全心全意为作者服务,又要全心全意为读者服务,所以无私的奉献精神应当成为编辑职业道德的首要的标志。在这方面,鲁迅先生是我们的光辉榜样。据粗略统计,鲁迅在从事文艺活动的30年中,除了自己著、译、辑录整理古籍,为我们留下了极其丰富的精神财富外,他主持编辑和参与编辑的各种书籍有76种,丛书11种,自费印行13种,为"相识与不相识者"的书作序跋43种,帮助校阅并推荐出版的40余种,总共约两千多万字。另外,他还主持参与编辑文艺刊物20种。① 在鲁迅的日记中记有1984人,其中绝大多数是青年作者和读者;在已发现的1457封书信中,很大一部分是有关编辑事务的。正如他自己所说,为了能够"栽植奇花和乔木",自己"宁愿做无名的泥土",甚至"只要能培一朵花,就不妨做做会朽的腐草";为了能够使"英俊出于中国",他甘愿做"被踏"的"梯子"。他把生命"碎割在给别人改稿子,看稿子,编书,校字,陪坐这些事情上"。最能说明鲁迅这种高尚的道德精神的,是为孙用的《勇敢的约翰》(裴多菲诗集)译稿的出版而操劳。孙用当时是一个二十出头的邮局小职员,和鲁迅非亲非故,译稿转到鲁迅手中,仅用两天就看完了,并且决定"张罗出版"。在两年中,鲁迅给作家写信10封,给4个出版者写信12封,并为之精心修改,设计版式,选择插图,撰写编辑后记,跑印刷所,亲自校对,等等。鲁迅不但义务包揽了全部编辑出版工作,而且自己出钱垫付印刷费用和译者稿费。鲁迅的这种高尚的精神至今仍然对我们具有极大教育意义。②

第二,应具有博大的胸怀、正派的作风。在整个编辑工作

---

① 参见《编辑杂记》第二集,第185页。
② 参见朱文显、邓星盈:《编辑学概论》,四川省社会科学院出版社1988年版,第315—316页。

中,对待作者及其书稿,处理编者同作者的关系,都要出以公正。对名家、大家,不卑;对无名之士,不亢。邹韬奋先生在这方面为我们树立了又一个榜样,他说:"不管是老前辈的或幼后辈的,不管是名人来的或是'无名英雄'来的,只要是好的就采用,不好的就一律不用。"坚持在质量面前一律平等。以书稿质量的优劣作为取舍的标准,这是作为编辑应时时注意的。编辑不仅要识书,而且要识人,要做识千里马的伯乐,为我们的国家、民族发现人才、爱惜人才、培养人才。可以这样说,所有后来成名的作者、作家,他们的处女作都不会是很成熟的,其中有很多是由于编辑慧眼发现、热心帮助,才逐步成熟、成名的。在我国这种事例是很多的,这是编辑道德高尚的表现。但是,也有完全相反的情况。编辑是书稿的第一读者,对于作者的学术研究论著或文学艺术创作的成果,是第一个接触者。如果凭借这一有利条件,剽窃这些成果为己有,抢先发表或改头换面去发表,或者做黑市交易,私下卖给别人去发表,都是不道德的行为。这种情况过去是曾经发生过、被严肃地处理过的。

第三,在处理与同行的关系中也有道德问题。旧社会流行一句话,叫做"同行是冤家",互相拆台、尔虞我诈、损人利己。到了新中国,这种现象少了,"同行是冤家"的说法,被慢慢地淡忘了。现在要建立社会主义市场经济体制,出版社也要进入市场,参与竞争。新的市场规则、市场秩序还不健全,或者虽然有规则,但不少人由于是新手,免不了不大懂规则。有些人虽然懂得规则,但由于心术不正,有意搞邪门歪道,在竞争中往往容易出现不择手段地抢作者、抢稿件,不顾质量地抢占市场,不诚实地宣传推销,等等,这是我们应当防止的。在竞争中怎样坚持正大光明、信守合同、以诚待人、平等竞争、以质取胜,建立有中国特色社会主义的、新型的同行关系,是我们面临的一个新课题。

第四,要自觉地抵制不正之风对编辑队伍的腐蚀。近年来,社会上的种种不正之风也慢慢地刮到了我们编辑队伍中来了,严重地侵蚀了我们编辑的职业道德。比较轻的是"人情稿"、"关系稿"。因为编辑对书稿有生杀予夺之权,而作者又被"出书难"所困扰,于是对编辑又是请客,又是送礼,甚至塞钱。有些编辑利用自己的职权,不惜与不法书商相勾结,出黑书,出黄书,毒害青少年,毒化社会环境,捞取黑心钱,近乎谋财害命。这样的人是我们编辑队伍中的败类。应当说,这类问题已经不仅仅是道德败坏问题,而且是触犯了刑律。

道德的基础是人类精神的自律,是发自人们内心的一种自我约束。我们一方面应当加强职业道德教育,讲清楚编辑职业道德的基本内容,提倡加强每个编辑的自我道德修养,造成一种强大的健康的职业道德的舆论环境。另一方面,对于缺乏自觉,丧失道德自我约束能力,屡教不改的触犯刑律的败类,则应绳之以法,以纯洁我们的队伍,在新形势下做好我们的编辑出版工作。

(原载《出版发行研究》1994 年第 1、2 期)

社长、总编辑的社会
角色及其职责

一、社会角色和角色意识

我们生活在社会中,人是社会的人,不但每个单位,而且每个人都担当着不同的社会角色。对于所担当的社会角色,我们应当具有十分明确的、清晰的角色意识。我们不是常常说要提高觉悟嘛,在我看来,所谓觉悟,也就是对于自己所担当的社会角色的自觉性。这种角色意识越强,说明我们的觉悟越高。角色意识的强弱同我们工作成果的大小、好坏是成正比的。

首先要认识我们这个出版社在社会中处于什么样的位置,担当什么样的社会角色。就拿我们人民出版社来说,它是党和国家的政治书籍出版社,有明确的社会分工和出书范围。我们每一家出版社都有自己的定性定位。社会主义中国的所有出版社还有一个最大的共性,即都是全民所有制的出版机构,都是重要的宣传舆论阵地,承担着思想教育、知识传播、人格塑造、舆论导向等社会职能。

那么,社长、总编辑担当着怎样的社会角色呢?

《社长岗位规范》的第一条说:"社长是出版社的法定代表人,主持出版社的全面工作,对出版社的社会效益和经济效益负全责。"《总编辑岗位规范》的第一条规定总编辑"在社长领导下，负责全社出版物的编辑工作"。这两条说的都是社长、总编辑担当一种怎样的社会角色。

社长作为出版社的法定代表人，对出版社的全部活动及其后果承担着义不容辞的责任；总编辑对法定代表人社长负责，对出版社的全部出版物及其后果负重要的责任。

回顾和检阅我们各家出版社的工作，凡是工作做得好，取得出色成绩的，除了上级的正确领导和全社职工的共同努力外，都是同这些出版社的社长、总编辑的角色意识强分不开的；反之，凡是出了坏书，出了这样那样的严重问题，甚至遭到查处、停业整顿、撤销社号等处罚，原因可以讲三条五条，但其中少不了一条，即都同那里的社长、总编辑角色意识淡薄、疏于职守有着不可分割的关系。

作为社长、总编辑，他们的角色意识应当包括哪些内容呢？

（一）政治责任意识

我们都是全民所有制的出版机构，都是社会主义国家的出版社，首先在政治上要对党和国家负责。我们经常讲要在政治上同党中央保持高度的一致，这不是抽象的口号，而是有非常丰富、实在的内容的。就是说我们要有强烈的政治责任意识。我们出版的所有出版物必须在政治上维护社会主义的社会制度，坚持社会主义的发展方向，维护党的领导和人民民主专政的国家政权。也就是说我们必须坚定不移地坚持建设中国特色的社会主义理论，坚持党的基本路线。这是一个根本性问题，是一个根本的立足点问题，失去这个立足点，你就站立不稳，你就会倒台。我在社内经常对同志们讲，你们是知识分子，你们脑子中在想什么问题我无法知道，我也无权对你加以限制，但是你在人民出版社工作,在你的工作中,在你处理的书稿中,在政治上必须同党中央保持高度的一致。如果不能这样,而另搞一套,甚至搞相反的一套,那你就是在拆人民出版社的台,就是在搞自我否定,人民出版社也就失去了自身存在的价值,因为党不需要同他唱反调、唱对台戏、同他捣乱的出版社。大家回头看看近几年来社会上出现的那些黑色的、反动的书刊,否定社会主义制度的有之,攻击党的领导和人民民主政权的有之,丑化党的历史、党和国家领导人的有之。像这样的东西,出自敌对势力控制的出版机构,不奇怪,而出自党所领导的、全民所有制的出版社,则是令人震惊的。

(二)社会责任意识

我们不但要有强烈的政治责任意识,而且要有高度的社会责任意识。有些书稿不一定有很强的政治性,但对于青少年、广大读者有强烈的腐蚀作用,对社会生态环境有严重的毒化作用,例如近几年来查处的那些低级下流、淫秽色情的书刊就属于这一类。作为一个严肃的编辑家、出版家,只要还有一点对下一代、对社会负责的意识,就应当耻于同出版这些文化垃圾的人为伍,就应当旗帜鲜明地反对和抵制这类危害社会的出版行为。

(三)职业道德意识

人们生活在社会中,必然发生各种社会关系,道德关系是人类社会的一种特殊的社会关系,它所要解决的矛盾是与政治、法律所要解决的矛盾有所不同的,具有特殊的规范和调节方式。经济关系引起一定的阶级利益、个人利益的矛盾,各种利益矛盾有时要通过强制性的政策和法律、法规来规范和调节。但是,政策和法律、法规并不能使人们完全自觉地控制行为,调整相互之间的关系,因而还必须有道德调节。道德调节的特点在于,它不是通过强制性的手段，而是通过社会舆论、风俗习惯、榜样感化和思想教育等手段，使人们形成内心的善恶观念、情感和信念，自觉地按照维护整体利益的原则和规范去行为，从而自觉地调整人们之间的关系。

我们编辑出版工作者的职业道德，主要是调整我们同作者、读者、同行之间的道德关系的。处理同读者之间的道德关系，最重要的一条就是要对读者高度负责，你不能拿有毒的、有害的读物去毒害读者。前面我们讲到的黑书、黄书问题，有时单靠法律的、行政的手段还不能解决问题，还要加强对编辑出版工作者的职业道德教育，营造一种健康的职业道德的舆论环境。为了营造这种道德舆论环境，增强我们社长、总编辑的职业道德意识就是非常必要的了。不管你的政治水平、业务能力高低，最起码的一条道德要求总应该能够做到，就是不出坏书去毒害人。

二、把贯彻出版方针和坚持社会主义 出版方向放在首位

《社长岗位规范》和《总编辑岗位规范》关于主要职责都有一条讲要"认真贯彻党的宣传出版方针，自觉维护党和国家的利益，坚持社会主义出版方向"。社长、总编辑工作千头万绪，但都必须把贯彻党的宣传出版方针和坚持社会主义出版方向放在工作的首位。那么，什么是党的宣传出版方针？什么是社会主义出版方向？

对于这个问题，我们平时似乎很熟悉，可以不假思索地回答出来。为了讲得准确一点，我查了一些权威性的文件，发现这个问题还真有一点讲究。对于我国的出版方针，从新中国成立初

期出版总署的文件,到今年1月6日新闻出版署党组给党中央、国务院的报告,可以讲出一篇大道理。再拿"为人民服务,为社会主义服务"这句话来说,有时表述为党的出版方针,有时也表述为社会主义的出版方向。

为了便于我们深入地研究这个问题,现在我从新中国成立以来几个不同历史时期、作为指导我国出版工作的权威性文件中摘引几段,供大家思考时参考。

▲新中国成立还不到一年,1950年9月25日出版总署在《关于发展人民出版事业的基本方针的决议》中第一次提出了指导新中国出版事业的基本方针:"中国人民政治协商会议共同纲领是我们一致遵守的原则;为人民大众的利益服务是人民出版事业的基本方针。新中国人民出版事业要认真地执行民族的、科学的、大众的文化教育政策,坚决地与封建的、买办的、法西斯主义的思想作斗争。"

▲1963年7月31日在中共中央批转《中央宣传部关于出版工作座谈会情况和改进出版工作问题的报告》中曾提出:"出版工作的基本任务,是传播马克思列宁主义、毛泽东思想,进行'兴无灭资'的斗争,普及阶级斗争和生产斗争的知识,提高人民的共产主义觉悟和科学文化水平,为社会主义革命和社会主义建设服务。"并提出"必须坚持'政治第一,质量第一'的方针"。关于"政治第一,质量第一"的解释是:"政治第一,就是要求出版工作必须符合无产阶级革命和社会主义建设事业的当前需要和长远需要,出版每一本书,都首先要看它的政治内容,考虑它的政治后果,并且要根据政治形势,来决定先后缓急,决定多出什么,少出什么,或者不出什么。质量第一,首先要求政治上正确,同时要求具有一定的学术、艺术水平。要力求知识的准

确性和文字表述上的鲜明生动性。"

▲在国务院批转国家出版局 1973 年 6 月 17 日《关于加强和改进出版工作的报告》中提出："出版战线的基本任务是：宣传马克思列宁主义、毛泽东思想，宣传毛主席的无产阶级革命路线和党的方针、政策，批判资产阶级、批判修正主义，传播阶级斗争、生产斗争和科学实验的理论和知识，促进科学文化事业的发展和繁荣，为极大地提高整个中华民族的科学文化水平，为实现新时期的总任务而斗争。"并提出"坚持为无产阶级政治服务、为工农兵服务的方向"，指出"出版工作要反对脱离政治的倾向，又要避免对为政治服务作狭隘的理解"。

▲1983 年 6 月 6 日中共中央、国务院在《关于加强出版工作的决定》中提出："必须坚持为人民服务、为社会主义服务的根本方针。"

▲1995 年 1 月 6 日新闻出版署党组在给党中央、国务院的《关于进一步加强和改进出版工作的报告》中提出了在新的形势下出版工作的基本思路和工作方针是："尽快建立适应社会主义市场经济体制和精神文明建设需要，又符合出版规律的出版管理体制和运行机制，推动整个出版业实现从以规模数量的增长为主要特征向以优质高效为主要特征的阶段转移。总的工作方针是，一手抓繁荣，一手抓管理，通过改革强化管理，通过改革促进繁荣。"并强调要"坚持方向，以邓小平同志建设有中国特色社会主义的理论为根本指针，坚持党的基本路线，坚持服从、服务于全党全国工作大局，坚持出版工作为人民服务、为社会主义服务、为两个文明建设服务。坚持以科学的理论武装人，以正确的舆论引导人，以高尚的精神塑造人，以优秀的作品鼓舞人"。

从这些表述中,我们可得出如下几点初步的认识:

第一,这些不同的表述都是一定历史时期的产物,都同当时党的思想路线、政治路线有着密切的联系,都在一定的时间空间内发生过指导作用,不管这种作用客观上是积极的还是消极的。

第二,随着历史的进步,正反两个方面经验教训的积累,我们党对什么是社会主义、怎样建设社会主义认识的深化,我们对我国社会主义出版方针、出版方向的认识和表述也在日益准确、全面、科学。

第三,随着认识的深化,我们剔除了一些表述中的不科学的成分,例如由于受极左思潮影响而出现的一些过左的、片面的、不科学的提法,这表明了我们党的进步和成熟。

第四,我们应当把那些经过时间考验、实践检验证明是正确的东西加以坚持,把它当做指导我国社会主义出版事业的工作方针、方向,并在实践中坚定不移地加以贯彻。

经过比较和思考,我认为1995年1月6日新闻出版署党组给党中央、国务院的报告中的表述,是在总结历史经验的基础上,汲取了前人的积极的思想成果,又针对当前现实存在的问题作出的,我们应当深入领会它的深刻含义。在这里,我想讲一点自己的初步理解。

关于新形势下出版工作的基本思路和工作方针这一段讲了两层意思:

①基本思路。是讲建立一种什么样的新的出版体制。在党的十四大提出建立社会主义市场经济体制这样一个宏观改革目标时,我们出版界开始的提法是建立适应社会主义市场经济体制的出版体制,经过两年多的实践,逐步地感到这一提法不能完全体现出版物作为一种特殊商品、作为精神食粮的属性,不能充

分体现出版工作的意识形态的属性，所以逐步改为不但要适应社会主义市场经济体制的需要，而且要适应精神文明建设的需要，还要符合出版工作的自身规律。这样表述就逐步地完整、准确和科学了。

②关于工作方针。这一次改变前几年的习惯提法，把"为人民服务，为社会主义服务"不作为工作方针来提，而作为坚持的方向来提。而关于工作方针则把"一手抓繁荣，一手抓管理，通过改革强化管理，通过改革促进繁荣"作为总的工作方针。这里包含三个子项，即繁荣、管理、改革。它们之间的关系是：繁荣是目的，管理是手段，改革是途径，要通过改革来强化管理的手段，达到繁荣的目的。

关于我国出版工作所要坚持的方向，这次表述分三层意思，即三个"坚持"：

①坚持基本理论和基本路线不动摇，即"以邓小平同志建设有中国特色社会主义的理论为根本指针，坚持党的基本路线"。这是我国各项工作都必须遵循的根本原则，所以说是"根本指针"、"基本路线"，出版工作当然不能例外，必须不折不扣地加以坚持。

②"坚持服从、服务于全党全国工作大局，坚持出版工作为人民服务、为社会主义服务、为两个文明建设服务。"这里一是要处理好小局与大局、局部与全局的关系，出版工作相对于全党全国工作的大局来说，是小局、是局部，理应服从于、服务于大局和全局；二是讲出版工作的服务对象有三个，一是人民，二是主义，三是建设。从这三个服务对象来说，我们的出版工作的范围实在可以说是无限广阔的，我们的活动舞台是非常广大的，就看我们有没有本领演出威武雄壮、生动活泼的活剧来了。

③"坚持以科学的理论武装人,以正确的舆论引导人,以高尚的精神塑造人,以优秀的作品鼓舞人。"这是江泽民总书记向全国思想宣传工作战线所提出的四项任务,这四项任务都同我们出版工作有着密不可分的关系,都是我们应当尽心尽力去完成的。

我的这些理解不一定十分准确,而且随着社会实践的发展,关于出版方针的表述还会有新的变化,所以现在的认识和理解仅供同志们研究时参考。但是有一点应当十分明确,就是我们应当把贯彻每一时期总的工作方针和应坚持的方向,放在我们社长、总编辑工作的首位,使之成为我们行动的指南。

三、社长侧重抓发展、繁荣、改革和经营管理,总编辑侧重抓选题开发和审稿把关

我们不少出版社的社长和总编辑是由一人担任的,但也有不少出版社社长和总编辑是由两人分别担任的。无论是一人兼任,还是两人分任,都应明确意识到这两个职务在抓业务工作方面是各有侧重的,在由一人兼任时不能只抓一个侧重面,而丢了另一个侧重面,应该兼顾到两个方面;在由两人分任时,则应明确两者的分工,同时又要注意互相合作、互相支持,形成合力,不要把分工变成分家,各不相关,甚至互相扯皮。

建立经营管理的五种运行机制

抓发展和繁荣,多出好书,可以说是我们社长、总编辑的永恒的课题,是我们的根本性的任务。旧的体制和运行机制在历史上曾经发生过积极的作用,但是发展到今天,它已不适应甚至

妨碍着我国出版生产力的发展,所以我们党提出要通过改革尽快建立适应社会主义市场经济体制和精神文明建设需要,又符合出版规律的出版管理体制和运行机制。

这种改革不是一帆风顺的,也不可能一蹴而就,需要在改革中不断探索、不断总结经验、不断前进。

市场经济体制的建立,使出版社再也不能躺在国家身上过日子,不思进取,不管盈亏了。这是出版工作的一种进步。但是,几十年的习惯势力,使相当多的出版社只熟悉计划经济管理那一套,而不熟悉新的市场经济管理这一套;或者以为在市场经济体制中,过去符合出版工作本身需要的、行之有效的规章制度,可以弃之不用了,专注于追逐利润,甚至不择手段。于是就出现了有的出版社的责任编辑不看稿、编辑室主任不复审、总编辑不终审的怪事,三审制形同虚设;出版社内部编辑出版流程混乱,错误屡见不鲜;一些出版社还卖书号,搞不正之风。这些不良现象的存在严重地妨碍了我国出版事业的发展和繁荣,在改革中,我们应采取有针对性的措施,来遏制和克服这些不良现象,使出版社走上良性循环的轨道。

为了解决这些问题,我觉得就一个出版社来说,在改革中主要要建立五种运行机制:

1. 选题和出书的管理机制

一个出版社的面貌怎样,是美还是丑,是高雅还是庸俗,是神采奕奕还是萎靡不振,人们不看别的就看你出版的书刊,所以我们出版的书刊也就是我们的脸面,我们一定要像爱护自己的脸面那样爱护我们所出版的书刊。而书刊面貌怎样,在很大程度上又取决于我们选题的优劣,所以人们又常常说选题的优劣,关系到一个出版社的兴衰成败。出版社应当开发高品位、高质量的选题,淘汰平庸的、低水平的、重复的选题,建立与社会主义市场经济体制相适应的知识体系。建立这种知识体系是一个宏大的系统工程,它涉及哲学、社会科学和自然科学各个领域。就一个出版社来说,需要不断地清理选题,调整选题结构,以便不断地优化选题,形成为读者和市场需要的,又能反映出版社特色的出书体系。

我们经常说要将出版社从生产型改变为生产经营型,要适应社会主义市场经济体制的需要,加强出版社的经营管理,在我看来,选题开发是出版社的第一位的经营活动,所以要把选题开发放在我们社长、总编辑的重要的活动日程之中,事情再忙也不可丢了这一项。

与选题开发密切关联的便是选题的审批与管理。在这方面需要建立这样几项制度:

▲选题审批论证制度。

▲选题管理制度:①检查选题的落实和组稿情况;②检查重点选题的进度;③经常淘汰过时的、老化的和长期未能约到合适作者的选题;④经常分析选题存量,调整选题结构、优化选题配置。

▲书稿档案制度。书稿档案是出版社的财富,是一座丰富的宝库,如果书稿出了问题也可以查清责任,从中总结经验教训。

2. 质量管理机制

在市场经济体制下参与市场竞争和加强精神文明建设,提高全民族的科学、文化、道德素质,都要求我们不断提高书刊质量。参与市场竞争,归根到底是产品质量的竞争;参与精神文明建设,归根到底也取决于我们能不能提供高质量的书刊。保证和提高书刊质量是出版社立于不败之地的关键所在,所以人们又常常说质量是出版社的生命。为了保证和提高书刊质量,我们应当建立严格的质量管理机制。在这方面主要要抓如下几个环节:

▲经常宣讲质量是出版社的生命,不断增强质量意识。

▲制定质量检查和管理制度。

▲建立质量检查和管理机构。

3. 经营管理机制

出版社要从生产型向生产经营型转变,要建立目标管理责任制和岗位责任制,实行工效挂钩的改革,都要求我们建立新的经营管理机制。在这方面要抓如下几个环节:

▲全面管理投入和产出,加强成本核算,经常进行成本分析,注意降低成本,增加效益;降低投入,提高产出。

▲加强原材料管理和产品管理,建立定期的查库清库制度。

▲在开源的同时注意节流,加强行政和后勤管理,杜绝浪费,降低管理费用。

4. 干部管理机制

在人事、劳动、工资三项改革中,我们出版社已经初步形成了干部管理的一些新的机制,主要有:

▲建立干部的聘任、聘用制,工人的合同制。

▲建立严格的考核制,每年年终都要进行一次并存入档案,作为晋升职务、职称、工资和奖罚的根据。

▲在工资改革中建立新的激励机制。让津贴即通常说的"活工资"真正活起来,制定建立在严格考核基础上的津贴发放办法。在实行工效挂钩后,出版社有了工资增长权,我们要充分利用这个权,建立工资增长机制,以增加全社职工的收入,充分

调动其积极性,增强出版社的凝聚力。

5. 自我约束机制

十四大报告中要求企业"自主经营,自负盈亏,自我发展,自我约束"。这是一种完整的系统管理,"四自"缺一不可。对出版社来说,目前特别需要的是建立起自我约束机制,从制度上保证只出好书不出坏书,自觉遵守市场竞争规则和财务税收、工资奖励福利等方面的规章制度。

在这方面,近几年来我社主要制定了这样一些制度:

▲选题审批论证制度。

▲书稿三审制度。

▲关于书稿审读把关和质量检查的规定。

▲编辑出版人员职业道德规范。

▲关于处以上干部勤政廉政的规定。

▲关于禁止我社人员参与社会上非法出版活动的规定。

▲关于津贴的发放办法,关于浮动升级的办法。

在建立新的运行机制的过程中,要特别注意抓制度建设。关于制度建设的重要性,我们有这样几点体会:

①我们整个国家现在都十分强调加强社会主义的法制建设,建立出版社的各方面的规章制度是加强法制建设在我们单位的体现,我们的规章制度在我们社的范围内就是我们的小法规。有了这些小法规,从社领导到每一位职工行为都有所遵循,从领导角度说,不会因为社长、总编辑人员变动或他们注意力的转移而影响工作;从全社职工来说,各人的行为可以有序化、规范化,不至于任意自由行动。

②通过制定规章制度,可以将上级领导机关有关出版工作的指示精神结合本社的实际情况,使其具体化,变成我们自己的

自觉的行为。

③有助于巩固改革的成果。近几年来,有些涉及全社的改革措施的出台,我们都是通过制定有关的方案、制度的形式出现的。在制定这些方案、制度时需要进行深入的调查研究和充分的论证,这一方面可以锻炼、提高社领导和有关职能部门负责人的工作能力、领导水平,一方面又可以发动全社职工关心改革、参与改革,也是一种很好的自我教育。

④这也是一种企业文化。企业文化有很丰富的内容,制度文化是其中的重要一项。一个企业是不是有完整的规章制度,是这个企业企业文化的一种反映。

当然,制定了规章制度后千万不要束之高阁,而要注意抓制度的执行,抓贯彻落实。

抓编辑业务要注意三个环节

编辑出版工作有其自身的规律。许多建社多年的老出版社,经过多年积累,形成了一套避免错误的行之有效的规章制度。如选题审查论证制度、审读和编辑加工书稿的三审制、书刊付印和发行的批准制,等等。当然,随着社会的发展、市场经济体制的逐步建立,原有的规章制度有些不适用了、有些不够用了。这里存在一个不断修订和健全规章制度的问题。但是,目前有些出版社或因单纯经济利益的驱动,或因不熟悉编辑出版业务,或将规章制度视作束缚改革开放的"绳索",把许多行之有效的规章制度弃置一旁,拿到书稿后,既不初审,也不复审,甚至连终审也没有,就签字付印;更有甚者,只要个体书商给一笔钱,就将书号卖给他们,书稿是什么样子都不知道。这类现象的产生,除了领导班子政治责任心不强外,没有坚持编辑出版的规

章制度也是一个重要的原因。为了解决这方面的问题,总编辑要注意抓如下三个环节:

▲选题的开发和优化;

▲选题的审查和论证;

▲严格执行三审制。

四、社长侧重抓队伍和班子建设, 总编辑侧重抓编辑人才培养

一个社长、总编辑无论他个人能力多么强,光靠一两个人是无论如何办不好出版社的。何况金无足赤,人无完人,作为一个现实的人,我们都是有缺点、弱点和不足之处的。所以,我们需要发挥领导班子的群体优势,需要依靠全社职工的群策群力、集体智慧。

队伍、班子建设和人才培养主要抓什么?

1. 抓正确的世界观和政治方向的确立

世界观问题,多年来人们已经不大多讲了,但是不多讲不等于这个问题不存在、不重要;有人见到我在这里重提世界观问题,是否会觉得我老薛思想保守、迂腐。现在人们都在追逐现实的眼前利益,"孔方兄"成了人们追逐的对象,出现了所谓"追钱族",谁还对世界观这类玄妙的学理问题感兴趣?说玄妙并不玄妙,就是整日追逐"孔方兄"的人们,他们的这种行为也是一种世界观的产物;说它是学理,但并不高深莫测,人人都会碰到这个问题,只是有自觉与不自觉之分而已。

人们的人生观、价值观是同世界观密切相关联的,一个人追

求一种什么样的人生道路和价值目标是由他的世界观决定的。我觉得,作为一个社会主义的出版社的社长、总编辑,他应当追求一种有意义的人生道路和高尚的价值目标,他应当在为人民、为祖国、为理想的服务中、奋斗中实现自身的价值,而不应随波逐流,浑浑噩噩,这就需要有科学的世界观作指导。

世界观同政治方向也有着密切的关系,政治并不都是肮脏的,在科学世界观指导下的政治、全心全意为人民服务的政治是崇高的,是值得我们为之献身的,无数革命先烈不是为我们作出了榜样吗?

正确的世界观的确立,对于人生旅途具有指南针的作用,可以使人们辨明正确的方向,指引人们走向光明的彼岸。所以在抓队伍、班子建设和人才培养时,要把确立正确的世界观和政治方向放在首位。

2. 抓敬业精神、职业道德、遵纪守法的作风建设

现在编辑出版工作中存在的一个比较普遍的问题,是书稿中的编校工作含量太少,在编、校两个环节上花的工夫太少。一个出版社的编辑,如果没有敬业精神,没有严肃认真的工作态度,对书稿不看不审、不加工不整理就发稿,编辑形同虚设,这种做法不仅仅是一种自杀,是自己否定了自己的存在价值,更为严重的是必然导致粗制滥造,置出版社声誉于不顾,坑害读者、坑害社会;如果没有职业道德,对作者、对读者、对社会没有一点责任心,就会不管书中错误百出或千出,只图赚到钱就行;如果不遵纪守法,就会胆大妄为,猎奇的、泄密的、黄色的、淫秽的、反动的书都敢出。因此,抓队伍、班子的建设和人才的培养,应当把培养敬业精神、职业道德、遵纪守法的作风放在重要位置。

3. 抓现代科学文化知识的学习

在科学文化知识方面,我们通常要求编辑既要"博"又要"专",既要当"杂家"又要当"专家"。这个要求是很高的,是不大容易做到的,但是我们要求我们的编辑要具有比较广博的科学文化知识,这个方向是不错的。一个编辑工作者所面对的书稿绝不会仅仅是他所熟悉的某一个专业学科的,不仅综合性出版社所出版的各门类、各学科的书稿所涉及的知识包罗万象,就是专业出版社所出版的专著,其内容也是五花八门的。编辑要具备处理、鉴别、判断各种书稿的能力,就要求他具备比较广博的知识,而且要不断地更新自己的知识结构,在某个专业学科方面还要有比较精深的研究。这是时代和编辑这个行当所提出的客观要求,所以我们在抓编辑人才的培养时应当抓好现代科学文化知识的学习。

4. 抓编辑出版专业知识和技能的培训

作为一个编辑,不但应当掌握编辑学,懂得编辑的社会地位、社会责任、职业道德,掌握编辑工作的基本技能(包括怎样搜集信息、开发和策划选题、组织稿件、审阅稿件、加工整理、文字修饰、图书评介等),还应懂得出版学方面的一些基本知识,例如出版的历史和现状、封面和版面的装帧设计、校对知识和技能(包括字体、字号的识别)、排版、印刷(包括胶印、单色印刷、彩色印刷)、装订知识,以至纸张和开本方面的知识、计算成本核定定价方面的知识、发行和营销方面的知识,还应当学习电脑在编辑工作方面的应用知识和操作技能。总之,一本书从选题到出版、发行的全过程以及同这一过程有关的各方面的知识,作为一个编辑都是应该了解和掌握的。特别是现在改革已经进入一个新的阶段,要建立社会主义市场经济体制,作为一个现代的编辑,还要有市场观念、经营头脑,不但要考虑出版物的社会效益而且要考虑经济效益,应当说,现在对一个编辑的要求比以往任何时候都更高了。

依靠党员党组织并充分发挥他们的作用

在贯彻党的出版方针和坚持社会主义出版方向问题上,在如何办好出版社的问题上,共产党员理应起模范作用,党的基层组织理应起战斗堡垒作用,他们是我们社长、总编辑最可靠最基本的依靠力量。我们在抓全社工作中,千万不要忽视充分依靠党员党组织和充分发挥他们的作用。按照党章的规定,共产党员在各项工作中要发挥先锋模范作用,出版社的基层党组织要发挥战斗堡垒作用和监督保证作用。从出版社基层党组织这方面来说,则应注意把党的工作做到业务工作中去,渗透到各项业务活动中去,特别要注意在贯彻党的出版方针、坚持社会主义出版方向方面充分发挥自己的作用。

我们大多数的社长、总编辑是由共产党员担任的,即使是由非党人士担任的,我们都应当自觉地接受群众对我们的监督,包括社内共产党员和基层党组织对我们的监督。不要一听监督就皱眉头,就不舒服,其实不管什么人,只要担任公职,包括党和国家的最高领导人也都要接受人民群众、党员群众的监督。对于一个正派坦荡的人来说,监督是一件好事,是保证人生航船沿着正确的航向向前进的必要条件。

(原载《出版广角》1995 年第 4 期,发表时的原题为
《全面履行社长、总编辑职责》)

教育者首先应当受教育*

一、社长、总编辑受教育的重要性和必要性

作为一个社长、总编辑,在自己的出版社内,给人的第一印象他是一个教育者。在我还是一名青年编辑的时候,我们的老社长、老总编胡绳、叶籁士、曾彦修、王子野、陈翰伯、王益等老同志,在我的心目中,他们首先并不是社长、总编这些官衔,而是谆谆善诱的老师,也就是教育者。他们所以能在我们的脑海中留下老师这样的印象,首先因为他们都很有学问,是具有广博的科学文化知识的学者;其次,他们在各方面都能严格要求自己,律己严、作风正,身教与言教一致,堪称为人师表。也可以说,他们之所以能成为教育者,是因为他们首先受了教育,广博的科学文化知识和做人的道理,都是首先受教育的结果,所以我说教育者首先应当受教育。几十年来,我一直以他们为榜样,诚心诚意地向他们学习,但是学习还很不够,同他们相比还差得很远很远。特别是在我们国家进入改革开放的年代,社会的经济体制正在发生深刻的变革,要建立社会主义市场经济体制,上层建筑、政

---

* 这是作者在新闻出版署举办的社长、总编辑岗位培训班上讲课的讲稿的一部分。

治体制也要发生相应的变革,所以我们深深感到自己的知识、能力、水平跟不上形势发展的需要,迫切需要重新学习。

教育者首先应当受教育还有一层更加深刻的意思。我们每个出版社出版的书刊,对于广大读者从某种意义上说都是为他们提供各种各样的教材,所以编辑出版工作者从这个意义上讲也是教育者,社长、总编辑更是教育者,对于这样的教育者来说更加需要首先受教育。

我们的作者都是各方面的专家、学者,处理他们的书稿,和他们交往,没有广博的科学文化知识,是非常困难的。从这方面来说,我们的社长、总编辑不断充实自己,扩展我们的知识面,更新我们的知识结构,不断地再学习、再培训也是非常必要的。

二、社长、总编辑应当加强六个方面的修养

在社会主义发展的新时期,邓小平同志指出:"思想战线上的战士,都应当是人类灵魂工程师。""作为灵魂工程师,应当高举马克思主义的、社会主义的旗帜,用自己的文章、作品、教学、讲演、表演,教育和引导人民正确地对待历史,认识现实,坚信社会主义和党的领导,鼓舞人民奋发努力,积极向上,真正做到有理想、有道德、有文化、守纪律,为伟大壮丽的社会主义现代化建设事业而英勇奋斗。"

我们编辑出版工作者当然属于邓小平同志所说"人类灵魂工程师"之列,我们是教育人的人,在精神文明建设中,在人自身的现代化建设中,我们担负着义不容辞的、历史性的责任。教育者首先应当受教育,受什么样的教育呢? 概括起来说,我想强调作为社长、总编辑应当加强如下六个方面的修养:

1. 关于政治理论方面的修养

我们是社会主义中国出版社的社长、总编辑,我们是马克思主义的信奉者,在政治理论方面应当具有如下的修养:

第一,应当学习和懂得马列主义、毛泽东思想的基本原理,在当前来说,特别应当注意用邓小平建设中国特色社会主义理论来武装自己,因为这一理论已经成为指导我们的行动指南。学习、掌握建设中国特色社会主义理论不应只是挂在口边的口号,而是应当真正扎扎实实地去学习和理解,力求掌握它的精神实质,并真正用它来指导我们的行动。在这一学习过程中,可以采用实践检验的方法、纵横比较的方法、理论联系实际的方法,务求学深学透。

第二,应当学习和懂得党和国家的路线、方针、政策,包括有关编辑出版工作的法律、法规和政策。这些是经常用得着的。

第三,要自觉地遵守党的宣传纪律。我们的出版物,特别是哲学社会科学方面的出版物,是具有强烈的意识形态性的,是有党性、阶级性的,必须同敌对的意识形态划清界限和进行必要的斗争。如果模糊了,甚至撤销了这方面的界限,那是会犯极大的错误的。

2. 关于现代科学文化知识方面的修养

在当今的时代,知识总量增长的速度极快,更新的速度也很快,作为一个现代出版社的社长、总编辑,我们应当尽可能地掌握更多一些科学文化知识,不但要具有处理、鉴别、判断各种书稿的能力,而且还要有解决初审、复审所提出的疑难问题的能力,没有比较广博的科学文化知识是无法胜任的。当然,我们不可能成为百科全书式的学者,我们只能要求:第一,要有强烈的求知欲,要有广泛的兴趣,要像海绵吸水那样不知疲倦地汲取各种知识;第二,要注意不断更新自己的知识结构,不要满足于在读大学、研究生时所学的课程,而要以那时学到的知识为基础,注意新学科的新成果和老学科的新进展;第三,要养成在工作中学习和充实自己的良好习惯,遇到自己不懂、不明白的问题,不要轻易放过,更不要凭想当然处理,而要学会根据工作的需要查阅参考书、工具书,向这些不会说话的教师请教。在现代科学文化知识方面不但要"博",而且要"专",在某一门专业学科方面有较高的学术造诣,不但有一般的涉猎和了解,而且要作一点专深的研究,能够写出学术论文、专著当然更好。

3. 关于语言文字方面的修养

作为一个普通的编辑,每时每刻都在同各种各样的文稿打交道,要帮助作者从文字方面对书稿进行修改、润饰和加工,因此在语法、修辞、逻辑、标点符号的使用等方面应当有比较高深的修养,应当是这方面的专家。这样才能对作者提供帮助和服务。所以有人说编辑是出版物的文字方面的医生和美工师。作为一个出版社的社长、总编辑,在这方面的要求总不能低于一个普通编辑,不然,你就无法向社里的编辑们提出这方面的要求,他们在这方面存在的疏漏你也就无法发现并加以纠正。现在有一种说法叫做"无错不成书",书中存在大量的错别字和语法、修辞、逻辑、标点符号方面的差错和毛病,和我们社长、总编辑降低了这方面的要求,疏于检查、督促,是不是也有一定的关系?从当前存在的现实情况看,提高我们社长、总编辑的语言文字方面的修养,也是刻不容缓的。

我觉得作为社长、总编辑还应当具有比较强的写作能力,能结合自己的专业写论文,甚至著书立说。这样做不但可以提高自己驾驭语言文字的能力,而且可以提高自己的专业水平、学术水平。这样做还有一个好处,就是可以体会写作的甘苦,掌握写作的技巧和规律,提高鉴别书稿的能力。

4. 关于编辑出版业务知识方面的修养

作为社长、总编辑,应当具有编辑出版业务方面的专业知识,是不言自明的道理。过去有人说"编辑无学"、"出版无学"。经过十多年的努力,我国已经发表、出版了大批有关编辑学、出版学方面的论文、专著、资料等,打下了建立我国编辑学、出版学的坚实基础。

作为社长、总编辑,不但应当掌握编辑学、出版学的基本理论,掌握编辑、出版工作的基本技能,而且应当懂得一点中国的编辑出版史,了解世界上的出版的状况和经营管理方面的知识。总之,书刊从选题到出版、发行的全过程以及同这一过程有关的各方面的知识,社长、总编辑都应当有所了解。

5. 关于组织活动能力和决策能力方面的修养

出版社要想出版高品位、高水平、高质量的书刊,需要做大量的调查研究和组织工作,需要搜集和分析大量的信息,了解各方面的动态,包括作者队伍构成情况、作者们的研究和写作计划、读者的需要和书刊市场情况。社长、总编辑不但要善于组织全社各部门协同合作完成各项任务,还要善于通过自己的编辑人员组织作者队伍完成写作任务。有些大型、成套图书的组稿,不只是面向个别、少数作者,而是要面向相当庞大的创作集体。所以,作为社长、总编辑需要具有社内和社外两方面的组织活动能力,因此人们常常说,一个合格的社长、总编辑应当是一位名副其实的社会活动家和组织工作者。

社长作为一社之长,要主持全社的全面工作,总编辑则要主持整个编辑部的工作,每天都会面对大量的由副职、各部门的中层干部,以至责任编辑提出来需要由他们拍板定案的问题,其中有选题审批、书稿内容方面的问题;有发展战略、出书规划、经营管理方面的问题;有职务晋升、职称评审、工资待遇甚至分房等方面的问题。有些问题需要随机决断,有些问题虽然可以提到领导班子进行集体讨论,但在讨论中,在充分发扬民主和集思广益的基础上,社长、总编辑仍要拿出决断性的意见,所以培养、提高决策能力,是社长、总编辑任职的一个不可缺少的条件。

怎样提高决策能力?我认为主要是要善于学习、勤于思考。要善于决策,还存在一个怎样正确决策的问题。胡乱拍板,盲目决策,必然造成失误,带来损失。根据我的体会,正确决策要注意如下几点:①态度要谦虚、谨慎、冷静。②要注意调查研究,弄清情况和问题的来龙去脉,不可偏听偏信。③要注意走群众路线,重大问题,涉及全社的全局性问题,要尽可能地多倾听群众意见。④注意坚持民主集中制,发挥领导班子的集体优势,既要充分发扬民主,集思广益;又要善于集中,不可优柔寡断,议而不决、决而不行。

6. 关于职业道德方面的修养

社长、总编辑在社内是领导者,是教育人的人,所以应当处处、事事严于律己,要求别人做到的事情自己首先应当做到,例如要求别人遵纪守法、勤政廉洁,自己首先应当做到;要求别人遵守社内的规章制度,工作要认真负责,自己也应当首先做到。要以身作则,身教重于言教。这样才能说话有人听,才能在群众中有威信。我们不能光靠手中的行政权力来工作,还要具有道德的感召力和人格的魅力,所以我们要加强自身的道德修养。

我们要求我们的编辑具有敬业精神和献身精神,要全心全意为作者服务,为读者服务,我们社长、总编辑则要身体力行,要淡泊名利,更不要争名逐利。

我们要求我们的编辑具有博大的胸怀,正派的作风,对待作者及其书稿,处理同作者的关系要出以公心,对名家、大家,不卑;对新手、无名之士,不亢。对书稿以质量的优劣作为取舍的标准,坚持在质量面前一律平等。要尊重、爱护、保护作者的劳动成果。在这方面,我们社长、总编辑应当成为模范。

我们要求我们的编辑要诚心诚意地为读者服务,要为读者提供健康有益的精神食粮,绝不能用反动的、有害的精神毒品去毒害青少年、毒害读者,我们社长、总编辑在这方面也应作出榜样。

我们要求大家抵制不正之风对我们编辑出版队伍的腐蚀,我们自己首先不要被腐蚀。现在,请客、送礼、塞红包、吃回扣盛行,有些人甚至利用自己手中的权力与不法书商相互勾结,出黑书、黄书,毒害青少年,毒化社会生态环境,我们作为社长、总编辑,不能只满足自己手脚干净,不参与进去,而应该一身正气,率领全社职工同这类丑恶现象以至犯罪行为进行坚决的斗争,以保持我们编辑出版队伍的纯洁。

（本文原载《新闻出版天地》1996 年第 4 期,
发表时作了一点压缩,现按原稿排印）

人民出版社的40年

　　1990年12月1日是人民出版社的40岁生日。40年前,人民共和国刚刚诞生,祖国大地遍体鳞伤,百废待兴,就是在这个时候,党中央和中央人民政府决定建立第一家国营出版机构——人民出版社。它的前身是抗日战争和解放战争时期根据地新华书店的编辑部。人民出版社作为党和国家的政治书籍出版社,担负着下列出版任务:马列主义毛泽东思想经典原著,党和国家的文件、文献,党和国家领导人的论著,宣传马列主义毛泽东思想和党的路线、方针、政策的普及性读物,党史和党建论著,哲学社会科学方面的学术著作。人民出版社从建社的第一天起就受到毛泽东主席、周恩来总理等老一辈无产阶级革命家无微不至的关怀和亲切指导,毛主席为我社题写了社名,周总理、邓小平、陈云等同志多次为我社题签书名,陆定一同志参加了我社的成立大会,胡乔木同志多次写信、讲话对我社工作进行亲切的指导。去年10月,邓小平同志又亲笔为我社40周年社庆题词。40年来,人民出版社遵循党和国家为它规定的方针任务,始终坚持了为人民服务、为社会主义服务的方向,出版了《马克思恩格斯全集》50卷,《列宁全集》中文第一版39卷、中文第二版60卷。这两套全集的出版,是我国出版史上的宏伟工程。此外,还出版了《马克思恩格斯选集》、《列宁选集》、《马列著作选读》和一大批马列著作的专题文集和单行本,为在中国宣传和普及、坚持和发展马克思列宁主义作出了贡献。我社大量印行了《毛泽东选集》、《毛泽东著作选读》、《毛泽东书信选集》、《毛泽东农村调查文集》。我社出版《毛泽东选集》做到了不错一个字一个标点符号,是我国出版史上的一个奇迹,并通过这样的锻炼,养成了一种严肃认真、一丝不苟的工作作风。我社还出版了《周恩来选集》、《周恩来统一战线文选》、《刘少奇选集》、《朱德选集》、《任弼时选集》、《邓小平文选》、《陈云文选》、《李先念文选》以及一大批老一辈无产阶级革命家董必武、张闻天、王稼祥、陶铸、李维汉、谢觉哉、廖承志等的选集、文集,著名的革命先烈李大钊、蔡和森、瞿秋白、邓中夏、恽代英、方志敏、彭湃、何孟雄、张太雷等的文集、选集。在出版老一辈无产阶级革命家论著的同时,还出版了一批他们的传记和年谱,其中有《共和国元勋风范记事》、《李大钊传》、《周恩来传》、《周恩来年谱》、《朱德年谱》、《邓小平传略》、《向警予传》、《邓中夏传》、《彭湃传》、《夏明翰》、《左权传》等。

在出版老一辈无产阶级革命家的论著和传记的同时,我社还出版了《孙中山选集》、《孙中山生平事业追忆录》,宋庆龄著《为新中国奋斗》、《宋庆龄选集》、《宋庆龄纪念集》,廖仲恺、何香凝合集《双清文集》、《柳亚子选集》、《冯玉祥选集》、《蔡元培传》、《李四光传》等。

40年来,我社出版了大量党和国家的文件、文献的单行本、汇编本,以及《中华人民共和国宪法》、《中华人民共和国法律汇编》、《中华人民共和国现行法规汇编》。出版了大批宣传和解释党和国家的路线、方针、政策、法律、法规的普及读物。

出版中共党史和革命回忆录、革命烈士传在我社工作中占有重要的地位,其中有胡乔木著《中国共产党的三十年》、中共中央党史研究室编《中国共产党历史大事记》、李践为主编《中国共产党历史》(1—3)、中共中央文献研究室集体编写的《关于建国以来党的若干历史问题的决议注释本》、中共中央文献研究室等编《中共党史风云录》、中共中央党史资料征集委员会等编《遵义会议文献》,以及方志敏的《我从事革命斗争的略述》,《彭德怀自述》,何长工的《难忘的岁月》,陈丕显的《赣南三年游击战争》,张鼎丞的《中国共产党创建闽西革命根据地》,罗瑞卿、吕正操、王炳南著《西安事变与周恩来同志》,王首道的《忆南征》,李达的《抗日战争中的八路军一二九师》,杨成武的《战华北》,以及《牺盟会和决死队》,《罗荣桓在山东》,《回顾长征》,《远征万里(红二方面军长征记)》,《艰苦的历程(中国工农红军第四方面军回忆录选辑)》,《辽沈决战》(上、下),《革命烈士传》(1—3),《不屈的共产党人》(1—4),《中华女英烈》(1—2)等。

根据不同时期加强党的建设和思想政治工作的需要出版党建论著和政治思想教育方面的普及读物是我社的一项重要工作,这方面近年出版的重要图书有《中国共产党章程》、《邓小平论党的建设》、《邓小平同志论坚持四项基本原则反对资产阶级自由化》、《为把党建设成为更加坚强的工人阶级先锋队而斗争》(江泽民)、《党建知识要览》、《党政干部廉政教育讲话》、《党政干部行为准则》、《党的纪律检查工作的理论与实践》、《纪检监察实用辞典》、《基层党组织建设问题探讨》、《论党风与党员素质》,中共中央宣传部编《四项基本原则和资产阶级自由化的对立》、《动乱真相与"精英"的表演》、戚方编《"和平演变"战略的产生及其发展》等。

党的十一届三中全会以来,出版为改革开放和四个现代化建设服务的图书,是我社的又一项重要的工作内容。我社不但出版了中共中央关于经济体制改革、科学技术体制改革、教育体制改革、社会主义精神文明建设指导方针、进一步治理整顿和深化改革的决定和文件,还出版了《坚持改革、开放、搞活——十一届三中全会以来有关重要文献摘编》,邓小平的《建设有中国特色的社会主义》《邓小平同志论改革开放》,薛暮桥的《我国国民经济的调整和改革》,李秀林等主编的《中国现代化之哲学探讨》,姚传旺主编的《改革的哲学》等。

出版享誉海内外的学术著作是我社的又一个重大的成就,其中比较大的工程有:《郭沫若全集》历史编共 8 卷,范文澜、蔡美彪等著 10 卷本《中国通史》,郭沫若开创并由《中国史稿》编写组集体撰写的 7 卷本《中国史稿》,翦伯赞主编《中国史纲要》(上、下),戴逸主编《简明清史》(1—2),侯外庐主编 5 卷本《中国思想通史》,冯友兰著 6 卷本《中国哲学史新编》,任继愈主编 4 卷本《中国哲学史》,任继愈主编 7 卷本《中国哲学发展史》,侯外庐等主编《宋明理学史》(上、下),邓力群著《学习〈论持久战〉哲学笔记》,胡绳著《帝国主义与中国政治》《从鸦片战争到五四运动》,以及《杜国庠文集》《李达文集》(4 卷)《艾思奇文集》(2 卷),等等。我国最著名的经济学家薛暮桥、孙冶方、许涤新、于光远、马洪、刘国光、董辅礽等也曾在我社出版过文集或学术专著,其中有薛暮桥的《中国社会主义经济问题研究》《社会主义经济论稿》,许涤新的《广义政治经济学》(1—3)、许涤新主编《政治经济学辞典》(上、中、下),于光远的《政治经济学社会主义部分探索》(1—5),钱俊瑞主编《世界经济概论》,马洪的《经济结构与经济管理》,马洪、孙尚清主编《中国经济结构问题研究》(上、下),刘国光的《社会主义再生产问题》,董辅礽的《社会主义再生产和国民收入问题》,张风波的《中国宏观经济分析》,谢明干、罗元明主编《中国经济发展四十年》,严中平主编《中国近代经济史》(上、下)等。我社还出版了几十种哲学、政治学、经济学、中外历史、中共党史等学科的大学文科教材,以及大量的知识性、普及性读物。这些著作和读物的出版,发挥了宣传群众、组织群众的巨大作用,为祖国科学文化的发展和积累,为促进物质文明和精神文明的建设,为坚持四项基本原则和反对资产阶级自由化,作出了应有的贡献。

从1984年以来,我社有55种图书在社会上获得优秀著作奖,其中有《列宁的风格》、《周恩来传》(金冲及主编)、《周恩来传略》(方钜成、姜桂侬著)、《彭德怀自述》、《从鸦片战争到五四运动》(胡绳著)、《马克思主义哲学纲要》(韩树英主编)、《唯物辩证法大纲》(李达主编)、《辩证唯物主义原理》(萧前等主编)、《马克思主义哲学基础》(高清海主编)、《马克思主义伦理学》(罗国杰主编)、《马克思主义哲学史稿》(中山大学哲学系等主编)、《中国哲学史》(1—4)(任继愈主编)、《现代西方哲学》(刘放桐等著)、《中国史纲要》(翦伯赞主编)、《隋唐五代史纲》(韩国磐主编)、《简明清史》(戴逸主编)、《辛亥革命史》(章开沅、林增平主编)、《五四运动史》(彭明著)、《中国新民主主义革命时期通史》(李新等主编)、《中国人口史》(赵文林、谢淑君著)、《世界通史》(周一良等主编)、《世界上古史纲》(本书编写组)、《战后美国史》(刘绪贻等著)、《非洲通史简编》(杨人楩著)、《世界十大宗教》(黄心川主编)、《政治经济学概论》(徐禾等)、《改革与理论上的突破》(薛暮桥)、《经济运行机制概论》(卫兴华等)、《中国宏观经济分析》(张风波)、《九年来的中国经济体制改革》(高尚全)、《经济学说史》(鲁友章、李宗正主编)、《党政干部廉政教育讲话》(《求是》杂志政治理论部编)、《论党风与党员素质》(赵文禄等)、《妇女解放问题基本知识》(罗琼)、《女性人类学》(禹燕)、《大科学观》(赵红洲)、《伟大的探索者——爱因斯坦》(朱亚宗)、《自然科学的发展与认识论》(陈昌曙)、《朱载堉——明代的科学和艺术巨星》(戴念祖著)、《编辑工作二十讲》(曾彦修、张惠卿等),等等。

我社除了出版图书,还主办了3种期刊:《新华月报》、《新华文摘》和《人物》杂志。

人民出版社的第一任社长是我国的著名学者胡绳,先后在我社担任过主要领导工作的有我国著名的编辑家、出版家王子野、华应申、叶籁士、曾彦修、陈翰伯、王益、陈茂仪、范用、张惠卿等。

40年来,我社一直非常重视党的思想建设和组织建设,形成了一支有较强战斗力的党的基层组织和党员队伍,他们在各项工作中发挥了战斗堡垒作用和先锋模范作用。我社的共青团支部历年来很好地发挥了党的助手作用,多次被上级团委评为先进团支部。民盟、民进、农工、九三学社等民主党派的基层组织及其成员,长期同中共基层组织团结合作,为人民出版社的建设作出了重要的贡献。

回顾40年创业和奋斗的历程,我们要特别感谢老一辈编辑出版工作者的辛勤劳动。

根据上级领导机关的决定,生活·读书·新知三联书店、世界知识出版社、通俗读物出版社、法律出版社先后与我社合并,"三联"、"世知"、"法律"三社后来又陆续独立。

先后在我社工作过的有1300余人,他们来自五湖四海。

　　我社不但出书,而且育人,经过几代人的努力,在我社已经形成了一种艰苦奋斗、严肃认真、全心全意为人民服务的社风和优良传统;同时向全国许多出版社、报刊社、文化机关输送了大量编辑出版专业人才。培养和输送专业人才可以说是我社的又一贡献。

　　我社40年共出版近万种、发行18亿册图书期刊,是全社同志心血的结晶。他们为了完成党和人民交托的任务,废寝忘食,殚精竭虑,有的甚至积劳成疾,但是毫无怨言。许多学人因为我社出版了他们的论著名扬海内外,而许多为人作嫁衣裳的编辑出版工作者至今默默无闻,他们是真正的无名英雄。他们留给我们的不仅仅是排列在书橱中的一排排精美的图书期刊,更重要的是他们忘我的、精益求精的工作精神。这是无法用金钱计算的精神财富。庆祝我社40岁生日,我们要继承老一辈的这种工作精神。

　　40年来,我社在成长的过程中,也走过弯路,有过失误,但在中央领导同志和上级领导机关的帮助和教育下,都能及时纠正,并认真汲取经验教训,不断改进工作。现在,我们的工作中也还存在某些不足和缺点,我们热忱欢迎同志们批评指正,帮助我们适应新的形势,把人民出版社的工作做得更好。

　　我们所从事的工作,其内容从具有高度思想性原则性的问题到十分具体的细节,有些工作甚至只涉及一个字、一个标点符号,但是每当我们看到我们所做的每一项工作,都同党和国家的命运,都同人民的幸福,都同国际共产主义运动的前途有着紧密的联系,在国际国内产生广泛深远影响的时候,我们都深深地感到我们工作意义的伟大,我们肩上责任的重大,由此,我们产生了一种无比的光荣感和责任感。

在回顾人民出版社所走过的40年历程的时候,我们同时也深深地感到,我们所取得的每一个成就,都是同党和国家领导人对我们无微不至的关怀和支持分不开的,都是同党和政府有关部门的领导、支持、帮助分不开的,都是同各科学研究机关、高等院校的支持和帮助分不开的,都是同印刷、发行、物资等兄弟单位的团结协作分不开的。在今天这个喜庆的日子里,请允许我代表人民出版社的全体同志向他们表示崇高的敬意和衷心的感谢。我们还要特别强调地指出,40年来,我社得到了各个方面的专家学者、作者、译者的大力支持,他们把自己的精心之作交给我们人民出版社出版。他们的劳动成果,为我社增加了光彩,为我社争得了荣誉,借此机会,我们要向他们表示深深的谢意,并且希望能够继续得到他们的帮助和支持。

40年,在整个人类历史的长河中只是短短的一瞬间,未来的道路漫长而修远,任务光荣而艰巨,我们有决心、有信心继承以往的光荣传统,继续把我们的工作做得更好。

(原载1990年12月出版的《人民出版社40年》一书)

在改革开放中诞生和成长

——为《新华文摘》创刊 20 周年而作

具有划时代意义、标志着中国进入改革开放年代的党的十一届三中全会刚刚闭幕,人民出版社编辑部的同志们,凭借多年锻炼和培养而形成的高度政治敏感,立即着手筹办一个新的刊物——《新华文摘》。当时是用《新华月报·文摘版》的刊名出现的,第一期于 1979 年 1 月份与读者见面,可以说是在改革开放中诞生的。创刊号没有发表长篇大论的发刊词,在一篇朴实无华短短几百字的《编者的话》中,却透露了编者们适应形势发展的需要,迎接新的历史时期来临的出刊意图:"《新华月报》是和新中国同时出世的,今年,也 30 周年了。回顾既往,《新华月报》出版以来为读者服务,提供报刊资料,可以说作出了一定的贡献。随着形势的发展,现在怎样把这个刊物办得更好一些,让它发挥更大的作用,还是一个需要认真考虑的问题,有待于我们作进一步的努力。粉碎了'四人帮'文化专制统治,我们科学和文艺战线开始出现百花齐放、百家争鸣、欣欣向荣的新局面,报纸和刊物逐渐增多,《新华月报》的选材也越来越丰富。为了使《新华月报》能够容纳更多的内容,除了增加篇幅,同时在编排上作一改进,把它分编为'文献版'和'文摘版',我们觉得,这样可能更好地适应读者的需要。"粉碎了"四人帮",中国人民迎来了百花盛开的春天,编者们迎接春天的欢快心情和在新形势下更好地为读者服务的热情,溢于言表。

《新华月报》用"文献版"和"文摘版"的形式出版了两年,到了1981年第1期,《新华月报》"文献版"继续用《新华月报》的刊名出版,"文摘版"则正式启用《新华文摘》作刊名。在这一期的《编者的话》中,正式宣布:《新华月报》(文摘版)创办两周年了。从这一期起本刊改名为《新华文摘》。我们希望把它真正办成"杂志的杂志",为广大读者提供一个浓缩的小型阅览室。编者接着还向读者谈了编好刊物的三点想法:

第一,《新华文摘》既属于广大读者,也属于全国各报刊,它向所有的报纸、杂志提供园地。我们殷切地期望广大读者对刊物提出批评和建议,推荐好文章和好作品,希望各报刊编辑部也能这样做。

第二,继续解放思想,坚持"百花齐放,百家争鸣"的方针。

第三,精益求精,认真做好编辑工作。

这三条,可以说是编者同作者、读者的相约,多年来《新华文摘》编辑部的同志们都是坚持这样做的。

《新华文摘》出版后,很快得到了读者、学者和报刊编者们的认同和欢迎,读者们把它看做是浓缩了的小型阅览室,一本在手可读百家报刊的好文章;报刊编者们把它看做是"杂志的杂志",关注着自己报刊上的优秀文章有哪些被《新华文摘》摘编、转载,并以此来衡量自己的工作成绩;专家、学者们不但把《新华文摘》当做自己的资料库,其他报刊阅后可以不加保存,《新华文摘》则期期必精心保存备查,而且十分关注自己学术成果是否被《新华文摘》转载、摘编,把这看做是对自己学术成就的公正的社会评价;教学、科研单位,则把《新华文摘》摘编、转载作为评定职称的重要参考。

《新华文摘》在改革开放中诞生,同样它也在改革开放中不断成长和发展。20年来,虽经历了许多风风雨雨,但适应新的形势的需要,为改革开放和社会主义现代化建设事业服务,为广大读者服务的办刊宗旨一天也没有动摇。因而受到各方面的关爱和欢迎,在创刊后的几年内发行量就突破了20多万册。现在,虽然文摘类报刊数量剧增,竞争异常激烈,但《新华文摘》编辑部随着改革开放的步伐不断改进自己的工作。1997年年初,在前几年改革的基础上,进一步完善目标管理责任制,明确了责、权、效,进一步调动了全编辑部每个人的积极性。在内容方面,精细加工,要求信息量在页码不动、目录不变的前提下,保证最少增加30%;选文力争把握学科总体面貌兼顾各个侧面,既要"有见解"、"有创新"、"有探索"、"有品位",又要"有分寸"、"有深度";在编校工作上,增加新的校次,使编校质量达到良好水平,并将进一步向优秀的目标迈进。为了方便老年读者的阅读和使用,《新华文摘》从1999年1月起增出大字本。经过编辑部全体同志的努力,《新华文摘》始终保持了博、大、精、深、新五大特点,以其精选精编、高品位、高质量、信息量大而赢得大量读者,保持了长盛不衰的发展势头,成为人民出版社联系广大作者、读者的一个重要窗口,也是出版社的一个重要的经济支柱。

我社主办的《新华月报》与新中国同时诞生,明年将纪念创刊50周年。翻开《新华月报》,中华人民共和国的历史尽收眼底。《新华月报》的姐妹刊物《新华文摘》诞生于改革开放的年代,它忠实地反映和记录了中国改革开放的全过程。《新华月报》和《新华文摘》这两种大型的资料刊物,成了今天人们回顾和研究新中国历史和中国改革开放历史的丰富的、珍贵的资料库。随着时间的推移,这种价值将越来越增值,越来越被人们所珍视。

在纪念党的十一届三中全会召开 20 周年,欢庆中国改革开放 20 年所取得的光辉成就的日子里,迎来了《新华文摘》创刊 20 周年纪念日,我们应当很好地总结 20 年来的办刊经验,戒骄戒躁,再接再厉,跟上全国改革开放的形势,进一步办好《新华文摘》,不辜负广大读者的厚爱。《新华文摘》杂志社最近在《光明日报》刊登有奖征集广告词启事,引起了广大读者的热烈反响,共收到有效来函 2345 封,约 8800 余条。请允许我从中引用几条来结束这篇短文,以激励我们编辑部的全体同志按照广大读者的期望继续前进:

聚集学术动态,展现百家风采,一刊新华文摘,承载整个时代!

天下文章可圈可点,新华文摘可读可藏。

读新华文摘,品天下文章,把时代脉搏,赏百科奇葩。

(作于 1999 年 1 月)

更新知识结构
建立新的知识体系

我们搞了几十年的计划经济体制,为这种经济体制服务,我们建构了渗透到各个领域、各个方面、各个层次的知识体系。在建构这种知识体系的过程中,出版界是作出了自己的贡献的。

随着经济体制的转变,正像旧体制作出它的历史贡献,走完它的历程一样,与旧体制相适应、为旧体制服务的旧的知识体系也将完成它的历史使命,逐步退出历史舞台。

但是,思想、文化、意识、知识有一种滞后作用。旧的知识载体,例如图书、期刊、报纸、音像制品等,不能用销毁的办法让其消失;几代人所受的教育,储存在人们头脑中的知识,不可能一下子从人们的记忆中消失。更新全民族的知识结构,建立适应社会主义市场经济体制需要的新的知识体系,是一个宏大的思想文化系统工程,需要一个渐进的过程。但这又是一个刻不容缓的工程,如果不立即着手来建立这种新的知识体系,那么,旧的知识体系将会发挥它的顽强的作用,对新体制产生严重的阻滞、折返、回潮作用,甚至可能会导致毁坏整个改革开放事业的严重后果。

在改革中,一个新的举措出台,常常会伴随出现一些负效应,为了克服这种效应,人们拿出来的往往是些旧招数,因为他熟悉。

在新旧体制转变过程中,旧体制、旧机制在破坏中,新体制、新机制还未完全建立起来,于是伴随着产生某些脱序甚至无序状态。面对着这种状态,人们往往不是去加快改革的进程,尽快地建立新的秩序,而是用搬出旧体制的办法,因为他习惯。

改革也是一场革命,因为没有现成的模式或经验,也可以说我们面对着许许多多未知的世界,我们还缺乏这方面的知识,因而只能在探索中前进,新的知识体系只能在实践中逐步地建立,而这个过程是非常艰巨的,需要付出巨大的创造性劳动,所以当人们碰到新情况、新问题、新矛盾时,在脑子中出现的常常是老经验、老办法,因为这方面的知识是丰富的,而且驾轻就熟,费力最小。

如此种种,对改革开放、建立社会主义市场经济新体制,是极为不利的。为了改革开放事业的顺利发展,为了社会主义市场经济体制的尽快建立,更新我们的知识结构,建立新的知识体系,就成了一切关心这一事业的人们,特别是我们知识界的一件迫切的事。

更新知识结构,接受新的知识,不是少数人的事情,不只是担负领导责任的人们的事情,而是全民族的事情。不但站在时代的前列、推动改革开放和建立新体制的人们需要新知识,就是一个普普通通的中国公民也迫切需要,且不说建立社会主义市场经济体制关系到全中国每一个人的切身利益,每一个中国人理应关心,只说在建立这种新体制过程中出现的一个个新事物,也是人们普遍关心的。就拿开放股票证券市场来说,许多人感到新奇,有些人觉得这是发财的好机会,也跃跃欲试,但是由于缺少这方面的知识,有些人甚至连起码的风险意识都没有,贸然从事,结果吃亏上当的也不少。建立社会主义市场经济新体制,投资已不仅仅是政府行为、企业行为,家庭、个人也可以参与投资、经营,个人理财已经提到普普通通的市民们的面前,那么,他们就需要有关投资理财方面的知识。

建立适应社会主义市场经济体制的知识体系,最迫切的当然是经济、政治方面的新的知识体系。在计划经济体制下形成的政治经济学以及方方面面的部门经济学、经济学的各分支学科,显然是不适应社会主义市场经济新体制的需要了,迫切需要更新,建立起与新的经济体制相适应的政治经济学新的知识体系。我国的政治体制也将随着新的经济体制的建立,而作相应的改革,因而也需要建立新的政治学知识体系。市场经济从某种意义上也可以说是一种法制经济,新的政治、经济体制的建立,需要加强社会主义的法制建设,所以也迫切需要建立新的法学体系。不仅如此,就是同经济基础相隔较远的哲学、伦理道德,也迫切需要建立起新的知识体系。就拿在建立市场经济体制的过程中怎样加强道德建设来说,就是一个非常迫切的课题。旧社会流行一句话,叫做"同行是冤家",尔虞我诈、互相拆台、损人利己、唯利是图。到了新中国新社会,这种现象减少了,对"同行是冤家"这句话人们也慢慢地淡忘了。现在要建立社会主义市场经济新体制,但是新的市场规则、市场秩序还不健全;或者虽然有规则,但由于是新手免不了不大懂得规则;或者虽然懂得规则但由于心术不正,有意搞邪门歪道,在竞争中往往容易出现不择手段、不顾质量地抢占市场,不诚实地宣传推销,甚至假冒伪劣等犯罪的勾当都使了出来。在竞争中怎样坚持正大光明、信守合同、以诚待客、公平竞争、以质取胜,建立起有中国特色的新型的市场经济中的人际关系,形成新的道德风貌,就是一个重大的、迫切的课题。这里有大量的工作要做,例如要形成健康的道德舆论环境,制定新的道德规范,建立新的道德教育和道德监督的机制,等等。总之,在道德建设方面,也迫切需要建立与新的经济体制相适应的知识体系。

新的知识体系的建立必须以邓小平建设有中国特色社会主义理论为指导。党的十一届三中全会以来,我们党在新的历史条件下把马克思主义基本原理同当代中国实际和时代特征相结合,开辟建设有中国特色社会主义道路并坚定地沿着这条道路胜利前进。在这一过程中,邓小平同志作出了特殊的杰出的贡献,他坚持和发展马列主义毛泽东思想,以非凡的求实态度、探索勇气、创新精神和革命胆略,敏锐地把握时代发展的脉搏和契机,把握代表生产力发展方向的新生事物,及时概括群众的经验和创造,并把它升华到理论的高度,从而使建设有中国特色社会主义理论不断丰富、发展和完善。党的十四大已明确将邓小平建设有中国特色社会主义理论作为引导我国社会主义事业不断前进的指针,所以,建立适应新体制需要的新的知识体系,必须以邓小平建设有中国特色社会主义理论作指导。

新的知识体系的建立,不仅仅涉及知识领域的各个方面、各个学科,而且应当深入到各个层次。我们过去搞研究,著书立说,常常容易停留于理论层次,满足于定性分析,现在建立新的适应市场经济体制的知识体系,理论层次当然需要,不可缺少,但是深入到具体的运作、操作层次,进行深入的定量分析的知识也非常重要,不可缺少。这种运作、操作层次的知识,不但需要有宏观的、中观的,而且也需要有微观的。

知识的继承性是很明显的,新的知识体系不可能白手起家在平地上建立,对旧的知识体系也不能采取虚无主义的、全盘否定的态度,在继承、吸收原有的知识体系中积极的、合理的、仍能为新体制所用的成分,是完全必要的,因此需要下很大的工夫进行分析和鉴别,这是一个继承加创新的过程,是一种复杂的创造性劳动。

知识是属于全人类的精神财富,国界不应该也不可能阻塞各国人民之间知识的交流。在当今"知识爆炸"的年代,知识的增长和积累速度十分惊人,开放的中国在建立自己的与新体制相适应的新的知识体系的时候,更应以博大的胸怀,吸纳世界各国人民创造的一切优秀知识,以人之长补己之短。当然,在吸纳异国异域知识的时候,绝不能生吞活剥、照搬照抄,而应结合自己的实际,加以分析、鉴别、筛选、消化、发展,使之为我所用。我们中国人有志气也有能力,在继承世界上一切优秀知识的同时,为整个人类知识宝库的丰富和发展作出应有的贡献。

由此看来,建立适应社会主义市场经济体制的知识体系,是一个宏大的思想文化系统工程,不是短时间、少数人能够完成的,需要知识界的专家、学者同心协力,进行持久的努力才能完成。

在建立新的知识体系的过程中,需要科研、教学、实际工作部门的各行各业的专家学者们的努力。同时也少不了我们编辑出版工作者的参与。人民出版社在建立新的知识体系的过程中负有重大的责任,任务十分艰巨。人民出版社的编辑们,正在清理选题,淘汰那些老化的、不适应新体制需要的选题,更新和开发适应新体制需要的新选题,为建立新的知识体系作出我们应有的贡献。《学习》杂志是人民出版社主办的刊物,在这方面负有义不容辞的责任。我们愿意为热心于建立这种新的知识体系的各界人士竭诚服务,也期望更多的人们来关心,来参与。大家可以就新知识体系建立过程中的理论问题、方法问题进行研究、出谋划策、探讨、争鸣。

在新知识体系建立的过程中,读者的参与也是不可缺少的。为建立社会主义市场经济体制而在各行各业实践着的人们,既是创立新体制和建立新知识体系的主体,同时又是新体制和新知识体系的受体,承受改革开放的正、负效应,接受新知识体系的成果,因此,他们对建立什么样的符合新体制的新知识体系最有发言权,我们诚挚地希望他们向本刊提供建议、选题和文稿,一起来参与新的知识体系的建立。我们希望得到各方面的专家学者们的支持和帮助,同时也希望《学习》杂志的读者能更多地关注人民出版社的编辑出版工作,对人民出版社在建立新的知识体系的过程中怎样作出更大的贡献,提供宝贵的建议。

(原载《学习》杂志 1994 年第 1 期)

知识经济与中国的出版业

人类即将结束 20 世纪的历程,迈向 21 世纪。在世纪交替之际,又逢中华人民共和国成立 50 周年,中国出版界的同行们都在回顾历史,瞻望未来。中国出版业面临的最大的一个课题就是如何进一步改革和发展的问题。改革是发展的动力,发展是改革的目的。

在有中国特色社会主义的文化建设中,出版业处于一种十分重要的地位,发挥着非常巨大的作用。有中国特色社会主义的出版业,是有中国特色社会主义文化建设的重要组成部分。它在为提高全民族的思想道德素质,为经济发展和社会全面进步提供强大的精神动力和智力支持,培育适应社会主义现代化要求的一代又一代有理想、有道德、有文化、有纪律的公民方面,发挥着十分重要的作用。

出版业不但是一项重要的文化事业,是一个社会支持系统,而且是一个重要的经济产业,正在成为由新的知识经济形态赋予它更加重要的社会功能的独立的产业体系。

面对知识经济的崛起,党中央和江泽民总书记非常重视国家创新体系的建立。国家创新体系的主要任务是大力促进和提高知识的生产、传播、交换和利用的水平、规模和效率。在国家创新体系的建立和运行中,中国出版业地位重要,任务繁重。

知识经济的一个重要特征就是它以知识和信息作为主要生产要素,较少依赖自然资源,而主要依托人类智力资源。因此,知识经济也被称作"智能经济"或"信息经济"。知识是一种再生性、可以共享的战略资源。作为技术密集型的出版产业,可以称为大众媒介创造产业。它是知识经济中的一种高投入、高产值、高回报、高附加值和高效益的产业。以美国为例,1992年版权产业的产值达3250亿美元,占美国国民生产总值的5.6%,版权产业的产品出口和对外转让版权收入超过360亿美元,雇用职工达550万人(资料来源见龚建华著、广东经济出版社《知识经济时代》一书)。

人脑是知识的发生器,是生产知识的"工厂",也是知识最原初的储存器。知识在人脑中产生并储存,但就其存在形态来说,这时还是一种隐性知识。欲将这种隐性知识变成显性知识,使知识在久远的时间里和广袤的空间里传播、交换、利用,就需要各种各样的载体。例如语言、文字、图形,书写文字、绘制图形的纸张以及书、报、刊、录音带、录像带、磁盘、软件、电脑、互联网等。知识在这些载体之间是可以互相转换的。说到这些知识的载体,可以说都同出版业有着不可分割的联系。出版业以纸为介质的传统产品书、报、刊是知识的载体,近几十年迅速发展起来以声、电、光、磁为介质的电子出版物也都是知识的载体。现在,深入研究知识经济同出版业的关系,对于出版工作者来说,是一个刻不容缓的重大课题。

(一)出版业是朝阳产业

出版业是一个十分古老的行业,但是从总体上来说,将会成为欣欣向荣的朝阳产业。随着知识经济的发展,许多高科技手段在出版业的应用,会产生许多新型的媒体形态,并且加速知识资源在多种媒体之间的流动和综合利用,会给出版业带来跳跃式的发展和新的繁荣。

(二)出版产业结构需要调整

出版业从总体上来说将是朝阳产业,将是国民经济的重要经济支柱,但这绝不等于说出版业内部结构不会发生深刻的变化。这种变化不仅会发生而且已经发生;不会仅是一般性的变化而且是非常深刻的变化。例如,出版业告别了铅与火的时代,进入了声、电、光、磁的时代,这种变化已经发生而且还将进一步深入发展,它必将给出版业的编、印、发、供带来深刻的变化,编辑方式、出版方式、印制方式、发行方式、物资供应方式都会发生巨大、深刻的变化。我们出版产业的改革和发展必须适应这种变化。再比如,网络的出现,从1988年开始,互联网的用户数量一直以每年翻一番的爆炸性速度在增长。互联网的全球化,给人类的生产方式、生活方式以及教育、学习、娱乐、休闲都带来了巨大的变化。网络在急剧地改造着世界、创造着人类未来的新境界。未来的知识将建立在数字化、网络化的基础上,这给出版产业带来巨大的变革和发展的机遇,书、报、刊在网络上的出版、发行、购销、结算不要很久就会成为生活的现实。微电子技术在编辑、出版、制作、发行领域的应用,不是一般意义上的可以提高工作效率和工作质量,而是将为中国出版和发行的现代化打下坚实的科技基础,是出版业迈向知识经济的必备条件。我们在研究出版产业的改革和发展时,千万要紧紧抓住用高科技成果改造和武装出版业这一重要环节,在出版体制和运行机制上为高科技成果的推广和应用创造必要的条件。

(三)出版企业的发展规模需要大、中、小结合

工业经济有一个显著的特点,就是大型化、巨型化,追求规模经济效益。但是,在知识爆炸、科技日新月异的时代,大有大的难处,也就是人们常说的"船大难调头"。而在知识经济时代,消费方式的个性化很突出,这就为小型企业的发展提供了良好的发展空间,而知识生产企业,小型化就成为它的一个重要的特点。知识经济变化快,这样小型的知识生产企业就可以充分发挥"船小好调头"的优势,对市场需求灵活地作出反应。对中国出版业来说,现在产业化程度还非常低,多数还是中、小企业,还未真正形成规模效益,而我国又是一个13亿人口的大国,在一个时期内形成若干个全国性的或区域性的大型出版集团,的确是一种客观的需要。但是预见到知识经济的小型化特点,在组建大型集团的同时,注意大、中、小的结合,该大则大,该小则小,大的发挥大的优势,小的发挥小的长处,逐步形成一个充满活力的中国出版产业。

(四)高素质人才是出版产业发展的关键性因素

知识经济是以知识为重要资源的经济,是建立在知识的生产、传播、交换和利用之上的经济。在知识经济时代,产品的生产和产品附加值的提高、企业的成长和经济效益的提高、市场占有率的提高和竞争力的增强,都依赖于知识和掌握知识的人。知识作为重要的生产要素,已经成为经济增长的关键因素。而作为知识产品生产、传播、交换和利用的出版企业,人力资源已超过物资、资金成为更重要的战略资源,人力资本在各种资本中居于更为重要的关键地位。出版业需要拥有大量高素质人力资源,有了这一条出版企业就能长盛不衰,立于不败之地。

(五)增强全社会的知识产权保护意识,加强保护知识产权的立法和执法

在我们迎接知识经济时代到来的同时,我们应当大声疾呼,首先要增强全社会的知识产权保护意识。在知识经济条件下，知识及其产品生产、传播、交换、利用的手段非常先进和快捷，拷贝、复制、下载都非常简便容易。因此，要在全社会普遍进行保护知识产权的教育。同行之间要严格遵循职业道德，严格遵守保护知识产权的各种法规，还要特别重视对青少年进行保护知识产权的教育。青少年是使用知识产品的主要群体，他们普遍增强了保护知识产权的意识，一方面可以从根本上树立尊重知识、尊重知识分子的社会风尚，另一方面也可以从根本上规范知识产品市场。如果青少年都能自觉地拒绝盗版产品，不法分子也就失去了盗版知识产品以牟利的销售市场。当然，解决这个问题光靠教育也还是不够的，还必须加强保护知识产权的立法和执法。知识经济也可以说是法制经济，为了保证它的正常运行和繁荣发达，没有完备的、可操作的保护知识产权的法律体系及其执法系统，是根本无法实现的。改革开放20多年来，我国根据自身实际生活的需要，同时借鉴国际上这方面的经验，不断加强了保护知识产权的立法，逐步建立起这方面的执法系统。但是，现在看来，还亟须进一步加强和健全这方面的立法，更需要进一步加强这方面的执法力度，用强有力的有关知识产权的法律体系保护知识经济在社会主义市场经济体制下正常、高速、健康地运行。

（六）参与国际竞争

农业经济是一种自给自足经济，市场狭小，流通和交换都不发达。在工业经济时代，生产者与消费者之间存在着地域上的距离，流通和交换范围虽然有所扩展，但仍存在比较明显的区域局限，企业家面临的主要还是国内市场，竞争对手主要还是国内的同行。而在知识经济时代，知识的生产、传播、交换、利用扩展到了全球，经济的全球一体化程度越来越高，企业家面临的将是世界市场,竞争对手将是跨国公司。这一发展前景,是改革发展中的中国出版业千万不能忽视的。

(七)预防负面效应

人类社会将进入知识经济时代;人类创造了互联网,互联网也会反过来制约人类。就像人类的许多创造发明会产生异化现象一样,知识经济的发展、互联网的广泛使用,也会产生负面效应。在知识经济中,电脑被广泛使用,但电脑病毒和犯罪经常发生;基因工程可以制造各种生物制品、药品,可以治病、可以延年益寿,但也可以利用基因工程制造病态物种、发动"基因战争"。互联网给人类带来信息、知识的传播和交流方式的革命,为生产力的发展带来巨大的活力,但它也可能成为信息和知识的垃圾库、黑客的乐园、电脑病毒的温床、黄色制品和犯罪资源的集散地。所以,在我们热烈欢庆知识经济、网络使用给出版产业带来巨大商机之际,一方面要加快出版产业改革、发展的步伐,同时也要未雨绸缪,预见到可能会发生的负面效应,采取避害趋利的措施,预防负面效应的发生,或限制它发生的范围和程度。

前面讲到的七点,只是面临知识经济的挑战对出版业自身改革和发展问题的一些粗浅的思考。但是,出版业不但自身是一种知识型的产业,而且它还要为其他门类的知识产业服务,例如它还要为管理、数据、科技、文教、咨询等产业服务,促进全社会知识经济的发展和繁荣,所以,出版产业的改革和发展就不单纯是自身的问题,而是直接关系到全社会知识经济的发展和繁荣的问题。

(原载人民日报社出版《迈向二十一世纪
的中国出版事业》)

肯定成绩　增强信心

　　人民出版社作为党和国家的政治书籍出版社,方针任务是明确的,但是在贯彻我社的方针任务的过程中也不是没有碰到过思想障碍。这种思想障碍主要是信心问题。近几年来,无论社会上还是我们社里,都出现了一种舆论,说什么现在青年和群众中出现了信仰危机和对政治理论的淡漠感,于是对我社的前途,对我社出版的政治理论、哲学社会科学书籍的命运非常担心。不可否认,在粉碎"四人帮"后的一个时期内,在一部分青年和群众中曾经出现过某种迷惘情绪和对政治的某种淡漠感,但是把它说成是信仰危机,显然是夸大了。由此担心政治书籍出版社的前途和政治理论书籍的命运则更是缺乏分析的一种盲目的悲观情绪。在一部分青年和群众中出现某种程度的迷惘和对政治的淡漠感,不是正说明我们需要加强政治思想工作,出版更多更好的政治理论、哲学社会科学读物吗? 如果我们放弃自己的职责,削弱这方面的出版发行工作,迷惘和淡漠感不是只会进一步发展和严重吗? 正是基于这样的认识,我们三年来坚定地贯彻了中共中央和国务院1983年6月6日发出的《关于加强出版工作的决定》,"坚持为人民服务,为社会主义服务的根本方针,宣传马克思列宁主义、毛泽东思想,传播一切有益于经济和社会发展的科学技术和文化知识,丰富人民的精神文化生活"。

近三年来,我社投入了大量的人力和财力、物力,出版了不少受到读者欢迎和社会各界好评的宣传马列主义、毛泽东思想的政治理论、哲学社会科学读物。我社出版的马、恩、列原著,我国老一辈无产阶级革命家和现在中央领导同志的著作,发行量很大,这是人所共知的。我社在党史、政治、经济、哲学、历史等方面,出版了大量的基本理论或有较高学术水平的著作。有人担心这些著作销路不好,经济效益不高,但是从我社近三年来的出版发行情况看,只要选题对路,适合读者和书籍市场的需要,并精心组织编撰,内容丰富扎实,读者是会欢迎的,发行量也会是相当大的。比如,《中共大事年表》已发行 700 余万册。《李大钊传》已印了三次,光平装本就发行了 27 万册。《中华人民共和国法律汇编(1979—1984)》三种装帧的本子先后已印了 20 万册,预计明年还要重印。这部书出版后,引起了国内外各方面的重视和好评。我们从发稿到出书只用了三个多月的时间,赶在去年 3 月下旬召开的六届全国人大三次会议前印出一批发给每位代表。1985 年 3 月 20 日彭真同志看到样书后很高兴,指示要宣传、组织一批文章,不要冷冷清清。3 月 25 日新华社发了出版消息,各报都刊登了,并在中央电视台新闻联播节目内播映。《中国法制报》另发了更详细的消息和目录。6 月 14 日新华社又发了这本书"开始在各地发行"的消息,各报在显著地位刊登。《光明日报》《北京日报》等还发了评论员文章,祝贺《法律汇编》出版。6 月 15 日邓力群同志在全国法制宣传教育工作会议的总结报告中,肯定了这本书的出版及其意义。《从鸦片战争到五四运动》,这是胡绳同志的一部新的学术论著,在近年来的爱国主义教育中发挥了重大的作用,平装本共印了四次,累计122万册,精装本印了两次,87000册。

　　经济理论专著方面,近年来,我社出版了许多著名经济学家的著作,如薛暮桥、孙冶方、于光远、许涤新、马洪、刘国光等的论著。这些论著均具有一定的理论深度,以围绕我国社会主义建设新时期提出的实际问题和经济体制改革问题展开论述、探讨的居多,有针对性,理论性、实践性都很强。许多论著对我国的经济建设和改革提出了一些具有真知灼见的、开创性的理论观点,对经济建设和改革具有重要的参考价值。例如:薛暮桥的《中国社会主义经济问题研究》,印了十三次,1000万册。孙冶方的《社会主义经济的若干理论问题(续集)》印了两次,10万册。近年来我社出版了经济学方面的工具书,其中包括辞典、经济统计汇编等。《政治经济学辞典》印得最多,上册已印四次,共108万册;中册已印五次,共103万册;下册已印三次,共84万册。

　　近年来,虽然关于马克思主义哲学的对象和体系在学术界有很多争论,我们也听到一些人反映现在一部分大学生对学哲学不感兴趣,但是我们认为对马克思主义哲学的基本原理还是应该坚持进行系统的研究和宣传,近三年我们出版的这方面的有重大影响的论著有:韩树英主编的《马克思主义哲学纲要》,共印了100多万册。罗国杰主编的《伦理学名词解释》,初版就印了9万多册。这类普及性、知识性读物,如果编写得严肃、准确、实用,不但能产生较好的社会政治效果,也会产生较好的社会经济效益。

　　通过以上的事实和分析,我们可以清楚地看出,政治理论读物、哲学社会科学著作的出版工作,并不像某些人所想象的那样不可乐观,而是大有可为。只要我们的选题对路,适应党、国家和读者的需要,内容是健康的、丰富的、扎实的,写作是认真严肃的,这样的书籍不但社会政治效果是好的,对出版社来说经济效益也会是好的。从这方面来看,社会政治效果同经济效益不是矛盾的,而是统一的。但是,如果我们不是精心制定选题和选择合适的作者,作者不是认真严肃地写作,编辑不是严格把关和注意提高书稿质量,让那些粗制滥造,甚至内容有害的读物流传到社会上去,那么不但社会政治效果不好,到头来经济效益也是不会好的。

(原载《出版工作》1986年第3期)

在《红旗》杂志精神文明建设座谈会上的发言

社会主义精神文明建设,需要正确的理论和正确的方法指导。我想从一些具体的事情谈起。现在街上有的地方挂牌子,叫做"文明街";有的商店叫做"文明店";有的居民楼叫"文明楼"。挂了牌,我想总是比较文明的。但一条街、一幢楼、一个商店,你给它贴上一个"文明"的标志,是不是就文明了呢?我并不完全否定这些做法,但从社会主义精神文明建设来说,这是很不够的。这里就涉及精神文明建设的方法问题。我们过去长期搞运动,干一件事情,总是想突击一下就完成,而且最后的结果要上级来封。一讲搞什么事,就是给一个什么称号、开表彰大会、发奖品等,花去很多的人力和物力。如果精神文明建设只以这种方法去搞,很难收到什么效果,或者说收效甚微。

我们无论是物质文明建设,还是精神文明建设,都不能急于求成,要靠日积月累的、艰苦的、长期的、大量的工作。当然,不是慢慢腾腾、拖拖拉拉。我们以往搞工作,总是期望通过一个运动,一下子有个质的变化,而忽略了质变之前的量变。这很大程度上是由于我们长期进行夺取政权的斗争,在战争的环境下,形成了那样一套工作方式。但是在建设时期,无论是物质文明还是精神文明建设,都不可能通过一次活动和工作就达到目标。

これは一个长期的历史过程。我们应当树立这样一种思想：建设要有韧性。目标要明确，工作要扎实，不要好大喜功，急于求成。这里根本的问题是，我们的思维方式和工作方式要适应社会主义建设的需要。这里，包括我们的理论工作也要改变一下领导方式。过去在"左"的思想指导下，长期以来，理论上的是非，不是通过理论界平等的、民主的讨论来解决，而是靠上面来决定。什么人封你正确就是正确，说你错误就是错误。但这样做的结果，往往经不起实践的检验，也得不到群众的承认。

（原载《红旗》杂志 1986 年第 14 期）

关心改革的人不可不读的一本书

——介绍高尚全著《九年来的中国经济体制改革》

　　20世纪80年代的中国可以说是改革的中国，"改革"成为我们时代的最强音，人人关心改革，人人谈论改革。但是说也奇怪，几个好朋友聚在一起谈论改革，对于为什么要进行改革？九年来进行了哪些改革？改革对于我们民族的振兴、国家的发展、社会的进步、人民的幸福发生了怎样的作用？我们的改革有些什么经验和教训？今后改革的难点和重点在哪里？如何加快和深化改革？诸如此类的问题，人们七嘴八舌，但往往挂一漏万，只见树木不见森林，或者知其然不知其所以然，或者干脆只在涉及各人切身利害的某个"热点"上议论纷纷。无论是热心于改革、拥护改革的，还是对改革抱有疑虑或对某些改革措施尚有抵触情绪的，都希望有这样一本书能把改革中的中国尽收眼底。

　　人民出版社正是为了满足人们的这样一种普遍的需要，约请国务院体制改革委员会副主任高尚全同志撰写了《九年来的中国经济体制改革》一书。该书运用大量权威、准确的事实和材料，坚持理论与实际相结合，系统地回答了改革的历史必然性和理论依据，以及开放同改革之间的辩证关系问题；分12个方面描述了九年来改革的进展和成就；同时也分12个方面论述了九年来改革的基本经验；最后以"创立具有中国特色的社会主义商品经济新体制"为总题目,论述了如何进一步深化我国经济体制改革的问题。书末还有《九年来经济体制改革大事记》、《九年来经济体制改革统计资料》两个附录,使本书不仅具有可读性,而且具有资料性,可供你随时查找有关的资料。据我所知,该书初版已印行了30万册,有些外国朋友已同我社联系翻译出版此书的外文版,相信,这是会引起每一位关心中国改革的中外读者兴趣的一本书。

(原载《瞭望》周刊1988年第3期)

为满足时代需要而出书

　　四化建设不但要求自然科学、技术科学的现代化,而且要求
社会科学、管理科学的现代化。当今的时代,各类科学要想实现
自身的现代化,并为现代化建设作出自己的贡献,很重要的一点
就在于它们之间的结合;而新技术革命的浪潮正有力地促进科
学走向综合和一体化的过程,逐步打破了自然科学和社会科学
之间的界限。正如马克思在一百多年前所曾经预见过的那样:
"自然科学往后将包括关于人的科学,正像关于人的科学包括
自然科学一样:这将是一门科学。"①

　　当今人类所面临的许多全球性的问题,诸如战争危险和裁
军问题、社会变革和发展战略问题、生态问题、环境问题、能源问
题、人口问题等,都是既涉及自然科学又涉及社会科学的问题,
都依赖于自然科学工作者和社会科学工作者的通力合作。

　　人民出版社作为哲学社会科学多学科的综合出版社,也应
跟上时代的步伐,为促进社会科学与自然科学的结合,为满足广
大四化建设者渴求新观念、新知识、新方法的需要而努力。怎样
改进我们的编辑出版工作,就成了我们迫切需要解决的一个问
题。用我国社会主义现代化建设总体布局的要求来衡量,我们

---

　　① 《马克思恩格斯全集》第42卷,人民出版社1979年版,第128页。

的工作还存在不少不足之处,从选题到书籍的思想内容都存在某种程度的老化现象,用读书界对我社的评语来说,就叫做:"严肃有余,活泼不足,时代感不强。"正是为了解决这样的缺点,近几年来我社抓了一批注重社会科学与当代科学技术相结合、时代感较强的图书的编辑出版工作,今天本版介绍的这批图书就是其中的一小部分。在这方面,我社正在或即将出版的成套的丛书有《面向现代化面向世界面向未来丛书》、《干部之友丛书》、《系统科学与社会丛书》、《社会主义探索丛书》、《当代世界与社会主义丛书》、《现代思想文化译丛》等。对于这些图书,我们竭诚希望读者能提出宝贵的批评和建议,以便我们进一步改进工作,满足时代的需要。

(原载《科技日报》1987 年 8 月 30 日)

在庆祝《列宁全集》中文第二版
出版座谈会上的汇报

　　《列宁全集》中文第二版 60 卷已于 1990 年全部出齐,作为负责《列宁全集》出版工作的人民出版社,对此感到由衷的高兴。

　　马克思列宁主义是我们党的指导思想和理论基础,党和国家历来十分重视马列著作的出版。人民出版社作为党和国家的政治书籍出版社,从它成立之日起,就把出版马列著作、毛泽东和中央领导同志的著作以及党和国家的文献作为首要任务。建国以来,我国出版了大量的马列著作,对宣传和普及马列主义,提高我国干部和人民的马列主义理论水平,促进社会主义革命和建设事业的发展,起到了十分重要的作用。党的十一届三中全会以后,我国进入了一个新的历史时期,在建设有中国特色的社会主义过程中,我们同样需要马克思列宁主义的指导,更加需要联系实际,学习和掌握马克思列宁主义。在新的历史条件下,为加强党的理论建设和思想建设,为全党学习马列主义理论创造更为有利的条件,1982 年 5 月,中共中央书记处批准中共中央马、恩、列、斯著作编译局自行编辑新版《列宁全集》,这是我国马列主义理论战线和思想文化建设的一件大事,是我国出版事业的一件大事。

新版《列宁全集》总计 60 卷，是一项规模宏大的翻译、编辑、出版工程，也是一项十分光荣而又艰巨的任务。为了保证高质量、高标准地出好新版《列宁全集》，我社全体工作人员始终把它作为首要任务，常抓不懈，始终不移。从责任编辑、编辑室主任到总编辑，都以高度负责的精神进行工作。在编辑加工中，他们对原稿进行认真的研读和检查，发现问题及时同中央编译局协商解决，保证及时发稿；对编译局提出的修改意见，及时通知有关部门，保证了编辑出版工作的顺利进行。校对工作者一字一句认真校对，严格把关，校次从一般书稿的三个校次改为四个，有些卷达到六个校次甚至更多。特别是去年，工作量大，排版规格复杂，校对科的同志们全力以赴，加班加点，保证了全集按期出版。美术编辑室和设计科的同志对装帧设计和版式设计精益求精，力求表现出中国特色，新版《列宁全集》的装帧设计在国内外书展中受到人们普遍的注目和好评。负责《列宁全集》材料供应和印制工作的同志也不辞劳苦，保证了新版全集印制工作的顺利进行。

新版《列宁全集》是一项宏大的系统工程，它的胜利完成，是与上级领导机关的支持、关怀和有关兄弟单位的大力协作分不开的。财政部曾拨专款用于《列宁全集》的储备。中央宣传部和新闻出版署对这项工作极为重视，中宣部经常检查督促，帮助解决问题。新闻出版署的领导同志亲自过问，组织和协调全盘工作，多次主持《列宁全集》的生产和发行工作协调会，及时解决遇到的问题和困难。中国印刷公司的领导、新华印刷厂的领导和工人同志们辛勤劳动，几年来夜以继日、加班加点，克服生产中所遇到的各种困难，保证了新版《列宁全集》的按时出版。此外，人民教育印刷厂、中国科学院印刷厂、北京印刷三厂的领导和工人同志们,也为此作出了自己的贡献。新华书店的同志们也为全集的发行做了大量的工作。中国印刷物资公司保障了《列宁全集》的用纸和装帧材料的供应。在出版、印刷、发行、物资战线广大职工的共同努力下,终于圆满地完成了新版《列宁全集》的出版工作,我们谨向他们表示衷心的感谢!

新版《列宁全集》是迄今为止世界上收集列宁文献最多的全集,它的出版,丰富了马克思列宁主义的思想宝库,在国内外产生了深远的影响。我国的理论工作者认为,它的内容丰富,装帧设计庄重大方,印装质量高,它的出版,为我国人民学习和研究马克思列宁主义创造了更为有利的条件。同时,这也使世界各国人民看到了中国是坚持马列主义的,是坚持社会主义道路的。1985 年,在莫斯科的国际书展上,中国展台上放着刚刚出版的新版《列宁全集》(1—4 卷),受到普遍重视。不少观众详细询问中国出版新版《列宁全集》的情况。他们把这件事看成是中国坚持列宁主义的象征。一位苏联朋友发现了,惊喜地拿在手里,高高举起,高喊:"看呀,这就是中国!"1986 年我社代表团在民主德国访问时,见到苏联马列主义研究院的一位副院长,这位副院长听说我社正在出版 60 卷新版《列宁全集》时,十分高兴,详细地询问了有关的编辑出版情况,要求将已出版的中文新版寄一套给他们,并主动表示愿意和我们建立联系和提供帮助,认为我们做了一件大好事。1990 年,人民出版社代表团访问苏联,在和苏联政治书籍出版社领导人谈到新版《列宁全集》时,他们对我国出版如此齐全和规模如此宏大的《列宁全集》,表示由衷的钦佩和赞赏,该社的一位副总编辑说:"你们真了不起!"

在马克思和恩格斯创立了科学社会主义之后,列宁是一位最伟大和卓越的无产阶级的革命导师和科学社会主义的学者。他第一个把科学社会主义变成亿万人民的伟大实践,在地球上创立了第一个社会主义国家,把多少代人的理想变成了现实,开创了人类历史的新纪元。在十月革命的隆隆炮声中,列宁主义连同马克思主义一起传到了中国,擦亮了中国人民的眼睛,唤醒了中国工人阶级和广大劳动人民的革命精神。马克思列宁主义同中国工人运动的结合,产生了中国共产党。从此,中国人民在中国共产党的领导下从黑暗走向光明,从民族的压迫和阶级的剥削中解放了出来。中国共产党领导中国人民奋斗七十年,使我们清楚地认识到马列主义是我们的精神武器,是指引我们前进的灯塔。在目前的国际国内形势下,在列宁亲手开创的社会主义事业面临着新的考验和挑战的时候,当国际反共反社会主义的势力猖狂攻击列宁和列宁主义的时候,认真学习列宁的丰富思想遗产,研究列宁关于帝国主义的理论、关于无产阶级革命和无产阶级专政的理论、关于殖民地半殖民地民族解放运动的理论、关于无产阶级政党建设的理论、关于社会主义建设的理论,对于加强党的思想建设和理论建设,对于坚持四项基本原则,坚持改革开放,建设有中国特色的社会主义,对于战胜敌对势力"和平演变"的图谋,无疑具有十分重大的意义。新版《列宁全集》的出版对我国的马克思列宁主义理论事业和文化事业的发展,对于社会主义的理论研究和实践,必将产生深远的影响,必将有力地推动我国人民沿着马克思列宁主义所指引的道路胜利前进。

(1991 年 4 月 26 日)

寄 语 青 年 朋 友

——写在新版《列宁全集》、《毛泽东选集》出版之际

目前,在青年中出现了寻找马克思、列宁和毛泽东热,不少人在阅读他们的论著和传记。现在,我要报告青年朋友们一个好消息,我们人民出版社已于去年年底将中共中央编译局编辑、翻译的《列宁全集》中文第二版全部出齐,还将于今年"七一"建党70周年之际,出版中共中央文献编辑委员会经过认真校订的《毛泽东选集》一至四卷的第二版。

新版《列宁全集》是迄今为止世界上收集列宁文献最多的一部书,全书共分60卷,比中文第一版多21卷,比苏联现行的俄文第五版多5卷。新版收载列宁文献近万件,囊括了迄今发现的列宁的全部重要著作。为了便于读者阅读和使用,全书按著作、书信和笔记分成三大部分,前两部分按写作时间顺序排列,后一部分按内容分卷。全集所附各类参考资料,包括前言、注释、人物小传、文献索引、大事年表等,都是由中共中央编译局自己编写的,内容翔实、准确,既吸收了国外列宁著作研究的成果,又反映了我国列宁思想研究的整体水平。较之中文第一版,译文质量也有了明显的提高,文字顺畅,表达准确,考订和统一了译名、译语,更加便于学习和研究。

　　新版《毛泽东选集》一至四卷,仍保持原有的篇目,只增加《反对本本主义》一篇。这篇著作写于 1930 年 5 月,曾一度散失,60 年代初才重新得到。后经毛泽东同志审定,在 1964 年出版的《毛泽东著作选读》中第一次公开发表。这次修订,对有些文章误署的写作时间或发表时间,对正文中的某些史实以及少量错字、漏字,作了校正。对某些用字,包括少数生僻难认的地名用字,根据文字规范化的要求,作了更改。对有些题解,作了少量史实和提法方面的修正;同时,新写了几篇题解。这次修订,主要是校订注释,改正注释中某些错讹的史实和不准确的提法,增补一些新的注释,删去少量的注释。注释校订工作是根据毛泽东同志的意见,从 60 年代工作的基础上,吸收了近二三十年来史料收集和学术研究的成果,对注释作了进一步的修改和增补。

　　出版这两部长篇巨著的第二版,为我们在新的历史条件下进一步深入学习和研究列宁主义和毛泽东思想,提供了更加有利的条件。列宁第一个把科学社会主义变成了亿万人民的伟大实践,在地球上创立了第一个社会主义国家,把多少代人的理想变成了现实,开创了人类历史的新纪元。在十月革命的隆隆炮声中,马克思列宁主义传到了中国,毛泽东和一大批在中国传播马克思列宁主义火种的仁人志士,把马克思列宁主义同中国的工人运动结合起来,创立了中国共产党。从此,中国人民在中国共产党的领导下,从黑暗走向光明,从民族的压迫和阶级的剥削中解放了出来。在目前的国际国内形势下,在列宁、毛泽东开创的社会主义事业面临着新的考验和挑战的时候,当国际国内反共反社会主义的势力猖狂攻击列宁和毛泽东思想的时候,认真学习和研究列宁和毛泽东的丰富的思想遗产,研究他们关于帝国主义的理论、关于无产阶级革命和无产阶级专政的理论、关于殖民地半殖民地民族解放运动的理论、关于社会主义建设和防止资本主义复辟的理论、关于发展社会生产力和提高劳动生产率的理论、关于加强社会主义的民主和法制建设的理论、关于无产阶级政党建设的理论,对于加强党的思想建设和理论建设,对于坚持四项基本原则,坚持改革开放,建设有中国特色的社会主义,对于战胜敌对势力"和平演变"的图谋,无疑具有十分重大的意义。

71年前,列宁在《青年团的任务》那篇著名的文章中指出,共产主义是从人类知识的总和中产生出来的,马克思主义就是这方面的典范。共青团员和所有想走向共产主义的青年都应该学习共产主义。只有了解人类创造的一切财富以丰富自己的头脑,才能成为共产主义者。他还语重心长地对青年们说,必须在工作中、在斗争中学习共产主义,把这些知识融会贯通,在实践中真正按共产主义的要求去行动,否则就很容易造就出一些共产主义的书呆子或吹牛家,而使我们事业受到损害。让我们真正遵循列宁的教导,在工作中,在斗争中,总之一句话,在实践中学习马克思主义,为建设有中国特色的社会主义发挥我们的光和热。

(原载《中国青年报》1991年4月28日)

祝 贺 与 期 望

——新华书店成立 55 周年

在新华书店 55 岁生日之际,请允许我代表人民出版社全体同志表示热烈的祝贺! 在革命战争年代,人民出版社同新华书店本是一家。所以,我们把你们的生日当做自己的生日来庆祝。我们今天热烈祝贺新华书店成立 55 周年,主要的目的是为了回忆传统,总结经验,以利再战。

新华书店诞生于烽火连天、硝烟弥漫的战争年代。那时,哪里有党的组织、有人民的政权、有人民的军队,哪里就有新华书店。新华书店采用机动灵活的组织形式和多种多样的销售方式,服务于党的路线,服务于根据地的建设,服务于革命战争,服务于人民军队。在中国人民革命胜利进程中留下了新华书店的足迹。新华书店为新中国的诞生作出了不可磨灭的贡献。

新中国诞生后,新华书店又以崭新的姿态,投入了建设人民新国家和新生活的战斗。为传播马列主义、毛泽东思想,宣传党的路线、方针、政策和国家的法律、法规;为传播科学文化知识,塑造人们美好的心灵,而深入基层,深入群众,不辞辛苦。当前又为建设有中国特色的社会主义,贯彻一个中心、两个基本点的基本路线而尽心尽力。

新华书店是沟通出版社与广大读者的桥梁,是图书发行的主渠道,也是人民出版社实现自身价值的亲密伙伴。我们人民出版社付出的心血,劳动的成果,创造的价值,没有新华书店的参与,可以说是根本无法实现的。所以,我们同新华书店的关系是一种共存共荣的关系。在祝贺新华书店更加繁荣昌盛的同时,祝愿我们两家团结协作的关系更加巩固,更上一层楼。

(原载《图书发行》1992 年 4 月 15 日)

急起直追　上新台阶

最近,新闻出版署党组组织我们十家直属出版社的负责人赴山东、江苏、浙江、上海,考察和学习出版社改革的经验。三省一市兄弟出版社的同志们向我们介绍了他们在改革开放的大潮中,如何不失时机地推进出版社改革的情况和经验。他们那种解放思想、深化改革、锐意进取的精神,深深地触动了我们,大家觉得很受启发,很开窍。收获主要是我们的精神、思想获得了新的解放。

三省一市的出版社在1987年以后,在改革方面迈出了决定性的步伐。他们改革的指导思想很明确,就是为了多出好书。针对着原来体制中妨碍生产力发展的种种弊端,制定了具体的改革方案和措施,在向省、市财政承包的同时,在劳动、人事、工资制度等方面抓了内部运行机制的配套改革。经过几年的改革,社会效益和经济效益的各项考核指标都大大超额完成,出版社的出书面貌有很大的改进,出版了大量重点图书、优质图书,出版社的活力和经济实力均大为增强,为出版事业的进一步加速发展和上新台阶打下了坚实的基础。在出版工作获得长足发展、出版社的经济实力大为增强、出版工作者劳动生产率大为提高的前提下,职工的集体福利和劳动报酬也有了相应的提高,这又进一步增强了出版工作者的凝聚力和劳动的积极性。

　　与三省一市出版界同行比较,我们在改革方面明显地落后了。我社在党和政府的领导和关怀下,经过几代人的努力,应当说过去也是作出了不少成绩的,也具有一定的优势。但是由于近年来改革的步子迈得不大,旧的体制和运行机制不适应出版社进一步发展的需要,严重地束缚了生产力的发展。出版社的活力不足、经济实力不强,有些优势在慢慢地丧失,几年来基本上在同一个水平上徘徊,维持着一种简单再生产,严重地制约着出版事业的进一步发展。经过考察学习,我们在改革的必要性和迫切性的认识方面,有了进一步的提高。

　　经过考察,在改革的具体措施和做法方面,也学到了不少好的经验,增强了搞好改革的信心。例如,怎样制定考核的指标体系、在考核的基础上怎样兑现奖罚;怎样搞好聘任制;怎样在分配方面打破"大锅饭"和平均主义,真正体现按劳分配,建立强有力的激励机制;怎样加强经营管理,不断提高经济效益;怎样处理好一业为主和多种经营的关系;怎样改善职工的工作环境和生活环境、搞好集体福利,等等。所有这些,我们可以结合本社的实际情况,加以消化和吸收。

　　现在,我们正在认真学习和贯彻邓小平同志今年年初的重要谈话,在小平同志重要谈话精神的指引和鼓舞下,我国正在出现新一轮改革开放的大好形势,我们相信在新闻出版署的领导下,我们一定能够不失时机地抓住这一大好机遇,在出版社的改革方面迈出更大更坚实的步伐,急起直追,上新台阶。

(原载《中国出版》1992 年第 7 期)

坚决贯彻执行党的宣传出版方针

我们人民出版社这次被评选为先进集体,感到非常光荣。我社全体职工,对领导和同志们对我社的厚爱,表示深深的谢意。其实,我们的工作还有不少差距和不足,今后我们要更加勤奋地工作,保持先进和光荣,不辜负领导和同志们对我们的期望。现在,就十四年来我社所做的一些工作,向领导和同志们作一个简要的汇报。

一、我社的基本概况和取得的主要成绩

我社是政治书籍出版社,作为党和国家的重要意识形态部门,承担着对广大人民群众进行宣传教育的任务,担负着宣传马列主义毛泽东思想、邓小平建设有中国特色社会主义理论和党的路线、方针、政策的历史责任,这就要求我社必须坚持以经济建设为中心和坚持四项基本原则与改革开放的方针,在政治上与党中央保持一致,严格执行党的政治纪律和宣传纪律。多年来,我社一直把出版好党和国家需要的政治理论书籍作为大事来抓,并在政治上严格把关,使出版的书刊符合党的路线、方针、政策,符合国家新闻出版的政策、规定,符合改革开放的新形势,为经济建设服务。

狠抓出版繁荣,积极开发选题,重视质量管理,努力提高书

刊质量。1990年年初,我社制定了"八五"出书规划,同时搞了一个近期重点书稿的出版设想。这个设想包括的十类重点图书,绝大部分已在最近两年中出版发行。特别值得一提的是《列宁全集》中文第二版60卷在1990年全部出齐,1991年我社又出版了新版《毛泽东选集》和纪念建党70周年的一批图书,在当时的国际国内形势下,具有特殊的重要意义。

我社十分注重质量管理,始终把提高书刊质量当做大事来抓。我社出版的《列宁全集》中文第二版,在翻译、校订、注释和装帧设计、编校和印制等方面都体现出较高的质量水平。新版《毛泽东选集》,我社采取了一系列保证质量的措施,制定了专项条规,保证了校对工作没有出现差错,保持了初版《毛选》没错一字一点的好传统;装帧设计和印刷装订的总体质量也是好的。多年来我社出版的图书没有发现属于思想内容方面的质量问题,编辑水平、印校质量都有不同程度的提高。

十一届三中全会以来,我社出版了数千种图书,据不完全统计,仅最近几年,我社就有100多种图书分别在社会上获奖,其中有《列宁全集》(中文第二版)、《马列著作青年读本》、新版《毛泽东选集》、《列宁的风格》、《周恩来传》、《彭德怀自述》、《邓小平的思想研究》、《毛泽东思想研究的新起点》、《毛泽东交往录》、《党的建设教程新编》、《中共党史风云录》、《浩然正气》、《从鸦片战争到五四运动》、《马克思主义哲学纲要》、《中国哲学史》(1—4)、《有无之境》、《中国史纲要》、《中国人口史》、《改革与理论上的突破》、《九年来的中国经济体制改革》、《交叉科学学科辞典》等。《列宁全集》(中文第二版)和新版《毛泽东选集》还分别获得新闻出版署的表彰。

由于加强了经营管理,注意了书刊质量,重视了经济效益,我社经济效益不断提高。我社还与 10 多个国家和地区进行了图书出版贸易,有 50 多种图书对外合作出版,取得了良好的社会效益和经济效益。

在抓好编辑出版业务工作的同时,我社还特别注意加强党的思想政治工作和抓好精神文明建设,1991 年被评为新闻出版署精神文明单位和北京市精神文明单位。

二、取得成绩的基本经验

十几年来,在党和政府的领导下,在全社职工的努力下,取得了一些成绩。经过认真的回顾和总结,我社对取得成绩有以下几点体会:

(一)坚决执行党的宣传出版方针

党的宣传出版方针是为人民服务、为社会主义服务。在具体贯彻执行这一方针时,我社按照党的基本路线开展工作。出书计划、领导工作以及经营管理,始终坚持贯彻以经济建设为中心和坚持四项基本原则与改革开放,紧紧地围绕党的基本路线思考问题、制订计划、推动工作。凡是有损于一个中心、两个基本点的书,我社不出版,有损于一个中心、两个基本点的事,我社不做。

我社首先坚持和逐步完善了选题论证会制度,在政治上严格把关。对各编辑室申报的选题,经选题论证会集体审定后,由社长签批。对思想政治内容把握不准的,或超出我社出书范围的,以及质量不高的平庸作品,则不予批准。其次,坚持了"三审制"。选题论证会批准的选题,不等于书稿来后即可采用,拿到书稿后还要进行三级审查,责任编辑、室主任、主管副总编辑各负其责,认真审稿并提出初、复、决审意见,对不合要求的、没有达标的,坚持退回修改或退稿,对思想内容有问题的,则坚决撤销选题。有效地杜绝了思想政治错误或内容平庸的出版物。从十一届三中全会以来的十几年中,在社会上不正之风侵入出版界,黄色书刊一度泛滥的情况下,我社始终坚持正确的出版方向,1980年至1992年8月我社共出版3034种图书,其中新书2218种,重印书816种。没有出过一本有政治错误或黄色、内容低级庸俗的作品,使党的路线、方针、政策,在我社图书出版过程中得以贯彻执行,使广大人民群众从我社出版的健康有益的图书中受到教益和鼓舞,增强改革的精神动力。

我社党组织深深认识到抓贯彻宣传出版方针的重要,不仅在社一级领导中反复学习和加深认识,而且通过全社中层干部和全社职工的脱产轮训学习,反复讨论党的宣传出版方针,增强"人民出版社意识"。

多年来,我社在改革时间紧、出书任务重、工作头绪多的情况下,积极创造条件,努力提高干部、职工队伍的政治素质和业务素质,有步骤地安排处以上在职党员干部脱产参加中央党校新闻出版署班的学习,以提高他们的马列主义理论水平。社里还积极创造条件,分批选送年轻的编辑同志参加在新闻出版署领导下开办的全国编辑干部培训班的学习,以提高这些年轻编辑的业务和专业素质。社里还利用各种方式,对职工进行在岗培训和脱产轮训;对不具备大专文化水平的干部、职工,则鼓励他们通过上电大、夜大、函授、管理干部学院等来提高文化素质。

(二)坚持改革开放,加强经营管理

我社过去是一个生产型的出版社,只管出书,经营机制处于一种封闭、僵化状态。这显然不适应飞速发展的改革形势,出版

社本身也难以发展。针对这一状况,我社在新闻出版署领导下,逐步进行改革。

实行以提高书刊质量为中心,以实现目标管理各项指标为目的的目标管理责任制,不断深化出版社改革。我社的出版改革,经历了一个逐渐发展和深入的过程。1984年以前,可以说改革仅是局部的、浅层次的,改革的成果也不十分明显。1985年,我社开始考虑从单一生产型向生产经营型的转变,以努力适应市场竞争的需要。我社削减和调整了部分选题,改变了过去那种重出书轻销售,不重视经济效益的状况。按照1985年5月中宣部和新闻出版署联合颁发的《关于当前出版社改革的若干意见》,自1988年11月起我社实行了社长负责制,提出并执行了"坚持方向,发挥优势,加强经营,搞活东方(出版社)"的改革方针,我社出版改革进入了一个新的起点。在实行社长负责制的同时,设立了社务委员会,以加强集体领导。为保证书刊质量,还实行了选题论证会制度,并进行了机构调整,试行了目标管理责任制。我社的改革向前跨进了一步。

1992年邓小平视察南方谈话传达之后,署党组作出了加快直属出版社改革和发展的部署。根据上述精神,我社成立了改革小组,由该小组探讨和制定改革具体方案,提交社委会和党组讨论。我社党组在认真总结前几年经验的基础上,提出了人民出版社改革的总体方案。

改革的总体目标是:合理调整机构和分工,理顺编、印、发三个环节的关系;适应市场竞争需要,初步转换内部经营机制;建立责、权、利相结合的目标管理责任制体系;确立和效益挂钩的工资奖励制度和干部聘任制、工人劳动合同制的用人制度;健全质量保证制度;装配微机网络,实现电脑排版和管理;开发第三产业,向一业为主、多种经营的方向发展。

改革的主要内容有:

①调整机构和分工,成立策划室,出版部改为排校室,原出版部的设计科、出版科人员分到各编辑室,在编辑室内专门负责书稿的设计、印制、核价等工作和同排校、美编、发行等部门的业务联系;②合理定编定岗,实行聘任制和劳动合同制;③各部门实行不同形式的责任制及考核奖惩办法;④健全质量监督机制,强化图书质量管理;⑤建立灵活的经营管理机制,一业为主、多种经营,开发第三产业。

实行这一系列改革,对调动职工的积极性、保证图书的质量、缩短出版周期、适应市场竞争的需要,都有作用,都有效益。

总之,1992年的改革总体方案,调动了全社职工的积极性,突破了旧的运行模式,为我社真正走上市场经济做了先期准备。党的十四大胜利闭幕以后,我社立即投入出版十四大文件和辅导读本的工作。全体职工全力以赴日夜奔忙,在大家的共同努力下,十四大报告单行本提前两天出书。目前,全社上下正在认真学习和领会十四大精神,对执行党的基本路线更加充满信心。今年,我社计划的主要指标都完成得较好,到9月份,出书品种207种,完成计划的94%;总定价实现2900万元,完成计划的91%;用纸12.6万令,超过计划指标,为明年的出版工作打下良好基础。在进一步熟悉和参与社会主义市场经济的运作之后,我社的改革开放将会再上新台阶。

(三)领导班子团结、协调,成为贯彻执行党的宣传出版方针及两个文明建设的领导核心

十一届三中全会以来,我社领导体制几经变化,1983年建立了党的领导小组和机关党委,1988 年 11 月实行了社长负责制。今年 3 月,经署党组批准,我社又进行了建立党组的试点工作,并在 4 月正式建立了党组。党组建立后,及时制定了我社《党组工作暂行条例》,已经署党组批准试行。党组既是出版社政治领导核心,又是出版社的最高决策机构,凡属本社的大政方针和发展战略,以及全社性业务和行政方面的重大事项,均由党组集体研究决定。实践证明,实行党组领导保证了党的路线、方针、政策及新闻出版政策、法规的贯彻执行。

党组建立以后,社党委、纪委和社委会分别进行了换届改选和补充调整,充实了新生力量。按照社《党组工作暂行条例》的要求,党组通过社机关党委会和社务委员会来加强和实施对全社出版工作的领导,使党组的决定和意图能够很快贯彻落实。党委会和社委会的工作各有侧重,又互有联系:党委会主要抓党的建设、纪律检查、共青团、工会、统战及精神文明建设等工作;社委会则对全社的编辑出版业务、生产经营管理、行政后勤服务等方面负责协调、领导。党委会和社委会根据各自的分工和全社的工作和生产情况,按时召开会议,研究、检查和督促党组决议的贯彻落实。社党组充分发挥党委会和社委会的作用,党委会和社委会协调一致,互相支持,互相融合,既对社党组负责,又对全社职工负责,较好地发挥了各自的职能作用,推动了社内出版改革,促进了全社各项工作。

在领导班子的思想建设和作风建设方面,我社还建立了每半年一次民主生活会制度,政治理论学习制度,制定和实行了加强处以上干部勤政廉政建设的规定,进行积极的思想交流,提高马列主义理论水平和科学管理水平,肯定成绩、找出差距,增进团结。

三、几点新的思考

我社评上了先进集体,这是党和政府正确领导的结果,也是全社职工努力工作的结果。就我社来说,这些成绩已成为过去,已成为历史了。在全国改革大潮涌动的今天,仅仅依靠过去的成绩,依靠过去的经验,是远远不够的。因此,我们现在考虑的主要问题是,怎么保持先进?怎么保持光荣?我们的回答是:从零开始。

从零开始,就可以不把过去的成绩当成"包袱"背起来、靠吃"老本"过日子,不思进取。

从零开始,就可以专心展望未来,看到自己的不足之处,思考未来工作中的新的难点,为自己提出新的奋斗目标。

当前,出版业面临着进一步深化改革的任务,现实给我们提出了适应建立市场经济体制的要求,出版社也要走向市场,参加竞争。习惯于计划经济体制的出版社要实现经营机制的这种重大的转换,有大量工作要做,有许多难点要解决。

为了使人民出版社继续保持先进,完成党和人民赋予的光荣使命,不看到这些新的工作,不解决这些难点,是无法继续前进的。

应当肯定,出版改革要深化,不能走回头路,出版社不能再躺在国家身上处处依赖政府。但是出版社要沿着什么路子改革呢?现在有许多情况展现在我们面前,比如:

有的出版社已将选题和书号分到个人,将经济指标承包到个人;

编辑只想学到赚钱的诀窍,不愿花大的气力去开发选题和优化选题,在看稿、审稿、加工整理稿件等工作上花的工夫也越

来越少,有的编辑一年发稿上千万字;

有人要求编辑有选题决定权;

要求取消三审制;

有些编书单位,不让出版社审稿、不让出版社看校样,只让出版社给书号;等等。

这些新的情况,不仅正在社会上流行,也冲击我们出版社。面对如此纷繁的状况,如何改革,的确是建设有中国特色的社会主义出版业成败的关键。

根据新的实际,我们思考,是不是应当正确处理下面几个方面的关系:

(一)出版物既是商品,又是精神食粮,既要遵循市场运行规律,又要遵循意识形态工作的规律

这种关系首先要处理好,因为出版物这种商品是要影响人们的精神世界的。片面理解当然不正确;全面理解时,看到它们的差别是容易做到的,较为困难的是寻找它们的共同点与结合点。比如:①追求高质量;②守信誉;③货真价实;等等。我们要在这些共同点和结合点上着力下工夫。

市场规律中最一般的规律就是商品有人要,就生产;市场大,大生产;市场小,小生产;没有市场,就不生产。出版物是商品,也要遵循市场经济运行的规律。但是,如果只按这个市场规律办,就会偏离方向。它还必须遵循意识形态工作的规律,这就是出版物还有倡导世界观和塑造社会人格的任务,在追求经济效益的时候,千万不能忘记我们肩负的这方面的社会责任,一定要坚定不移地坚持为人民服务、为社会主义服务的方向。

(二)怎样在竞争中保持高质和优化

竞争是激烈的、无情的,它能最大限度地调动人的积极性,发挥人的潜能,但是如果采用不正当手段去竞争,也会诱发邪门歪道。正当的市场竞争,说到底是质量的竞争,是人才的竞争。怎样保证我们的出版社拥有第一流的人才并通过他们之手编出优质的出版物,是我们出版社改革面临的一个重大的课题。我们改革的一切措施,必须保证人才的脱颖而出和茁壮成长,充分地发挥他们的积极性、创造性和聪明才智。是不是可以这样说,有了高质量的人才,才能有优质出版物,才能有高水平的出版社。所以,在改革中必须注意建立起能够充分调动各种人才积极性的激励机制。

(三)既要一业为主,又要多种经营

这一方针无疑是正确的,问题是如何处理两者的关系。在办多种经营时,就有一个明确指导思想的问题,这就是:开展多种经营主要是为了支持主业,而不能当成单纯为群众谋福利的手段;办三产,搞多种经营当然要追求较高的经济效益,但目的应当是为主业的发展服务,而不能使多种经营脱离主业。

(四)既要搞活,又要加强宏观调控

就出版社范围而言,对部、室既要放权,又要宏观调控。作为一个社的领导集体,只管创利润发奖金,不管选题、审读和经营管理,不能说是全面的宏观调控。只有两者兼顾,才能活而不乱,才能保持出版社的个性和特色。

(五)既要自主经营,又要自我约束

十四大报告中提出,要使企业成为自主经营、自负盈亏、自我发展、自我约束的法人实体。出版社现在大多数还不是企业法人,将来会成为完全的企业法人。成为企业以后,在人、财、物,产、供、销等方面都有自主权。这样,就产生了一个要正确处理自主经营与自我约束的关系问题,要建立起真正的自我约束机制。

（六）发展社会主义市场经济与加强精神文明和职业道德的建设

市场经济讲究竞争，竞争就要有手段。那么，哪些手段符合精神文明和职业道德，哪些手段不符合精神文明和职业道德，作为出版社的领导集体，就有个区分鉴别和掌握引导的问题。

上面六个方面的关系，是影响出版社全局的问题。如果处理得好，社会主义的出版事业就会沿着健康的轨道向前迈进；要是处理得不好，出版社的滑坡局面恐怕就难于避免。

我们人民出版社能不能保持先进，就在于能不能抓住时机深化改革，加快自我发展的步伐，迈上新台阶；就在于能不能处理好上面所提到的几个方面的关系。我们自己当然要奋发努力，同时也衷心希望领导和兄弟单位的同志继续关心和帮助我们，带领人民出版社继续前进。

（作于 1992 年 12 月 20 日）

适应市场经济发展的需要
加快两个"转换"的步伐

党的十四大决定在我国建立社会主义市场经济体制,这不仅是理论上的重大突破,而且必将在实践中大大促进我国的经济发展和社会进步。我国出版业也正在急速地进入市场,经受市场竞争的考验。现在迫切需要建立社会主义市场经济正常运行的新规则和新秩序。为此,我觉得出版业当前亟待实现两个"转换",即政府职能转换和出版社经营机制转换。

过去出版行政管理的机构、制度、职能是在高度集中统一的计划经济、产品经济的条件下形成的。在那样的条件下,曾经发挥过重大的作用,也取得过不少成绩,但现在已大大地不适应发展社会主义市场经济的要求了。例如,出版社的用人用工、机构设置、中层干部配备、职称评定、工资分配、经营管理等方面,上级主管部门都还在管着,在有些方面管得还相当具体。出版社说是自主经营、自负盈亏、自我发展、自我约束,但是实际上并没有真正落到实处,出版社还没有在真正意义上成为企业法人。再如新闻出版署在审批成立新的出版社问题上很伤脑筋,很为难。因为我国的出版社不管是哪一级、哪一方面的,背后的大老板实际上都是国家,即使经营得很不善,也破不了产,垮不了台,也就是说,在旧体制下办出版社没有任何风险。是不是可以用新思路亦即建立社会主义市场经济的思路来考虑这个问题。如申办出版社，就要符合社会主义市场经济要求规定的申办条件。申办单位可以垫支或借支开办资金，不过从一开始就要将所有权同经营权严格分开，要求经营者不但要承担国有资产保值、增值的责任，而且必须对所办的出版社承担破产、垮台的风险。要使出版社成为真正的独立的企业法人，而不是某一个机关、团体的附属物，成为它的摇钱树、小金库。每一个出版社都必须直接向国家纳税，不允许将出版社的利润非法地转化作机关、团体的福利费、奖金。国家要建立一整套与社会主义市场经济相适应的法规来进行管理，谁违反了就罚谁，一直可以罚得它破产、垮台，而且不听任何人的说情保护；经营不善、面临破产，不允许任何单位用国有资产来为它输血维持生命。对于已经办起来的出版社也要实行这些办法，将所有权同经营权严格分开，经营者对出版社的经营必须承担全部责任。当然，对不同类型的出版社也还要有所区别，制定不同的政策。真正是党和国家所需要的，该扶持的也还要扶持，但是这种扶持主要是政策上的扶持。这种优惠政策，决不能掩盖它经营管理上的无能，使它继续躺在国家身上吃大锅饭。

对于出版社来说，走向市场并不像在天安门广场散步那样从容不迫、逍遥自在，而是要拿出全身解数来参与竞争。说到竞争，实质是书刊质量的竞争，而质量竞争的本质又是人才的竞争。过去讲出版社人才的竞争主要讲内部的编辑、经营人才，现在看来有点不够了。出版社要想在图书市场的竞争中立于不败之地，我认为，第一，出版社要在自己的周围团结一批高水平、高质量、能对读者和市场需要作出快速反应的作者队伍。第二，要有一支事业心和开拓精神都很强，具有现代意识和广博的知识、灵通的信息、丰富的经验、熟练的技能的编辑队伍。第三,要有一支熟悉并掌握现代经营管理知识和技能的出版、发行、财会、行政方面的专业人才。出版社经营机制转换的内容是多方面的,例如我们通常所说的建立目标管理责任制、承包制,以及组织、人事等制度的改革,等等,但是我认为千条万条必须紧紧地围绕着一条,这就是必须有利于书刊质量的提高,有利于人才的脱颖而出,有利于出版生产力的解放和发展,最后达到增强出版社的活力和实力、繁荣出版事业的目的。

在谈论走向市场、转换出版社的经营机制的时候,我认为还有一个问题是不能忽视的,就是应当高度重视加强职业道德建设。在激烈的竞争中容易受单纯经济利益的驱动,粗制滥造,忽视书刊的质量。低级下流、淫秽色情、暴力凶杀、封建迷信、奇谈怪论之类的东西可能趁机泛滥,毒害读者、毒化社会环境。同行之间也可能互相拆台、挖墙脚、不顾质量地抢占市场、不诚实地宣传推销、不择手段地竞争,重新出现"同行是冤家"的局面。这些都是违背社会主义编辑出版职业道德的行为。这些问题的解决,一方面在设计、建立新的经营机制,制定新的法规、制度时就应当注意,要运用法律的、行政的、经济的种种手段对之加以制约;另一方面,又要加强职业道德建设,加强这方面的宣传、教育,形成健康的职业道德的舆论环境,培养编辑出版工作者的敬业精神,提倡加强职业道德的自我修养,增强这方面的自我约束能力。

(原载《出版发行研究》1993 年第一期)

对当前出版工作的一些思考

（调查报告）

根据署办公室 9 月 18 日通知的精神,我社除了召集有关编辑、发行等部门的负责人座谈外,还进行了个别交谈、采访、切磋、探讨。现将我们调查中了解到的情况和针对这些情况的一些思考、建议整理如下。

一、深化改革,加快政府职能和出版企业运行机制转变的步伐,通过改革解决当前出现的新问题、新矛盾,绝对不能走回头路

1. 对当前出版工作的基本估计

自党的"十四大"决定要在我国建立社会主义市场经济体制以后,新闻出版工作的改革开放随之加快了速度。为适应图书市场的需要,出版社积极开发新的选题,品种增加,著作界新人辈出,出现了初步繁荣局面。这是建立新经济体制,出版工作从计划经济体制向市场经济体制转轨过程中的积极一面。

但是,由于部分出版工作者受单纯经济利益的驱动,或政策法制观念淡薄、贯彻党的出版方针不够认真,图书市场中平庸的品种不少;含有错误内容和黄色、淫秽的书籍也屡禁屡现,盗印和非法出版物层出不穷。这些消极现象和违法情况,虽经新闻

出版管理机关教育、查处，但其发展的势头并未控制住。

从上述情况可以看出，当前出版工作总的形势是好的，但也出现了不少新问题、新矛盾、新困难，也可以说是喜忧参半。

2. 关于加快政府职能转变问题

江泽民总书记在"十四大"报告中提出的必须努力实现的十项主要任务中，第七项就是党政机构职能的转变。这是政治体制改革的紧迫任务之一。

新闻出版管理部门在职能转变方面已经做了不少工作，如通过目标管理责任制加强对出版社的宏观管理，下放某些权力给出版社，制定了新闻出版方面的一些单项法规、制度，等等。这些改革是符合十四大所提出的职能转变精神的，应当继续前进和深化。在转变职能的过程中，遇到新的问题、新的矛盾时，有两种不同的处理办法：一种是回到过去的计划经济体制的管理轨道上去，事无巨细，统统管死；一种是通过加强立法，通过加强适应市场经济体制需要的宏观调控，即加强经营、财政、税收管理，解决新问题、新矛盾。我们认为，前者是走回头路，是不可取的；后者是出版改革的深化，赋予了宏观调控以新的质。

3. 出版企业转变运行机制问题

市场经济体制的建立，使出版社再也不能躺在国家身上过日子，不思进取，不管盈亏了。这是出版工作的一种进步。但是，几十年的习惯势力，使相当多的出版社只熟悉计划经济管理那一套，而不熟悉新的市场经济管理这一套；或者以为在市场经济体制中，过去符合出版工作本身需要的、行之有效的规章制度，都可弃之不用了，专注于追逐利润，甚至不择手段。于是就出现了有的出版社的责任编辑不看稿，编辑室主任不复审，总编辑不终审的怪事，三审制形同虚设；出版社内部编辑出版流程混乱,错误屡见不鲜;一些出版社还卖书号,搞不正之风。这些弊端,都是新的经营管理机制没有建立的表现。

新闻出版管理部门转变职能的重要内容之一,就是要帮助出版社建立和完善新的运行机制,其中主要的有:

(1)经营管理机制。

这就是要全面管理投入和产出,要降低成本,增加效益;降低投入,提高产出。充分利用电脑加强企业管理,向集约化经营发展。建立这种机制是实行目标管理责任制和工效挂钩制度所迫切需要的。

(2)质量管理机制。

出版社要按照新闻出版署《关于图书质量暂行管理规定》,制定图书质量管理实施细则,以便进一步适应目标管理责任制的要求。搞市场经济,参与市场竞争,归根到底是产品质量的竞争,保证和提高书刊质量,是出版社在市场竞争中立于不败之地的关键所在。

(3)激励机制。

充分运用企业"工资增长权",建立工资增长机制,以增加全社职工的收入,充分调动其积极性,增强企业的凝聚力。实行工效挂钩后,出版社有了工资增长权,有了激励手段,就可以搞浮动工资。同时,要敢于奖罚,敢于升降职工的待遇。对编辑出版工作人员,对出版社的主要经营者,都要敢奖敢罚,重奖重罚。

(4)自我约束机制。

十四大报告中要求企业"自主经营,自负盈亏,自我发展,自我约束"。这是一种完整的系统管理,"四自"缺一不可,对出版社来说,目前特别迫切需要的是建立起自我约束机制,从制度上保证只出好书不出坏书,自觉遵守市场竞争规则和财务税收、工资奖励福利等方面的规章。

在建立这四种运行机制的过程中,需要建立和完善目标管理责任制、干部聘任制、工人劳动合同制和聘用制、工效挂钩的工资制,以使四种运行机制具体可行,相辅相成。

二、党和国家的出版管理部门,对当前出现的问题,不要停留于治标,而要标本兼治

在当前出版工作中出现的新问题、新矛盾中,有错误倾向问题、黄色和淫秽书刊问题、盗印问题、非法出版问题、卖书号问题,等等。新闻出版管理部门及时查处这些案件,是十分必要的。但是,在查办这些案件的同时,应当考虑出现这些案件的根源在哪里,如何从根本上加强宏观管理,清除滋生这些案件的土壤。也就是说,既要治标,又要治本,标本兼治。只有这样,党和国家的出版管理部门,才能将主要精力投入繁荣出版事业的重要活动中去。

在治本方面,我们认为,党和国家的出版管理部门应当帮助出版社加强四个方面的建设:

1. 适应市场经济体制的需要,加强领导班子的建设

一个出版社能否坚定不移地贯彻党的出版方针,关键在于有坚强、精干的领导班子。因为,在一个出版社中,关于出版方针的贯彻、两个效益的实现、廉政建设、克服拜金主义等一系列重大问题的处置,全都由领导班子决策,他们对出版社的走向和面貌起着关键作用。有的出版社为什么近年屡犯错误?主要是领导班子软弱、涣散,缺少事业心和责任心。因此,党和国家的出版管理部门,应当在领导班子建设问题上,给予更多的关注。

2. 适应市场经济体制的需要，加强制度建设

编辑出版工作有其自身的规律。许多建社多年的老出版社，经过多年积累，形成了一套避免错误的行之有效的规章制度。如选题论证制度、审读和编辑加工书稿的三审制、书刊付印和发行的批准制，等等。当然，随着社会的发展、市场经济体制的逐步建立，原有的规章制度有些不适用了、有些不够用了。这里是存在一个不断修订和健全规章制度的问题。但是，目前许多出版社或因单纯经济利益的驱动，或因不熟悉编辑出版业务，或将规章制度视作束缚改革开放的"绳索"，把许多行之有效的规章制度弃置一旁，拿到书稿后，既不初审，也不复审，甚至连终审也没有，就签字付印；更有甚者，只要个体书商给一笔钱，就将书号卖给他们，书稿是什么样子都不知道。这类现象的产生，除了领导班子政治责任心不强外，没有坚持编辑出版的规章制度也是一个重要的原因。

针对上述现象，出版管理部门应当下大力气帮助出版社建立切实可行的规章制度。

3. 适应市场经济体制的需要，加强选题建设

选题是出版社的生命，选题结构如何，关系到一个出版社的兴衰成败。因此，出版社应当开发高品位、高质量的选题，淘汰平庸的、低水平重复的选题，建立与社会主义市场经济体制相适应的知识体系。建立这种知识体系是一个宏大的系统工程，它涉及政治、经济、文化、哲学等诸多方面。从大多数出版社来说，当前需要清理选题，调整选题结构，以便形成读者—市场需要的、又能反映出版社特色的出书体系。这一宏大工程，只有靠出版管理部门督促，靠出版社领导班子和全体编辑的努力才能完成。

4. 适应市场经济体制的需要,加强出版队伍建设

(1)加强敬业精神和职业道德、遵纪守法的教育,提高贯彻党的出版方针的自觉性。

一个出版社,光有好的领导班子,而无高水平高素质的队伍,也是不行的。近几年,有的出版社的问题层出不穷,究其根本原因,或因领导班子不强,或因队伍素质不高,或两者兼而有之。一个出版社的编辑,如果没有敬业精神,对书稿不看不审、不加工不整理就发稿,编辑形同虚设,这种做法不仅仅是一种自杀,是自己否定了自己的存在价值,更为严重的是必然导致粗制滥造,置出版社声誉于不顾,坑害读者、坑害社会;如果没有职业道德,对作者、对读者、对社会没有一点责任心,就会不管书中错误百出或千出,只图赚到钱就行;如果不遵纪守法,就会胆大妄为,猎奇的、泄密的、黄色的、淫秽的书都敢出。因此,编辑出版队伍的整体素质、整体水平的高下,的确直接影响出版事业的兴衰。

(2)加强业务培训和职业技能教育,形成具有现代科技文化知识、熟练地掌握编辑出版专业技能、门类比较齐全的干部队伍。

一个出版社要进入市场,参与竞争,具体表现为书刊质量的竞争。书刊是靠人来编辑出版的,因此,书刊质量的竞争表现为人才素质的竞争。如果一个编辑不懂或不愿做编辑工作,那就是自我否定,将被事业所淘汰。从出版社角度来说,则不能听任这种情形发展,而应当依靠出版管理部门的组织与支持,对编辑出版干部进行培训。培训有多种形式,短期的业务、技能培训,专业进修,拜师,取经,等等,都可因人而异。经过培训以后,应规定持证上岗。对脱颖而出的人才,应敢于大胆提拔使用,并在

工作中考察和锻炼。

　　以上就是我们对当前出版工作的形势、存在的问题及其对策的一些思考,也可以说是我社近几年进行改革的一些粗浅体会,仅供参考。

（1993 年 10 月 8 日）

在中央宣传部、新闻出版署
表彰大会上的发言

在邓小平同志视察南方谈话和党的十四大精神的指引下，我国出版工作的总体形势和主导方面是好的。出版社加强了贯彻党的出版方针的自觉性和坚定性，出版了一大批好书；加强了以经济建设为中心，出版了大量的有关社会主义市场经济的理论、知识和科学技术知识的读物。在物质文明和精神文明建设中都发挥了很好的作用。出版改革也取得了新的进展。

但是，在出版社工作中也还存在一些严重的问题，买卖书号就是一种严重的腐败行为和不正之风。它冲击了党的为人民服务、为社会主义服务的出版方针，已成为出版界的毒瘤与公害，给出版界和读者带来的危害是极其严重的。由于买卖书号，使坏书得以出笼，损害了社会主义精神文明建设，近年来被查处的有政治问题、违纪泄密问题和色情淫秽等坏书，大都是由买卖书号出版的；由于买卖书号，严重腐蚀了出版队伍，这种权钱交易，使出版界滋生了腐败现象；由于买卖书号，造成图书粗制滥造，质量严重滑坡，精神垃圾和精神鸦片毒害了读者、毒害了社会；由于买卖书号，扰乱了出版管理的正常秩序，造成管理失控；由于买卖书号，不法书商在非法经营过程中大量偷税漏税，国家税利被非法侵吞，严重损害了国家的经济利益；由于买卖书号冲击了正规出书,使出版社的图书征订数字大幅度下降,妨碍了好书和学术著作的出版发行。从上面的种种危害可以看出,买卖书号实质是出卖国家所赋予的出版权力,是出卖出版社的牌子,使非法出版合法化,造成了出版社的自我摧毁,是一种慢性自杀。

买卖书号的危害这样严重,为什么在一段时间里愈演愈烈呢? 这是值得每一个出版工作者认真思考的问题。我们认为,主要是受单纯经济利益的驱动,或政策法制观念淡薄、贯彻党的出版方针不够认真,因而自觉或不自觉地将图书出版的社会效益与经济效益分离,不顾社会效益、只图经济效益,干了蠢事。这说明,出版工作者思想上和认识上的问题不解决,买卖书号的现象今天被禁止了,明天它还可能死灰复燃。其实,卖书号并不能解决出版社的经济效益问题,真正得利的是那些不法书商。

我们完全拥护中共中央宣传部和新闻出版署联合发布的《关于禁止"买卖书号"的通知》(以下简称《通知》),在今后的出版工作中,坚决遵照《通知》的规定办。在当前,严肃的出版社和敬业的出版家应当联合起来,响应党和政府的号召,用实际行动坚决支持中宣部和新闻出版署对买卖书号进行整治。根据《通知》的规定,坚决刹住以任何形式直接或间接买卖书号的不正之风,坚决做到不将经济指标和书号分配给编辑个人掌握,并且立即进行认真的自查自纠,加强自律。

在今天的会议上还同时宣布了中共中央宣传部、新闻出版署关于表彰 15 家出版单位的决定,我们人民出版社是 15 个单位之一。党和政府的表彰,我们认为这是对我们的鼓励和鞭策,在我社的工作中其实还存在不少差距和不足,我们在今后的工作中一定要更加兢兢业业,更加谦虚谨慎,努力把我社的工作做得更好一点。

我们人民出版社四十多年来，坚持把贯彻党的出版方针，宣传党的思想、路线、方针、政策放在工作的首位，坚持把社会效益放在首位，较好地完成了党和政府所赋予的出版任务，在经济上也为国家积累作出了自己的贡献。十一届三中全会以来，我社除出版了《列宁全集》中文第二版60卷、《毛泽东选集》第二版、《邓小平文选》一至三卷等一大批中央交办的重要的出版任务外，还自己开发选题，出版了大量高水平、高质量的思想政治读物和哲学社会科学各学科的学术论著，其中不少图书不但社会效益是好的，经济效益也是相当好的，例如《邓小平论党的建设》发行了近40万册，薛暮桥著《中国社会主义经济问题研究》一书累计发行1000万册，《彭德怀自述》累计发行300万册，金冲及主编《周恩来传》累计发行30多万册，胡绳著《从鸦片战争到五四运动》累计发行135万册。从1953年到1992年，我社累计上交国家税利近7000万元，从1982年到1992年上交利税2000万元。应当说，经过努力社会效益和经济效益的统一是完全可以做到的。坚持把社会效益放在首位，力求做到社会效益与经济效益的统一，除了端正指导思想，增强贯彻党的出版方针的自觉性和坚定性外，还应当不断深化改革，建立适应社会主义市场经济体制所需要的新的运行机制。就一个出版社来说，我们体会主要要建立如下四种运行机制，即经营管理机制、质量管理机制、激励机制、自我约束机制。在建立这四种运行机制的同时，还要适应社会主义市场经济体制的需要，切实加强四个方面的建设，即加强领导班子建设、加强制度建设、加强选题建设、加强队伍建设。只要在运行机制上深化改革，同时又切实加强了这四个方面的建设，图书出版工作的双效是完全可以做到的。

改革开放和建立社会主义市场经济体制为出版业开辟了广

阔的前景,只要我们坚持以邓小平同志建设有中国特色社会主义的理论为根本指针,坚持"一个中心,两个基本点"的基本路线和坚持为人民服务、为社会主义服务的出版方针,及时克服前进道路上的种种干扰,深化改革,我国的出版事业是会更加繁荣昌盛的。

我的发言完了,谢谢。

(1993 年 10 月 28 日)

坚持把社会效益放在首位

我国出版工作的总体形势和主导方面是好的,但也还存在一些严重的问题,买卖书号就是一种严重的腐败行为和不正之风。它给出版界和读者带来的危害是极其严重的。

买卖书号,为什么在一段时间里愈演愈烈呢?主要是受单纯经济利益的驱动,或政策法制观念淡薄、贯彻党的出版方针不够认真,因而自觉或不自觉地将图书出版的社会效益与经济效益分离,不顾社会效益,只图经济效益。其实,卖书号并不能解决出版社的经济效益问题,真正得利的是那些不法书商。

严肃的出版社和敬业的出版家应当联合起来,响应党和政府的号召,用实际行动坚决支持中宣部和新闻出版署的"通知"精神,对买卖书号进行整治,坚决刹住以任何形式直接或间接地买卖书号的不正之风,坚决做到不将经济指标和书号分配给编辑个人掌握,并且立即进行认真的自查自纠,加强自律。

我们人民出版社四十多年来,坚持把贯彻党的出版方针、坚持把社会效益放在首位,较好地完成了党和政府所赋予的出版任务,在经济上也为国家积累作出了自己的贡献。这说明,经过努力社会效益和经济效益的统一是完全可以做到的。坚持把社会效益放在首位,力求做到社会效益与经济效益的统一,除了端正指导思想,增强贯彻党的出版方针的自觉性和坚定性外,还应

123

当不断深化改革,建立适应社会主义市场经济体制所需要的新的运行机制。这种新的运行机制就一个出版社来说,主要有四种,即经营管理机制、质量管理机制、激励机制、自我约束机制。在建立这四种运行机制的同时,还要适应社会主义市场经济体制的需要,切实加强四个方面的建设,即加强领导班子建设、加强制度建设、加强选题建设、加强队伍建设。只要在运行机制上深化改革,同时又切实加强了这四个方面的建设,图书出版工作的双效益是完全可以做到的。

(原载《新闻出版报》1993 年 11 月 10 日)

在《邓小平文选》第三卷
出版工作总结表彰大会上的发言

1993 年,正当我国改革开放进入辉煌的第 15 年的时候,中共中央决定出版《邓小平文选》第三卷。这一决策,为积极建设中国特色社会主义的全党全国人民送来了当代中国的马克思主义奠基之作,为热情振兴中华的全党全国人民提供了民族振兴和发展的精神支柱,是 1993 年党和国家政治生活中的一件大事。

在中共中央文献编辑委员会的直接领导和具体指导下,在新闻出版署的直接有力的组织、协调下,在铁道部、中国印刷公司、中国印刷物资公司、新华书店总店的通力协同下,我社全体职工经过艰苦努力,在 1993 年 11 月 2 日以前,按照中央的部署,用 30 天的时间,如期完成了《邓小平文选》第三卷的编辑、排校任务,随后组织印刷、装订、出书工作,赶在 10 月底以前将书发到全国各大城市,为急需学习邓小平同志建设有中国特色社会主义理论的全国人民及时提供了精神食粮。截止到今年 1 月 4 日,《邓小平文选》第三卷在全国的发行已经超过了 2130 万册。在今天这个隆重的大会上,我代表人民出版社全体同志,向中共中央文献编辑委员会、新闻出版署、铁道部、中国印刷公司、中国印刷物资公司、新华书店总店的领导和同志们表示衷心的感谢并致以崇高的敬意。

人民出版社是新中国成立之初的1950年在毛主席、周总理和邓小平同志等党和国家领导同志的关怀下创建的。几十年来一直受命出版党和国家领导同志的选集、文选、文集和其他文献。去年我社接受出版《邓小平文选》第三卷的光荣任务后，曾经在全社召开多次会议，动员全社职工在时间紧、任务重的情况下，保质保量地完成任务。随后，社领导要求有关部门制定了各自的工作规范和要求。在中共中央文献研究室分批发稿后，我社编辑人员立即通读原稿，认真加工，一丝不苟，为编者提供了许多参考意见；排版校对人员，要求初校100%消灭错字。当任务进入紧张阶段后，他们夜以继日地加班工作，有的同志通宵达旦连轴转，一天只休息两三个小时；有的同志在星期日和国庆节放弃休假，赶校邓选；有的同志带病坚持工作，为了不耽误编辑、校对的进度；有的同志连续加了一个月夜班，没有回家。在这段时间里，全社上下团结一心，都为精益求精地出版好《邓小平文选》第三卷贡献出自己的一份力量。在《邓小平文选》第三卷付印之前，我社先后校对了十次；在校对过程中，每遇有重大改动时，校对人员都要将全书重新校对一遍。

同志们，毛主席在他所作的一首词中曾经说过："雄关漫道真如铁，而今迈步从头越。"今天，社会主义出版事业正面临适应社会主义市场经济体制的新情况，我们人民出版社的全体同志，决心从头越，决心在党的十四大和十四届三中全会精神指引下，把社会主义的出版工作继承下去和发扬光大。

我的发言完了，谢谢。

（1994年1月15日）

在署直属单位工作会议上的发言

署领导要我来讲一点人民出版社的情况。

人民出版社现在的基本情况：全社现有在职职工 223 人，其中具有大专以上学历的 166 人，占全社总人数的 74%，取得中高级职称的 121 人，有党员 196 人（包括离退休党员 93 人），团员 19 人，有四个民主党派成员 35 人，离退休职工 167 人，其中大多数取得中高级职称。全社有图书编辑室 9 个，期刊编辑室 4 个，每年出书 250 种左右，期刊 42 期。1993 年完成利税 550 万元，超额完成了任务。每年用于一些经典著作和学术论著出版补亏约 80 万元，离退休职工开支 120 万元。

上面这一系列数字表明，人民出版社不仅任务重，担子也重；不仅社大，压力也大。我们就是带着这一"重""大"任务和压力来迎接社会主义市场经济体制的变革的。

一、近几年我社着重抓的三项工作

面对这一新的形势，这几年，我社重点抓了三项工作：一是抓出书，抓繁荣，在繁荣出书中狠抓党的出版方针的贯彻落实；二是抓深化改革，在改革中坚持社会主义的方向；三是抓班子和队伍建设，在建设中除了抓组织建设外，着重抓思想和作风的建设。我们认为，抓住这三项重点工作，就可以使人民出版社既能坚定地贯彻为人民服务、为社会主义服务的出版方针,又能逐步地适应社会主义市场经济体制的变革。

1. 抓出书,抓繁荣,在繁荣出书中狠抓党的出版方针的贯彻落实

近几年,我社年年抓重点书的出版工作,这些重点书是为贯彻和宣传党的基本理论、基本路线和方针政策,为传播马克思列宁主义毛泽东思想,为宣传邓小平同志建设有中国特色社会主义理论服务的。其中重要的有:《邓小平文选》3 卷以及《列宁全集》中文第二版 60 卷,《马克思恩格斯选集》4 卷,《列宁选集》4 卷,《毛泽东选集》第二版 4 卷,《毛泽东文集》2 卷,《陈云文选》3 卷,《李先念文选》,《彭真文选》,《薄一波文选》,《宋庆龄选集》2 卷,《陆定一文集》,《胡乔木文集》2 卷,《毛泽东年谱》3 卷,《周恩来传》,《周恩来年谱》,《朱德传》,《朱德年谱》,《宋庆龄——二十世纪的伟大女性》,《邓颖超传》,以及党的代表大会、全国人大和全国政协文件汇编,党的重要文献单篇本,江泽民总书记、李鹏总理的重要报告、讲话单篇本;为纪念建党七十周年,为纪念毛泽东同志诞辰一百周年,我社还出版了一批重点图书,如《中国共产党历史》,《邓小平论党的建设》,《中国共产党大事记》,《中国共产党大事典》,《光辉的历程——中国共产党七十年历史图集》,《老一辈革命家手迹选》,《毛泽东自述》,《毛泽东军事生涯》(画册),《毛泽东书法大字典》,《毛泽东交往录》,《毛泽东家世》,等等。在学术著作方面,近几年还出版了一批图书,其中重要的有《中国通史》第 7—10 册,《郭沫若全集·历史编》8 卷,《秦汉史》,《魏晋南北朝史纲》,《简明宋史》,《元朝史》,《明史新编》,《中国大革命史》,《中国的经济体制改革》,《著名学者论社会主义市场经济》,《社会主义市场经济大辞典》,《中国社会主义股份制研究》,《中国资本主义发展史》,《中国经济发展四十年》,《中国工业现状》,"海外经济管理运作丛书"30 册,《中国哲学发展史》4 卷,《庄学研究》,《有无之境——王阳明哲学的精神》,《美学与意境》,《希腊哲学史》2 卷,《现代美国哲学》,《当代西方美学》,《世界十大宗教》,"电视丛书"12 册,"美国通史丛书"3 册,以及一批中外政治名人传记。

多年来,我社除了每年抓重点书的出版外,同时也不忽视一般图书的选题论证和出版工作。我社没有出版过一本坏书。有一些人将政治上有问题或有其他不良倾向的选题或书稿拿到我社来试探,如有反共内容的《华北纪实》,外国人写的内容不实的《人民的救世主——毛泽东》,以及裸体摄影画册等,都来试探过,都被我社拒绝。

在一大批重点图书中,有的是中央交办的,有的是我社自行开发的。这批重点图书的印数有的高达 2000 多万册,有的只有一两千册,相差很大。为了贯彻党的出版方针,我社是以印数大的图书的盈利来弥补印数少的图书的亏损,以书养书。

2. 抓深化改革,在改革中坚持社会主义的方向

社会主义市场经济体制的建立,促使实行企业化管理的出版社必须改革原来实行的计划经济体制那一套管理模式,而出版社不但是企业,还是重要的意识形态部门,是重要的宣传舆论阵地,因此,它的改革与主要以市场为导向的纯工商企业又有所不同。这就需要我们去摸索新的运行机制。人民出版社近几年正在探索的运行机制主要有:

(1)经营管理机制。这就是要全面管理投入和产出,要降低成本,增加效益;降低投入,提高产出。充分利用电脑加强企

业管理,向集约化经营发展。在这方面,我社现在已推行两项改革,一是在编辑、排校、发行部门实行目标管理责任制;编辑部的图书编辑室,在明确规定了社会效益、质量标准、产品结构、重点书和学术著作的比例等方面的考核指标和建立严格的考核程序的基础上,确定全室的经济效益考核指标。确定经济效益指标的具体做法是,按照各编辑室人员构成(见习编辑、助理编辑、编辑、副编审、编审五个档次)规定完成税前利润的数额,以这些数额之和作为全室应完成的经济指标,编辑室不得将经济指标分解到人。年终超额提成,未完成的扣奖;期刊编辑室以期刊前一年订数为基数规定上下浮动的限额,上浮发奖,下浮扣奖;校对科按数量、质量计奖;发行部实行总码洋、发行费用和折扣三项指标承包,超额提成,未完成扣奖。全社实行工效挂钩,利税每超额 1% 工资总额增长 0.7%。

(2)质量管理机制。搞市场经济,参与市场竞争,归根到底是产品质量的竞争。保证和提高书刊质量,是出版社在市场竞争中立于不败之地的关键所在。我社为了贯彻新闻出版署《图书质量管理规定》(试行),已拟订了图书质量管理实施细则,规定了奖罚措施,同时,准备筹建书刊质量管理部门,专门管理全社图书的编辑、设计、校对、印装质量。

(3)激励机制。这就是充分运用企业"工资增长权",建立工资增长机制,以增加全社职工的收入,充分调动其积极性,增强企业的凝聚力。我社实行工效挂钩后,有了工资增长权,有了激励手段,在 1993 年搞了一次浮动工资。就是在每个职工的档案工资之外,按照实施细则所规定的条件,给符合条件的职工浮动工资,根据各人的工作实绩及各方面表现严格考核,浮动一至三级不等,极个别表现不好的,一级也不浮动。

（4）自我约束机制。十四大报告中要求企业"自主经营，自负盈亏，自我发展，自我约束"。这是一种完整的系统管理，"四自"缺一不可。对出版社来说，目前特别迫切需要的是建立起自我约束机制，从制度上保证只出好书不出坏书。在这方面，我社制定了一些条例和规定，其中主要有《人民出版社党组工作暂行条例》、《人民出版社处以上领导干部勤政廉政的规定》以及编辑、出版、发行、人事、行政等部门职业道德规范和廉政的规定，《人民出版社选题论证会的若干规定》、《人民出版社浮动升级的实施细则》。这些制度和办法，一部分是管人的，一部分是管业务工作的，抓住了这两个重点，自我约束机制就落到实处了。

我社在探索建立这四项运行机制的整个过程中，主要依靠三项制度来保证，这就是干部聘任制、工人聘用制和劳动合同制，目标管理责任制，工效挂钩。没有这些制度的建立，上面所提的运行机制是难以推行的。从去年全社的情况来看，出书品种超额完成了任务，并且出版了《邓小平文选》第三卷、《毛泽东文集》、《毛泽东年谱》等一大批重点图书，利税也超额完成了任务；人民出版社受到了中宣部和新闻出版署的表彰，并被署、国家机关工委、北京市连续第三年评为精神文明单位；全社上下做到了坚守岗位、团结敬业；职工的收入有所增加，工作劲头更足了，全社的凝聚力增强了。最能说明全社凝聚力的是：《邓小平文选》第三卷去年9月15日发齐稿件后，我社仅用一个月完成排校任务，40天内出书，根据中央要求，11月2日以前将书发往全国各大城市。这种速度和效率是过去从来没有过的，可以说是创纪录的。

3. 抓班子和队伍的建设,在建设中除了抓组织建设外,着重抓思想和作风的建设

领导班子是一个单位的"龙头",队伍是一个单位的"龙身",只有两者都健壮,才会"生龙活虎"。出于这种思考,我社在班子和队伍建设中,除了抓组织建设、健全机构、配齐干部外,着重抓了思想、作风和纪律等项建设,为的是使人民出版社保持党的优良传统和时代精神。

在领导班子建设方面,我们抓了两项工作,一是党组、党委、纪委成员都由行政领导干部或业务骨干组成,不设脱产的党的领导干部,以保证思想政治工作与业务工作紧密结合,使党的路线、方针、政策能够较快地落实到业务工作中去;一是对党组、党委、纪委、社委会的成员提出具体要求,并明文公布在有关条例和规定中,如勤政和廉政,凡是要求下面做到的,领导班子成员必须先做到;凡是要求下面不准做的,领导班子成员必须带头不做。去年8月全国开展反腐败斗争,我社党组成员严格按照党中央的五条自律要求和我社自定的三条,作了对照检查,同时在社内设立举报箱和召开不同类型的会议征求群众意见。经过自查和征求意见,都没有发现党组成员有违反五条和三条的情况;党委、纪委、社委会成员经过对照检查,也没有违纪情况。根据社内群众的反映,他们认为社领导班子是一个廉政的、团结的集体。正由于领导班子在群众中树立了威信,因此,他们说话有人听,布置工作有人干,使全社形成了上下团结干工作的坚强集体。

在队伍建设方面,我们抓了有关条例、规范的制定,对编辑、出版、发行、人事、行政的部门领导和工作人员的作风、职业道德、纪律提出明确的要求,并在工作中贯彻实施;同时,每年抽调党员中层干部参加署党校学习,每年集中一周时间组织全社干部分批脱产学习建设有中国特色社会主义理论和有关建立社会主义市场经济体制的文件以及出版法规等,使他们通过学习加深对党的出版方针的理解,思考出版改革中的深层次问题。

我们体会到,抓领导班子和队伍的建设,也就是抓人的精神建设,人是要有点精神的。抓好了精神建设,就可以变出优异的物质成果。而人民出版社的优异物质成果就是优秀的图书和期刊,这些优秀书刊发行到千百万读者中去,又可以陶冶他们的精神,变出更多更大更优异的物质成果来。

二、关于今后发展战略的若干思考

在中宣部和新闻出版署的坚强有力的直接领导下,在全社党员、干部和职工的支持下,这几年我社稳步前进,取得了一些成绩,受到了表彰和奖励。但是,我们不能沾沾自喜,更不能倚靠已成为过去的成绩吃老本。我们必须看到面临的严峻形势。这就是:与我社出版任务相近的出版社越来越多,政治理论读物和学术论著市场越来越小,可以大量印制的出版物越来越少。这些都是我社今后发展中的不利因素,将给我社的发展带来更大的压力。

在这一严峻形势面前,我们当然不能知难而退,不能无所作为。我们要努力加强自身建设,克服困难,继续前进。

1. 加强选题建设,繁荣出版

选题是一个出版社成败的关键之一。在今后的工作中,我社除了继续完成中央交办的出版任务,抓好国内出版物的选题开发、进一步优化选题,追求高品位高质量外,还要开发在国际图书市场上适销对路的选题,以适应新形势下自我发展的需要。

2. 改善办公和职工居住条件,在生产发展的基础上提高职工的待遇,争取提前三至四年达到小康水平

我社的办公楼是人民出版社和人民文学出版社两家合用的,建成于1958年,经过1976年大地震的破坏,现已有点损坏,而且内部设施根本不适应办公室自动化、电脑化的要求,应当尽早改建。署领导很重视人民出版社,有重要的国外来访者,总想安排到人民出版社参观。每当遇到这种情况时,我们感到很为难,因为我们的办公条件既落后又破旧。我们要力争在今后几年内实现办公楼的改造,继续想方设法买一点职工住房,逐步改善职工的居住条件,同时注意不断在生产发展的基础上提高职工的实际收入,在这次工资套改后,我们还要争取继续实行工效挂钩的工资改革,建立正常的工资增长机制,形成符合改革要求的激励机制,争取在一两年内实现人均年收入达万元,提前三至四年达到小康的主要指标。

3. 加快新技术改造和在职职工培训的步伐

这几年,大多数新闻单位都实现了编辑工作电脑化,相比之下,我社的电脑化已经滞后了。同外国的编辑出版工作现代化的程度比较,我们就更加落后了。这对提高工作效率和出版质量是十分不利的。今后几年,我社要在编辑、发行等部门装备电脑,逐步实现编辑工作、编辑业务管理和出版、发行、人事、财务管理全部电脑化,形成全社电脑管理网络。与此相适应,要加强在职职工的再培训,使其适应办公室自动化、电脑化的要求。在社会主义市场经济体制越来越深入发展的今天,如果工作条件、管理手段和人员素质不适应,是会落后的。

4. 继续深化三项制度的改革

目标管理责任制,干部聘任制、工人聘用制和劳动合同制,工效挂钩等项改革,还需要根据新的形势和要求,不断改进,不断发展。通过三项制度的深化改革更好地推动四项运行机制的不断完善。

5. 继续开展多种经营

我们是出版社,主业当然是出版优质书刊。但是在书刊市场变化不定的情况下,严肃的政治理论著作和学术论著印数一直呈下降趋势。为了保证维持再生产,开展多种经营,以副补主,就成为当务之急。

各位领导,同志们,以上就是我们人民出版社近几年来所做的几项主要工作和今后的发展设想。今天向各位汇报,是希望听到你们的评论和指教,以便帮助我们改进工作,完善我们的发展规划。

我讲完了,谢谢。

(1994 年 1 月 31 日)

学习新知识　迎接新挑战

　　在我们党的历史上曾经出现过两次大的学习高潮，一次是
1942 年至 1943 年的全党整风和对于党的历史经验的学习。当
时，毛泽东同志鲜明地提出"改造我们的学习"和整顿学风、党
风、文风，克服主观主义、宗派主义和党八股的任务。通过这次
全党规模的学习，解决了在党内长期存在的、对革命事业造成严
重危害的教条主义和经验主义问题，为迎接抗日战争的胜利作
了理论上、思想上、组织上的准备。再一次是在中华人民共和国
成立的前夕，毛泽东同志在他那篇著名的《论人民民主专政》一
文中，严肃地向全党指出：严重的经济建设任务摆在我们面前。
我们熟习的东西有些快要闲起来了，我们不熟习的东西正在强
迫我们去做。我们必须克服困难，我们必须学会自己不懂的东
西。我们必须向一切内行的人们（不管什么人）学经济工作。
拜他们做老师，恭恭敬敬地学，老老实实地学。不懂就是不懂，
不要装懂。在党中央和毛泽东同志的号召下，全党学习管理新
国家、建设新国家的知识和本领，很快把一个破烂不堪的旧中国
建设成为一个崭新的新国家。
　　但是，随着时间的推移，社会主义社会发展到了一个自我完
善的新的历史时期，我们的国家进入了改革开放的新阶段，要从
延续了几十年的计划经济体制转换到社会主义市场经济体制。

我们现在碰到了党的历史上曾经出现过的类似的情况，即我们过去曾经非常熟习的东西已经闲起来了，我们不熟习的东西正在强迫我们去做。我们必须学会自己不懂的东西。所以，江泽民同志代表党中央，多次号召全党各级干部要加强学习和来一次新的学习竞赛。在学习中更新我们的知识结构，建立新的知识体系，把我们的改革开放、建立社会主义市场经济新体制和建设有中国特色的社会主义事业做得更好。

首先是理论上的创新。时代前进了，实践发展了，马克思列宁主义毛泽东思想面临着大发展的极好机遇。如果从俄国十月革命算起，建立社会主义制度的实践活动已经有了将近80年的历史，我们曾经建立起一种社会主义的模式即高度集中统一的计划经济模式。这种模式在一定的历史条件下，曾经对社会生产力的发展发挥过积极的作用，取得过十分辉煌的成就。但是，随着社会的进步、实践的发展，这种模式逐步暴露出它的弊端，不利于甚至阻碍着生产力的进一步发展，所以必须进行改革。但是如何改革，改革是否能够成功，有很大的学问。中国共产党在以邓小平同志为核心的一大批改革家的率领下，勇敢地投入了改革这一场新的伟大的革命。在改革中既坚持了马列主义毛泽东思想的根本原理，同时又给这一理论宝库加进了新的概念和内容；既不违背基本原理，又不拘泥于某些陈旧的概念。我们只要冷静地深入地学习邓小平同志关于建设有中国特色的社会主义理论，并将这一理论同对社会主义的某些传统的理解对照一下，便可以发现许多具有时代特点和中国特色的内容。单就政治经济学方面的内容来看，我们把15年前的政治经济学有关社会主义部分的教科书拿来看一看，便可以发现用这样的教科书已经根本无法解释和说明今天的现实了。我们必须根据新的实践经验来改写政治经济学社会主义部分的教科书。单就这一方面来说，我们学习、研究、创新的任务就非常艰巨。而社会主义改革的事业是全方位的，不仅经济体制，而且政治体制，文化、教育、科研体制等诸多方面都面临着改革的任务。所以，我们面临的理论上的创新是一个巨大的系统工程。

建立社会主义市场经济体制，不能关起门来搞，它是同开放紧密地联系着的。闭关自守，在历史上曾经造成落后、挨打，在当今的社会历史条件下，在科学技术一日千里、突飞猛进的现代条件下，再坚持闭关锁国政策，不仅仅是落后、挨打的问题，几乎等于自取灭亡。所以，我们必须勇敢地面向世界，迎接挑战。我们不但要把世界上一切优秀的、能够为我所用的东西拿过来，还要将我们优秀的中华文明传播到世界上去。我们不但要引进先进的硬件，而且在经营管理、运行操作方面引进软件，同国际上的许多经过实践检验是好的、科学的做法接轨。

总之，为了建立社会主义市场经济体制以及与其相适应的政治、文化、教育、科研等体制，我们必须建立为其服务的新的知识体系。建立这种知识体系，是一个学习、研究、创造的过程，是一项巨大的文化系统工程，需要发动千千万万实际工作者和理论工作者共同参加。在这个工程中，我们编辑出版者有广阔的用武之地。我们要开发一系列新的选题，组织大批著作家和翻译家来共同完成。我们要编辑出版为新体制服务的各个门类的新知识，不仅要有理论层次的，而且要有运作和操作层次的。我们正在殚精竭虑，为完成这一宏伟的工程作出自己应有的贡献。

（原载《博览群书》1994 年第 5 期）

在《邓小平文选》电子版
出版发行会上的发言

今天我们荣幸地邀请到在京的党政军有关部门、科研院所、大专院校、新闻出版等单位有关的领导和同志。对大家的到来，首先请允许我代表这次会议的主办单位之一人民出版社向同志们表示热烈的欢迎，并致以诚挚的谢意。

《邓小平文选》第一、二、三卷电子版合订本是人民出版社和北京大学在新闻出版署的直接关心和指导下，联合开发制作的电子版图书。在《邓小平文选》第三卷出版一周年和第一、二卷第二版出版发行之际，《邓小平文选》第一、二、三卷电子版合订本的出版发行，在配合全党、全军和全国各族人民深入学习邓小平建设有中国特色的社会主义理论和把握邓小平的完整的思想体系方面，又提供了一个新的工具，对党政军机关、大专院校、科研院所、出版单位以及理论工作者来说，尤其具有应用价值。同志们看过演示以后，希望多提进一步改进的意见，同时也希望帮助我们宣传、推广，使这一高科技新产品在人们学习和研究邓小平的著作和思想中发挥更大的作用。

开发制作电子图书，是我社在坚持出版改革，在出版工作中引进高新技术为社会主义服务、为人民服务的方针指导下进行的。对我们来讲，将这项全新的高科技产品——电子图书推向社会,奉献给广大读者,既是我们的职责,也是形势发展的需要。人民出版社希望同开发和应用电子图书的广大用户和朋友保持密切的联系,并殷切地希望通过电子图书这一纽带和桥梁,将出版社同作者、读者紧密地联结在一起,为共同推进我国电子图书出版发行事业的成长与发展,作出我们的贡献。

看过演示后请领导和同志们发表意见。

我的话完了,谢谢大家。

(1994 年 11 月 10 日)

认真学习
新版《邓小平文选》第一、二卷

一、《邓小平文选》第一、二卷出版情况

《邓小平文选》第一、二卷的第二版已由人民出版社正式出版,并于 11 月 2 日在全国新华书店发行。这是我国人民今年政治生活中的一件大事。

《邓小平文选》第一卷,在 1989 年曾以《邓小平文选(一九三八——九六五年)》的书名出版第一版;《邓小平文选》第二卷在 1983 年曾以《邓小平文选(一九七五——九八二年)》的书名出版过第一版。现在,根据中共中央的决定,将五年前和十年前出版的这两本书改称《邓小平文选》第一卷和第二卷出版第二版。在第二版中,第一卷增加了 4 篇著作,主要是作者担任中共中央总书记期间的讲话,全书共收入 43 篇著作。第二卷增加了 14 篇文章,对作者在 70 年代中期至 80 年代初已经提出的关于建设有中国特色社会主义理论的某些重要思想,作了比较充分的反映,全书共收入 60 篇著作。第二版对正文中的个别地方根据原记录作了修订,对文字、标点作了少量订正,并且增补了一些新的注释。总而言之,《邓小平文选》第一、二卷的第二版是更加丰富和完整的版本,具有很高的现实价值、历史价值、文献价值和科学价值。

二、出版新版《邓小平文选》第一、二卷的重大意义

出版《邓小平文选》第一、二卷第二版的重大意义是多方面的、深远的,不是这篇短文所能说透彻的。不过,我可以就自己在工作过程中重新学习一、二卷的体会,谈几点不成熟的看法。

第一,党的第十四次全国代表大会确立了邓小平同志建设有中国特色社会主义理论在全党的指导地位,提出用这一理论武装全党。党的十四届四中全会通过的《中共中央关于加强党的建设几个重大问题的决定》又进一步指出,要"把党建设成为用建设有中国特色社会主义理论武装起来、全心全意为人民服务、思想上政治上组织上完全巩固、能够经受住各种风险、始终走在时代前列的马克思主义政党","要继续把党的思想建设放在首要地位,推动全党对建设有中国特色社会主义理论的学习不断向广度和深度发展。要围绕什么是社会主义、怎样建设社会主义这个基本问题,联系实际,把握理论的科学体系,统一全党思想,坚持党的基本路线一百年不动摇。"《邓小平文选》第三卷和刚刚出版的第二版第二卷,为这一学习提供了最系统、最完整,也是最具权威性的教材。邓小平同志早在70年代中期至80年代初期,在总结"文化大革命"和拨乱反正的过程中,联系正反两个方面的经验教训,紧紧地围绕着什么是社会主义、怎样建设社会主义这个基本问题进行深入的思考,就已经提出关于建设有中国特色社会主义理论的某些重要思想。对于这些重要思想,在新版第二卷中有比较充分的反映,例如,关于社会主义首先要发展生产力;关于本世纪末实现小康;关于社会主义也可以搞市场经济;关于利用外资的政策;关于民主、法制"两手抓",以及中国永不称霸,等等。在学习《邓小平文选》第三卷

时,我们把建设有中国特色社会主义理论作为学习的一个重点,现在回过头再学习邓小平同志在"文化大革命"后期和改革开放初期所提出的有关这一理论的一些重要思想,可以更加系统、全面地理解这一理论形成和不断发展、完善的来龙去脉,不但可以看到这一理论的一贯性和它不断充实、丰富的全过程,而且对它的博大精深有一个更加全面、更加深刻的理解,从而更加坚定对这一理论的科学性和正确性的认识。

第二,我们党的基本路线是建立在邓小平建设有中国特色社会主义理论基础之上的。我们在学习第三卷以后,再继续深入学习邓小平以前的论著,可以更加深切地看到他是怎样为制定和捍卫这条基本路线而进行坚定不移的斗争,排除一切来自"左"的和右的干扰的。我们可以从邓小平同志的这种伟大的革命家和战略家的大无畏的精神中汲取无穷的力量,更加坚定地去坚持和贯彻这条基本路线,使其一百年不动摇。

第三,我们经常说邓小平同志是我国社会主义现代化建设和改革开放的总设计师。我们将三卷《邓小平文选》连贯起来学习和研究,便可以看到,我国社会主义现代化建设和改革开放的一系列方针、政策和重大措施,邓小平同志最早是怎样提出的,又是怎样不断发展和丰富的。他在提出这些方针、政策和重大措施时是怎样将祖国和人民的利益放在最高地位;怎样坚持走群众路线,从群众中来、到群众中去;怎样集中全党和全国人民的智慧进行科学和民主决策;怎样既坚持改革开放,又坚持四项基本原则;怎样既坚持和继承马克思主义、毛泽东思想,又捍卫和发展马克思主义、毛泽东思想。总之,阅读了《邓小平文选》一至三卷,一位总设计师的光辉形象便矗立在我们面前,他是一位伟大的爱国者和勤奋的人民公仆、坚定的社会主义者和马克思主义者。

第四，毛泽东思想是全党智慧的结晶，邓小平作为第一代领导集体的一名重要成员和第二代领导集体的核心，在他的文选第一卷中汇集了他在"文化大革命"以前的主要言论，反映了他在抗日战争、解放战争、新中国成立后17年这几个历史时期，对军事、政治、经济、党的建设等方面作出的贡献。他的这些思想、理论，是毛泽东思想的组成部分，对学习和研究毛泽东思想以及我们党的历史，具有重要的意义，特别是其中一些富有创造性的思想，对今天我国正在进行的社会主义现代化建设和改革开放，将有重要的借鉴作用。我们将《邓小平文选》一至三卷连贯起来进行学习和研究，不但可以全面、系统地把握邓小平的整个思想体系，而且可以从中更加具体地理解他对毛泽东思想的继承和发展。

三、重新学习的新体会

《邓小平文选》一、二卷在出版第一版时，我也学习过，但是这次重新学习，仍有不少新鲜感和不少新的体会、感受和收获，我想大概有这样几个方面的原因。

第一，是由于新版本增加了18篇过去未见过的论著，同时也由于实践在发展，理论在发展，人们的认识也在发展和深化。实践和理论都表现为一个过程，在新的实践和理论水平的基础上，回顾实践、理论的发展过程，可以大大加深对这一实践和理论的认识。

第二，过去在分卷学习时，学习的都是邓小平在某些历史阶段的理论和思想，现在将一至三卷，也就是邓小平的全部著作和思想连贯起来学习、思考和研究，不但可以看出他的思想和理论的完整性,可以加深对其思想和理论的科学性和正确性的理解。

第三,温故可以知新。对邓小平的思想,对邓小平建设有中国特色社会主义理论,进行全面的、系统的学习和研究,对我国社会主义现代化建设,对我国的改革开放,对我国社会主义市场经济体制的建立,总之,对我国的未来发展前景,可以获得更加清晰的认识,使我们对未来更加充满信心,更加坚定我们坚持党的基本理论和基本路线不动摇。

（原载《广州日报》1994 年 11 月 12 日）

需要大大提高
我们的马克思主义文化水平

——为新版马列著作的出版而作

在革命导师恩格斯逝世 100 周年之际,由我国自行编辑的《马克思恩格斯全集》中文第二版第 1、11、30 卷出版了,同时出版的还有《马克思恩格斯选集》第二版和《列宁选集》第三版。新版《马克思恩格斯全集》和《马克思恩格斯选集》是由中央编译局根据马克思恩格斯的原文重新编译的,译文更为准确,编排更为合理,资料也更为丰富。新版《列宁选集》根据《列宁全集》中文第二版重新编选。两部选集在内容的编排上,既适应我国建设有中国特色社会主义和改革开放的需要,又为广大读者提供了内容准确、使用方便、长期稳定的版本。新版《马克思恩格斯全集》和两部选集的出版,为我国人民系统、全面地学习和研究马克思列宁主义提供了丰富准确的原著,是我们党的思想建设和理论建设的一件大事,也是我国出版界的一件大事。

出版马克思主义经典著作,历来是我们人民出版社的重要任务,我们也始终把这项工作放在极为重要的位置上。自 20 世纪 50 年代以来,我社出版了《马克思恩格斯全集》中文第一版 50 卷、《列宁全集》中文第一版 39 卷和第二版 60 卷,出版了《马克思恩格斯选集》第一版、《列宁选集》第一、二版以及革命导师重要著作的单行本,为党的理论事业和出版事业作出了自己应有的贡献。在新版《马克思恩格斯全集》和两部选集的整个编辑出版工作中,人民出版社始终关注整个工作的进程,保持各条渠道的畅通,及时协调各个环节的工作和解决遇到的问题,按时高质地完成了这一任务。

在全党全国人民遵循邓小平建设有中国特色社会主义理论,在改革开放和建设社会主义现代化的事业取得巨大胜利的今天,出版了一系列新编马列著作,我们很自然会想到邓小平同志的教导:"我们搞改革开放,把工作重心放在经济建设上,没有丢马克思,没有丢列宁,也没有丢毛泽东。老祖宗不能丢啊!"①1985年,邓小平同志在党的全国代表会议上,语重心长地告诫我们:为了防止一些同志,特别是一些新上来的中青年同志在日益复杂的斗争中迷失方向,全党同志要认真学习马克思主义理论。邓小平建设有中国特色社会主义理论,是既具有时代特征、又具有中国特色的当代的马克思主义,既继承了马克思主义,又发展了马克思主义。今天,我们出版这一系列新编马列著作,为我们进一步坚持和发展马克思主义,提供了更好的条件。

同时,我还回想起五年前,胡乔木同志在参加人民出版社建社40周年座谈会时所讲的要提高我国的马克思主义文化水平一段著名的话,他说:"人民出版社当前面临着宣传马克思主义、列宁主义、毛泽东思想的任务。我们已经有了40年的历史,现在应该想到怎么样把这个工作向前发展一步。应该说,我们需要大大提高中国的马克思主义文化水平。所谓马克思主义的

---

① 《邓小平文选》第三卷,人民出版社1993年版,第369页。

文化水平，就是说关于马克思主义的研究、讨论、发展。中国的马克思主义文化包括理论著作、通俗著作，乃至于马克思主义原著介绍本身。我想提出这么一个题目，我们要提高我们的马克思主义文化的水平（指广义的文化）。这是我想提出来的一个希望。这个希望要做到，需要在座的所有同志和全国各方面有志于宣传、研究、发展马克思主义的同志们共同努力，认真地、大量地、持久地努力。只有这样做了，马克思主义在中国才能站得稳，马克思主义理论才能真正地深入人心。"今年我们集中地出版了11卷新编的马列著作，今后二十多年内，我们还要把《马克思恩格斯全集》60卷出齐。我想，这也是我们为实现胡乔木同志生前愿望的一个贡献。

新版《马克思恩格斯全集》是一项跨世纪的宏大出版工程，有着巨大而又深远的价值和意义，第1、11、30卷的出版只是有了一个良好的开端，今后的任务还很艰巨，还需要我们更加努力。我们相信，在党中央的领导下，我们一定能够完成这一宏大的工程，为我们党的思想建设和理论建设作出更大的贡献！

（原载《出版参考》1995年第24期）

马克思主义发展的新契机

——作于新版马列著作出版之际

　　按照党中央的决定,中央编译局编译的《马克思恩格斯全集》中文第二版,已由人民出版社于1995年开始出版其中的第1、11、30卷。与此同时,人民出版社还出版了由中央编译局重新选编的《马克思恩格斯选集》(四卷集)的中文第二版和《列宁选集》(四卷集)的中文第三版。这是我国思想政治生活中的一件大事。

　　《中国共产党党章》明确规定,马克思列宁主义、毛泽东思想是我们党的行动指南。在长期的革命实践中,我们深深地体会到,马克思主义是我们认识社会和改造社会的世界观和方法论,是指导无产阶级及其政党从事革命的辩证法和逻辑学。这方面的功能和作用在20世纪许多国家的无产阶级革命中和民族解放运动中得到了证明,尤其是在俄国十月革命和中国革命中发挥得淋漓尽致、光辉耀目。无论世界社会主义运动出现多么大的挫折和曲折,这种功能和作用都是无法否认的。

　　马克思主义功能和作用的发挥,需要种种条件,其中最重要的条件就是必须把马克思主义当做行动的指南,而不是教条。马克思和恩格斯本人就反复地申明过,他们的学说不是终极的真理,不是教条。而要使它成为行动的指南,就必须紧密结合不同时代、不同国家、不同民族的条件,运用马克思主义的立场、观点和方法,去创造适合当时当地条件的鲜活的马克思主义。俄国十月革命之所以能够成功,而且在世界上发生了那样巨大的影响,正是由于列宁将马克思主义灵活地运用于俄国当时的条件,创立了列宁主义;中国革命之所以能够取得伟大的胜利,也正是由于毛泽东从中国的国情出发,灵活运用马克思、列宁主义的立场、观点和方法,创立了适合中国国情的毛泽东思想;"文化大革命"后邓小平同志领导全党和全国人民拨乱反正,根据中国的特殊国情制定了党的基本路线,创立了建设有中国特色社会主义理论,将中国社会主义事业从危机的边缘引向健康发展的康庄大道,在改革开放和社会主义现代化建设中取得了举世瞩目的巨大成就。

世界社会主义事业出现的曲折和挫折,特别是苏联解体、东欧剧变,证明的并不是西方谋士们所说的马克思主义失败了,马克思主义破产了。恰恰相反,它从另一方面证明,如果不能根据时代的要求坚持和发展马克思主义,而是用取消主义的态度对待马克思主义,那是很危险的。

正反两个方面的经验教训都告诉我们,必须把马克思主义当做科学的世界观和方法论,必须根据新的历史条件灵活地发展它、运用它,简单地照抄照搬,或者简单地将其抛弃,都是错误的。正确的态度仍然是毛泽东反复说过的,必须将马克思列宁主义的普遍真理同中国的具体实践相结合。邓小平根据中国的具体国情和时代特征所创立的建设有中国特色社会主义理论,就是当代活生生的马克思主义。我们认真学习邓小平的著作和党的文件文献是十分必要的,但只是到此为止还不够。为了深刻地理解它的精神实质,了解它的思想渊源和理论背景,还必须認真学习马克思、列宁和毛泽东的原著。

作为一种思想、文化现象,我们可以这样说,在近现代的思想、文化史上,没有任何一种学说,像马克思主义这样对人类的社会生活发生过如此深刻而广泛的影响,引起如此具有深远意义的历史性变革。对于这一点,不管是信仰、拥护、赞赏马克思主义的人们,还是仇视、咒骂、反对、诋毁它的人们,都是无法否定的。正因如此,马克思主义对于近一百多年来的人类政治、经济、军事、思想、文化生活,乃至伦理道德、科学技术、文学艺术,都发生了无法否定的影响。要研究这些领域的历史,可以说都无法离开对马克思主义的研究,都无法撇开马克思主义。

当然,我们也应看到,马克思、列宁、毛泽东他们本人的著作和言论,都是当时那个时代的产物,同在历史上出现过的任何思想、文化现象一样,都必然有它的历史的、时代的烙印。只要我们把它当做一种科学和科学的研究对象,而不是当做教义,马克思、列宁、毛泽东的著作就仍然是我们取之不尽的思想宝库,我们从中就仍可以得到丰富的营养和深邃的启迪。

就拿我们在马克思主义、列宁主义、毛泽东思想指导下所进行的革命运动、革命变革的历史来说,无论是所取得的胜利和成功,还是所遭到的挫折和失败,都可以成为研究人类社会历史发展规律的宝贵财富。对胜利的研究,可以使人们产生无比的愉快和振奋;对挫折和失败的研究,则可以使人们从中获得深刻的教训,变得更加聪明。

在马克思主义发展史和世界社会主义运动史上,我们可以看到一种规律性的现象,即在胜利中马克思主义获得了大发展,同样,在挫折、危机、失败的关头,只要我们能够用马克思主义的态度正确对待,也可以成为马克思主义大发展的一种契机。俄国十月革命证明了这一点,中国新民主主义革命证明了这一点,中国"文化大革命"后的改革开放也证明了这一点。当今,中国改革开放的成功和苏联解体、东欧剧变,是不是也从正反两个方面揭示我们,现在正是马克思主义获得新一轮大发展的极好时机呢?

无论是坚持马克思主义,还是发展马克思主义,我们都不能离开对马克思、恩格斯、列宁、毛泽东、邓小平原著的深入研究。我国在出版了《毛泽东选集》、《邓小平文选》的新版之后,很快又出版了一批马克思列宁主义原著的新版。这为我们在新的历史条件下发展马克思主义,为我们提高全民族的马克思主义水平,提供了十分丰富的思想材料,创造了非常有利的条件。因此,我们说这是我国人民思想政治生活中的一件大事,是马克思主义再一次大发展的一个良好的契机!

(原载《光明日报》1995 年 11 月 30 日)

《裁书刀》序

　　我与方鸣共事已经十多年了，我赏识他的才气、能力和业绩。他是我由于爱才，十多年前从另一个单位"挖"到人民出版社来的。十多年来，我们朝夕相处，工作中共商共勉。他过去写的文章，我多多少少也阅读过一些，自认对他还是了解的。读了他自选自编的《裁书刀》文集后，深感我过去对他的了解也还只是一点皮毛，对他深层的一面了解还是太少了。谢谢他在此书出版前将原稿送我阅览，帮助我进一步了解了他。

　　这本书，十多万字，可以说字字都离不开"书"：爱书、读书、编书、评书，即使是论人说事，也都离不开"书"。

　　方鸣爱书、爱读书、爱收藏书是很出名的。从这本小书中，我们可以具体了解到他是怎样如痴似醉地爱书和收藏书的，又是怎样不知疲倦地去读书的。作为一个编辑，如果不爱书不爱读书，简直无法想象他如何能够当好编辑。正因为方鸣是如此的爱书、爱读书，他首先是一位爱读书的读者，所以他能同广大读者心心相印，能够深切地了解读者的需要，知道编出什么样的书才能受到读者的欢迎。

　　方鸣抓选题策划得心应手，大量的优质选题源源不断地向他这里涌来。有人不知其中奥妙，读了他的这本小书，便可以知道他是怎样同广大学者，特别是中青年学人交知心朋友的，在他的周围形成了信息流畅通无阻的网络,他是怎样既知人,又善择书稿的。

经他编辑的书,深受读者的欢迎和社会的重视,有些书甚至成为畅销书、热门书。人们有点纳闷,方鸣哪来这种慧眼识珠的本领?读了这本书,人们不会奇怪了,方鸣既是读者、编者,又是学者。这本小书并没有把他的学术成果全部收进来,但从他的评书、论人、述事的字里行间,都流露了他在哲学、文化学、语言学诸多领域的才华,既有哲学家的智慧,又有诗人的气质,还有编辑家的谨严,一位青年学人的形象活脱脱地站立在我们的面前。

在他的这些短文中,我们还可以看到他不但有丰富的编书的实践经验,而且非常注意时时总结这些经验,将其升华为理论,形成他的独具特色的现代编辑出版理念。他不但注意书稿选题的创意,内容的精到,而且注意图书的装帧设计、版面设计、用纸用料、整体包装,追求创意新、品位高、质量优、包装美,把图书当做一件艺术品来制作,使人见了赏心悦目,爱不释手。

我常常说,希望具有现代编辑出版意识的青年编辑茁壮成长。在我看来,方鸣就是一位集读者、编辑、作者于一身,集编辑家、出版家于一身,具有现代编辑出版意识的青年编辑。这样的编辑,多多益善,中国出版事业的希望寄托在他们的身上。

我愿郑重地向出版界、读书界、学术界推荐方鸣这个人和他的这本书。是为序。

(《裁书刀》,方鸣著,刘杲主编《中青年编辑论丛》之一,

本文原载《新闻出版报》1996 年 4 月 15 日)

谈谈"人民"、"东方"版新书

"东方书林俱乐部"的"书小姐"要我在书林特刊的"总编辑谈书"栏目中,介绍我社的新书。我想,这也是我对读者应尽的义务。今天谈到的书,既有"人民"版,也有"东方"版。

我们人民出版社和东方出版社,在改革开放中,既要坚持和弘扬好的传统,出好传统的名牌图书,又要适应新的形势和需要开发适销对路的新品种。近年来,读者从我社出版物中,看到了不少新的面孔,他们反映,人民出版社的面孔有不少变化,不但老面孔比以前漂亮了,而且出现了不少给人以亲切感的新面孔。是否果真如此,我们都把这种反映看做是对我社的鼓励和鞭策。我社每年要出版三四百种图书,其中有新书,也有再版、重印书,今天我只能挑几种(套)书,向读者作点简要的介绍。

1993年12月,在毛泽东诞辰100周年时,我社出版了中共中央文献研究室编辑的《毛泽东文集》第一、二卷,最近我社又出版了第三、四、五三个卷次。第一卷从1921年1月1日毛泽东《在新民学会长沙会员大会上的发言》起,第5卷截止到1949年9月30日的《人民英雄永垂不朽》,共计505篇文稿,其中有很多是从未发表过、鲜为人知的重要文稿。这套收录了《毛泽东选集》四卷本以外文稿的《毛泽东文集》,还将陆续出版中华人民共和国成立后的卷次。这套文集同选集结合起来，构成了毛泽东著作的完整系列，为我们学习和研究毛泽东思想以及中共党史、中国革命史，提供了权威的、系统的、完整的原始文献，可以大大地拓宽和深化我们的研究空间。

我社最近还出版了陈丕显、项南等主编的《邓子恢文集》、《邓子恢传》、《回忆邓子恢》三本书。邓子恢是我国带有传奇色彩的老一辈无产阶级革命家，对中国革命和建设事业建立了卓著功绩，对我国农村经济的发展作出过重大贡献，但是一生坎坷，屡遭批判，可是事后却证明他当年的许多观点和意见是正确的。这次成系列地同时出版了邓老的文集、传记以及对他的回忆，构成了一个整体，可以全方位、立体地反映他光辉的一生。这套书不但对研究邓老的一生以及我们的党史、革命史是很有价值的，而且对于个人的思想修养和意志品德的锻炼也是很有教益的。

范文澜、蔡美彪等著10卷本《中国通史》，是以范老为带头人的我国一个著名的学者群体经过几十年的潜心研究和撰著的一部力作。这套书，在过去的二三十年中，曾陆续出版过8卷，但一直未能配齐。前年，10卷本配齐成套推出后，立即引起了学术界、出版界、读书界的重视和青睐，并获得第二届国家图书奖，在短短的一年内精装豪华本已印了两次，总印数达18000套，很快销售一空。应广大读者的需要，我社立即安排重印了平装本19000套，发行走势也相当好，已即将售缺，我们正在考虑再一次重印精装豪华本。三联书店（香港）有限公司还购买了版权，在香港出版了海外版。

中国皇帝传记系列，现在已经出版了《唐太宗传》、《唐玄宗传》、《朱元璋传》、《明成祖传》、《万历传》、《雍正传》、《乾隆传》七本,即将出版的有四本:《崇祯传》、《康熙传》、《光绪传》、《溥仪传》。这套书,内容扎实,既是严肃的学术专著,又写得有血有肉,有较强的可读性,所以出版后一直常销不衰,几乎每年都要重印,其中的《唐太宗传》已重印 6 次,总发行数达 123900 册,《朱元璋传》重印 5 次,总发行数达 52050 册,《雍正传》重印 10 次,总发行数达 78890 册。

东方出版社展示精品图书的一次"长途旅行""东方书林之旅",从 1994 年起步,最近已经出齐了 6 个书系 24 本书。这套书中的绝大多数已经重印了 4 次以上,最多的如《城市季风》已重印 6 次,总发行量达到 70000 册。这次漫漫的文化之旅、悠悠的精神之旅,从起步那天起,广大青年读者便应她之邀边走边唱、且思且梦、亦读亦行。在这期间我们收到了不少读者的反映,光是在报刊上发表的书评、观感、议论就有几十篇。24 本书虽然已经出齐了,但是这种亦读亦行的文化和精神之旅并没有结束,这套书将会引起更多的青年学人和读者的关注和青睐。这种编者同作者、读者同行的出版之旅,更给出版界、著作界、读书界留下了广阔的思索空间,我们可不可以策划规模更大、吸引更多的人关注、影响更为深远的出版之旅呢?

"东方书林之旅"刚刚出齐,东方出版社紧接着又推出了一套"哥伦布学术文库",第一批已出版 6 本:《评价论》、《中国现代戏剧美学思想发展史》、《我在,我思——世纪之交的文化与哲学》、《人韵—— 一种对马克思的读解》、《超越神话:纬书政治神话研究》、《生命与逻各斯——希腊伦理思想史论》。这套书一走进图书市场,便引起了读者的注目,第一版已经售缺,我社正在准备重印。

王政挺教授主编的"益智丛书"计划出 8 本,已出版 6 本。这套书出版后也是几乎年年重印,多的已重印 5 次,其中的《中外法庭论辩选萃》、《中外奇辩艺术拾贝》、《中外谈判谋略掇趣》已分别发行了 3 万多册和 4 万多册。

赵朴初先生题写书名并撰总序、季羡林先生撰序、古干主编的大型绘图系列丛书《佛教画藏》,经过东方出版社两年的筹划,已于最近开始陆续出版。这套书以绘画的形式介绍佛教文化和知识,正如赵朴老在总序中所说:"佛教文化是中国传统文化的重要组成部分,佛教文化渗透到中国文化的方方面面,其中包括佛教的建筑、雕塑、书法、绘画、图饰、佛像、工艺等美术领域,形成了别开生面独树一帜的艺术。""为了更好地弘扬佛教文化,将佛教文化之主要内容绘制成连环图画,系统地、全面地介绍给一般读者,使之体现生活,净化心灵,以大众化之形式,达到化大众的目的,为两个文明建设服务,爰是编辑出版《佛教画藏》。"这套书兼顾佛教知识和佛教美术的两个层面,并尽可能使它圆融起来。这套书共分 10 部,近 100 分册,分装 30 函。佛教名胜部中的《少林寺》一函,已于近日面市。

我想向读者介绍的新书还有很多,例如何宝骥主编的《世界社会主义思想通鉴》、周国平散文集《守望的距离》、林梅村著《西域文明——考古、民族、语言和宗教新论》以及一些丛书,例如"心叶文丛" 6 种(《林中水滴——自然与人生》、《唯一的门——时间与人生》、《行板如歌——音乐与人生》、《书梦飘香——读书与人生》、《邂逅缪斯——文学与人生》、《围城沧桑——家庭与人生》),"民国学术经典文库" 34 种,"名士雅品小集" 12 种,"把酒品珍丛书" 5 种,"农民之子丛书" 7 种,"现代舰船知识丛书" 10 种等。"书小姐"让我写 1500 字的短文,现在字数已经超过了，只好打住，详细内容更不能多说了，只好劳驾读者诸君自己找书来读了。

（原载《文汇读书周报》1996 年 10 月 26 日）

出版工作者的双重责任

——在首都出版工作者加强职业道德建设座谈会上的发言

学习十四届六中全会《决议》精神,深感作为一个出版工作者的重大责任,可以说我们负有双重的责任。首先,我们在全社会的精神文明建设中担负着"人类灵魂工程师"的角色,要向人们提供有益于身心健康、营养丰富、清洁卫生的精神食粮。正因为担负着这样重要的社会角色,所以产生又一重要责任,就是我们本身必须首先是具有"四有"素质的精神文明者。六中全会《决议》把加强职业道德建设放在特别重要的地位。我们不但要用一个合格公民的社会公德来规范自身的行为,还应该用编辑出版工作者的职业道德来严格地规范自身的行为。现实中存在的问题,提醒我们应当把加强职业道德建设放在贯彻六中全会精神的重要地位。第一,要创造一个比较好的舆论氛围,要在我们全行业中造成遵守职业道德光荣、违反职业道德可耻的良好的舆论环境;第二,要制定切合实际的、有针对性的、又明了好记便于操作的职业道德规范。在制定这一规范时发动全行业职工进行深入的讨论,这样做既可以集思广益,又是一次群众自我教育的过程;第三,围绕着职业道德规范的实施,开展创建精神文明行业的活动,也可以结合开展出版行业承诺制活动。在这一活动中要大力表彰先进人物、先进单位,批评、处理违反职业道德的行为,在我们全行业中造成人人自觉遵守职业道德的良好风气。

这项工作最好由新闻出版署和版协来组织领导,发动我们全行业的报纸、刊物和所有舆论工具一齐上阵,形成强大的合力,我想积以时日,一定会取得很好的效果。

(原载《新闻出版报》1996 年 10 月 28 日)

抓好自身精神文明建设
更好地为全国精神文明建设服务

　　《中共中央关于加强社会主义精神文明建设若干重要问题的决议》（以下简称《决议》），多次讲到新闻出版工作，而且讲得很深刻，很有分量。这一方面说明党中央对新闻出版工作的高度重视，另一方面也说明我们新闻出版工作者的责任更重了。我们一定要用更出色的工作成绩来回报党中央对我们的希望和关怀。

　　《决议》说："发展文学艺术、新闻出版、哲学社会科学等文化事业，满足人民群众日益增长的精神文化需求，对于提高民族素质，促进经济发展和社会全面进步，具有重要作用。"为我们指明了新闻出版工作的根本任务和在促进经济发展、社会全面进步中的重要地位和作用。

　　《决议》还说："出版工作要建立健全管理机制，着力提高出版物质量，多出好作品，不出坏作品。要及时反映国内外新的优秀文化成果，重视出版传统文化精品和有价值的学术著作，积极扶持少数民族出版事业，不断满足人民群众多层次、多方面的需求。新闻媒体和出版物要为全社会正确使用祖国语言文字作出榜样。"江泽民总书记在视察人民日报社时的讲话中，也强调地指出："宣传思想工作部门和单位，要把最好的东西奉献给人民,用最好的东西去'武装人'、'引导人'、'塑造人'、'鼓舞人'。"《决议》和总书记的讲话为我们出版工作规定了具体的工作任务,特别强调了要提高出版物质量、把最好的东西奉献给人民的重要性,把"多出好作品、不出坏作品"作为非常突出的一条提了出来,需要我们好好地加深理解和坚决地不折不扣地贯彻执行。

《决议》还明确地指出了新闻出版工作中当前存在的主要问题和应当采取的改进措施,指出:"加强对新闻出版业的宏观调控,采取有力措施解决目前总量过多、结构失衡、重复建设、忽视质量等散滥问题,努力实现从扩大规模数量为主向提高质量效益为主的转变。认真整顿违反规定屡出问题和不具备条件的新闻出版单位,达不到要求的必须停办。"从我们的切身感受来说,这些问题的确是相当严重了,特别是性质相同、出书范围重叠的出版社已经建得太多;选题雷同、低层次重复的图书泛滥,读者把这种现象叫做"出版的一窝蜂现象",又散又滥的问题是到了非整顿不可的时候了。

《决议》还对新闻出版方面的队伍建设提出了一系列要求,指出:"思想文化和教育战线上的同志都应当是人类灵魂工程师。"江泽民总书记在视察人民日报社时的讲话中,也语重心长地说:"人类灵魂工程师是一种很高的评价,一项很高的要求,要真正做得好,是很不容易的。教育者先受教育。"在人民出版社学习贯彻六中全会决议的动员会上,我着重讲了一个观点,就是我们出版社的同志学习《决议》,负有双重的责任,首先,学习《决议》要用《决议》对每个公民、每个共产党员、每个国家干部的要求来规范我们的言论和行为,争取做一个现代的文明的人,做一个合格的公民、合格的党员和合格的干部。但是只做到这一点还是不够的,我们编辑出版工作者是人类灵魂工程师,我们还有一重责任,就是要在全社会的精神文明建设中担当起义不容辞的义务,为广大人民群众提供有益于人们身心健康的、营养丰富的、清洁卫生的精神食粮,为我国的物质文明和精神文明建设,作出我们应有的贡献。在大学出版社社长、总编辑培训班上讲课时,我又加了一重责任,我说,对于我们当社长、总编辑的人来说,我们还应给自己加上一重责任,就是要领导好我们自己所在的出版社的广大职工对六中全会决议的学习和贯彻工作,在学习和贯彻的过程中起模范带头和表率作用,把《决议》对党员领导干部的要求真正落实到自己的行动中去。

我们人民出版社虽然已连续五年获得精神文明单位的称号,在反腐败和廉政建设方面也取得了一些成绩,但是同中央的要求还有差距,我们不应有一时一刻、一丝一毫的自满和停滞。我们一定要借《决议》的东风,进一步加强出版社的队伍建设。在这方面一定要抓实事、见实效。

第一,继续抓好全社的精神文明创建活动。要按照六中全会的精神,制定本社《精神文明建设"九五"规划》,并将其纳入我社"九五"规划总体目标之中。同时进一步修订本社《文明科室评选办法》、制定《文明职工评选办法》,把我社群众性精神文明创建工作向前推进一步,真正做到物质文明和精神文明同部署、同检查、同总结。

第二,在精神文明创建活动中,要突出地抓一抓职业道德教育活动,要有针对性地进一步修订和完善各业务部门的职业道德规范,创造良好的职业道德舆论环境,开展遵守职业道德的评比活动,奖励先进,对违反职业道德的人和事要进行批评、教育、处理。

第三,继续抓紧勤政廉政建设和防腐反腐斗争。要针对近年来在这方面出现的新情况和六中全会决议的更高要求,进一步修订我社这方面的规章制度,提出更明确的、可操作的办法和措施,首先是防腐败,保持我社清正廉洁的优良传统。其次,要提高警惕,一旦发现不正之风和腐败现象,一定要坚决查处,决不手软。

第四,继续抓好领导班子的思想和作风建设,坚持社领导班子成员过好双重的民主生活会制度,在以普通党员的身份参加党小组活动的同时,开好半年一次的领导班子民主生活会,每次民主生活会前都要征求党内外群众的意见,署党组、党委、纪委派人参加,自觉地接受上级领导和本社群众的监督,真正做到自重、自省、自警、自励,以身作则,言行一致,要求别人做的自己首先做到,禁止别人做的自己坚决不做。

(原载《出版广角》1997 年第 1 期)

需要大大提高中国的
马克思主义文化水平

——回忆乔木同志在人民出版社
座谈会上的讲话

在乔木同志面前，我是后生晚辈，但我早就知道他是我党的著名理论家和笔杆子，理论功底深，文章写得漂亮。50、60、80年代，我还经常听到我社老社长王子野、曾彦修等同志说起乔木同志。他们都自称是乔木同志的学生，并经常谈到乔木同志如何关心人民出版社的工作。所以乔木同志早就在我的头脑中留下了良好的印象。只是当时我还年轻，在工作上与他没有直接的接触。1988年，由于工作需要，我担任了人民出版社社长兼总编辑，才有幸多次到他家去汇报工作，聆听他的教诲。这期间，乔木同志已进入晚年，身体比较弱，但他对人民出版社仍然保持着一往情深，经常关注和指导我社的工作，在短短三年中，就六次接见了我，听取我们的汇报，发表指导性的意见。当我汇报时他神情专注地听，他讲话时又是那样的慢声细语、有条有理，令人倍感亲切。这期间有一件事给我留下了特别深刻的印象，就是我去邀请他参加我社成立40周年社庆，以及他发表的那篇富有启发性的讲话。

人民出版社是中华人民共和国成立不久，由党中央和中央人民政府决定在 1950 年 12 月 1 日正式成立的,当时的中共中央宣传部部长陆定一同志和中央人民政府出版总署署长胡愈之同志参加了成立典礼。1990 年 12 月 1 日是我社建社 40 周年纪念日,职工们强烈希望隆重地庆祝一下,并热切地希望经常关怀我社工作的乔木同志出席会议。邀请乔木同志的任务自然落到了我的身上。可是当时我刚当社长不久,同乔木同志还未面对面地谈过话,老实说对于完成这样的任务我是没有把握的,甚至有点胆怯。我先同乔木同志的秘书取得了联系,按照预约时间去拜会乔木同志。没想到乔木同志是那样的平易近人,听我说明来意后,很快地接受了我们的邀请,不但答应参加我们的社庆座谈会,而且答应要讲话。我完成了邀请的任务,如释重负,接下来就是非常自由的交谈。他非常关心人民出版社的工作,又问了出版社的一些情况,尤其是社里的一些老领导、他的老部下的情况,我一一作了回答。我看他谈话兴致很高,便鼓足勇气向他提出了约稿的请求。我问,乔木同志几十年写了大量文章,是否可以汇集起来出版文集? 他说,是有这样的考虑,已经做了一些资料的搜集整理工作,但还未真正动手。我说是应当赶紧着手编辑了,并希望编好后交我社出版。他点头同意。我社后来出版的《胡乔木文集》一、二、三卷就是这时约定的。接着我又说:"乔木同志在毛主席身边工作二十多年,据说您准备写两本回忆毛主席的书,一本是写解放前 40 年代的,一本是写解放后 50 年代的,我希望您写好后也交我社出版。"他老人家当时口头上也是应允了。遗憾的是乔木同志生前未能完成这一心愿。由于他的病情加重并被死神夺去了生命,在他逝世前只留下二十多次谈话的记录和编写组写出的有关 40 年代的大部分专题的初稿。乔木同志 1992 年 9 月 28 日逝世后,编写组根据这些谈话记录稿和专题初稿,整理编写成《胡乔木回忆毛泽东》,经中央批准,我社于1994年9月出版。

乔木同志接受了我社的邀请,于1990年12月23日出席了我社在北京饭店宴会大厅召开的建社40周年座谈会。我在门口迎接乔木同志到贵宾室休息,他同薛暮桥同志坐在一张沙发上,我同两位长者攀谈起来,记者当即给我们拍了一张照片,现在这张照片成了我的一件永远珍藏的纪念品。在座谈会上他发表了热情洋溢的讲话。他首先说:"人民出版社成立40周年,我向人民出版社的编辑、翻译、出版、发行等全体工作人员表示热烈的祝贺。刚才薛德震、宋木文两位同志已对人民出版社的工作作了回顾,对人民出版社的成就作了充分的肯定。我借这个机会说一说对于人民出版社今后的一些希望。"

乔木同志在对我社的多次指示中,一再强调人民出版社要以宣传马克思列宁主义毛泽东思想为己任。乔木同志本着他一贯对人民出版社的关注和了解,在这次讲话中又向人民出版社提出了一个大大提高中国的马克思主义文化水平的任务。他强调说:"人民出版社当前面临着宣传马克思主义、列宁主义、毛泽东思想的任务。我们已经有了40年的历史,现在应该想到怎么样把这个工作向前发展一步。应该说,我们需要大大提高中国的马克思主义文化水平。所谓马克思主义的文化水平,就是说关于马克思主义的研究、讨论、发展。这一方面的涉及要广,要丰富,对于涉及的方面要有深入的研究,写出来的东西,出版的东西要写得好。中国的马克思主义文化包括理论著作,通俗著作各类,乃至马克思主义原著介绍,马克思主义同当代历史的关系,在近代当代的发展以及同各门科学之间的关系。"关于中国出版界对提高马克思主义文化水平应当采取一种什么样的态度,他语重心长地说:"我想还要做很大的努力,各门学科,各种题目,都可以开出比较长的书目,而且这些书确实要有丰富的内容,要有客观的态度,也要有客观的学术价值。在中国,对于我们已经有的成绩,我们绝不应该忽略、贬低。但是,我们确实不能不看到我们的不足。就是资本主义发达国家,在有些国家有些范围里,马克思主义著作的学术水平也很有值得我们借鉴的地方。我们要出那样水平的著作,在今天还不是很容易。为什么会造成这种现象,原因在哪里,我们在这里不讨论了。我想提出这么一个题目,我们要提高我们的马克思主义文化的水平(指广义的文化),这是我想提出来的一个希望。这个希望要做到,需要在座的所有同志和全国各方面有志宣传、研究、发展马克思主义的同志的共同努力,认真地、大量地、持久地努力。只有这样做了,马克思主义在中国才能站得稳,马克思主义理论才能真正地深入人心。因为,我们所讲出来的道理不是那么简单的几句话翻来覆去,而是我们作了多方面的深入研究,我们对于历史或是现实(实践、实际)或各部门科学的理论都下了工夫。这样,我们才能达到这样的目的,解决这样的问题。所以,要使得我们能够把马克思主义的理论在中国的大地上扎根,真正坚持社会主义,高举马克思主义旗帜,使马克思主义永远地生长、繁荣、发展,我们必须解决这个问题。"邓小平同志作出的关系党和国家前途命运的两大历史贡献之一,就是创立和发展了建设有中国特色社会主义理论。这一理论是马克思列宁主义基本原理与当代中国实际和时代特征相结合的产物,是对毛泽东思想的继承和发展,是当代中国的马克思主义。当前我们加强对邓小平建设有中国特色社会主义理论的学习、宣传和研究,实际上就是实现乔木同志的遗愿,即"把马克思主义的理论在中国的大地上扎根,真正坚持社会主义,高举马克思主义旗帜,使马克思主义永远地生长、繁荣、发展"。

在这一讲话中,乔木同志还提出:"希望人民出版社今后出书的品种可以比现在更宽广一些。这可以有多方面的含义,我不详细在这里讨论这个问题。总之,我觉得现在人民出版社的有些出版物在丰富、多彩这个方面还显得不够。读者感兴趣的问题,理论界研究感兴趣的问题,也就是人民感兴趣的问题,也就是我们整个社会、国家所希望、所需要解决的问题,在我们出的书里面还远远不能够满足他们的需要。因此,希望今后出书的品种更广泛些。对于不同的书可以提出不同的要求,使得出书的路子宽一些,乃至于越走越宽。"

在这篇讲话中,乔木同志还对我社图书的装帧设计和搞好发行工作,提出了殷切的希望。

乔木同志是理论方面的专家、学者,也是出版工作方面的行家里手,所以我们对他的这篇讲话十分重视,我们根据录音整理出一份文字稿,分发全社进行学习、讨论,用它来指导我社的工作,推动改进我们的工作。乔木同志讲话后不到两年,就离开了我们,这篇讲话成了他留给我们的珍贵遗言。我们不但要珍藏起来,而且的确要按照他的教诲去做。

在庆祝我社建社四十周年时,乔木同志不但留给我们一篇具有指导意义的讲话,而且留下了一幅亲笔题词:

"立场坚定

旗帜鲜明

好学深思

远见敏感

人民出版社四十周年纪念

胡 乔 木

一九九〇年十二月"

工整、清秀的字迹里寄寓着乔木同志对我社工作的肯定、鼓励和鞭策。

同乔木同志这次接触给我留下诸多的回忆,同时也开启了后来两年里的多次亲切的会见。后来的多次见面,主要是商谈他的文集的编辑、修改、出版事宜。在编辑、加工、整理他的文稿的过程中,我社责任编辑王乃庄同志本着一贯认真负责、一丝不苟的工作态度,核对史实、校勘文本、推敲文字、纠正记忆上的一些误差。这些意见,我们本着对乔木同志负责与对读者负责的精神,都毫无顾虑地一一向他提出,我曾同责任编辑一起去同他谈过。乔木同志是党内外享有盛名的理论家和学者,但又是一位非常谦虚的人。他认真地倾听我们提出的修改意见,对于那些他认为提得对的,他都真诚地接受,并细心修改;对于那些他认为可改可不改的,则耐心地加以解释,使人心悦诚服,没有半点权威的架子。他的渊博的学识,坦诚的为人,使我们深受感动,并从中学到不少做人的道理。每一次见面都使我们感到他的身体确实是越来越衰弱了,这就更加鞭策我们要抓紧时间,赶在他的生前把他的文集出版面市。他以坚强的毅力,在与病魔顽强搏斗的同时,逐篇审定、修改文稿。我社同志也没有辜负他的关怀和支持,分秒必争,日夜加班加点精编赶印他的文集,终于在 1992 年 6 月 1 日乔木同志 81 岁生日那天印出《胡乔木文集》第一卷。上午九点多钟,我和有关编辑,手捧一束鲜花和飘着墨香的《胡乔木文集》第一卷样书,去乔木同志家中向他表示生日的祝贺。乔木同志一生写下的文章难以计数,而出版一部属于他自己的比较厚重的文集,却是生平第一次。这次他坐在轮椅上接见我们,并神情专注地翻阅他的文集,亲切地询问有关该卷的出版情况和第二、三两卷的编辑、发排、印制情况,我们一一向他作了汇报。从他的神情中可以看出,对于以自己的名字命名的著作得以问世,对于文集的印刷质量,他是满意的。他听完我们的汇报后,对我社职工为编辑出版他的文集所付出的辛勤劳动再次表示感谢。我社同志抓拍了当时的情景,这就是发表在《中华英才》1996年第18期45页上的那帧照片。据乔木同志的家人说,这是乔木同志与外面同志的最后一帧合影,这就使我更加珍视它了。

前几次的接见,都是在他的会客室中告别,这一次有点特别,接见结束时,他叫别人推着轮椅一直送我们到他住宅的门口,挥手向我们告别。我社同志紧紧地握着他的手,祝愿他健康长寿。没想到未过四个月,他便与世长辞,这次握别成了永诀。现在回想起来,那次他坚持送我们到门口,大概是他预感到来日无多了,用一种不同平时的方式向我们告别。每每想起此情此景,便在我的心中油然升起对他的怀念和敬意。

(原载《出版广角》1997年第3期)

深情缅怀邓小平同志

邓小平同志与世长辞了,他老人家永远离开了我们,我社职工连日来沉浸在对小平同志深情的怀念之中。

我们人民出版社的职工最不能忘怀的是小平同志著作在我社的出版和对我社的关怀。《邓小平文选》3卷是在我社出版的。1993年出版第三卷时,小平同志已经是89岁高龄,但他仍以坚强的毅力和极端认真负责的精神亲自主持编辑并逐篇审定。邓小平建设有中国特色社会主义理论,现在已成了我们全党全国各项工作的指导思想,党的十四大已决定要用这一理论武装全党全国人民。我社过去把出版好《邓小平文选》作为头等大事来办,高速度、高质量地完成了每一次的出版任务。《邓选》第一版两卷共出版发行4664万册,第二版一至三卷共出版发行4162万册,邓小平著作的单行本、汇编本、摘编本共出版发行4181万册,邓小平的所有著作,我社共出版发行了1亿3千万零7万8千册。我们保证今后继续出版好、发行好小平同志的原著,满足广大党员、干部、群众学习的需要。最近,我社又决定加印《邓选》第三卷的普及本。

邓小平同志对我社工作无微不至的关怀,更是我社职工永远感谢和怀念的。

1990年是我社建社40周年,我社职工非常崇敬邓小平同志,特意请求小平同志为我社题词,小平同志接到我们的请求,欣然命笔,题写了"人民出版社四十年"八个大字,并签名和署了日期。他身边的工作人员在他老人家写完字提起笔来的一刹那拍下一张照片。这张照片我们放大后挂在我社的会议室,成了我社的一件珍贵的、永久的纪念品。我社职工把小平同志为我社题词看做是对我们最大的鼓励和鞭策,我们一定要用更加出色的工作来报答他老人家的关怀。

1991年出版新版《毛泽东选集》时,我社美编搞了几个封面设计方案,我都不满意,感到同第一版《毛选》没有什么区别,没有反映出时代特点,不能使人一眼便可以看出是新版《毛选》。当时绞尽了脑汁,想了几天,一天早晨,突然在我脑子中产生一个想法:请小平同志帮助我们解决这个难题。他是我们党第二代领导集体的核心,他老人家不但领导拨乱反正,根本否定了"文化大革命"的错误,而且坚持科学地评价毛泽东同志的历史地位和毛泽东思想的科学体系,既发展又坚持了毛泽东思想,请他老人家来为新版《毛泽东选集》题写书名具有特殊的历史意义和政治意义,而且可以使人们一眼便看出这一版是新时期出版的。我把这个想法对社里同志们讲了,大家都很赞成。接着又对中央文献研究室的同志讲了我们的建议,逄先知等同志也都非常赞成,并决定当即给小平同志写请示报告。小平同志很快就给我们题写了新版《毛泽东选集》的书名,而且是横的、竖的各写了一条。我们收到邓小平同志题签的书名,如获至宝,真是高兴得了不得。《毛泽东选集》第二版出版后,这一封面设计获得了广泛的认同和好评。

邓小平同志生前还为我社出版的好多种书题写了书名,其中有《周恩来传》、《朱德传》、《邓颖超传》、《廖承志文集》、《方志敏文集》、《张太雷文集》、《回顾长征》、《遵义会议文献》,还专门为《蔡和森文集》的出版题词。

从小平同志对我社的关怀中,我们深深地体会到他老人家对出版工作的重视和支持,深深感到他的确是一位非常平易近人的伟人。他老人家对我社的关怀和支持,时刻激励着我社职工严肃认真、一丝不苟地做好我们的编辑出版工作。

现在,小平同志永远离开了我们,我们一定要坚决地响应党中央的号召,紧密地团结在以江泽民总书记为核心的党中央周围,化悲痛为力量,完成邓小平同志为我们开辟的建设有中国特色的社会主义伟大事业,以出版好悼念和怀念邓小平同志的新书,继续出版好邓小平同志的原著,以及学习、宣传、研究邓小平理论的论著的实际行动,来纪念邓小平同志。敬爱的邓小平同志永远活在我们心中!

(原载《新闻出版报》1997 年 3 月 5 日)

爱惜人才　发现人才　培养人才

　　"尊重知识,尊重人才",是邓小平同志的一贯思想,在他第二次复出的短短两年抓整顿之时就多次讲到过这个问题,1975年8月3日在《关于国防工业企业的整顿》中说:"不是把科技人员叫'老九'吗? 毛主席说:'老九不能走'。"这就是说,科技人员应当受到重视。要给他们创造比较好的条件,使他们能够专心致志地研究一些东西。这对于我们事业的发展将会是很有意义的。

　　在邓小平同志第三次复出,成为党的第二代领导集体的核心之后,关于"尊重知识,尊重人才"这个问题,他讲得更多,更透彻。"尊重知识,尊重人才"是邓小平建设有中国特色社会主义理论的一个重要组成部分,它同"现代化建设要以经济建设为中心"、"科学技术是第一生产力"、"发展生产力是我们的首要任务"等一整套理论构成了一个完整的科学体系。知识是科学技术创造发明的结晶,人才是知识的载体。任何科技发明都是人创造的,任何发明创造都是通过人才才能转化为物质的或精神的财富,所以人才是最最宝贵的财富。人才的数量、质量以及他们的主动性、积极性、创造性能否充分地发挥,他们的能量能否充分地释放,是一个国家综合国力强弱的重要指标。因此,我们不但要尊重知识、尊重人才,还要特别注意发现人才、培养人才,邓小平说:"我们的科学家、教师发现人才、培养人才,本身就是一种成就,就是对国家的贡献。在科学史上可以看到,发现一个真正有才能的人,对科学事业可以起多么大的作用!世界上有的科学家,把发现和培养新的人才,看做是自己毕生科学工作中的最大成就。"我们的各级党政组织、各级党政领导干部,也应该向这样的科学家学习,为我们的国家,为我们的民族发现人才、培养人才,把这看做是我们工作的最大成就。

改革开放以来,党中央和各级组织,为了贯彻邓小平同志有关"尊重知识,尊重人才"的教导,制定了一系列政策,采取了一系列具体措施。我作为一个知识分子,对我们党在对知识分子政策上这一拨乱反正的深刻转变,是有深切的体验的。邓小平同志和党中央平反了历次政治运动中的冤假错案,恢复受伤害者的名誉,把知识分子当做工人阶级的一部分,为知识分子发挥自己的聪明才智创造了必要的条件,使他们能够在自己的专业上发出光和热;制定和采取了不少激励知识分子的政策和措施,不但提高了他们的生活待遇,而且提高了他们的社会政治地位,所以,许多知识分子都深深地感到,近20年来是心情舒畅、能够发挥自己创造才能的最好时期。这期间我国科技文教事业蓬勃进步,国民经济的高速发展,改革开放所取得的举世瞩目的成就,无不凝聚着广大知识分子的心血,这是令知识分子最为高兴之事。

作为一个知识分子,同时又是一个知识分子比较集中的出版社的主要负责人,对于贯彻落实邓小平"尊重知识,尊重人才"的教导,负有不可推卸的责任。十多年来,我们出版社的领导班子,在爱惜人才、发现人才、培养人才方面做得是比较自觉和坚决的,在原有人才荟萃的基础上,近年来又吸收了一批文化层次较高的博士和硕士,并为他们发挥自己的聪明才智创造比较适宜的环境,提供必要的条件和政策。近几年我社自主开发的有较高学术价值和文化积累价值的图书逐年增加,精品图书和再版图书不断增加,都是"尊重知识,尊重人才"的结果,在这当中我们的确尝到了甜头,见到了成效。

我们不但在出版社内部要爱惜人才、发现人才、培养人才,我们还要为国家爱惜人才、发现人才、培养人才。出版社的编辑广泛地联系着学术界、文化界、科学界的方方面面的专家学者,编辑应当成为伯乐式的人物,要善于发现有才学、可造就的作者。世界上几乎所有著名的作家、科学家都是通过出版社出版他们的作品而成名的。我们出版社历年来非常重视出版中、青年学者的最新论著,一大批年轻的博士、教授在我社出版了他们的处女作,逐步走上了成才、成名之路。我们今后要进一步加强这方面的工作,为国家发现和培养更多的人才,并团结他们来为祖国宏伟的现代化建设事业服务。

(原载《光明日报》1997 年 6 月 14 日)

在第三届国家图书奖
颁奖大会上的发言

在党的十五大即将召开的大喜日子里,出席今天在人民大会堂隆重举行的第三届国家图书奖颁奖大会,我们与会的全体出版社同仁感到十分荣幸和激动。我代表受奖的出版社在这里讲几句话。

国家图书奖是国家设立和授予的最高图书奖项,是对代表国家级水平的优秀图书著作者和出版者的最高奖赏,能够获此殊荣,首先应当感谢党和人民的褒奖,感谢参与这次国家图书奖评选的各位专家评委的辛勤劳作。

第三届国家图书奖的评选和颁奖,是党和国家对出版事业成绩的又一次检阅,它从一个重要侧面展示了出版战线近年来取得的丰硕成果。这些成果的取得,固然有我们这些受奖出版社的一份努力,但我们认为,更根本地说,它是党的精神文明建设指导方针指引的结果,也是作者辛勤耕耘和出版战线全体职工共同奋斗的结果。因此,成果的取得,应当主要归功于党,归功于作者和出版战线全体职工。

获得第三届国家图书奖,我们每个受奖出版社自然感到光荣,感到自豪。因为这是党和政府对我们工作成绩的表扬和奖励。能够得到党和政府这样高的奖赏,谁能不高兴、不自豪呢?

但是当我们接过奖杯的时候，我们又不能不感到一种沉重的压力。我们十分清楚，这座奖杯，既意味着表扬，更意味着鞭策，它寄托着党和人民对我们的更高要求和期望，我们怎能不感到压力沉重呢！

国家图书奖的获得，固然说明我们取得了一定成绩，但我们每一个获奖出版社不能把自己的成绩估计得过高。我们知道，一两本好书，即使是获得国家图书奖的好书，也不足以以此论成绩，不能说获得国家图书奖的出版社成绩就很大了。说实在的，一个出版社，出一两本好书并不难，难的是一贯地出好书，把每一本书都出成好书，即全都做成上等的精神食粮。如果以此来要求，我们每一个获奖出版社都还相差甚远。因此，我们在目前取得的这点成绩面前，没有理由沾沾自喜，自满自足。

在社会主义精神文明建设中，出版社担负着为人民生产精神食粮的重要使命，多出好书，多出精品，本来是我们义不容辞的责任。我们一定要戒骄戒躁，不辱使命和责任，把荣誉变成动力，在十五大精神的指引下，加倍努力奋斗，以更加优异的成绩来回报党和人民给予我们的奖励！

（1997 年 9 月 6 日）

让邓小平理论扎根在我们的心中

——为《邓小平文选》典藏本出版发行而作

在敬爱的邓小平同志逝世一周年之际,人民出版社隆重出版了江泽民总书记题写书名的《邓小平文选》典藏本,引起了社会各界的关注和喜爱,人们争相购买珍藏。

1997年2月24日,我社给江泽民总书记写了一封信,恳请他为《邓小平文选》典藏本题写书名,以便我社能在邓小平同志逝世一周年之际出版。不久,我们便接到了中共中央办公厅转来的江泽民同志题写的"邓小平文选"五个大字。

接到江泽民总书记的题字后,我社进入了进一步策划、设计、备料、寻找协作单位、制作、印刷等具体操作阶段。

出版经典著作的典藏本,在我国出版史上是第一次,没有现成的经验可供借鉴,完全要靠我们用创造性的工作精神去探索。

我们确定了出版典藏本一定要体现八个字的要求,这就是:庄重、高贵、典雅、精美。在出版的工艺学和出版的文化学方面要有所突破,上一个新台阶,使典藏本既具有优美的观赏价值,给人以美的享受,又要具有珍贵的收藏价值,给人以恒久的精神满足。要把这些要求变成现实,可以说每一步都要克服不少困难,都要付出艰苦的劳动。

关于正文用纸,我们确定要用典雅的象牙道林纸,而这种纸只有香港有货。我们又确定了封面要用全织物，纹路要粗犷，以体现较强的力度，给人以厚重感；色调要避开传统的大红大紫，而要体现清新高雅。

在确定了正文用纸、封面装帧用料以及印制的质量要求后，我们又在内包装和外包装上动脑筋和想点子。为了使设计能既继承传统，又融进现代风格，我们派出设计和监制人员到几个大的图书馆观摩中、外精品图书的装潢用料和设计。他们在北京图书馆发现李一氓同志生前珍藏的一本《资本论》法文本，用楠木制作了一个精美的书函，显得高贵、典雅，于是我们决定用楠木来做《邓小平文选》典藏本的书函。可是，难题又来了，在北京跑了很多家木器制作单位，就是找不到楠木。后来费了很多周折，才在某单位找到了楠木，而且是特别珍贵的金丝楠木，那里还有不少老师傅，他们都是硬木制作业的高手。我们找上门去，他们听说要为《邓小平文选》典藏本制作书函，二话没说，欣然同意和我们合作。

我们又考虑在楠木书函上一定要镶上邓小平同志的头像，于是邀请了著名的雕塑艺术家程允贤同志。他非常高兴地同意参加这一工作。经过长时间的构思、反复征求意见、多次修改设计方案并精心雕塑制作，终于如期完成了任务。这一塑像准确地把握了邓小平同志平凡而又伟大的形象，艺术地再现了邓小平同志的风采。

金丝楠木书函，的确十分古朴、高贵、典雅。这样的书函必须精心地加以保护，进一步体现典藏本的珍贵，我们决定为它加上护盒。护盒的选料、选色，也经过了反复讨论和精心策划。

为了进一步增加典藏本的收藏价值，我们又设计了亮丽、高雅的收藏证书。收藏证不仅配装了 50 毫米×35 毫米的 24K 纯金制作的有邓小平同志侧面塑像的书标,而且配装载有编号的纪念卡。

这一全套设计,通过精心的制作,现在已完整地呈现在读者的面前。典藏本的整体效果较好地体现了传统工艺同现代风格的统一,出版后,我们从各方面得到的信息反馈,证明它得到了各界人士的认同和喜爱。

(原载《人民日报》1998 年 3 月 27 日)

发挥自身优势　锐意改革发展

十五大赋予了出版工作光荣而又艰巨的任务,学习、宣传、贯彻好十五大精神,是当前及今后相当长时期的重要任务。在这方面,我们负有双重的任务和责任:首先是宣传好十五大,其次是按照十五大精神搞好我们人民出版社自身的改革和发展,开创我社工作的新局面。

第一,要来一次思想解放和思路的转变。我们必须牢牢记住,我们国家已经进入建立社会主义市场经济体制的历史时期,我们必须进入市场,参与市场竞争,一定要打破长期在计划经济体制下所形成的那一套思维方式和在大锅饭、铁饭碗体制下所养成的缺少竞争意识的精神状态。要丢掉等、靠、要的消极情绪,以斗志昂扬的精神状态去克服困难、迎接挑战。

第二,努力扩张经济规模,加强和改进经营管理,实现经营方式从粗放型向集约型的转变。今后五年,我们要努力加强和改进经营管理,加强成本核算和资金运用的计划性、科学性,加强原材料和产成品的管理,努力降低成本,加快资金周转,提高资金的利用效益,提高利润率,实现从粗放型经营向集约型经营的转变。在实现经营方式转变的同时,我们还要努力扩张我社的经济规模,把"蛋糕"尽量做得更大一点。近五六年来,我社每年的发行总码洋维持在 6000 万元上下,利润维持在 500 万元左右,今后几年要力争在经济规模上有较快、较大的增长。1998年发行总码洋争取超亿元。

第三,在继续保持人民出版社的本质和特色的同时,加大选题自主开发的力度,调整出书结构和媒体结构,努力搞活"东方"。在加强选题的自主开发方面,我们拟从以下几个方面加以努力:一是抓重点图书的开发;二是在专业分工范围内扩展选题面;三是要抓出版资源的再开发,这就是对已出版的、发行过一段时间的、仍有再版价值的图书进行修订、重新设计包装或纳入系列;四是在原属我社交办任务的范围内开发选题,比如1997年上半年出版的《邓小平经济理论学习纲要》,就是我们争取到的;五是调整出书结构,加强选题的自主开发,今后要特别注意扩展"东方"版图书的选题面,努力把"东方"搞活;六是要大力开拓电子图书、多媒体光盘、音像制品的出版,调整各种媒体在我社的组合结构,实现出版资源在多种媒体间的有效利用。

第四,发挥优势,坚持以质取胜的战略,实施精品、名牌、拳头产品工程。我们已开辟质量差错曝光栏,将检查出的质量差错全部曝光。把质量同职称评定、工资晋级挂起钩来。要通过加强质量管理,使我社的书刊百分之百合格,优质品率达到80%。同时,我们要实施精品、名牌、拳头产品工程,今后每年都要对各编辑室规定精品、名牌、拳头产品的出书比例,要求保质保量完成。对抓精品、名牌、拳头产品,社领导要明确分工,从选题开发直到出书,要全程策划、监督、指导,并且强化奖励制度,对获奖图书的责任人要增加奖励额度,对获国家图书奖、"五个一工程"奖和常销图书的责任人要给以重奖。

第五,坚持一业为主、多种经营的方针,开发和培育新的经济增长点。今后我们还要在开展多种经营、培育新的经济增长点方面扩宽思路,多动脑筋,增加投入,要把着眼点放在引进和开发高科技项目上。

第六,在编辑、出版、发行、财会、管理工作中逐步实现电脑化,实现与互联网联网。

第七,抓好干部队伍建设和专业人才的培养、引进工作。在吸收新的人才时,一定要提高科学文化素质的要求,今后编辑人才原则上不进本科生,至少要是硕士,最好是博士;出版、发行、财会人才要进本科生;校对至少要是大专毕业生。现有人才没有达到这样要求的,要创造条件尽快达到。

(《新闻出版报》1998 年 4 月 17 日)

在纪念大百科全书出版社
成立20周年大会上的贺词

　　请允许我代表新闻出版署直属出版社的同志们,对大百科全书出版社成立20周年,表示热烈的祝贺!

　　中华民族有悠久的编纂类书的优良传统和丰富经验,但是编纂现代类型的百科全书,还是从大百科全书出版社成立后,才在中华大地上出现的。大百科全书出版社,在邓小平同志的直接关怀下跟随着中国改革开放的步伐,于1978年11月18日应运而生。20年来,在总编辑委员会的领导下和一大批热心于中国百科全书编辑出版事业的专家学者的关注支持下,大百科全书出版社的全体同志团结奋斗,锐意进取,取得了令人骄傲的成就,开辟了中国新型百科全书编纂出版事业的新天地,并且正在迈步走向世界。真正是可喜可贺!

　　中国有句老话,叫做"盛世修典"。没有综合国力的强盛,像大百科全书这样动员成千上万专家学者参加、耗资巨大的巨型出版工程的确是无法上马,也无法在短期内取得显著成就的。《中国大百科全书》在改革开放年代出版面世,从一个侧面反映了这20年的确是新中国发展的最好时期,的确是国运日益昌盛的20年。

　　大百科全书、各种类型的百科辞书、工具书,是知识密集型的图书;大百科全书出版社是知识型的产业,是知识经济时代的朝阳产业。我们在祝贺大百科全书出版社已经取得的辉煌成就的同时,预祝她在即将来临的知识经济时代取得更大的成就。

我的发言完了,谢谢大家!

(1998 年 11 月 18 日)

以精品图书迎接新世纪

今年我社不但要出版《毛泽东选集》一至四卷的典藏本,还要出齐《毛泽东文集》第五卷以后的各卷。这几卷所收入的著作都是新中国成立以后的,将会引起广大读者热切的关注。除了"邓小平理论研究书系"中我社承担的几种书将陆续面世外,我社还将出版《邓小平理论青年读本》。在马列经典著作方面,除了继续出版新版《马克思恩格斯全集》外,还将出版"马克思列宁主义文库"中的《德意志意识形态》节选本、《反杜林论》、《论原始基督教》、《列宁论宗教》等十几种单行本。

今年是中华人民共和国成立 50 周年,我社将推出一批重点图书,其中有《中国人民政治协商会议第一届全体会议纪念刊》珍藏版、《中华人民共和国编年史》、《生活中的共和国元帅》、《中华人民共和国高层人物人名辞典》、《共和国外交风云》、《中国经济发展五十年》、《新中国五十年文化史》、《胡乔木谈中共党史》等。其次,我社将继续发扬出版学术论著的优势,出版一批高质量的学术新著,其中包括《希腊哲学史》第 3 卷,《简明马克思主义史》,《跨世纪的中美关系》,《当代科技前沿新知词典》,《跨世纪干部百科》以及"哲学史家文库"、"大学哲学丛书"、"当代世界宗教丛书"、"中国文化家族书系"、"中国文化新论丛书"、"当代文化名人传记丛书"、"哥伦布学术文库"、"艺术素质教育丛书"等。

（原载《新闻出版报》1999 年 1 月 6 日）

搭知识经济之船　走改革发展之路

出版业以纸为介质的传统产品书、报、刊是知识的载体,近几十年迅速发展起来以声、光、电、磁为介质的电子出版物也都是知识的载体。随着知识经济的发展,许多高科技手段在出版业的应用,会产生许多新型的媒体形态,并且加速知识资源在多种媒体之间的流动和综合利用,会给出版业带来跳跃式的发展和新的繁荣。

出版业从总体上来说将是朝阳产业,将是国民经济的重要经济支柱,但这绝不等于说出版业内部结构不会发生深刻的变化。进入了声、光、电、磁的时代,出版的编辑方式、出版方式、印制方式、发行方式、物资供应方式都会发生巨大、深刻的变化。网络的出现,从 1988 年开始,互联网的用户数量一直以每年翻一番的爆炸性速度在增长。互联网的全球化,给人类的生产方式、生活方式以及教育、学习、娱乐、休闲都带来了巨大的变化。网络在急剧地改造着世界、创造着人类未来的新境界。未来的知识将建立在数字化、网络化的基础上,这给出版产业带来了巨大的变革和发展的机遇,书、报、刊在网络上的出版、发行、购销、结算不要很久就会成为生活的现实。微电子技术在编辑、出版、制作、发行领域的应用,不是一般意义上的可以提高工作效率和工作质量,而是将为中国出版和发行的现代化打下坚实的科技基础,是出版业迈向知识经济的必备条件。

工业经济有一个显著的特点,就是大型化、巨型化,追求规模经济效益。在知识爆炸、科技日新月异的时代,大有大的难处,也就是人们常说的"船大难调头"。在知识经济时代,消费方式的个性化很突出,这就为小型企业的发展提供了良好的发展空间,对知识生产企业而言,小型化就成为它的一个重要的特点。知识经济变化快,这样小型的知识生产企业就可以充分发挥"船小好调头"的优势,对市场需求灵活地作出反应。对中国出版业来说,现在产业化程度还非常低,多数还是中、小企业,还未真正形成规模效益,在一个时期内形成若干个全国性的或区域性的大型出版集团,的确是一种客观的需要。但是预见到知识经济的小型化特点,在组建大型集团的同时,注意大、中、小的结合,该大则大、该小则小,大的发挥大的优势,小的发挥小的长处,以逐步形成一个充满活力的中国出版产业结构。

知识经济是以知识为重要资源的经济,是建立在知识的生产、传播、交换和利用之上的经济。在知识经济时代,产品的生产和产品附加值的提高、企业的成长和经济效益的提高、市场占有率的提高和竞争力的增强,都依赖于知识和掌握知识的人。知识作为重要的生产要素,人力资源已超过物资、资金成为更重要的战略资源,人力资本在各种资本中居于更为重要的关键地位。出版业需要拥有大量高素质人力资源,有了这一条出版企业就能立于不败之地。

(原载《出版经济》1999 年第 1 期)

积学深功　大家风范

——介绍《杨义文存》

出版经得起时间检验的学术精品,是我们一向努力的目标之一。近期面世的 7 卷 10 册《杨义文存》,就是我社与在文学研究领域卓有成就的当代杰出学者杨义先生"和衷共济"的结果。它以其丰厚的学术蕴涵和文化信息,受到学界广泛好评和高度重视。

杨义先生是近年来我国学界迅速崛起的杰出学者。在不到 20 年的时间中,他已出版 20 多种学术专著,总字数在 700 万字以上,且无一不精,每出一书均好评如潮。他是"国家级有突出贡献的专家"、中国社会科学院文学所和少数民族文学所现任所长,其传记曾列入英美《世界名人录》,被美国传记研究中心列入"世界 500 领先者"。

杨义先生以鲁迅研究走上学术道路,至今已在中国现代文学、古代文学、比较文学和文艺学等多种学科领域有所突破。他之所以能有如此斐然的学术成就,是他扎实刻苦的学风、勇于求索的创新精神、开阔的学术视野和全局性前瞻性的战略眼光复合作用的结果。杨义先生为学,求实与创新并举,才情与功底辉映。钱锺书先生称许他"积学深功","后起之秀,君最突出"。

《杨义文存》收录了杨义先生迄今已发表的主要著作。7 卷分别是《中国叙事学》、《中国现代小说史》、《中国新文学图志》、《中国现代文学流派》、《鲁迅作品综论》、《中国古典小说史论》和《楚辞诗学》。他的每一部著作,都是其无量心血的结晶。通过这套文存,可以一览声誉日隆的杨义先生的总体学术风貌。

杨义先生自称"《文存》是我的心血和生命"。他曾将10册文存所包含的甘苦得失和自我体认概括为三句话:"依实学以求创新,积专家之学以达致通才,凭中国精魂而与当代世界对话。"这些,可以说在我们出版的这套《文存》中展现出来了。

（原载《光明日报》1999年4月23日）

在第四届国家图书奖
评委会上的发言

这次参加国家图书奖的初评工作,总的印象是好书一届比一届多,这也是近年来出版界抓精品、抓质量取得的显著成效。评价一本书是不是好书,在我看来,有 4 条标准:一是导向正确,思想内容健康向上;二是学术价值上乘,从这次初评入选的书目看,科学性、学术性都有所提高。在评选过程中,评委们十分注重图书的原创性,平庸之作不能入围,入围的应该是那些有创见、有丰富新资料的著作;三是文化积累价值高,也就是经得起时间考验、有长久生命力;四是编校质量高、装帧设计有特色、印制装订质量好。

这次入选的书目学科分布比较广,说明近年来社科各门类的学术研究都有所进展。

从目前的情况看,各出版社对评奖都很重视,这当然是个好现象。但我觉得评奖应成为推动整个出版工作前进的动力,要防止把人力、财力、物力集中在少数几个选题上,而忽视出版物质量的普遍提高。

(原载《光明日报》1999 年 6 月 18 日)

切实增加编校工作含量
全面提高图书质量

不久前举行了第四届国家图书奖的颁奖大会,我参加了社会科学类的评奖活动。综观这次评奖,我有这样几点感受。

第一,申报国家图书奖的图书品种显著增多,这一届共有430家出版社,申报图书1800多种。第三届申报图书671种,这一届增加了1.6倍,是历届国家图书评奖中最多的一次。

第二,社科类在初评入围的42种图书中,属于优质的22种、占52.38%,良好的9种、占21.42%,合格的7种、占16.6%,不合格的只有4种、占9.52%,前三项占90.4%,合格率是历届评奖中较高的,这说明我国图书编校质量有了明显的提高。

第三,这次社科类图书共有28种书获奖,其中获得荣誉奖的有3种,获得国家奖的有8种,获得提名奖的有17种,其中经济类6种、政治类1种、文化类2种、军事类3种、哲学类3种、历史类3种、法学类2种、国际问题和世界史2种、人物传记1种、综合类1种、著名学者的全集文集3种、翻译作品1种。从学科分布来说还是比较广泛的,哲学社会科学各主要学科都有图书获奖。这种分类是相对的,有些书可以分在这一类,也可以分在另一类;而且,这也是按照大学科来分的,例如经济类有6

种,如果按分支学科来划分,又可分为经济理论、经济史、部门经济、外国经济、金融知识等。经济类有 6 种书获奖,居于首位,这也符合我们国家进入了以经济建设为中心和改革开放的大格局和总体形势的需要,是合理的。

评委会的工作是认真严肃的,是坚持了高标准严要求的。评委们常常为了一本书的评价反复推敲斟酌,常常白天阅书、开会,晚上还要加班加点地看书、互相探讨,有时也会为一本书的是否入选展开争论。大家的目的都是为了对读者负责、对作者负责、对国家民族负责。从上述分析和数据中,我们也可以看出国家图书奖的评奖活动,对图书质量的提高和出版事业的繁荣,的确也起到了很大的促进作用。我们在充分肯定这一方面的同时,也应看到某些不足的方面和存在的一些问题,并加以分析,研究解决这些问题的对策,目的是为了进一步更好地做好国家图书奖的评奖工作,使其发挥更大更好的作用。

我今天想着重从出版、编辑工作的角度来谈几点意见,所以我把题目定为《切实增加编校工作含量　全面提高图书质量》。

最近几年,针对图书编校质量方面存在的问题,我们一直在强烈地呼吁要增加编校工作的含量。但是我发现,人们对编辑工作含义的理解似乎有点过于狭窄,特别是对"编"的理解,似乎只是指编辑加工整理工作。我今天讲的"编校工作含量"是一个广义的概念,除了指编辑的加工整理工作,还应当包括选题的创意和策划、作者的选择和书稿内容原创性的开拓以至图书装帧包装。现在结合这次评奖暴露出来的问题,谈谈我个人的看法,如有不恰当之处,请同志们批评指正。

一、应进一步重视选题的创意和策划

这次申报国家图书奖的品种不少,数量有很大的增加,但如果仔细分析一下,选题的创意和策划都嫌不足。真正在策划上下了工夫,具有独特创意的图书并不很多,而雷同的选题、似曾相识的选题比较多,出版方面的"一窝蜂"现象还是比较普遍地存在,例如关于庆祝新中国成立50周年的、纪念十一届三中全会召开20周年的,都存在选题雷同、一般化的现象,很少出现使人见到了眼睛为之一亮的图书。再比如,大部头的、几十卷的全集、文集也太多、太滥,有些出版社在自主开发鲜活选题方面不怎么下工夫,想利用名人、名作家效应抢出名人的全集、文集。这些现象都说明了我们在选题策划、创意方面投入的编辑力量太少、花的精力不多。

二、应加强组稿工作,重视原创性强的著作的出版

编校工作含量不足的另一个表现是原创性强的著作较少。我们一直提倡要加强原创性强的科学论著的出版,虽取得一定成果,但还不是很突出、很显著。原创性强,当然主要决定于作者,但我们编辑出版工作者并不是无可作为的,我们是可以发挥重要的引导作用和组织作用的。这就要大力加强组稿工作和对作者的物色、选择,要舍得花大的气力。在这次参评申报材料中,我发现河北人民出版社关于《中国民族工商业发展史》成书情况的说明,很值得给大家介绍一下。

在"策划选题"一节中,他们说进入90年代以来,世界经济全球化以一种前所未有的深度和规模迅猛发展,中国市场国际化日益突出,民族工商业在国际国内市场的竞争环境发生了重

大变化。而任何一个国家,其国民经济实力大小、国际竞争力强弱,归根结底取决于其民族工商业发达程度,有了强大的民族工商业,才能富国强民。与此同时,在我们不断引入西方经济理论、方法、经验的同时,更要加强对中国具体实际作艰苦的扎根式的研究,否则,引入的理论、方法脱离了本土实际就会"淮橘北枳"。所以,对民族工商业发展史进行深入系统的研究,揭示其内在规律,为今天的民族工商业发展提供借鉴和启迪显得更为迫切和重要。而在中国历史以及专题史的研究中,有关民族工商业发展史的研究较为薄弱,以民族工商业为研究对象的通史更加凤毛麟角。这一策划思想和出书意图无疑是十分正确的,为振兴民族工商业、为服务于改革开放和经济建设的意图也是十分鲜明的,而且对出版物市场的调查分析也是比较准确的。这个选题具有填补空白的性质,表现了一个比较成熟的出版家的沉稳的心态,而远离了"赶浪潮"、"一窝蜂"的浮躁心态。

他们不是到此为止,在他们策划了这一选题并提出了初步的编纂思路以后,接着就到该学科领域的多位专家那里广泛地征求意见,进行选题论证,得到了多方面的鼓励和支持,同时也得到了省委宣传部、省新闻出版局领导的肯定和支持,1995 年 6 月该选题被正式列入国家"九五"重点图书出版规划。

选题被立项了,但并不等于这部书就一定能够写好,还需要精心物色和选择合适的作者。为此,该社编辑走访了中国社会科学院经济研究所、上海社会科学院经济研究所、北京商学院等在该学科领域较具权威性的部门,又参加了中国商业史学会1995 年年会,向多方面专家咨询,并请他们帮助推荐作者,终于在 1995 年 11 月落实了主要作者——北京商学院院长、博士生导师、中国商业史学会副会长王相钦教授。王教授对该选题的构想极为赞赏，愿意承担主要写作任务并担任主编，同时还聘请了该院的其他几位教授、副教授共同写作。

选题和作者都确定了，并不等于可以高枕无忧了，出版社的领导和编辑在该书的写作全过程中都倾注了极大的关注。在出版社提出的该书的编写构想中，他们强调了该书是一部专门研究和总结中国民族工商业发展历史的学术专著，要通过大量、翔实的史料，科学地分析综合，全方位地阐述我国民族工商业产生、发展的历史进程，揭示其发展规律和特色，要求这部书一方面是一门历史科学，囊括中国民族工商业自萌芽、产生、发展直到本世纪 90 年代包括港澳台地区在内的发展状况的全部历史；另一方面它又要成为一门经济科学，从历史事实中分析深层次原因并总结出规律性成果。

1996 年 4 月，该书编委会在归纳多方面意见的基础上，拟订了初步提纲，并交出版社征求意见。该社领导和责任编辑对提纲进行了深入细致的讨论，提出应加强近代部分的分量而适当减轻古代部分，并完善港澳台地区的内容。经过三次较大的调整和修改，确定该书的框架结构。1997 年 8 月写成初稿，该社主管社领导、室主任、责任编辑又一起讨论，针对书稿中陈述经济史资料性的文字偏多，总结出规律性的东西较少等问题，责任编辑又带着原稿到北京找到主编，同他们认真地交换意见，对书稿进行再修改、再加工，并重写了前言。后面的编辑、设计、校对、出版等各环节都坚持了认真组织管理和精益求精，校对和印制质量都达到了优良的标准。

这部原创性较强的编著，最终获得国家图书奖，是当之无愧的。其中有作者们的精心创作，同时也融进了编辑出版工作者的大量心血。要想真正出版一本精品图书,出版社要克服浮躁的心态,真正舍得投入精兵强将,切切实实地增加编校工作的含量。

三、编校工作有待于进一步加强

近几年来,由于大力提倡,出版社普遍重视了编校工作,图书的编校质量也有所提高,但在这次评奖中还是出现了一些令人遗憾的情况。有些图书,从选题策划和创意方面来看是很好的,有些图书内容的原创性也比较强,有些图书也可以说是填补空白之作,但是就是由于编校质量不高,最后还是被否决了。现在我就从初评入围的图书中挑几本来说一说。

第一,《中国移民史》。这部书规模宏大、材料丰富,内容质量属于上乘之作,所以初评时入围了。但后来发现编校质量低劣,差错率高达万分之五以上,其中有些是知识性差错,如说辛亥革命是1912年,把台湾设省说成1887年(正确的应为1885年),把项羽排成了梁羽,等等。更大量的是技术性差错,如总目录与分卷目录不一致,目录与正文标题不一致,正文注码混乱,引文错漏,标点符号混乱,等等。这些都是属于在编辑和校对基本功上出了问题,所以这部书最终未能评上。

第二,《中华人民共和国工业经济史》,这是一部填补空白之作,作者是这方面的著名学者,而且适逢新中国成立50周年大庆,应当说从选题到内容、到出书时间的选择,都是好的,但遗憾的是编校质量太差。初评入围的书单公布后,有人来信指出,该书的768—974共207页,4.5万字,另有39个表,粗略统计在56个页码上有差错,有的一页上有几个错,例如将"1.02万元"错为"1.02元",将"有限责任公司"错为"责任有限公司",

将"民用航空"错为"通用航空",将"国家基本建设"错为"固有基本建设";多处将"固定资产投资价格指数"中的"指数"二字漏掉了,将"全社会的固定资产"中的"资产"二字漏掉了,将"大中型工业企业"中的"企业"二字漏掉了,漏掉了这些关键性的词,简直让人不知所云;很多地方出现附表和正文不一致、很多数字和百分比有错误或不一致。从这些差错看,多数属于作者过于粗疏。提高图书的编校质量是编辑同作者的共同责任,我们应从源头上抓起,在向作者约稿时就应明确地提出这方面的要求,在审稿和加工整理时发现作者的疏漏,更应当严肃地向作者提出。任何一位作者,即使是著名的学术大师,他也不会拒绝编辑的帮助,正如我国文学和史学大师郭沫若先生所说:"不管什么样的作家写出的稿子总会留下或大或小的讹误、差错,出版前经过出版社编辑审读加工这一关至关重要。有些错误可以从作者的笔下漏掉,但是逃不过认真的编辑的眼睛。我的稿子务必请你们认真审读,有什么问题都提出来,不要有什么顾虑。"解放初期郭老对人民出版社负责人说的这番话,不仅是他的谦虚,也说出了一个规律性的事实。后来出版社的编辑的确发现了不少原稿上的差错,并向郭老提出商量改正,郭老非常感谢。《中华人民共和国工业经济史》一书中存在这样多的差错,一方面固然是作者的粗疏,但是编辑应当帮助作者发现这些差错,弥补作者的粗疏,但是编辑也太粗心大意了,致使一本本来可以成为好书的著作成了不合格品,实在令人遗憾。

第三,《国际法引论》,这是北京大学著名教授写的一部重要的学术论著,很切合现实的需要,但可惜差错太多。错一个数字只算错误0.25%、10个标点符号的错误还没有算进去,差错率就达到了万分之二点七,如将"国内法与国际法"错成"国内与国际法"，意思让人费解；将"主要特点"错成"主要特定"，也让人不知所云；将"违反宪法"错成"违法宪法"、将"国际习惯法"错成"国际法习惯法"、将"该国人民"错成"该人民"、将"南非共和国政府"错成"南非共务车政法"，也让读者如入雾中。这些差错都属硬伤。

这些图书，初评时已经入围，但终因差错太多，只好割爱，实在可惜。这些图书，应当说选题策划和创意都不错，作者也都是著名学者、教授，学术质量是有保障的，但是就是由于编校工作不到位、太粗疏，使一些本来可以成为好书的成不了合格品。这再一次给我们敲了警钟，提醒我们必须切切实实地加强编校工作，下决心增加这方面的投入，真正地全面地提高图书的质量。

我今天的发言完了，谢谢大家！

(1999 年 6 月)

出版理论研究任重道远

——在'99 全国出版理论研讨会上的发言

由中国出版工作者协会、中国出版科学研究所、中国编辑学会联合主办,甘肃省新闻出版局、甘肃省出版工作者协会协办的'99 全国出版理论研讨会,今天开幕了。首先请允许我代表中国版协和宋木文主席对这次会议的召开表示热烈的祝贺。

中国出版理论科研工作,在党的十一届三中全会以后,随着改革开放大潮的兴起,20 多年来获得了长足的发展。在重视出版基础理论研究的同时,还紧密结合出版工作的实际和客观形势发展的需要,多方面、多层次地进行了出版应用理论的研究,在出版学、编辑学、发行学、出版管理学、出版经济学、出版史学、版权学等领域取得了一大批可喜的成果,对出版工作,对出版业的改革、发展和进步起了很好的推动作用。这期间召开的多次出版理论研讨会,促进了出版理论的研究工作。参加这次研讨会的有出版业各方面的专家学者,提供了各分支学科论文,充分反映了近两年来出版科研的新成果。我们用这种检阅和交流科研成果的方式来庆祝中华人民共和国成立 50 周年和改革开放21 周年,我觉得也是很有意义的。

我们的国家在以江泽民总书记为核心的党中央的坚强领导下,将豪迈地迈进 21 世纪。同各行各业一样,我国出版业在新世纪也面临着巨大的机遇和挑战。

我国出版业要紧跟全国经济体制、政治体制、文化体制改革的形势和需要,搞好出版体制改革。改革是一个巨大的、深刻的社会系统工程,出版业又由于它的强烈的意识形态性,同政治体制改革的关系更为紧密,在适应社会主义市场经济体制的过程中又有许多特殊性,矛盾和难点是很多的,改革的步子迈得更稳一点,是完全可以理解的。但是对出版体制改革进行理论上的研究和探讨、进行改革的框架设计则是刻不容缓的。这方面的科研课题是很多的,有组织地进行研究是我们出版科研工作者义不容辞的责任。

知识经济正在世界上崛起,21世纪将是知识经济的时代。知识经济的一个重要的特征就是它以知识和信息作为主要生产要素,较少依赖自然资源,而主要依托人类智力资源。因此,知识经济也被称作"智能经济"或"信息经济"。知识是一种再生性、可以共享的战略资源。作为知识和技术密集型的出版业,如果单单把它理解为是一项重要的文化事业,是一个社会支持系统,现在看来已经很不够了,我们还应当看到它是一个重要的经济产业,正在由新的知识经济形态赋予它更加重要的社会功能。出版是知识经济中的一种高投入、高产值、高回报、高附加值和高效益的产业。人们说现在的时代是"知识爆炸"的时代,要使呈几何级数增长态势的知识在久远的时间和广袤的空间里传播、交换、利用、生财、增值,需要各种各样的载体。而无论是以纸为介质,还是以声、光、电、磁为介质,都离不开出版。出版业告别了铅与火的时代,进入了声、光、电、磁的时代,这种变革已经发生并将进一步深入、高速发展,出版的产业结构、产品结构、人才结构、装备结构和高新科技的应用都将发生重大的调整,给编辑方式、出版方式、制作方式、发行方式、物质供应方式带来巨大而又深刻的变革。网络的出现更给我们提出许多新的课题。从 1988 年开始,互联网的用户数量一直以每年翻一番的爆炸性速度在增长。互联网的全球化,给全人类的生产方式、生活方式以及教育、学习、娱乐、休闲等都带来了巨大的变化。网络在急剧地改造着世界、创造着人类未来的新境界。未来的知识将建立在数字化、网络化的基础上,这给出版业会带来怎样的机遇和发展,向我们提出了无数需要研究的课题。

出版科研的领域是无比广阔的,在改革和发展中,新的矛盾,新的难题,是层出不穷的。只要敢攀登,无限风光在险峰,出版科研的前途是无限光明的。让我们祝贺出版科研工作在未来的岁月中取得更大的成就!

(作于 1999 年 9 月)

"邓小平理论研究书系"总序[*]

　　一个伟大的民族不能没有理论思维,一个伟大民族的解放和振兴需要科学理论的指导。20世纪世纪初,苦难中的中国人民的先进分子,向世界上的先进人们寻求救国救民的真理,中国共产党人找到了马克思列宁主义,将其同中国革命实际相结合,创立了毛泽东思想,并用其指导中国人民的革命实践,取得了人民民主革命的伟大胜利,震惊了世界。本世纪70年代末至90年代初,国际风云变幻,中国刚刚结束了"文化大革命"的内乱,接着又发生了苏联解体、东欧剧变,国际社会主义运动处于低潮之际,以邓小平同志为核心的党的第二代中央领导集体,以大无畏的精神,力挽狂澜,中流砥柱,善于总结经验,勤于理论思维,将面临崩溃边缘的中国国民经济引向健康发展的道路,在改革开放和建设有中国特色社会主义的伟大实践中,形成了邓小平理论。在这一理论的指导下,中国社会主义现代化建设事业取得了一个又一个辉煌的胜利。社会主义事业在中国获得了复兴,马克思主义发展到了一个新的阶段,再一次为世界瞩目。

　　有比较才能有鉴别,有鉴别才能有选择,中国人民,中国共

---

[*] 这篇总序是我作为邓小平理论研究书系编委会副主编为书系的出版撰写的。

产党人在比较、鉴别中,坚定不移地选择了毛泽东思想和邓小平理论,正如江泽民总书记所说:"实践证明,作为毛泽东思想的继承和发展的邓小平理论,是指导中国人民在改革开放中胜利实现社会主义现代化的正确理论。在当代中国,只有把马克思主义同当代中国实践和时代特征结合起来的邓小平理论,而没有别的理论能够解决社会主义的前途和命运问题。邓小平理论是当代中国的马克思主义,是马克思主义在中国发展的新阶段。"

马克思列宁主义、毛泽东思想和邓小平理论,是完整的科学的统一的思想体系,是中国共产党人宝贵的精神财富,是中国人民的主心骨和传家宝。在邓小平同志退出中央领导岗位和逝世后,以江泽民总书记为核心的第三代中央领导,继续高举这面光辉的旗帜,领导全党和全国人民,在复杂的国际国内的新形势下,抓住机遇,迎接挑战,坚持邓小平理论,运用邓小平理论,丰富和发展邓小平理论,解决了层出不穷的新问题,取得了一个又一个新的胜利。

党的十五大通过的《党章》郑重地向全党宣告:"中国共产党以马克思列宁主义、毛泽东思想、邓小平理论作为自己的行动指南。"江泽民总书记在十五大报告中强调指出:"在社会主义改革开放和现代化建设的新时期,在跨越世纪的新征途上,一定要高举邓小平理论的伟大旗帜,用邓小平理论来指导我们整个事业和各项工作。这是党从历史和现实中得出的不可动摇的结论。"为了贯彻和落实十五大精神,我们发动和联合全国二十多家出版社,隆重推出"邓小平理论研究书系"。这是一项宏大的理论建设和出版工程,四十多个选题既有综合性的题目,又有理论性较强或实践性较强的专题,涵盖了邓小平理论的各个方面。

我们相约,力求全面、正确地阐述邓小平理论,在理论同实践的结合上、在邓小平理论同十五大精神的结合上下工夫,写出新的水平、达到新的高度,为广大党政干部、人民群众进一步深入学习邓小平理论和十五大精神提供有益的参考。这一理论建设和出版工程,也可以说是正在兴起的学习邓小平理论新高潮的一个有机的组成部分。我们坚信,在以江泽民总书记为核心的党中央的坚强领导下,高举邓小平理论的伟大旗帜,中国人民一定能够夺取建设有中国特色社会主义伟大事业的新胜利!

(1998 年 9 月)

读"邓小平理论研究书系"的感受

党的十五大确立了邓小平理论在全党的指导地位,1998 年 5 月 24 日中共中央发出了《关于在全党深入学习邓小平理论的通知》。江泽民总书记多次号召全党要重视学习邓小平理论,兴起一个学习马列主义、毛泽东思想特别是邓小平理论的新高潮。为贯彻十五大精神和江泽民总书记的指示,新闻出版署于 1997 年 10 月着手组织编写"邓小平理论研究书系"。编撰、出版这套书系的目的是进一步促进邓小平理论的学习、宣传和研究工作,并为广大党政干部、人民群众提供一套具有较高水平的学习邓小平理论的读物。

在各地、各社上报选题的基础上,新闻出版署请有关专家学者进行反复论证和认真筛选,确定四十多种选题列入书系。全国有二十多家出版社参加这一重点出书工程。经过两年多的共同努力,现已出版 34 种,基本上完成了这一出书工程。

在这 34 种书中,有综合类的选题,如《邓小平理论专题摘编》、《邓小平理论体系研究》、《邓小平的理论境界研究》、《邓小平思想方法研究》、《邓小平理论的内在逻辑与历史发展》。

有从马克思主义发展史的角度,研究作为马克思主义发展新阶段的邓小平理论,阐发邓小平理论同马列主义毛泽东思想既继承又发展的关系,展示邓小平理论对马克思主义所作出的新贡献的《历史的丰碑——从马克思主义到邓小平理论》、《科学社会主义:从马克思到邓小平》、《邓小平理论:社会主义运动史上的第三次飞跃》、《当代社会主义的若干问题——国际社会主义的历史经验和中国特色社会主义》。

有研究邓小平现代化理论和为我党制定的基本纲领和发展战略的《邓小平的现代化理论研究》、《社会主义初级阶段的基本纲领》、《当代中国发展大战略——邓小平社会主义发展战略研究》。

有研究邓小平的经济理论和经济特区建设的《邓小平经济理论的卓越贡献》、《生产力论:邓小平经济理论的基石》、《邓小平经济发展论》、《邓小平经济特区建设与实践》。

有研究邓小平政治理论以及政治体制改革的《邓小平政治体制改革理论研究》、《邓小平社会主义民主论》、《邓小平法制思想研究》、《邓小平多党合作理论研究》、《邓小平民族理论与实践研究》、《邓小平党的基层组织建设理论与实践》。

有对邓小平的一些重要的专题理论进行系统研究和阐发的《邓小平的教育思想研究》、《现代科学技术革命与邓小平理论》、《邓小平决策思想研究》、《邓小平管理思想研究》、《邓小平的农业思想研究》、《邓小平国防思想研究》、《邓小平"一国两制"理论研究》、《邓小平外交战略思想研究》、《邓小平价值观研究》、《邓小平伦理思想研究》。

这34种书,可以说涵盖了邓小平理论的各个主要方面。

这些书的绝大多数原稿,发稿前我都读过,大家可能会问我的印象如何？概括起来说,我觉得有这么一些特点。

第一,总的来说,作者们的研究和撰写、出版社的审读和加工是极其严肃认真的,很多选题都是进行了两三年、四五年,甚至八年、十年的深入研究和认真撰写的,有些是几易其稿。各出版社配备了很强的编辑力量对书稿进行审读、加工,有些书稿反复几次同作者研究修改,尽可能地提高书稿质量。例如四川人民出版社出版的《邓小平多党合作理论研究》就是一本比较成功之作。邓小平同志根据中国的国情和丰富的实践经验,进行理论的概括和升华,形成了富有中国特色和中国气派的多党合作理论,有许多新的创造,发展和丰富了马克思主义的政党学说。但是,过去我们对邓小平理论中的这一重要组成部分研究得很不够,更没有像样的专著出版。作者李学明同志对这个专题进行了十多年的研究,写成这样一部37万字的专著,全面、系统地论述了邓小平关于多党合作的理论,填补了这方面的空白,对于人们更加深刻地理解邓小平理论的整个体系很有帮助。这本书可以说是一本上乘力作。

《邓小平理论体系研究》也是一本较好的作品。作者从马克思主义理论和国际共产主义运动的历史与现实、中国与世界的深远广阔的视角出发,以党的十五大精神为指导,以《邓小平文选》和党的重要历史文献为根据,以"什么是社会主义、怎样建设社会主义"这个首要的基本理论问题为中心,运用比较分析方法,对邓小平理论的内容和体系作了较为全面系统的研究和论述。本书有一个显著的特点,即始终贯穿着对这一理论进行两个方面的比较研究,一与马克思、恩格斯、列宁和毛泽东关于社会主义建设的思想、理论、观点相比较,二与我国社会主义胜利或挫折的历史经验,以及其他国家社会主义兴衰成败的历史经验相比较。本书较好地坚持了历史同逻辑相统一的原则来阐发邓小平理论的形成过程、基本内容及其内在的逻辑体系。目前,对邓小平理论的逻辑体系到底应当如何表述,在我国理论界虽然还未形成统一的意见,但作者提出了自己的见解和构建方法论,他们认为一个完整的科学理论体系,一般应表现为两个方面,一是关于事物发展的客观规律性的认识;一是理论体系逻辑框架的构建。作者认为邓小平理论的全部内容是以辩证唯物主义与历史唯物主义为基础,围绕着"什么是社会主义,怎样建设社会主义"这个首要的基本理论问题展开的。这一理论体系的逻辑框架结构应是它的各个部分及每部分各个具体原理相互衔接和相互关系的表现。据此,作者将邓小平理论的逻辑框架结构概括为相互衔接的三层四级:第一层次,解放思想、实事求是的思想路线,是邓小平理论的精髓,是这一理论的哲学基石。第二层次,社会主义的基本理论,主要回答什么是社会主义,如社会主义本质、社会主义初级阶段等理论,是这一理论的主体基础理论。第三层次,社会主义总体发展战略理论和各具体领域发展的理论,主要回答怎样建设社会主义。这一层次又分为两个级次:第一级次,社会主义总体发展战略理论(根本任务、发展动力、政治保证、战略步骤、依靠力量和领导核心);第二级次,社会主义各具体领域发展的理论(经济、政治、文化、外交、祖国统一)。作者根据这一逻辑框架设计来展开自己的研究和阐述,逻辑性较强,坚持了历史和逻辑相统一的原则,说理清楚,说服力较强,可以帮助人们全面、系统、准确地把握邓小平的整个理论体系,加深对这一理论体系的理解。

《邓小平的理论境界研究》是一本颇有新意之作。江泽民同志在十五大报告中指出,邓小平理论之所以能够成为马克思主义在中国发展的新阶段,其中一个重要原因就是这一理论坚持解放思想、实事求是,在新的实践基础上继承前人又突破陈规,开拓了马克思主义的新境界。作者根据江泽民同志的这一提示,分 11 个方面对邓小平理论的新境界展开了系统的论述。作者运用历史发展和对比的手法,把每一个方面的理论在马列主义、毛泽东思想中发展的原有状况同邓小平这些理论的新发展加以具体的比较,从中既可以看出继承关系,又可以看到随着实践的发展,邓小平所作出的新贡献,有较强的说服力,读了可以加深对邓小平理论的理解和准确把握。

第二,正因为作者和编者们以极其严肃认真的态度来从事这项有重大意义的出版工程,所以总的来说,书系的质量是比较高的。这种高质量,主要体现在如下几个方面。

①一些老的课题有了新的深度和新的高度。党的十五大对邓小平理论进行了新的更加全面、系统、深刻的概括和阐发,作者们在自己的研究和论述中普遍地注意了体现十五大的精神,因而使这些专题的研究和开发有了一种新的高度和深度。

②有不少课题,是过去研究得比较少、比较薄弱,甚至是缺门的,例如关于邓小平理论体系的研究、关于邓小平理论的内在逻辑的研究、关于邓小平思想方法的研究、关于邓小平理论境界的研究、关于政治体制改革和邓小平民主与法制思想的研究、关于邓小平的教育和科技思想的研究、关于邓小平的价值观和伦理思想的研究、关于邓小平的"一国两制"思想的研究、关于外交战略思想的研究、关于多党合作理论的研究、关于党的基层组织建设理论的研究,等等。我在阅读这些书稿时,深受启发,感到这些作者的确是很花工夫的,同时也认识到邓小平理论确实博大精深。邓小平的著作我也读过不知多少遍,经过这些作者的点拨,感到自己过去学习还是不深不细,很多精深之处我过去还没有体会到。我想我有这样的感受,其他读者读了后也会有同样的感受的。这样,这套书系对广大干部、群众进一步学习邓

小平理论是会有帮助的。

③绝大多数作者,在研究和阐发邓小平理论的同时,还特别注意联系以江泽民同志为核心的第三代领导集体在新的实践中是如何运用、发展邓小平理论的,在理论和实践的结合上下工夫,所以给人以新鲜感,也启发人们在自己的实践中更加自觉地坚持和发展邓小平理论。

总之,我感到书系是我们全党学习邓小平理论新高潮中可喜的收获,它的出版也必将对正在兴起的新高潮起到很好的推动作用。

(2000 年 1 月)

可喜可贺　任重道远

——为首届国家电子出版物评奖而作

　　最近,新闻出版署举办了首届"国家电子出版物"奖评奖活动,参评作品涉及的学科和门类广泛。选题既体现了唱响主旋律,又反映了实现多样化。媒体表现形式多姿、多彩,追求高新技术的开发和运用,说明了我国电子出版事业从零开始,经过全国出版人的几年努力,发展迅猛,可喜可贺。但是,在肯定进步和成绩的同时,还应看到我们的不足之处。

　　选题的开发和策划亟须增强创意。这次参评作品有相当一部分是将已有的书、报、刊转化为 CD-ROM 光盘或 DVD 光盘。原来的书、报、刊显然是有重要的文化学术价值和历史资料价值的,制作成光盘无疑可以帮助使用者检索、查询、卸载、打印,提高工作效率、方便研究工作,但是从多媒体电子出版物角度来看,这种光盘的多媒体表现手段的运用就显得相当单调,作为一般的电子出版物出版是可以的,但作为评奖的作品就显得有许多的不足,缺少竞争力。作为优秀的电子出版物,既要注意选题的思想文化价值、学术价值、信息价值,还需要在选题的创意方面进行深度挖掘,开发出原创性强、又适宜于用多种媒体手段加以表现的作品。

　　有些博物馆、纪念馆和人物方面的选题,具有很强的教育意义和文化、学术价值，也方便人们在电脑上参观这些博物馆、纪念馆和了解这些杰出人物的业绩和思想学说，但是有些选题囿于素材，媒体表现形式显得比较单调；有些选题媒体形式倒是相当多样，但是只是将原来的媒体搬上光盘，技术、艺术水平参差不齐，视频、音频效果不太理想，界面不太美观，技术比较粗糙，响应比较迟缓。有些选题内容表述不太准确的地方也是有的。

总之，如何运用多媒体电子出版物的形式来表现社会科学方面的内容，寻求它们之间的最佳结合点，取得优良的效果，是我们面临的新课题，有许多开创性的艰巨的工作需要我们去做。

还有一个问题也是值得我们重视的，就是某些大型、特大型的项目，有几十张、甚至几百张光盘，在一般的家庭电脑上使用显然不太方便，需要建立大型数据库；而从电子出版物的国际发展大趋势来看，网络出版将会是比光盘出版更优越的出版形式，它的容量更大，甚至可以说是无限的，广大网民使用可以更方便、更快捷，所以，如何从政治上、法规上扶持和规范网络出版，并将网络出版中的优秀作品纳入国家电子出版物奖的评奖范畴，也是值得我们抓紧研究的一个课题。

（原载《中国电子出版》2000 年第 2 期）

美轮美奂　如诗如画
——源于自然又人化自然的中国古典园林

　　中国是有着悠久历史和灿烂文化的东方文明古国,风光绮丽、江山多娇、人杰地灵、人文荟萃。这样的自然美景和历史文化,孕育了博大精深的中国古典园林艺术。

　　中国园林史源远流长。相传在五千多年前,我们的祖先就已经开始利用自然的山泽、泉水、林木以及鸟兽群集之地作为生活、狩猎、游乐的场所,例如豨韦的"囿"、黄帝的"圃"就是这样的天然园林。到了距今三四千年的殷商时期,相传殷纣王曾经建造过规模宏大的园林。公元前 11 世纪,周文王在今西安以西曾修建过"灵囿",内有圈养珍禽异兽的灵台和养殖鱼类的灵沼,已见于文字记载。中间经历了秦汉建筑规模宏大的皇家宫苑,随后又出现了私家园林;两晋南北朝时期,寺观园林蔚然兴起;隋唐时期,除了皇家宫苑继续逞奢外,唐代如诗如画的山庄园林的营建和发展,更为园林艺术增添异彩;宋辽金元以至明、清,由于绘画艺术的发展,造园技术的创新,不仅宫苑园林南北争丽,而且皇家宫苑、私家园林、湖山园林、坛庙寺馆园林百花争放,各显风采,中国古典园林艺术的发展可说达到高峰,日臻完美。

　　中国古典园林不是单纯的某一门类的艺术,而是中国古代文化艺术的综合载体，蕴涵着丰富的建筑、雕塑、诗词、绘画、书法、音乐等艺术门类。一座座园林俨然是一座座艺术博物馆。中国古典园林既是物质文明的遗存，又是精神文明的结晶，从中我们可以领略中国古代文明的灿烂辉煌，受到爱国情感的熏陶，又可以得到心旷神怡、愉悦身心的精神享受。

我们的祖先，在造园过程中，把他们所崇尚和理想的美，融进了山水、花草、林木，以及亭台、楼阁、桥榭和居室的建造之中，使之具有人的心灵之美。中国古典园林不仅是历史发展演进的产物，折射着当时的社会、经济和政治，而且展示了人们对美的理解和追求。在造园过程中非常注意因地制宜、顺其自然、情景交融、富有寓意。山水、花木、建筑讲究匹配和相得益彰，追求山有水则活，水有山而媚的美妙境界；实景、影景、水景、声景辉映，有声有色；近与远、虚与实、藏与露、透与隔巧妙安排，运用借景以增强视觉空间的旷达深邃、层次丰富和美妙情趣；花木、绿地的栽培，注意品种的搭配和高矮、疏密、色彩、四季的美学效果；池泽养殖荷菱鱼蛙，为园林增添情趣；山石的选材和堆叠讲究皴法的品位，采用湖石则体现"瘦、皱、漏、透、丑、清、顽、拙"之美，采用黄石则表达巍峨、刚毅、险峻、挺拔阳刚之气，山虽然是假的，但峰峦、峭壁、悬崖、涧谷、幽洞、瀑布则小中见大，使观赏者看假山如看真山，又犹如欣赏一幅幅山水画，有"一卷如涵万壑，咫尺势若千寻"的感受；堂、厅、楼、亭、廊、桥、榭、舫，不仅讲究同环境协调和适应不同的功能，而且在千变万化、千姿百态中互相呼应、映照、连缀、衔接，在园中行走，"一步一景、步移景异"；园中的诗词、楹联、绘画、书法，不仅是历代文人墨客留下的宝贵的艺术珍品，而且常常可以达到画龙点睛，帮助人们理解造园真谛和景观妙趣之效。

在长期的造园过程中,产生了许多造园艺术家和能工巧匠,他们中著名的有米万钟、计成、高倪、张南阳、朱舜水、张涟、张然、李渔、戈裕良、叶洮等。他们在十分丰富的实践经验的基础上形成独树一帜、博大精深的造园艺术理论,计成的《园冶》就是有关造园理论与技法的专著,文震亨的《长物志》、李渔的《一家言》中也有关于造园理论和技艺的精湛内容。中国的造园艺术家本人常常擅长绘画,他们往往把山水画意用于造园。而中国古代文人雅士、诗人画家又常常直接参与园林设计和造园活动,元代画家倪瓒设计了苏州狮子林,明代画家文徵明设计了拙政园,清代画家石涛在寄啸山庄片石山房的叠石被誉为"人间孤本"。著名的写意山水画家参与园林的设计和建造活动,使中国古典园林更加富有诗情画意,使中国的造园理论具有更高的美学价值。

中国的造园实践和理论,在世界园林史上具有崇高的地位。造园艺术同其他艺术一样,在世界上可以说流派纷呈,但如果从大视角观之,按园林的建构方式、审美情趣来区分,大体上可分为两大类:一类是自然风景式园林,一类为几何规整式园林。自然风景式园林以中国古典园林为其典型代表,以表现大自然的天然山水景色为旨趣,布局自由,着意于人与自然的和谐统一。而西方规整式园林讲究的是轴线对称、分行排列,按照几何图形规范自然,着意表现总体上的园林人工图案之美,显示人改造和征服自然的力量,反映了西方人的思维方式和审美情趣。中国古典园林所体现的人文精神,其中则包含着中国传统的天人合一、天人和谐、崇尚自然的哲学思想。中国园林源于自然又人化自然的美轮美奂、如诗如画的艺术创造,对东方和西方园林艺术的发展,产生过重大的影响和独特的作用,在世界园林史上有显赫的历史地位。中国的苏州园林、北京颐和园和天坛、承德避暑山庄、泰安岱庙等被联合国教科文组织列入世界文化遗产名录,说明中国古典园林不仅是中华民族的文化瑰宝,也是全人类共同拥有的物质和精神财富。

为了弘扬在中国和世界文化艺术史上弥足珍贵的中国古典园林,我们主编了这套《中国园林之旅》,收录现在尚存或修复的著名的、有代表性的古典园林,以皇家园林、私家园林为主兼收寺观园林、湖山园林和坛、祠、馆园林(不包括现代公园和纯属自然风光的名胜景点),按地区共分 10 册,每册 8 开、160 页、8 万字、240 幅彩图,形成有机的景物长卷,历史地、形象地全面再现了中国园林艺术多姿多彩的风貌。这套书以生动的文笔、精美的图片,反映了中国古典园林及其艺术,把秀丽的自然景观同多彩的人文景观融为一体,将造园的历史旨趣同实景参照解说,美妙的造园设计和工艺升华为观赏者的审美感受。本书有别于一般介绍中国古典园林的图书的特点在于,不仅着重对园林中的建筑、山水、花木诸构成要素作介绍、描述,而且通过园林静态的景观切入当时动态的历史、社会和文化,带出相关的人物、事件、文物等,动静结合,有曲折的情节,有动人的故事,引人入胜,或使人感受深切。阅读这套书,可以说如同进行了一次丰富多彩的自然之旅、人文之旅和美化净化心灵之旅。

与自然和谐相处,美化人们的生活空间,是中国人千百年来的追求;将自然山水缩移和模拟到自己的生活环境中来,是中国人世世代代的杰出创造。在人类高速走向工业化、现代化的今天,人们渴望回归自然、呼唤绿色,创造园林式的生活环境成了人们梦寐以求的理想。今天,我们编辑出版这套书,对于人们圆这个梦具有特殊的借鉴和启发作用。

(与杨瑾合作,原为杨瑾、薛德震主编,

十卷本《中国园林之旅》丛书的总序)

《人的哲学论说》自序

20 世纪 70 年代末 80 年代初，在揭批林彪、"四人帮"两个反革命集团、拨乱反正之际，人们对林彪、"四人帮"为了篡党夺权，肆意篡改马克思主义，胡作非为，进行严肃的反思。在对"文化大革命"十年浩劫进行理论上的拨乱反正时，人们提出了人道主义、异化等问题并进行探讨。这期间，我曾对自己反复地提出这样的问题：我在青年时代学习马克思主义，感到无比的亲切，由衷地感到可亲可敬。它在我的心目中是崇高而神圣的，因为它是无产阶级和全人类求解放的学说，是非常关注人类命运和幸福的。但是，在林彪、"四人帮"的手中，却变得面目全非了，造成了人们的疏远感，甚至反感。这到底是怎么一回事？正是带着这样的问题，我又重新去如饥似渴地阅读马克思、恩格斯、列宁、毛泽东的原著，并将林彪、"四人帮"在"文化大革命"期间散布的种种谬论与之对照，终于发现问题不是出在马克思主义本身，而是出于林彪、"四人帮"的歪曲和篡改。感受特别深的是他们一方面断章取义地摘录刘少奇、邓小平富有人情味、关怀人的一些言论，然后扣上宣扬"地主资产阶级人性论人道主义"的大帽子，大加挞伐。另一方面则宣扬所谓"斗争哲学"，不分青红皂白一个劲地斗、斗、斗，武斗成风；鼓吹什么"有了权就有了一切"，"政权就是镇压之权"，煽动造反派到处夺权，他们自己则处心积虑地阴谋篡夺党和国家的最高权力。这难道是真的马克思主义？

为了揭批他们对马克思主义的歪曲和篡改，恢复马克思主义的本来面目和在人民群众心目中可亲可敬的形象，为了澄清无端地强加在刘少奇、邓小平等同志头上的"地主资产阶级人性论人道主义"的罪名，我陆续地写了几篇文章，并有幸在报刊上发表了，参加了这场大争论。我对于争论抱非常冷静的态度，即欢迎争鸣，回答诘难。我要感谢争鸣，正是因为有了不同意见的激荡，不同观点的交锋，才促使我再一次更加认真地阅读马、恩、列、毛的原著和其他中、外论著，越读越增强我自己对马克思主义理解的信心，不但坚持自己的基本理论观点，而且深化和丰富了这些观点，使其更臻于系统。这期间写作欲特别强盛，又陆续写了一批文章。这些文章，现在都收编到这本集子中。在我的关于马克思主义人的哲学的一批文章发表后，有两位青年学子对我的观点表示赞赏和支持，与我共同切磋和论证若干问题，并在我的倡议下合作了几篇文章。对这些文章的对错正误我义不容辞要承担责任。

收编在这本集子中的文章，大体上分为三个单元：第一个单元主要围绕着人性、人的本质、人在马克思主义哲学中的地位、人道主义、异化问题、人的需要与人的劳动、人的价值与人的责任、人的解放、人的自由、人与自然、人与社会、社会的发展与人的发展、以人为本、人的全面发展等问题展开论述的，概括起来说就是有关马克思主义人的哲学的。第二个单元是论述现实问题的，其中多数文章运用了我对马克思主义人的哲学的理解，以体现理论同实际的结合。第三个单元是有关改革与思维方式的変革、改革对哲学的呼唤、建立新的知识体系、知识经济与中国出版业的关系、源于自然与人化自然等问题,其中也涉及我对哲学应关注人学、人的发展、人的现代化、人与自然和谐相处等人学问题的一些思考。

因为这些论文是在一定的历史条件下写成的,为了便于读者了解我的心路历程,三个单元中的文章,多数大体上是按照写作或发表的时间顺序编排的,个别的为了把论题相近的文章编得连贯一点,也作了一些小的调整。因为不少文章是争鸣的产物,为了忠实于历史,力求保留历史的本来面目,所以这次汇集出版时,除了个别文字订正外,基本理论观点一律保持原貌,个中是非对错,留给广大读者和历史老人去评判。

搞马克思主义的理论研究和写作,我并不赞成太多地去引用原著,最好是理论结合实际,尽量用自己的语言来表述,但是论集中有一部分文章,涉及对马、恩、列、毛的原著到底应如何正确理解和准确把握,是对辩论对方的回答,所以不引证原著是根本无法完成任务的。

25年前,我在一篇文章(即本书第一篇)的开头,提出了"谈人色变"的局面一定要打破的呼吁,此后虽然遭到了一股倒春寒,遇到了一点波折,但是,我们的社会毕竟进步了,人民毕竟更加成熟了,林彪、"四人帮"猖獗时那种"谈人色变"的局面终于一去不复返了。20年来,"以人为本"的思想日益深入人心,成为各行各业最具动员和指导作用的一个口号。现在,"以人为本"、"人与自然和谐发展"、"人与社会和谐发展"、"社会和人全面发展"等重要思想不仅广泛传播,为更多的人所接受,而且写入党中央的正式文件,这实在是非常令人兴奋的一种局面。

人们坚信,这些重要思想一定会更加深入人心,中国特色社会主义事业一定会获得更加光辉的胜利。

(2004 年元旦)

离 任 述 职 报 告

——1999 年 7 月 15 日

1988 年 11 月 17 日,新闻出版署宣布任命我担任人民出版社社长兼总编辑,并组成新一届领导班子。1998 年 7 月 10 日新闻出版署宣布李长征同志接替我的社长职务。在这将近十年中,我作为人民出版社的法人,与领导班子的成员团结拼搏,在前一届领导班子创造的较好的工作基础上,在中宣部和新闻出版署党组的正确领导下,依靠和团结全社广大职工,紧跟国家改革的形势,集中精力抓了目标管理责任制和劳动、工资、人事三项制度的改革和党的建设、队伍建设、精神文明建设,较好地完成了党和人民赋予我们的编辑出版任务。现分述如下。

一、概　况

十年共出版新书	1848 种
重印书	941 种
合　计	2789 种
总印张	1027538（令）
总码洋	52480 万元
利润总额	5321 万元

上缴国家所得税等　　　　2103 万元

二、出书出刊情况

1. 在社办期刊方面,我们一直坚持把握正确的舆论导向,在政治上同党中央保持高度的一致,遵守党的宣传纪律,并努力精益求精,编出高质量的期刊。《新华文摘》、《新华月报》、《人物》杂志三种期刊在十年中保持了按期出版,并于1997年年初开始实行二级核算的改革,《人物》杂志实现了从双月刊到月刊的改革。《新华文摘》1997年被评为"全国百家核心期刊"。《新华月报》、《人物》杂志发行量略有下降,《新华文摘》的发行量比较稳定,1998年每期发行17万份。

2. 在出书方面,我们一直把出版马列著作、毛泽东著作和邓小平著作放在工作的首位,还出版了一大批老一辈无产阶级革命家的著作、传记、年谱,以及党和国家的文件、文献,江泽民、李鹏、朱镕基的报告、讲话,同时出版了哲学社会科学各学科的学术论著。在工作中我们坚持了为人民服务、为社会主义服务、为党和国家的工作大局服务的出版方针,弘扬主旋律,兼顾多样化,实现了较好的社会效益和经济效益。

①所出2789种图书中重点图书有:

《列宁全集》中文第二版最后的几卷

《马克思恩格斯全集》中文第二版开始启动,已出版8卷

《马克思恩格斯选集》1—4卷　第二版

《列宁选集》1—4卷　第三版

《毛泽东选集》一至四卷　第二版

《毛泽东文集》一至八卷

《毛泽东年谱》一至三卷

《毛泽东选集》典藏本

《邓小平文选》一至三卷　第二版

《邓小平文选》典藏本

《邓小平理论专题摘编》

《邓小平论党的建设》

《毛泽东邓小平江泽民论世界观人生观价值观》

《陈云文选》一至三卷　第二版

江泽民讲话、报告单行本约 30 种

《瞿秋白文集》政治理论编 1—8 卷

《彭真文选》

《李先念文选》

《叶剑英选集》

《万里文选》

《薄一波文选》

《邓颖超文集》

《廖承志文集》(上、下)

《陆定一文集》

《邓子恢文集》

《胡乔木文集》1—3 卷

《宋庆龄选集》(上、下)

《周恩来传》

《周恩来年谱》

《周恩来的总理生涯》

《朱德传》

《朱德年谱》

《陈毅年谱》

《贺龙年谱》

《邓颖超传》

《宋庆龄——二十世纪的伟大女性》

《毛泽东军事生涯》

《毛泽东书法大字典》

《周恩来手迹大字典》

《老一辈革命家手迹选》

《大型电视纪录片——〈毛泽东〉》

《大型电视纪录片——毛泽东诗词》

《胡乔木回忆毛泽东》

《彭德怀自述》

《黄克诚自述》

《一个真正的人——彭德怀》

《邓子恢传》

《改革风云中的万里》

《邓小平同志永远活在我们心中》

《中国共产党历史(1921—1949 年)》

《中国共产党大事记》(中共党史研究室)

《创业之路——中华人民共和国 40 年历史图集》

《光辉的历程——中国共产党七十年历史图集》

《十一届三中全会以来重要文献选编》(上、下)

《十二大以来重要文献选编》(上、中、下)

《十三大以来重要文献选编》(上、中、下)

《十四大以来重要文献选编》(上、中、下)

历届党代表大会的主要文件和文件汇编

历次党的中央全会文件

历届历次人民代表大会的主要文件和文件汇编

历届历次全国政协会议的文件

每次修改后的《宪法》

每次修改后的《党章》

十四大报告辅导读本

十五大报告辅导读本

重要的学术著作有：

《马克思主义哲学基础》(高清海主编)

《马克思主义史》

《胡绳全书》

《杨义文存》

《中国哲学史新编》(五、六)

《中国哲学发展史》(任继愈主编)

《希腊哲学史》(汪子嵩等著)

《宋明理学史》(侯外庐等主编)

《伦理学》(罗国杰主编)

《邓小平经济理论学习纲要》

《邓小平经济理论二十讲》

《邓小平经济思想研究》

《邓小平科技思想研究》

《邓小平领导思想研究》

《邓小平人才人事理论学习纲要》

《邓小平人口理论学习纲要》

《社会主义市场经济读本》

《社会主义市场通论》

《流通经济学》

《著名学者论社会主义市场经济》

《改革与理论上的突破》

《中国经济增长与方式变革》

《中国经济发展四十年》

《中国资本主义发展史》

《外国经济史》

《中国封建社会经济史》

《中国近代经济史》(上、下)

《中国的经济体制改革》

《香港新纪元》

《香港基本法简释》

《近代中国百年国耻地图》

《中国通史》(10 卷本)

《中国政治制度通史》(1—10 卷)

《中国全史》百卷本

《资政史鉴》(10 卷本)

《世界通史》(6 卷本)

《世界文明史》

《西方政治制度史简编》

《第二次世界大战史》

大型丛书、套书有：

"哲学史家文库"

"海外经济管理运作丛书"

"三个面向丛书"

"中国帝王传记丛书"

"中国文化新论丛书"

"东方书林之旅"

"民国学术经典文库"

"当代宗教丛书"

"解放战争纪实丛书"

"当代世界名人传记丛书"

"中国文学史研究系列"

"家庭生活百科系列"

"生活幽默系列"

"溥仪书系"

"袖珍美学丛书"

"巧言智辩系列"

"楼外楼小品文书系"

"大学哲学丛书"

"哥伦布学术文库"

"大学生德育系列丛书"

"世界文化丛书"

"佛教画藏"

"心叶文丛"

"曼荼罗丛书"

"古典之门音乐丛书"

"活水文丛"

"竹溪文丛"

"西方文化漫画集成"

②在这十年中,有207种图书获得国家级和省部级以上的奖励,其中获出版界三大奖的有:

国家图书奖 7 种：

《宋庆龄——二十世纪的伟大女性》

《中国共产党历史（1921—1949 年）》

《周恩来传》

《思·史·诗——现象学和存在哲学研究》

《中国通史》

《中国政治制度通史》

《马克思主义史》

另有三种在第四届国家图书奖初评中入围：《胡绳全书》、《杨义文存》、《心灵超越与境界》。

"五个一工程"图书奖 1 种：

《马克思主义史》

中国图书奖 13 种：

《中国人口史》

《经济运作机制概论》

《战后美国史》

《学习〈论持久战〉哲学笔记》

《美洲华侨华人史》

《四项基本原则和资产阶级自由化的对立》

《有无之境》

《海外经济管理运作丛书》

《邓颖超传》

《胡乔木回忆毛泽东》

《流通经济学》

《大地风景》（云杉）

《中国经济增长与方式变革》（王保安）

③十年中对外合作出版情况：

十年来我社在对外合作出版中共卖出 82 种图书的版权,收入版税：

美金 49403 元,折合人民币约 410044 元

港币 185454 元,折合人民币约 200290 元

　　两项合计　人民币约 610334 元

三、关于十年经济效益和国有资产
保值增值情况的简要分析

1. 1988 年实现税前利润　　234 万元

　1998 年实现税前利润　　761 万元

　1998 年比 1988 年增长　　225％

2. 国有资产保值增值情况：

(由于从 1993 年起会计制度实行改革,国有资产保值增值情况只能拿 1998 年同 1993 年相比)

　资产净值1993 年　　2148 万元

　　　　　1998 年　　6390 万元

1998 年比 1993 年(6 年内)增长 1.98 倍(如剔除土地作价列账 2348 万元,实际增长 0.88 倍)

　资产总额中固定资产净值1993 年 424 万元

　　　　　　　　　　　　1998 年 4507 万元

1998 年比 1993 年(6 年内)增长 9.63 倍(如剔除土地作价列账 2348 万元,仍增长 4.09 倍)

这个十年,正是我国从计划经济体制向社会主义市场经济体制转轨期间,而且出现了出版资源严重分流和作为老企业经

济负担日益沉重的严峻形势,我们带领全社职工克服了"等、靠、要"的消极情绪,振作精神,团结拼搏,在新闻出版署党组的正确领导下,狠抓了工效挂钩、目标管理责任制和三项制度的改革,打破"大锅饭"和分配上的平均主义,贯彻"按劳分配"的原则,调动了广大职工的积极性,促进了生产的发展,较好地实现了国有资产保值增值,保持了经济效益的平稳增长。正因为这十年我社取得了较好的经济效益,所以实现了:

1. 十年中实现利润总额为 5321 万元,减去上缴国家的所得税等 2103 万元,税后留利 3218 万元。这笔资金充实了我社的资本金及盈余公积,主要用于再生产,保证了全社生产的正常运行,满足了出版书、刊对流动资金的正常需要,出刊出书的节奏比较正常和平稳。

2. 在取得较好经济效益的情况下,职工个人收入获得了较大的提高,1988 年人均 1858 元,1998 年人均 18919 元,十年内增加了 9 倍(工资增长较快,主要是因为 1993 年 11 月事业单位按国家规定的工资标准较大幅度调升后,国家改为由税务部门规定工资标准线,企业单位超发部分计缴所得税)。

3. 经济效益较好并有了一定的自有资金,出版社在保证生产正常运行的情况下,投资 895 万元完成了八里庄 63 套宿舍楼的建设。接着又投资 612 万元在和平里合建宿舍楼,这 20 套住房 1999 年将可以入住。这两处宿舍楼的建成,可直接或间接改善一百多户职工的住房条件。另外还开支二百多万元零星地购买了 12 套单元房,分配给或与原住房对调,解决了一些同志的住房问题。1994 年范用、戴鹤声同志原住房拆迁争取到 5 套单元楼房,1997 年车库拆迁又争取到 5 套单元楼房,改善了部分职工的住房条件。1998 年底我们还预付了 200 万元,准备在东四环路的外侧再买几套住房。在这十年中,我社在盖职工住房方面一共投入了1900万元,平均每年投入190万元,新增单元住房105套,在当时的财力下可以说是尽了最大的努力的。

4. 按照党和国家住房改革的政策,出售公有住宅楼房120套,使这些职工圆了住者有其房、安居乐业的梦想。出售公有住房,回收资金396万元,又可解决一部分建房资金,进一步改善其他职工的住房条件。

5. 按照党和国家住房改革的政策,建立了住房公积金,从1996年开始,到1998年年底住房公积金总额达到98万元,为进一步改善职工住房条件创造了一定的物质基础。

6. 十年中,离退休职工呈逐年增加的趋势,从1988年的134人增加到1998年的178人,养老金和医药费也呈逐年上升的态势,从1988年的39万元(养老金37.6万元+医药费1.4万元)增加到1998年的345万元(养老金235万元+医药费110万元),增长了7.8倍,年人均1.9万元。我们保证了离、退休老同志养老金的按时发放和医药费的报销,使离退休老同志也分享了改革开放的成果。由于这十年一直保持了较好的经济效益,所以我社没有出现其他大中型国有企业普遍存在的不能按时发放养老金和报销医药费的情况,使得为党和国家的出版事业作出了毕生贡献的老同志们能够安度晚年,免除了他们的后顾之忧。十年来,我们一直非常重视老干部工作,建立了老干部处,专门负责老干部工作;在老干部中建立了两个党支部,开展经常性政治思想工作、老有所为创新活动(如编辑出版《晚霞》、编印散文随笔集等)、旅游休闲活动;为了发挥老同志的余热,我社老同志还创办了经济实体——东方出版服务公司,现在每年可以创利40万元,在经济上给老同志一些补助(1996—1998年共支出 73 万元)。1995 年我社离、退休老干部集体获得全国老有所为创新奖。

7. 在出版社的经济效益平稳增长、职工个人收入较快增长和职工住房条件明显改善以及离、退休老同志的生活和健康有较充分保障的情况下,我社还对国家积累经济建设资金作出了较大的贡献,十年中,上缴国家所得税等就达 2103 万元。

四、开办三产副业和对外投资情况

1. 在出版社的改革中,我社近几年来进行了一业为主多种经营的试验与探索,开办了几个三产公司,现将这几个公司的经营和回报情况汇报如下:

①东方伊利文化公司。

1996 年 4 月成立,社里没有投入现金,1996 年 5 月—1997 年年底回报社里 44324 元,1998 年回报社里 41000 元,按原计划尚欠 14000 元。房租另收。

②神龙广告公司。

1993 年成立,社里没有投入现金,1995—1997 年共回报社里 394940 元,按原计划尚欠 112000 元,将于近期结付。房租另收。

③光大东方多媒体有限公司。

1995 年成立,我社投资 50 万元,1999 年已将这 50 万元收回。1996—1998 年回报社里 183000 元,并代社里投"电子出版中心"注册资金 400000 元(固定资产形式)。

④东昌文化用品公司。

1992 年 12 月成立,注册资金是我社职工集资,自 1993—

1998 年付给职工利息 730000 元,为社里购买汽车 260000 元,作为对社里的回报。

2. 对外投资情况:

①我社对外投资,最早的是前一届班子 80 年代中期在南方图书公司的投资。当时南图来京招股,北京地区有几十家出版社出资入股,我社投资 10 万元,联合在广州买了一块地皮。90 年代中期,广东省有关部门看到该地是黄金地段,地皮已经大大升值,千方百计要强占归地方所有,公司各股东单位,一直与对方打了多年官司,现在还在继续打官司。

②全国 20 多家人民出版社为加强横向联合,开拓上海图书市场,在上海开办了联合学术图书发展公司,我社 1996 年投资 10 万元,1997 年分得红利 10070 元,回报率为 10.07%(因我社在《文汇读书周报》刊登广告和宣传稿,就用这笔红利抵交了宣传费)。1998 年的决算将在近期召开的社长年会上公布。

③1993 年 6 月,我社与湖北省委组织部、国家科委干部管理学院三方合资成立了人民出版社中南(武汉)咨询中心,我社投资 12 万元,旧汽车一辆折合 3 万元,计 15 万元。中心成立后前两年合作很好,经营业务开展顺利,1994 年盈利 21 万元,我社应分红 7 万元,我社将这 7 万元继续投入滚动发展。1995 年也有少量盈利,其后,中心法人变换,扩大经营范围投入过多,经营不景气,1997 年我社决定与中心停止关系。我社已收回 8 万元本金,湖北省委组织部秘书长黄波已口头承诺将连本带利再返还我社 22 万元,加上已收回的 8 万元,共 30 万元。我社将于近期派专人前去结清。

④由中宣部原出版局局长刘国雄牵头,联合北京大学出版社、电子工业出版社、大百科全书出版社、商务印书馆等十多个

单位成立中信联电子公司,我社投资30万元,由于总经理人员选择不当,经营出现亏损,董事长刘国雄已向我社承诺,更换总经理后,可将股金退还我社。

⑤由新闻出版署牵头,组织直属单位成立中新联合光盘有限公司,我社投资100万元,另外署拨我社资金100万元再投入该公司,我社共投资200万元。该公司1998年决算编制完成,赢利2万多元,向股东大会报告,经讨论同意1998年不分红。

⑥金城造纸厂是全国八大纸厂之一,对我社供货有40多年历史,对我社出版图书有很大支持。该厂为了发展需要组成上市公司,我社投资30万元。1996年下半年根据国家对上市公司的要求入股改为21万元,其余9万元改为借款。几年均有回报:1995年、1996年红利54600元,另9万元借款利息(截至1998年10月)20865元,加上退回借款9万元,三项总计16万多元,已折成胶印书刊纸近期付给我社。

金城造纸股份有限公司股票已于1997年5月11日在深圳上市,发行价格4.29元,1999年6月22日已升值为9.23元。根据公司1998年度股东大会决议,每10股配送2股红股,我社21万股,已增至25万2千股。

五、党的建设、队伍建设和精神文明建设情况

为了保证出版社改革和发展的顺利进行并取得较好的效果,我们这一届领导班子比较重视党的建设、队伍建设和精神文明建设。

1. 关于党的建设

抓紧基层党委和党支部建设。首先,党委、纪委和党支部组织健全,按期换届改选,紧紧围绕出版工作抓党的思想建设、组织建设和作风建设,重视用邓小平理论武装党员、干部和职工。自1990年以来每年组织全社党员和职工分期分批脱产学习政治理论;每两年开展一次评选先进党支部、优秀党员和优秀党务工作者活动,表彰先进,弘扬正气。自1990年以来,我社有1位同志被评为中央国家机关优秀党员行政领导干部,有1位同志被评为中央国家机关优秀党员,6人(次)被评为新闻出版署优秀党务工作者,13人(次)被评为新闻出版署优秀共产党员,7个支部被评为新闻出版署先进党支部,社党委先后两次获得新闻出版署先进基层党委和中央国家机关先进基层党组织的荣誉称号。

其次,狠抓党风廉政建设。自1989年以来,制定了《人民出版社关于各级领导干部保持廉洁,抵制不正之风的暂行规定》等9项制度,均作为社内文件发到全社各部门,以约束党员尤其是各级领导干部的行为。十年来未发现有违法违纪的情况。

2. 关于干部队伍建设

十年来,在干部队伍建设方面我们主要抓了理论学习与培训、业务学习与培训、职称评定与聘任、干部培养和提拔等项工作。我们坚持了每年一次的脱产政治理论学习和日常的政治理论学习,除了抓中心组学习,还抓了中层干部的学习。十年间共派送38人参加中央党校新闻出版署分校学习,其中社级领导7人,处级干部31人。支持和鼓励不具备大专学历的同志参加电大、业大学习,具有大专以上学历的人员占我社总人数的85%。自1996年以来,先后派出9人参加新闻出版署举办的业务培训学习。按照职称改革的精神和评审办法规定,十年间共评聘编審 24 人、副编审 56 人、中级职称 75 人、初级职称 48 人。我社按照人事部关于干部聘任制的规定,制定了"干部聘任实施细则"和"工人劳动合同办法",还制定全社人员年度考核办法,1992 年和 1996 年搞了两轮聘任。

十年中先后提拔局级干部 8 人,处级干部 52 人,科级干部 18 人。另外,十年中有 3 人被评为新闻出版署先进工作者,有 10 人被评为社内先进个人,2 人被评为"全国出版百佳",4 人被评为优秀中青年编辑,1 人被授予"中央国家机关'巾帼建功'标兵"称号,1 人被评为全国老干部工作先进个人,1 人被评为新闻出版署优秀团干部。1998 年,我社被新闻出版署评为老干部工作先进集体。

3. 关于精神文明建设

我社在署直党委的领导下,自 1991 年以来开展了创建文明单位的活动,在社党组、社党委的领导下,党政工团齐抓共管,建立了精神文明建设领导小组和 6 个职能小组,以出版业务工作为中心,以提高职工队伍素质为重点,开展了层层创建活动。自 1993 年以来,我社开展了创文明科室活动,六年来我社有 48 个(次)科室先后被评为文明科室。自 1997 年以来,我社开展了评选文明职工活动,先后有 393 人(次)被评为文明职工。通过开展群众性的创建活动,使两个文明建设有机结合,促进了队伍建设和出版事业的发展。自 1991 年以来,我社连续 8 次获得新闻出版署文明单位称号。自 1992 年以来,我社还连续 7 次获得中央国家机关和首都文明单位称号。

我社由于比较自觉地、坚定地贯彻了党的出版方针,加强了党的建设、队伍建设和精神文明建设,取得了社会效益和经济效益较好的成绩,于 1992 年和 1997 年连续两次被国家人事部和新闻出版署评为全国出版系统先进单位,1993 年被中宣部和新闻出版署评为全国首批优秀出版社。

六、工作中存在的主要问题

1. 在从计划经济体制向社会主义市场经济体制的转轨过程中,还有许多不适应之处。我社从建社起,长期在计划经济体制下运行,加上我社的特殊性质,在不少出书领域占有高度垄断的地位,而在市场经济体制下,这种垄断地位逐渐丧失了,原属我社的出版资源严重分流。在这种严峻形势下,我们虽然一再强调要增强危机意识、市场意识和竞争意识,在观念上和措施上虽有不少转变,但是现在看来,这种转变还有许多不足、不到位之处,例如市场意识还不够强,许多选题对市场的预测还不够准确,有一部分选题,市场预测偏于过分乐观,有的选题缺乏市场卖点,造成了一些滞销,例如《佛教画藏》、《西方文化漫画集成》。这些书尚未出齐,出齐后还有一定的发行空间。

2. 在经济体制转轨过程中,我们修改原有的规章制度或制定新的规章制度共 98 项,基本上适应了建立新的运行机制的需要,但在执行过程中,仍然存在执行规章制度不严格、管理不到位的情况,出现了一些不按制度和程序办事的情况,例如有些书稿审稿把关不严,没有很好地坚持三审制,个别图书存在一些问题或编校质量不高;有些选题论证不很充分,个别选题决策比较粗糙,市场定位不很准确,应与包销单位签订协议而未签订。

3. 经营管理还比较粗放。在计划经济体制下,我社是一个单纯生产型单位,能够按计划完成生产任务就行,基本上是不严格讲究经营的,所以长期形成了经营管理比较粗放的情况。进入市场经济后,虽然明显感到不适应,也作了一些努力来加强、改善经营管理,但现在看来离适应市场经济的要求还有差距,例如成本管理、原材料管理、营销管理、资金管理等环节,特别是发行的库房管理制度不健全,管理不严格,存在着不少漏洞,亟须加强,以跟上国家关于经营方式从粗放型向集约型转变的步伐,实现我社经营方式的根本性转变。

4. 各编辑室和各职能部门虽然都已配备了电脑,不少同志也都在学习使用,在工作中也发挥了一些作用,但是现代科学技术手段在编辑出版工作和管理工作中的使用,进展缓慢。多种媒体的开发和出版资源在多种媒体间综合利用,在我社也还是刚刚起步,处于相当落后的状态,是亟待加强的方面。

5. 我社有几块地皮,房地产开发、培育新的经济增长点,也是提出多年的一个重大项目,但是困难重重,一直未取得突破性的进展,这也是我们这一届班子深为遗憾之事。但这是大有潜力可挖之举,如能尽快突破,取得实效,对于人民出版社的发展和振兴都是一件大事。

七、几点建议

上面谈到的五点不足之处,从另一个角度说,也可以说是对下一届班子的五点建议。除了这五点外,我们还想补充如下几点建议:

1. 加强班子以及全体职工的团结。团结就是力量,这是颠扑不破的真理。在新老班子交接、在出版社面临新的艰巨任务的时候,更需要强调这种团结的重要性和迫切性。

2. 发展是硬道理,改革是发展的动力,稳定是发展和改革的重要条件,在当前深化改革、促进发展的时候,更需要强调保持出版社稳定的重要性,要千方百计地珍惜稳定、保持稳定。没有一个稳定的局面,任何生产和发展都无从谈起。要尽快稳定广大职工的情绪,全力以赴地抓生产抓发展。

3. 高素质的人才是办好出版社最重要、最基本的资源,要注意珍惜和培养各种急需的人才,并想方设法吸收高素质的新鲜血液。

4. 多出好书好刊物是出版社的永恒主题。怎样进一步提高期刊的质量、增加发行量;怎样进一步开发好的图书选题,特别是那种发行量大、码洋高的拳头产品,是摆在全社职工面前的紧迫的课题。社领导班子应亲自抓重点书、拳头产品的选题开发和生产经营。没有大量的好书好刊,特别是拳头产品,好的经济效益是无从谈起的。希望新班子紧抓不放,务求取得实效。

5. 人民出版社是党和国家的政治书籍出版社,这块牌子的严肃性一定要注意继续保持;在改革开放和市场经济条件下,党和国家又给了我们"东方"这个副牌,十年来我们在"搞活东方"的精神指导下,作了一些努力,为创"东方"牌子也取得了一些成绩,出了不少有价值的学术论著和可读性强的读物,在读书界、出版界扩大了影响,希望新班子继续搞活"东方",用好副牌。

为了新班子能顺利地开展工作,我们也为人民出版社以后的发展创造了一些条件,除了十年积累充实了资本金,增强了经济实力,我社历年提取呆滞损失准备金,到1998年年底有593万元;在各地人民出版社还有271万元租型费没有收回,收回来就是纯利润;我社还有一笔预收尚未出书的资助补贴,到1998年年底共有1013万元,出书后可结转为收入;我社每年都是滚动式发展,截止到今年年底发出的在途图书的总码洋有2300万元,书款收回后也可实现产品销售利润140万元。我社还有近8000万码洋的库存书,除去少数滞销的书,大部分还是可以销出去的,在盘活房地产的同时,再盘活这部分库存图书,可以为出版社的发展增强后劲。总之,在现有条件下,加上进一步深化改革,调动全社职工的积极性和创造性,搞活并强化经营管理,将最新科技成果运用于编辑出版工作,培育新的经济增长点,我们相信人民出版社是大有希望的,让我们预祝在新班子的领导下,人民出版社在新世纪获得新的更大的发展。最后,让我代表老班子的全体成员,对同志们十年来对我们的爱护、支持和帮助,表示衷心的感谢!

我的述职报告讲完了,请同志们审议。

(1999年6月24日初稿,1999年7月15日定稿)

增强政治书籍出版社的角色意识，为繁荣社会主义出版事业努力奋斗

——1990年5月7日在贵阳全国人民出版社工作会议上的发言

今天，新闻出版署在贵阳召集我们来参加全国的人民出版社工作研讨会，总结经验教训，进一步明确方针任务，共商繁荣社会主义出版事业的大计，承担起人民出版社的历史使命。这个座谈会开得十分及时，作为人民出版社的一员，我有机会来会上深入领会中央关于出版工作的指示精神，交流情况，学习兄弟社的经验，感到非常高兴。全国的人民出版社会议，这次是新中国成立以来的第一次，我们希望从此开始，每年或每两年集会一次，交流情况和经验，共商我们带共性的问题，共同努力把我们的人民出版社办得更好，为我国的出版事业作出更大的贡献。

署领导要我发言，为了抛砖引玉，我下面就人民出版社的历史和现状分三部分向同志们作一个汇报。

一、人民出版社40年来的简要回顾

人民出版社的成立，党中央酝酿于1950年年中，正式成立

于1950年12月1日,当时,新中国成立不到一年,正当百废待兴的时候。建设应当从哪里开始,如何引导人民认识和从事新的事业,是一个十分重要的战略问题。党中央这时决定成立人民出版社,首先出版马列主义经典作家的著作,的确是一个重要的决策。

1950年10月28日,在筹建人民出版社的时候,出版总署在《关于国营书刊出版印刷发行企业分工专业化与调整公私关系的决定》中,曾经明确规定:"人民出版社为直属出版总署的国营出版企业,以编辑、出版政治读物为其专业方向,但在目前应有综合性。人民出版社为国家首要的出版机关,必须以很认真与负责的态度为人民服务,必须保证出版物内容上与形式上一定高度的水平,必须密切配合每个时期的政治任务与政策要求,必须努力发动和培养各方面的著作力量,与各有关方面建立广泛联系,组织各方面的稿件,并进行加工。"1953年4月,出版总署批准颁布的《人民出版社组织条例》中,进一步明确规定:人民出版社"主要任务为出版马克思列宁主义毛泽东思想的经典著作,党和政府的政策文件,党政领袖著作及其他社会科学著作。"

此后,中共中央、中宣部、文化部、新闻出版署都有关于人民出版社方针任务的决定、批示,40年中,总计有13次之多。包括今年3月30日,新闻出版署在《关于核准人民出版社重新登记注册的批复》中,最新的规定,人民出版社的"出书范围为:出版马克思列宁主义原著,老一辈无产阶级革命家的著作,党和国家的重要文件、文献,社会主义建设成就和经验的著作,中共党史和党的建设的著作,中外哲学、经济、科学社会主义、历史和学术专著、教材,国际问题以及国际共产主义运动的重要文献、专著等图书。"

从上述介绍中可以看到,党和国家关于人民出版社的方针任务,40年来的规定是一贯的和明确的,虽然各个时期在具体表述上有所不同,但总的原则并没有改变。

我们社由于有党中央和中央人民政府的直接领导和关怀,40年来一直是按照中央规定的方针任务开展工作的。出版的重点图书有《马克思恩格斯全集》中文第1版第1—50卷,《列宁全集》中文第1版第1—39卷,中文第2版第1—60卷(今年年底出齐),《马克思恩格斯选集》第1—4卷,《列宁选集》第1—4卷,《马列著作选读》(四卷本),马列主义经典著作单篇本。《毛泽东选集》第一至四卷,《毛泽东著作选读》(上、下),周恩来、刘少奇、朱德、任弼时、邓小平、陈云、李先念的选集、文选,《周恩来刘少奇朱德邓小平陈云著作选读》,以及其他几十位老一辈无产阶级革命家的文集、传记,党和国家政策文件、文献、哲学、经济、历史、国际共运等方面的学术专著或普及读物。我社除了出版图书,还主办了三种期刊:《新华月报》、《新华文摘》、《人物》杂志,40年来共出版书、刊一万余种(期),发行约18亿册,上缴给国家的利税约5500万元,先后在人民出版社工作过的干部、职工总数达1300余人。

二、增强角色意识,更好地贯彻原定方针任务

全国人民经历了"文化大革命"十年的文化荒漠的苦痛,粉碎"四人帮"以后,急切地需要拨乱反正、正本清源的政治理论著作和科学文化知识读物。人民出版社根据党和国家的规定,出版了大量政策文件、党史资料,重印了一批高等学校急需的文

科教材。十一届三中全会以后,陆续出版了周恩来、刘少奇、朱德、任弼时、邓小平、陈云、李先念等老一辈无产阶级革命家几十种选集、文选、文集、传记、回忆录,以及马克思恩格斯及其同时代著名活动家的著作、传记、回忆录、书信集、年表等。继续贯彻了上级规定的人民出版社的方针任务。

近几年,在社会上资产阶级自由化思潮涌动的时候,人民出版社仍然坚持出版马列著作、老一辈无产阶级革命家的著作,党和国家的政策文件,以及用马克思主义观点写作的学术著作。自由化"精英"们宣扬自由化的书,我社一本未出,有的自由化人物主动找上门来推销他们具有轰动效果的书稿以及编的什么丛书、套书,我社经过研究,一一挡了回去,没有接受。在出现"人体画热"的时候,裸体摄影和格调低下的书稿也涌了进来,一下子来了六种,而且出价相当高,还有《林彪传》之类的所谓畅销书也曾敲过我社的大门,但我社宁可不赚这笔大钱,也不让它通过我们之手流向社会。

从总体方面来说,我社抵制了资产阶级自由化和"一切向钱看"两股逆流的侵袭,但是作为一种社会思潮,它们对我社并不是一点影响也没有。有少数同志,政治意识淡漠了,政治书籍出版社的意识淡化了,产生了不同程度的非政治化倾向,某些书稿明明存在着政治性问题也不指出,某些政治性问题虽然指出了,但往往轻描淡写,未引起高度的警觉,表现为对书刊把关不严,发生了某些失误。这些失误,教训是极其深刻的。究其原因,是由于我们对1988年下半年以来社会上资产阶级自由化思潮泛滥的大气候缺少研究和清醒的估计,对于干部的政治思想教育抓得不紧,加之工作疏于督促检查和把关不严,这些失误,偏离了人民出版社的优良传统和党对人民出版社的要求。

　　另一方面,在当时这种淡化马列主义毛泽东思想的指导作用、政治书籍市场严重萎缩的大气候下,怎样根据十年改革开放中出现的新情况,结合现行政策,从实际出发实事求是地宣传马列主义毛泽东思想,普及马列主义知识,进行马列主义教育,并运用马列主义指导各学科的研究,我们所花的力气、所下的工夫是不够的,因而这方面的科学论著以及普及的、通俗的政治理论书籍出得不够多。

　　对上述失误和不足,我们在去年平息那场风波之后有了比较深刻的领悟和认识,通过学习邓小平同志的6月9日讲话和他的文选,学习党的十三届四中、五中、六中全会的文件,我们的政治观念有所增强,反自由化、反和平演变、反颠覆的观念有所增强,宣传马列主义毛泽东思想、宣传社会主义的认识有所增强。反面教员的作用,使我们更加体会到邓小平同志正面教育的深刻和正确。我们深深感到,作为宣传舆论阵地,人民出版社的工作人员,如果不清醒地认识四项基本原则与资产阶级自由化的尖锐对立,那么就会自觉不自觉地在出版工作中出现失误。作为知识分子,人们在头脑中可能存在不止一种思想,但在人民出版社的各项工作中,只能以党的指导思想即马列主义毛泽东思想进行工作,必须严格遵循党的路线、方针、政策,必须遵守党的宣传纪律,必须在政治上同党中央保持高度的一致,绝不允许在我们的编辑出版工作中以个人的想法或好恶为标准各行其是。如果不是这样以党的意志为我们的意志,而是各行其是,那么人民出版社也就不成其为党和国家的政治书籍出版社、不成其为马列主义毛泽东思想的重要的思想舆论阵地,也就失去了人民出版社存在的意义和价值,也就自己否定了自己。我们生活在社会中,不但每个人,而且每个单位都担当着不同的社会角色。对于所担当的社会角色,我们应当具有十分明确的清晰的角色意识。这种角度意识越强,说明我们的觉悟越高。角色意识的强弱同我们工作成果的好坏、大小是成正比的。

经过学习,全社上下认识趋于一致,工作有了较大的起色。去年平息风波以后,根据当时形势和邓小平同志6月9日讲话精神,我社及时调整了编辑出版工作,出版了制止风波的文件,邓小平同志关于坚持四项基本原则,反对资产阶级自由化、改革开放、党的建设的专题论述,以及其他一批政治理论书籍。《邓小平文选(1938—1965)》印行了150万册。对选题的审批和书稿的采用实行严格把关。有的选题,从政治上考虑,社选题论证会没有批准,如《人民皇帝毛泽东》、《碰撞——毛泽东与彭德怀的关系》等,有的书稿,在发稿前的审读中发现有政治方面的问题,则坚决撤销选题,如回忆录《华北纪实》等。《新华文摘》杂志,经过中宣部和新闻出版署的批评,社领导对《文摘》杂志编辑部进行了思想整顿,做了大量艰苦细致的政治思想工作,编辑人员提高了思想认识,同时还采取了充实编辑力量、健全审读制度、加强终审把关等组织措施,自去年7、8期合刊后,进一步端正了编刊方向,改变了刊物的面貌、得到了署领导的初步肯定和读者的欢迎,今年的发行量增加了两万多份。

三、为社会主义出版事业的健康发展
和繁荣作出自己的贡献

从去年下半年开始,党中央就出版工作提出了一手抓整顿,一手抓繁荣的正确方针,新闻出版署在贯彻这一方针方面做了大量的富有成效的工作。通过半年来的学习和实际工作,我们加深了对这一方针的认识。

第一，中央在抓整顿的同时抓繁荣，是重大的战略措施，是带全局性的具有长远意义的重要战略部署，同时，也是对反自由化，反"一切向钱看"的成果的检阅。如果在整顿的同时不多出好书，那么图书市场就会萧条，反动的黄色的书刊又会死灰复燃，乘虚而入，整顿的成果就会得而复失，出版这块宣传舆论阵地也就不可能巩固。

第二，抓繁荣是为了满足社会主义建设和改革开放的需要，为了满足广大读者日益增长的精神文化生活的需要。社会主义建设和改革开放的事业需要理论指导，需要精神支柱，需要智力支持，人民出版社应当义不容辞地满足这种需求，广大读者需要学马列学毛著学政治学文化学科学，各个层次的读者有不同层次的爱好和需求，人民出版社应当循循善诱地引导他们阅读健康有益的好书。

第三，抓繁荣，也是对我们出版社贯彻社会主义的出版方针，对自身素质和实力，对经营管理水平，对出版改革成果的检验。人民出版社在贯彻社会主义出版方针中的得失，自身素质的高低，实力的强弱，经营管理水平的高下，出版改革成果的大小，都会在抓繁荣中显示出来。我们应在抓繁荣中进一步发扬成绩和长处，克服和消除失误和不足。

第四，在抓繁荣中充分发挥我们人民出版社作为党和政府联系知识界的桥梁作用。十三届六中全会作出了关于加强党同人民群众联系的重要决定，我们人民出版社历来是党和政府联系知识界的一座重要的桥梁，是著译界完成时代所赋予的历史任务的组织者。在我国知识界中蕴藏着的巨大的潜力还未充分发挥出来，他们期望着用自己所掌握的知识报效祖国，为祖国的社会主义建设和改革开放事业添砖加瓦。在抓繁荣中,充分发挥我们的桥梁作用和组织作用,是可以大有作为的。

总之,我们认为这是一件大事,一定要认真踏实地抓好。

但是,也应当估计到,抓繁荣不是一件轻而易举的事情,在实际工作中一定会遇到许多困难。比如,如何出好宣传、研究马列主义毛泽东思想的各个层次的著作,怎样把马克思主义解释得更贴近生活和实际,更易于被群众乐意接受,就还有难度,需要作出艰苦的努力,在出版运用马列主义毛泽东思想从事科学研究的学术著作方面,把我们的世界观通过人们喜闻乐见的形式潜移默化地渗透到社会生活中去,也有很大难度。在出版工作中,怎样处理好坚持马克思主义和发展马克思主义的关系、坚持四项基本原则和贯彻"双百"方针的关系,还有不少问题需要研究和探索。对作者、编者和译者还有许多组织工作要做。在社内种种条件很差的情况下,动员编辑、出版、发行的力量同心干,还有许多细致的思想工作、复杂的组织工作要做。

困难虽然不少,但是每当想起党和国家赋予人民出版社的光荣使命,每当想起社会主义出版事业的根本任务和出版战线的永恒主题,我们又觉得应当充满信心去奋斗。

从今年年初起,我们就开始考虑繁荣问题,经过社领导和编辑部的共同讨论,搞了一个近期设想,这里简要地介绍一下。

我社近期重点书稿,共分十类:

1. 马恩列毛及中央领导人著作:

《马克思恩格斯全集》中文第二版,共编 60 卷,中央编译局预计从 1991 年年底开始发稿。这是国家的一项重点工程,也是我社的一项重点工程,大约要用 20—30 年出齐。

《列宁全集》中文第二版,共编 60 卷,我社从 1984 年开始出版,已出版 46 卷,其余 14 卷,今年出齐。

《马列著作选读》(四卷本),1988 年出版,今年继续重印。

《毛泽东选集》第二版,第一至四卷,中央文献编委会预计今年年底开始发稿,1991 年 7 月 1 日以前出齐。

2. 党和国家重要文件、文献、法律、法规汇编:

《新时期党建文献选编》、《中国共产党新闻工作文献选编》、《马克思主义新闻工作文献选读》、《中华人民共和国法律汇编(1986—1990)》、《中华人民共和国法律法规目标(1949—1989)》、《中华人民共和国第七届全国人民代表大会第三次会议文件汇编》、《中国人民政治协商会议七届三次会议文件》。

3. 坚持四项基本原则反对资产阶级自由化,配合形势教育的图书:

《毛周刘朱邓陈论党的群众路线》、《毛周刘朱邓陈论民主集中制》、《邓小平论建设有中国特色社会主义》、《邓小平论统一战线》、《"和平演变"战略的产生及其发展》、《四项基本原则和资产阶级自由化的对立》、《动乱真相与"精英"的表演》、《当前形势教育讲座》、《党政干部廉政教育讲座》、《国情教育讲座》。

4. 配合爱国主义教育、革命传统教育、革命英雄主义教育、民族文化传统教育的图书:

"老一辈无产阶级革命家风范丛书",先出毛周刘朱任邓陈七人的,还有九元帅、延安五老、三位大姐、十大将的。《共和国元勋风范纪事》、《毛周刘朱邓陈论民族文化》、《青年思想教育讲座》、《雷锋与当代社会》、《金融卫士潘星兰、杨大兰》。

5. 老一辈无产阶级革命家、党和国家领导人的文集、传记、回忆录:《瞿秋白文集》(4)、《廖承志文集》、《邓颖超传》、《方志敏传》、《左权传》、《笔祭陶铸》。

6. 中共党史、革命史方面的重点选题和新书：

《中国共产党历史（1919—1949）》、《中国共产党简史》、《中国共产党七十年历史图集》、《中国共产党七十年大事典》、《中国共产党历史大事记（1949—1987）》、《中共党史风云录》、《中国大革命史》、《东北抗日联军斗争史》、《中国土地改革史》。

7. 党的建设方面的重点选题和新书：

《邓小平论党的建设》、《中央领导同志谈党建》、《党建知识要览》、《党的纪律检查工作的理论与实践》、《新时期党员领导干部党性党纪修养》、《党政干部行为准则》。

8. 学哲学用书：

《毛泽东哲学文选》、《马克思主义哲学纲要》（修订本）、《毛泽东邓小平哲学著作辅导教材》、《哲学小辞典》、《新编哲学》、《哲学读本》。

9. 具有较高质量的学术著作和系列套书：

《中国通史》（第8、10册）《中国史稿》（7）、《改革的哲学》、《中国现代化之哲学探讨》、《当代社会主义若干问题》、《中国社会主义建设手册》、《中国社会主义现代化道路》、《论社会主义时期党的领导》、《党的基层组织建设的理论与实践》、《国情教育概论》（上中下）、《二十世纪马克思主义史》、《认识发生论》、《中国哲学史新编》（7）、《中国哲学发展史》（隋唐）、《希腊哲学史》（2）、《宏观经济政策学》、《比较经济体制学》、《中国社会生产力考察》、《跨国公司概论》、中国历史名人传记系列、外国历史名人传记系列、中国古代大哲学家传记系列。

10. 质量较高、实用性较强的哲学社会科学方面的辞典、工具书：

《哲学名著辞典》、《马克思主义哲学辞典》、《美学辞典》、《实用经济辞典》、《审计学辞典》、《中国乡镇经济与管理大辞典》、《中国政治术语辞典》、《劳动法辞典》、《中外行政诉讼词典》、《办案大全》、《中国历史便览》、《交叉科学学科辞典》。

最近，我们已动员各编辑室酝酿我社 1991—1995 年的长远规划，将在近期内拿出初稿。

我的发言可能有不准确的地方，请同志们批评指正。

我的发言完了，谢谢大家。

进一步增强人民出版社意识，
为提高质量、繁荣出版而努力

——1992 年 3 月在全国人民出版社
第一届年会上的发言

　　1990 年 5 月，新闻出版署在贵阳召开了全国人民出版社工作研讨会，会议就如何增强人民出版社意识，繁荣出版事业，使人民出版社成为党的重要宣传阵地，以及如何加强人民出版社的建设和管理问题进行了分析和研讨。会议指出，人民出版社是政治书籍或以政治书籍为主的出版社，承担着宣传教育的任务，因此，人民出版社尤其要与党中央在政治上保持一致，要严格执行党的政治纪律和宣传纪律。人民出版社的首要任务是宣传马列主义毛泽东思想，宣传党的路线、方针、政策以及出版有关的研究性、学术性的论著，同时还要出版哲学社会科学各学科的论著，出版普及性读物对群众进行爱国主义、集体主义、社会主义和革命传统教育。

　　在贵阳会议后的这两年中，我们认真贯彻了会议的精神，现将两年来贯彻落实的情况作一简要的汇报。

一、进一步提高了对人民出版社性质的认识，增强了贯彻社会主义出版方针的自觉性

从贵阳回到北京后，我社领导班子就如何贯彻会议精神进行了专题研究。根据我社情况，我们认为首先要在全社职工特别是编辑人员中进行人民出版社性质和增强人民出版社意识的再教育，所以我们召开了全社职工大会，认真地传达了贵阳会议的精神；在两年中，我们还利用传达党中央和上级领导机关指示和总结工作的机会，反复进行这方面的宣传教育。

在加强思想教育和统一认识的基础上要狠抓落实。落实的首要一环是抓选题的开发和论证。两年来，我社继续坚持并逐步完善选题必须经论证会集体审定、社长签批的制度，两年共开选题论证会 45 次，共讨论选题 666 个，其中批准选题 466 个，未批准的 163 个，撤销的 22 个。在未被批准或被撤销的选题中，有的是属于思想政治内容有问题的，有的不属于我社的出书范围，有的属于质量不高的平庸之作。

在优化选题的基础上，我社从 1990 年年初就开始抓繁荣问题，经过社领导和编辑部门的共同讨论，制定了"八五"出书规划，同时搞了一个近期重点书稿的出版设想。这个设想包括十类：第一类是马恩列和毛泽东的著作；第二类是党和国家重要文件、文献、法律、法规汇编；第三类是坚持四项基本原则，反对资产阶级自由化，配合形势教育的图书；第四类是进行爱国主义、集体主义、社会主义教育的图书；第五类是老一辈无产阶级革命家、党和国家领导人的文集、传记、回忆录；第六类是中共党史和革命史；第七类是党的建设方面的图书；第八类是学哲学用书；

第九类是具有较高质量的学术著作和系列套书;第十类是质量较高,实用性较强的哲学社会科学方面的辞书、工具书。这十类重点图书,绝大部分已在这两年中出版发行。特别值得一提的是《列宁全集》中文第二版60卷在1990年全部出齐,1991年我们又出版了新版《毛泽东选集》和纪念建党70周年的一批图书。在当前的国际国内形势下,出版《列宁全集》中文第二版和新版《毛泽东选集》具有特殊的重要意义。我社在党中央和上级机关的领导下,社领导高度重视,全社职工齐心协力,按照上级的要求,保质保量地完成了出版任务。在完成新版《毛选》这一重大的出版任务的过程中,我们得到了全国各省、自治区、直辖市兄弟人民出版社的大力支持和帮助,据1991年年底的统计,除北京印制的200万套,全国各地还印制了1000万套。借此机会,向各地人民出版社的同志们表示衷心的感谢。

为纪念中国共产党成立70周年,围绕加强党的思想建设和组织建设,总结党的历史经验和进行革命传统教育,我们抓了一批党史党建图书的出版,其中主要的有《中国共产党历史(上卷)》、《中国共产党历史大事记(1919—1990)》、《中国共产党大事典》、《中共党史风云录》、《共和国元勋风范记事》、《光辉的历程(中国共产党七十年历史图集)》、《邓小平论党的建设》、《新时期党的建设文献选编》、江泽民的《为把党建设成更加坚强的工人阶级先锋队而斗争》和《在庆祝中国共产党成立七十周年大会上的讲话》,还有《社会主义初级阶段党的领导》、《党的建设教程新编》、《浩然正气》等论著。

二、进一步重视质量管理，
努力提高出版物质量

不断提高出版物质量，出好书是出版社的永恒主题。而建立包括编辑、设计、校对、印制各个环节的全面的质量管理办法，则是保证和提高书刊质量的十分重要的一环。从我社的情况看，已有一个编辑出版工作的基本规程，校对、印制等也在前几年的基础上制定和补充了一些措施，对提高我社的书刊质量起到了良好作用。我社重视书刊质量集中地体现在《列宁全集》、《毛泽东选集》和经典著作、党和国家领导人著作的编校印制工作之中，《列宁全集》中文第二版，不但翻译、校订、诠释的质量有很大的提高，从装帧设计的总体效果、编校质量和印制水平等方面来看也是上乘的。新版《毛泽东选集》，我们采取了一系列保证质量的措施，制定了专项条规，保证了校对工作没有出现差错，保持了初版《毛泽东选集》没错一字一点的好传统；装帧设计和印刷装订的总体质量也是好的。这两年我社出版的其他图书中尚未发现属于思想内容方面的质量问题，编辑水平、印校质量均有不同程度的提高。《新华文摘》、《人物》杂志在过去有所改进的基础上，质量又有新的提高，思想内容积极、健康，编辑好、设计美、印制精，获得读者的好评，发行数字每年都有所增加。

质量是出版物的生命，出版物质量的优劣直接关系到出版社的两个效益和信誉。书刊质量，主要是指思想政治质量、学术文化质量和编校装帧印制质量这样三个方面。用这三个方面的标准来严格要求，我社还有一部分出版物存在不小的差距，例如某些政治理论读物思想内容是正确的、方向是对头的,但是表达的形式太呆板,不生动活泼,不能引起人们强烈的阅读兴趣;有些书稿编辑加工工作做得不精;有些书刊校对工作也存在粗疏之处,没有完全消灭错字;有些书的装帧设计也不够理想;有些书刊的印刷和装订也存在粗糙、质量不高的毛病。我们的出版物中的确还存在质量问题,这是第一点。第二,书刊质量是一个精益求精的问题,对书刊质量的要求可以说是无止境的,有些书刊即使我们今天认为质量还是好的,但我们也不能就此满足,从而故步自封、不求改进。在质量问题上也是不进则退,所以,在书刊质量问题上,我们应当不断地对自己提出高标准、严要求,永远不满足。本着这种认识,我社今年准备从如下四个方面进一步提高书刊质量。

第一,提高书刊质量必须从选题和作者抓起。有人有一种误解,把收到书稿作为抓质量的起点,我们认为,这样抓就太晚了。一个出版社出书的总体水平、总体质量如何,应当从选题开发、选题计划的制订和物色作者开始,搞"守株待兔"、"拣到篮里便是菜",是无法保证总体水平和总体质量的提高的。所以,我们今年从新年伊始便反复强调要按照我社的性质和任务、按照上级规定的我社的出书范围、按照党和国家以及人民群众的需要,积极主动地开发新选题,特别是要抓好"八五"重点图书选题规划的落实和人民群众迫切需要的普及读物、农村读物的选题开发,同时还要抓高质量的学术著作、文化精品的选题开发。同开发选题密切联系着的是物色作者的问题。有了好的选题,还要找到高水平的作者,才能生产出高质量的书稿来,所以我们提倡编辑要同自己专业相关的专家学者广交朋友,注意搜集他们的科研和著述信息,从中选择高水平的作者。

第二,进一步加强对选题的论证把关和坚持三审制。近几年对选题的论证把关搞得比较认真,但对书稿的三审制执行中有所削弱,不太认真。今年我们强调,选题论证会制度要继续坚持,而且要做得更加认真;论证会批准的选题,不等于批准采用,拿到书稿后仍要坚持三审制,责任编辑、室主任、主管副总编辑要各负其责,认真审读书稿并撰写初、复、决审意见,复审对初审,决审对初、复审的工作质量要作出评价,不合要求、未达标准的要退回去重新审读加工,杜绝思想政治错误或内容平庸之作。审稿同加工整理要严格地分成两个工序,书稿必须经过三审、被批准采用后才能进入加工整理,不能以加工整理代替审稿这一重要的工作环节。

第三,修订和健全质量管理制度,不断完善质量管理体系。过去,我社已经有了一些质量管理方面的制度,但有些工作环节还缺少严格的、成文的规章制度;有些制度虽然制定了,但执行不太严格;有些制度在执行中又发现还有一些漏洞。今年,我们要在以往工作经验的基础上,针对工作中出现的新问题,制定全面的质量管理办法,在制定过程中要发动全社职工进行讨论,进一步提高大家的质量意识,然后作为社内的正式文件颁布执行。质量管理办法要贯彻到目标管理责任制之中,强化质量考核,并严格兑现奖罚。

第四,抓好书刊成品的检查工作,并不断总结经验,建立质量监督机制。过去,我社出版的书,出版后本社的同志再从头到尾认真阅读的并不多,对书刊中存在的问题常常是靠外界的评论和读者来信才发现的。今年,我们准备集中一定力量,对书刊成品进行质量检查,并举办小型的差错展览会,查清责任,奖优罚劣,以促进编校、印装质量的全面提高。

三、不断深化改革,加强经营管理, 注意开源节流,提高经济效益

出版社是意识形态领域的一个重要的阵地,把社会效益放在首位是完全正确的,而且应当坚定不移地继续这样做,但是出版社又是实行企业化管理的经济实体,要自主经营、自负盈亏,所以,不注意经济效益,没有一定的经济实力作为物质基础,也是无法很好地完成出版社所承担的繁重任务的。这两年,我们在花大气力抓质量、抓社会效益的同时,也花了不少精力抓经济效益。1990 年,我社各项经济指标全面超额完成计划,全年出书 293 种,其中新书 210 种,重印书 83 种,全年出期刊 3 种共 30 期,全年用纸 8.8 万令,全年实现利润 430 万元,与 1989 年比较,全年出书增加 52 种,用纸增加 1.1 万令,利润增长 100 万元。1991 年,除了出书品种因贯彻新闻出版署压缩品种的精神和集中力量印制《毛泽东选集》,略有减少,只出版了 221 种,其他各项指标同上一年相比都有较大幅度的增长,全年用纸 19 万令,增加了 10.2 万令;全年实现利润 602 万元,增长了 173 万元。1991 年用纸量和利润较大幅度的增长,除了客观方面的原因,例如大气候对我们政治书籍出版社有利、新版《毛泽东选集》的大批量印制,同我社主观上抓深化改革和加强经营管理也有密切的关系。

在深化改革方面,这两年我们主要抓了目标管理责任制的贯彻落实。我社的目标管理责任制,以实行保双效益(社会效益、经济效益)和提高出版物质量为中心内容,对全社及各部门的责任

目标均作了具体规定,按照多劳多得、少劳少得、不劳不得和奖勤罚懒、奖优罚劣的精神,改变了奖金发放和计奖办法,对一些工作能量化的部门实行定额管理,做到了有奖有罚,明确了责权利,减少了平均主义,调动了干部和职工工作和生产的积极性。

在经营管理和开源节流方面,主要抓了如下几项工作,一是紧紧抓住社会效益、经济效益均好的图书的出书周期,比如新版《毛泽东选集》、党和国家重要文献选编、马列著作选读、学哲学用书、党史党建读物等重点图书,抓紧从发稿到排印、校对、印装、发行的全过程,使出书周期大大缩短,从而促进了资金周转,增加了经济效益。二是拓宽发行渠道,搞好发行工作。我社在依靠新华书店主渠道的同时,发行部也积极利用参加图书交易会、重点图书订货会、各地市、邮购等多种形式推销图书,取得了比较明显的效益,我社自办发行的总码洋1989年950万元,1990年970万元,1991年增加到1600万元。现在,除了包销书以外,我社其他品种,特别是学术著作自办发行的征订数同北京发行所在全国的征订数大致相等,有些书甚至超过北京发行所的征订数。三是清仓压库,减少产成品的资金占用,同时催收书款,加速资金周转。我社1989年库存产成品码洋548万元,占销售总码洋57%,经过两年来多次清仓压库,到1991年库存码洋占总码洋比例已下降为36%;近几年销货店拖欠书款的情况比较严重,我社采用多种措施催收书款,现在拖欠情况有较大的好转。通过上述种种措施,资金周转时间从1989年的180天,到1991年已降低为161天。

由于这两年经济效益较好,经济实力有所增强,这就为增强出版社工作的目的性、主动性和计划性创造了条件,第一,可以增加出版重点图书的投入,增强了主动开发这方面选题的积极性;第二,增强了出版赔钱的学术著作的承受能力。历年来我社每年都要为出版学术著作亏损 50—80 万元,前几年感到压力很大,很吃力,这两年就感到压力不是那么大了,资金的运用和周转比较自如;第三,可以主动安排有较高学术价值的图书的重印再版。去年,我社未办征订主动安排了五六十种学术著作重印再版,过去长期售缺的学术著作,读者又可以在图书市场上重新见到了;第四,增强了长期积压的书稿的消化能力。我社有一批有一定学术价值和参考价值的论著和译著,发排后都已打好了纸型,但是就是由于征订上来的数字只有几百册,无法开印,例如《季米特洛夫的晚年》、《德国统一社会党简史》、《卢森堡文选(下卷)》等,在两年中也都陆续出版与读者见面,受到了迫切需要这些图书的学者们的好评。

这两年的经济效益较好,为我们做好出版工作创造了一些有利条件。但是,现在出版方面的经济政策还存在某些不合理的地方,出版社的创利有大约 76% 上缴给国家和上级机关,真正留在出版社的是个小头,出版社的经济力量单薄、发展后劲不足、缺少活力,这些问题不解决将长期制约出版社的发展。这些问题只有通过深化改革来解决。这个问题我们已向署里积极地提出了建议,在这里就不多说了。

四、加强领导班子和干部队伍建设

优化选题,提高书刊质量,同编辑、出版队伍的素质是密切相关的,是成正比的,可以说,只有高质量的编辑,才能有高质量的书刊出版。而编辑出版队伍的状况又是同领导班子的状况密切联系着的。为了提高全社编辑、出版工作者贯彻社会主义出版方针的自觉性,增强人民出版社意识,我们社领导班子就要比大家先学一步,多学一点,并且要结合自己工作中的经验教训,经常给大家讲这个问题,通过具体事例提高大家的警惕性。在勤政廉政、抵制不正之风方面,社领导班子首先抓了自身和各级干部的勤政廉政建设,修订并进一步完善了《关于加强处以上领导干部勤政廉政建设的规定》,凡是要求群众做到的,各级领导干部首先要做到,做遵纪守法、廉洁奉公的模范和执行党的路线、方针、政策的带头人。针对社会上和社内容易产生不正之风的问题,制定出抵制不正之风、倡廉防腐的措施,自觉接受群众的监督。有的单位送给我社领导同志的礼物,婉拒不了的就上交办公室。社领导班子多年来坚持定期的民主生活会制度,在会上讲思想、谈收获、总结经验、研究工作、增进团结、加强班子整体的战斗力和贯彻党的方针的自觉性。

在加强领导班子建设的同时,还抓了全社干部队伍建设,我们认真组织了《关于社会主义若干问题学习纲要》的学习,经过考试,绝大多数同志取得了较好的成绩。1991年我们着重组织学习了江泽民的"七一"讲话,并在8月份专门举办了三期理论培训班,对处以上干部和具有中级以上专业职称的人员进了理论培训,收到了较好的效果。除了政治理论学习,我们还选送青年编辑进编辑干部培训班进行专业培训,选送学外语的青年编辑出国进行短期培训,鼓励校对、财会、资料等专业人员结合本职工作搞业务进修,提高专业工作水平和能力。

中共党员占我社全体职工的46%,这是一支重要的骨干力量。这两年,我们通过党员重新登记和民主评议党员两项活动,加强党的思想建设、组织建设和作风建设,收到了较好的效果。广大党员在这两项活动中,加深了对坚持四项基本原则、反对资产阶级自由化和防止和平演变的认识,提高了在政治上同党中央保持一致的自觉性,使广大党员普遍受到了一次党的理想、宗旨的教育,坚定了对共产主义理想和走社会主义道路的信念,增强了党的观念和党员意识、群众观点,加深了对全心全意为人民服务宗旨的认识,密切了党群关系,从而为发挥党组织的战斗堡垒作用和党员的先锋模范作用打下了坚实的基础,也大大促进了我社的各项工作。

近几年我们还花大气力抓精神文明建设。在创建精神文明单位的过程中,社党委配合党的中心工作积极开展多种活动,利用多种形式对全社干部职工进行爱国主义、集体主义、社会主义和职业道德教育。在建社40周年的庆祝活动中,我们强调了要肯定成绩、总结经验、继承传统、开拓前进,更好地贯彻党的社会主义出版方针,增强了全社职工的向心力和凝聚力。还组织离休的老同志同在职党员开展了"庆'七一'忆传统"活动,收到了良好的教育效果,促进了全社精神文明建设。1991年,我社在精神文明建设方面跃上了一个新台阶,被新闻出版署评为署系统的精神文明单位,同时还被北京市评为首都精神文明单位。

在我国社会主义现代化建设的新的关键时期,邓小平同志最近又发表了重要谈话。我们正在组织全社共产党员和全体职工认真学习这一重要谈话。我们相信,通过这一学习,必将进一步增强贯彻执行党的"一个中心、两个基本点"的基本路线的自觉性,进一步坚定走建设有中国特色的社会主义道路的信心,并将根据这一重要谈话的精神和邓小平同志一整套建设有中国特色社会主义的理论,开发新的选题,组织新的书稿,更好地为经济建设服务,为坚持四项基本原则和改革开放服务,更加认真地做好我们的出版工作,为党为人民作出更大的贡献。

在全国人民出版社
第二届年会上的开幕词

——1993 年 4 月 2 日

全国人民出版社第二届年会现在开幕了。

我们这次年会,有中宣部出版局的同志、新闻出版署图书司的同志、陕西省委宣传部的同志和陕西省新闻出版局的同志光临指导,我们向他们表示热烈的欢迎。各省、市、自治区的人民出版社,除海南出版社因本省有任务不能参加外,其余的都来了。我代表会议联络小组表示热烈的欢迎和衷心的感谢。

同志们,在出版业走向市场的大潮中,人民出版社如何继续肩负起宣传马列主义、毛泽东思想的历史使命,如何更好地为经济建设服务,是我们面临的一个重大的课题。我们这届年会,是在党的十四大闭幕后不久、八届人大一次会议和八届政协一次会议刚刚闭幕的新形势下召开的。党的十四大明确确定用邓小平同志建设有中国特色社会主义理论武装全党,明确确定坚持党的基本路线一百年不动摇,明确确定建立社会主义市场经济体制,党的理论和路线、方针、政策以及目标任务进一步明确。八届人大一次会议又将建设有中国特色社会主义理论和建立社会主义市场经济体制正式写进宪法。邓小平同志建设有中国特色社会主义理论是中国当代活生生的马克思主义,全国人民正在这一理论的指引下奋发前进。在这种情况下,我们人民出版社肩负着为实现党的总任务提供精神动力、智力支持、思想保证和良好的舆论环境的重大任务。因此,今年和今后的一个相当长的时期内,在贯彻十四大精神,坚持党的基本路线,用邓小平同志的建设有中国特色社会主义理论武装全党方面,我们全国的人民出版社肩负着义不容辞的艰巨任务,我们应当把这方面的编辑出版工作当做头等大事来抓。在这方面,我们这次年会应当在认真学习的基础上,交流经验,研究怎样进一步做好这方面的工作。

最近,中宣部和新闻出版署联合发出了第五号文件,在《关于发表和出版有关党和国家主要领导人工作和生活情况作品的补充规定》(以下简称《规定》)中,将有关图书部分的出版任务交给了全国的人民出版社和其他几家出版社。这是中央对我们的信任,也是我们的光荣任务。我们深深认识到,要完成好这一政治任务,责任重大。这里既有识别和抵制不良倾向的问题,也有认真贯彻《规定》精神,提高政治责任心的问题。在这届年会上,我们要在这一方面谈打算、提设想,交流认识和经验。

当前,出版界面临新的改革任务,在建立适应社会主义市场经济体制的出版体制方面,有许多工作要做,还有许多新情况、新问题需要我们去认识、去研究。社长负责制、岗位责任制、目标管理责任制和经营承包责任制如何推行,企业经营管理如何运作,都需要交流情况和经验。在这届年会上,我们也要深入地讨论和研究。

在出版改革的进程中,有一项是"一业为主,多种经营"。具体说来,就是出版社办第三产业。在这一方面,大家有些什么设想和经验,遇到什么矛盾和问题,也需要在年会上交流。

　　一年一度的年会,为全国人民出版社的负责同志提供了一个学习和领会中央精神,贯彻和落实党的出版方针,研究和讨论各项改革措施,探讨我们各社之间如何进一步加强合作的途径,总结和交流出版工作经验的机会,我相信同志们一定会抓紧这难得的短暂聚会时机,为开好这届年会作出自己的努力。

　　今年这届年会在西安召开,东道主陕西人民出版社的文炎、贾象实等同志,为筹备事务做了许多工作;陕西人民出版社的同志们还专门为年会成立了接待组,热情地尽地主之谊。对陕西人民出版社领导和同志们的深情厚谊,我代表与会的同志表示衷心的感谢。

　　我讲完了。谢谢。

深化改革　繁荣出版

——1993 年 4 月 2 日在全国人民出版社第二届年会上的发言

从 1990 年贵阳会议以来,每次的会议议题中都有一个题目,这就是人民出版社在继承传统的前提下如何坚持改革开放。近几年,国内政治、经济形势飞速发展。尤其是去年,邓小平视察南方的重要谈话和党的十四大精神,使全国人民在解放思想、开拓奋进方面有了新的面貌。随着这种大好的国内形势,出版界也正在稳定地向前发展。

我社在中宣部和新闻出版署的直接领导下,在深化改革、贯彻出版方针、出版重点图书和加强队伍建设等方面,做了一些工作,推动了我社工作的全面发展。现在,我借此机会将我社改革的情况向同志们作一简单的汇报。

一、1992 年我社推进改革的情况

我社的改革,从 1988 年起步,每年都有所前进。1992 年社党组推行全面改革方案,使我社的改革又迈出了较大一步。总的说来,我社是从下列七个方面着手改革的。

1. 领导体制改革

我社从 1988 年起实行社长负责制。1992 年 3 月,经署党组批准,在继续实行社长负责制的同时,在我社进行了建立党组的试点工作,并在 4 月正式建立了党组。社党组建立后,及时制定了《党组工作暂行条例》,经署党组批准试行。党组既是出版社政治领导核心,又是出版社的最高决策机构,凡属本社的大政方针和发展战略,以及全社性的业务和行政方面的重大事项,都由党组集体研究决定。党组通过社务委员会和社机关党委会加强对出版社全面工作的领导。全社的编辑出版业务、生产经营管理、行政后勤服务方面的工作,由社委会负责领导、协调;党的建设、纪律检查、工会、共青团、统战及精神文明建设等项工作由党委会负责。

1992 年,社党委会和纪委进行了换届改选,社委会补充了成员。党组充分发挥社委会和社党委会的作用,使党组的决定和意图能较好地贯彻落实。社委会和社党委会根据各自的分工和全社的生产和工作情况,按时召开会议,研究、检查和督促各项工作,减少了环节,理顺了关系,提高了工作效率。他们互相支持,互相配合,既对社党组负责,又对全社职工负责,较好地发挥了各自的职能作用,保证了全社出版改革的顺利进行。

为了深入、细致、高效地推进社内的改革,社党组还成立了改革小组(成员全由有关职能部门负责人兼任),作为党组酝酿改革方案、起草各项改革办法的办事机构。

2. 实行目标管理责任制

1992 年,我社进一步完善了目标管理责任制。社里规定的总目标有两个,一个近期目标是:合理调整机构和分工,理顺编印发三个环节的关系;适应市场竞争的需要,初步转换内部经营机制;建立责权利相结合的目标管理责任制体系;确立和效益挂钩的工资奖励制度和以干部实行聘任制、工人实行劳动合同制的用人制度;健全质量保证制度;装配微机网络,实现电脑排版和管理;开办第三产业,向一业为主、多种经营的方向发展。另一个长远目标是:把人民出版社逐步建设成人员精干,机构合理,运作灵便,效能很高,适应市场竞争,管理现代化,出书为主、多种经营,图书质量一流,人均创利渐增,面向国内外的大型综合出版集团。

3. 实行工效挂钩的工资管理体制

为了进一步增强出版社的活力和自我约束机制,加快转换出版企业的经营机制,新闻出版署在规定各出版社实行目标管理责任制的基础上,又规定包括我社在内的 9 家直属出版社从 1992 年 1 月 1 日起,在责任制期限内试行"工效挂钩"办法。现在,我社已着手起草实行"工效挂钩"的实施细则;今年上半年准备根据全社职工的工作表现,开始发放浮动工资,工作成绩较好的浮动一级工资,成绩突出的可以浮动两级,表现差的不浮动。

4. 实行干部聘任制、工人劳动合同制和聘用制

我社从 1992 年 10 月起,全面推行这两项用人制度。通过核定各部室的编制,合理组合全社职工的最佳岗位,调动了大部分职工的积极性。绝大多数职工在双向选择的情况下满意上岗,极少数人离岗待聘。

5. 调整机构和分工

成立策划室。出版部改为排校室,下设排版、校对两科,原出版部的设计科、出版科人员分到各编辑室,在编辑室主任的领导下,专门负责书稿的设计、印制、核价等工作和与排校、美编、

发行部门的业务联系,帮助科室负责人搞好经营;材料科同时作为公司,对内供应和对外经营相结合。另外还撤并了一些部室。机构和分工的调整,经过几个月的实践看,好选题增多了,出版过程减少了环节,缩短了出版周期,效果是好的。

6. 实行一业为主、多种经营的方针,发展第三产业

1992 年,我社在开发第三产业方面做了两件事:

△成立了东方出版服务公司。这是我社离退休同志集资创办的集体企业。它的方针是为出版工作服务,为离退休同志服务。公司设董事会,日常工作由总经理负责。公司的经营范围是:编辑加工,翻译校订,装帧设计,出版发行,信息咨询。

△成立了东昌文化用品公司。这是由我社在职职工集资创办的集体企业。主要经营文化用品的批发与销售。

这两个公司现在都已领到了执照,建立了账号,分别开始运作。

7. 公费医疗制度的改革开始起步

公费医疗制度是社会主义制度优越性的体现之一。实行几十年来,成绩是巨大的。但由于社会的、个人的因素不断变化,公费医疗浪费惊人,成了国家的沉重负担。根据这一客观实际情况,我社在 1992 年年底制定了《公费医疗管理试行办法》,在在职职工中实行医疗费包干到人、个人小额分担的办法,从今年起试行。离退休干部仍按原办法实行公费医疗。

上面所列七项改革,都是在 1992 年酝酿、规范和出台的。这些改革加强了党对出版社的领导、激发了职工的工作热情,转变了经营机制,协调了编发各环节的关系,从而为出版社适应社会主义市场经济体制打下了基础。

1992 年,我社较好地完成了宣传邓小平视察南方谈话精神

和出版十四大文件、宣传十四大精神的任务。在出版这些图书时,我社有关部门的同志加班加点、日夜奋战,表现了极高的政治责任心。经过大家的努力,使十四大报告单行本比过去提前两天出书,并且在十四大闭幕后的第三天就及时出版了十四大报告辅导读本。此外,还出版了《毛泽东邓小平著作青年读本》、《瞿秋白文集》第七卷、《胡乔木文集》(一)、《薄一波文选》、《宋庆龄选集》、《宋庆龄——二十世纪的伟大女性》、《老一辈革命家手迹选》、《毛泽东思想研究的新起点》、《周恩来的外交》、《邓小平思想论》、《著名学者论社会主义市场经济》、"海外经济运作丛书"、《理学与元代社会》、《庄学研究》、《中国近代社会史》、《知识产权手册》、《各国社会党手册》、《日本天皇列传》等,重印了《马恩选集》4卷本、《中国思想通史》5卷本、《中国哲学史新编》6卷本、《经济学说史》等一批重点图书。

1992年,我社有《马列著作青年读本》、《毛泽东选集》第二版、《邓小平的思想研究》等25种图书在社会上获奖。

在取得好的社会效益的同时,经济效益也同步增长。1992年,完成利润480万元,超额完成了目标管理责任制所规定的指标。

二、1993年继续深化改革的要点

1993年,我社面临着进一步深化改革的艰巨任务。十四大决定在我国建立社会主义市场经济体制,我们出版系统也要建立适应社会主义市场经济体制的出版体制。实行企业化管理的出版社也要走上市场,参与竞争。面对这一形势,我社党组认为,首先要搞好目标管理责任制与工效挂钩的改革,紧紧围绕这两项改革来深化全社的改革,促进全社工作上新台阶。

1. 建立适应改革的四种运行机制

(1)经营管理机制。这就是要全面管理投入和产出,要降低成本,增加效益,降低投入,提高产出;充分利用电脑加强企业管理,向集约化经营发展。建立这种机制是实行目标管理责任制和工效挂钩制度所迫切需要的,是实现这两种制度的根本保证。

(2)质量管理机制。我社要按照新闻出版署《关于图书质量管理暂行规定》,制定我社图书质量管理实施细则,以便进一步适应目标管理责任制的要求。搞社会主义市场经济,参与市场竞争,归根到底是产品质量的竞争,保证和提高书刊质量是出版社在市场竞争中立于不败之地的关键所在。

(3)激励机制。充分利用企业"工资增长权",建立工资增长机制,以增加职工的收入,充分调动其积极性,增强企业的凝聚力。实行工效挂钩后,出版社有了工资增长权,有了激励手段。我们一定要使用好这个权。我社准备今年上半年搞一次工资浮动升级。搞工资浮动升级一定要打破平均主义、吃大锅饭的老传统、老办法,拉开差距,坚持多劳多得。对表现好、贡献大、成绩显著的,可以浮动一级以至两级,对表现不好的,一级也不浮动。浮动工资不搞群众评议,而是严格考核,根据考核的结果由社委会确定。

(4)自我约束机制。十四大报告中,要求企业"自主经营,自负盈亏,自我发展,自我约束"。这是一种完整的系统管理。"四自"缺一不可。作为企业,我社要正确处理自主经营和自我约束的关系,建立起严格的自我约束机制,使我社的生产和工作依照国家的法律和法规健康地运行。

2. 完善聘任制、劳动合同制和聘用制,在用人制度上制定各项细则,使全社职工人尽其才,才尽其用

3. 抓好重点图书的编辑出版工作

1993 年,我社将有几个方面的重点图书的出版任务。

(1)《马克思恩格斯全集》(中文第二版)1993 年开始发稿,这套由我国自行编辑的 60 卷经典著作,将用 25 年时间出齐。新编《列宁选集》4 卷本,也将在今年出版。

(2)纪念毛泽东诞辰 100 周年的图书,已有《毛泽东文集》、《毛泽东年谱》、《毛泽东自述》、《毛泽东家世》、《毛泽东军事生涯》、《胡乔木谈 40 年代的毛泽东》、《毛泽东与中国文化》等 14 种选题,各编辑室都在积极进行中。

(3)《邓小平文选》(1982—1992),这是全党全国人民盼望已久的,也将在今年出版。这是我社今年要完成的头等大事,现在正在积极做好各方面的准备工作。

(4)邓小平建设有中国特色社会主义理论及社会主义市场经济理论方面的图书,已有《有中国特色社会主义理论学习纲要》、《有中国特色社会主义理论通俗读本》、《著名学者论社会主义市场经济(续编)》、《著名企业家论社会主义市场经济》、《构造社会主义市场经济新体制》、《社会主义市场经济大辞典》、"海外经济运作丛书"等几十种。

现在,编辑部的编辑人员对开发选题、优化选题、捕捉图书市场信息、了解图书市场动态,都比过去积极主动,劲头较大。

4. 在出版改革中的几点思考

当前,出版业面临着进一步深化改革的任务,现实给我们提出了适应市场经济体制,建立相应的出版体制的要求,出版社也要走上市场,参加竞争。但是,出版社要实现经营机制的重大转换,不研究一些新的情况,不解决一些难点,它的前进和发展就可能偏离"航道"。我们认为,在新的情况下,应当正确处理下面几个方面的关系:

(1)出版物既是商品,又是精神食粮,既要遵循市场运行规律,又要遵循精神文明建设的要求。市场规律中最一般的规律,就是商品有市场,就生产,没有市场,就不生产。出版物是商品,也要遵循这一规律。但是,它还必须遵循精神文明建设的要求,这就是出版物还有倡导世界观和塑造社会人格的任务,出版家在追求经济效益时,是不能忘记自己肩负的社会责任的。

竞争是激烈的、无情的,这能最大限度地调动人的积极性,发挥人的潜能,但是,如果采用不正当的手段去竞争,也会诱发歪门邪道。正当的市场竞争,说到底是质量的竞争,是人才的竞争。怎样保证出版社拥有第一流的人才,并通过他们之手编出优质的出版物,是出版社改革面临的一个重大课题。改革的一切措施,必须保证人才的脱颖而出和茁壮成长,充分发挥他们的积极性、创造性和聪明才智。有了高质量的人才,才能有优质出版物,才能有高水平的出版社。所以,在改革中必须注意建立起能够充分调动各种人才积极性的激励机制。

(2)既要搞活,又要加强宏观调控;既要自主经营,又要自我约束。就出版社范围而言,对部、室要放权,又要有宏观调控。作为一个社的领导集体,只管创利润、发奖金,不管选题、审稿和经营管理,不能说是全面的宏观调控。只有两者兼顾,才能活而不乱,才能保持出版社的个性和特色。

(3)既要一业为主,又要多种经营。在办多种经营时,指导思想要明确,这就是:开展多种经营主要是为了支持主业,而不能当成单纯的为职工谋福利的手段;办三产,搞多种经营,当然要追求较高的经济效益,但应当是为主业的发展服务,而不能使多种经营脱离主业。

(4)既要发展社会主义市场经济,又要加强精神文明和职业道德的建设。市场经济讲究竞争,竞争就要有手段。哪些手段符合精神文明和职业道德,哪些手段不符合精神文明和职业道德,作为出版社的领导集体,就有一个区分、鉴别和掌握、引导的问题。

这些方面的关系,是影响出版社全局的问题,也是关系到构造有中国特色的社会主义出版社的形象问题。在这些重大问题上,我们人民出版社是不能掉以轻心的。

上面只是我们在学习和领会邓小平建设有中国特色社会主义理论和十四大精神以后,一些粗浅的体会和初步的工作,今天向同志们汇报,是想取得领导和同志们的指教,以便帮助我们更好更快地前进。

我讲完了,谢谢。

努力实现优质高效

——参加全国人民出版社第三届年会后的汇报

1994 年 5 月在南宁召开的全国人民出版社第三届年会,以深入学习和贯彻全国宣传思想工作会议和全国新闻出版局长会议精神,落实丁关根同志在杭州会议上讲话精神为主要议题,各社介绍了情况,交流了经验,探讨了问题,收获很多。要真正落实江泽民同志提出的一个根本指针、四项工作和全国新闻出版局长会议提出的出版业的阶段性转移,对于我们人民出版社来说,必须紧紧抓住优质高效这个环节。

年会以后,我在社委会上传达了年会精神,并结合本社的实际情况,提出了认认真真抓落实的要求。

在中宣部和新闻出版署的直接领导下,在全社党员、干部和职工的支持下,这几年我社稳步前进,取得了一些成绩,受到了表彰和奖励。但是,我们不能沾沾自喜,更不能依靠已成为过去的成绩吃老本。我们必须看到面临的严峻形势和遇到的新问题,将给我社的发展带来更大的压力。在一些不利因素面前,我们不能知难而退,不能无所作为。我们要努力加强自身建设,克服困难,继续前进。

首先,要认真学习《邓小平文选》第三卷,加强队伍的政治思想、职业道德建设,继续抓好勤政廉政建设和精神文明建设。

出版社的发展,核心是经济实力和综合社力的发展,从一定的意义上说,也是人才的发展,是领导者的能力和职工素质的发展。这些发展,统统离不开学习学习再学习。为此,1994年我社要继续加强理论和各项专业业务的学习。要继续深入学习《邓小平文选》第三卷,全面掌握和领会解放思想、实事求是这一理论精髓;要重点抓好各级党员领导干部和全社党员、职工的分专题学习;要抓好部门负责人的专业业务学习和职工的岗位培训;要继续选派处以上党员领导干部参加中央党校国家机关分校的学习。

其次,要加强选题建设,提高出版物质量,繁荣出版,加快阶段性转移的步伐。选题是一个出版社成败的关键之一。今年,我社要继续完成中央交办的出版任务,主要有新版《马克思恩格斯全集》第1、11、30卷(全书60卷),新版《马克思恩格斯选集》第1—4卷和新版《列宁选集》第1—4卷和邓小平同志的著作等。此外,要抓好"八五"重点图书的出版工作。同时,还要开发一批宣传和研究建设有中国特色社会主义理论,为改革开放和社会主义现代化建设服务的新选题,策划出版一批高质量、高品位的学术论著和普及读物。

最后,要坚持各项行之有效的编辑出版规章制度,如选题论证制度、书刊编辑三审制度、书刊质量检查制度等,在选题、审读、加工、设计、校对、印刷、装订、发行等重要环节进一步落实严格把关、严格管理的制度,建立全社性的质量检查机构,奖优罚劣。

为了保证上述三项重点任务的完成,我社在已有的基础上,还要继续深化目标管理责任制、人事制度、工资制度的改革;要关心群众生活,提高职工待遇,改善职工居住条件;要继续开展以副补主的多种经营。

(1994年7月18日)

在全国人民出版社
第四届年会上的开幕词

——1995 年 6 月 23 日

　　全国人民出版社第四届年会今天在拉萨开幕了。首先,我代表全国的人民出版社热烈欢迎西藏自治区各位党政领导和新闻出版署图书司的同志光临大会指导工作,并借此机会,对西藏自治区党政领导关心和支持我们这届年会表示衷心的感谢。

　　全国人民出版社的年会虽然每年都有几项主题,但是,总的主题就是:在建立社会主义市场经济体制的新时期,全国的人民出版社在党中央和新闻出版行政管理部门的领导下,怎样认真贯彻党的出版方针和坚持社会主义出版方向,一手抓繁荣,一手抓管理,通过改革,强化管理和促进繁荣。通过近几年的工作实践,大家深深感到,全国的人民出版社,作为党和政府的喉舌,要始终为宣传党和政府的基本理论、基本路线,以及各项方针、政策作出积极的贡献。与此同时,在面临激烈的市场竞争的今天,我们全国的人民出版社怎样通过年会的研讨,大家集思广益,进一步加强人民社意识,加强凝聚力,加强有效合作,是十分必要的。

　　在去年的南宁年会上,曾议定在图书发行上办一点实事。经过中国版协的多方关心,上海人民出版社的积极努力,全国各人民出版社的密切配合和文汇读书周报的大力支持,筹备一年,于今年5月底成立了上海联合学术图书发展公司和东方书林俱乐部,有15家人民出版社在发展公司入股,23家人民出版社加入俱乐部理事会。公司的门市部开业的20天里,就售出19万元码洋的图书,近6000种有特色的学术专著吸引大批上海专业读者。东方书林俱乐部已有会员2500名。公司和俱乐部启动后的形势是令人乐观的。关于公司和俱乐部的详细情况,陈昕副主任还要向大家作汇报。

在这届年会上,我们要传达中共中央政治局常委听取署党组汇报后所作的重要指示,并传达新闻出版署党组关于进一步加强和改进出版工作给党中央和国务院的报告,并以这些指示作为开好我们这届年会的指导性的文件。我们还要请西藏自治区的党政领导同志、请署图书司的同志对开好这届年会发表指导意见,要请西藏人民出版社介绍出版工作情况,要听取上海人民出版社、四川人民出版社、辽宁人民出版社等兄弟社关于改革经验的介绍,要听取陈昕同志关于上海联合学术图书发展公司和东方书林俱乐部的情况汇报,要听取人民出版社刘继文同志关于《全国人民出版社发行集团章程》和《全国人民出版社图书联订、联销办法》的说明,经过讨论还要通过这一章程和办法。湖北人民出版社的刘鼎华同志建议在武汉开办图书批销中心。陈昕同志还建议,希望我们全国人民出版社联手到香港和台湾去举办图书展览。我觉得这个建议很好,举办这种书展不但可以展示我们高质量、高品位的学术著作,检阅我们的成绩,而且可以使我们的图书打入海外华文世界的市场,可以搜集信息、交流经验,更好地开发优秀选题,更多地出版高质量、高品位的图书。对这些建议大家可以充分发表意见,取得共识后,我们还要做大量的具体的组织工作。

各位领导,各位同志,西藏是祖国美丽而又神奇的地方。藏族兄弟勤劳勇敢,正在西藏自治区各级党和政府的领导下,加紧四个现代化的建设。这次到拉萨来开会的同志,都对西藏心仪已久,早就盼望领略西藏的风采。秀丽的雅鲁藏布江和巍峨的珠穆朗玛峰,更有西藏同志的热情好客,吸引我们从四面八方来到这西南高原胜地,度过难忘的聚会。我预祝各位同志身体健康,预祝本届年会取得圆满成功!

请允许我代表全国人民出版社年会的与会同志,向接待这届年会的东道主西藏人民出版社的领导和同志们表示衷心的谢意,感谢你们为年会所作的十分周到的安排。同时,我们还要衷心感谢在会外的四川成都辛勤接待我们的四川人民出版社的领导和其他许多同志,没有你们周到和高效率的安排,我们是无法如期来到拉萨的。

最后,我们还要特别感谢西藏自治区党政领导同志,在百忙中莅临我们的年会,指导工作。

我讲完了,谢谢各位。

在全国人民出版社
第四届年会上的闭幕词

——1995 年 6 月 28 日

全国人民出版社第四届年会，今天就要在拉萨闭幕了。在这届年会上，我们传达并学习了中共中央政治局常委在听取新闻出版署党组关于出版工作汇报后的指示，以及"两办"转发的新闻出版署党组《关于进一步加强和改进出版工作的报告》，大家一致拥护中央领导同志的重要指示和署党组的报告，并表示要在今后的出版工作中认真地贯彻和落实。在会上，大家还交流了一年来抓深化改革，抓优质高效，抓出版繁荣，抓发行工作等方面的经验，并着重研究了在新形势下怎样进一步做好人民出版社自身工作的问题。大家感到，在建立社会主义市场经济体制的新形势下，由于主、客观的原因，我们人民出版社现在正面临着十分严峻的市场竞争形势和生存空间日益缩小的挑战。与会代表认为，我们要克服"等、靠、要"的消极情绪，用积极进取、开拓前进的态度，继续深化出版体制和运行机制的改革，进一步加强出版社内部的经营管理，克服困难，繁荣出版，高水平、高质量地完成党和政府交给我们的出版任务，更好地满足时代和读者对我们的要求。

会上，还听取了人民出版社工作委员会陈昕副主任关于上海联合学术图书发展公司和东方书林俱乐部的筹建和开业情况的汇报,汇报引起了广泛的关注和肯定。鉴于有的人民出版社提出在联合学术图书发展公司入股的申请,发展公司召集了临时股东会议,经过讨论和表决,决定:①以三分之二多数票通过接受陕西、广西、山西、宁夏、西藏、内蒙等人民出版社入股;②新入股单位的股金及前期入股金尚未到位的七家,应在今年7月底以前到位,届时不到位者,视做自动撤股。

为了人民出版社的发展和繁荣,本届年会的代表,经过认真的讨论,产生了《全国人民出版社第四届年会代表给新闻出版署党组的报告》,在报告中提出了三点希望,恳请署党组更加关注全国人民出版社的工作。

这届年会议定,中国版协人民出版社工作委员会下一年要继续办几件实事:

第一、要继续办好上海联合学术图书发展公司和东方书林俱乐部,取得效益和经验;

第二、接受湖北人民出版社刘鼎华同志的建议,积极支持湖北人民出版社筹建武汉图书批销中心;

第三、接受新闻出版署的委托,从1996年起承办全国社科类图书的评奖工作;

第四、委托人民出版社工作委员会邓星盈副主任等三位同志,去贵阳参加发行联合体会议,根据新的形势,具体贯彻落实新闻出版署关于发行改革的精神,在原地方人民出版社发行联合体的基础上,经过充实、提高和加强,讨论并通过新的章程,选出新的机构,成立全国人民出版社发行集团。

年会听取了秘书处关于经费收支情况的报告,至今还有14家会员单位未将1994年度的会费汇至秘书处,年会希望这些单位在今年7月底将会费汇至秘书处。1995年度的会费希望在今年12月底以前汇到。为了开展工作，年会同意秘书处聘用1—2名工作人员，报酬可从会费中支付。报酬标准由主任和副主任商定。

在这次会议上还决定，全国人民出版社第五届年会，初定于1996年5月在武汉召开。

各位同志，今年是西藏自治区成立30周年大庆。为了响应党中央、国务院的号召，为了对口支援西藏的出版事业，这届年会与会的人民出版社共同给西藏人民出版社捐资约30万元。这是我们一点微薄的心意。今后，希望在合作编书、对口培训人才方面，加强合作。

在这届年会即将闭幕之际，我谨代表与会同志，衷心感谢西藏自治区党政领导同志，西藏自治区文化厅、新闻出版局和西藏人民出版社的领导和同志们，你们对年会代表热情的关心和接待，给我们留下了深刻的印象，在你们的身上所体现的深厚的民族情谊，将永远铭刻在我们的心中。

现在我宣布，全国人民出版社第四届年会胜利闭幕。让我们1996年5月在武汉再相会。

新增篇札

关于人民出版社社史的哲学思考

人民出版社于 2011 年 6 月 25 日为《人民出版社社史》举行了一个有二十多位专家、学者出席的审稿会。会上专家、学者们的发言，令我深得教益，颇受启发。会后，我将自己的即席发言略作补充，遂成《关于人民出版社社史的哲学思考》一文。

一、人民出版社社史是党史的组成部分

袁亮同志在这个会上的发言对我有很大启发，他说中宣部出版局的负责同志们早就有一个想法，就是应当好好地研究我们的党中央直接领导的出版工作的历史，并将其写成书出版。他现在看到这篇 4 万字的关于人民出版社和党中央领导的出版机构在我们党前 28 年奋斗期间的历史概述，感到很高兴。今年，我们全党、全国各族人民正在隆重庆祝中国共产党成立 90 周年。中国共产党是具有马克思主义的崇高理想和信仰的政党，而人民出版社的根本任务就是在中国传播马克思主义，为马克思主义的中国化，为党的建设、发展、奋斗服务，所以说人民出版社的社史同我们党的历史是紧密地相联系的。

从我们党创立的那一年起，就建立了由党的中央委员会宣传主任李达同志亲自领导、主持的"人民出版社"，并实实在在

地用这个名义出版发行了一批传播马克思列宁主义的革命书籍。后来,党中央直接领导的出版机构的名称虽然多有变动,但是这一项重要工作一直没有中断过,现在将其搜集、梳理、撰写出来,是一件很有意义和价值的工作。通过建党初期就已经创立的"人民出版社"这块品牌,将党中央直接领导的中国共产党和中国人民的出版事业的历史串连起来,展现出其从无到有、从小到大、从弱到强的艰难的发展历程,是令人高兴的,也是有教育意义和历史的、学术的价值的。

在回顾人民出版社90年发展历史时,我曾把人民出版社的优良传统,概括为如下五点:

其一,坚定对马克思主义和共产主义的崇高信仰,高度自觉地传播马克思主义和共产主义,一贯将出版马克思列宁主义的经典著作、党的文件文献、党的领导人的著作放在工作的首要位置,同时还出版了大量哲学社会科学各学科的学术著作和普及读物,为马克思主义的中国化、为党的建设和发展、为学术文化的发展和积累作出了突出的贡献。

其二,全心全意为人民服务,为读者服务,为著译者服务的工作精神。

其三,艰苦奋斗、不畏艰险,开拓创新、与时俱进的工作作风。

其四,团结合作、同心协力,严肃认真、一丝不苟的工作态度。

其五,出版社的老社长、老领导,从李达到胡绳、华应申、叶籁士、曾彦修、王子野、周保昌、陈翰伯、王益、陈原、张明养、范用、谭吐、齐速、周杰、陈茂仪、张惠卿、谢云等人,他们不是为了当官做老爷,不计个人的"名"、"位"、"利",一心一意干革命、干事业;出版社还为党和人民的出版事业培养和输送了一大批默默无闻作奉献的编辑家、出版家,其中包括一大批优秀的校对人才。这个出版人群体具有无私奉献、艰苦朴素、认认真真地做学问、踏踏实实地干工作的优秀品格。

概括地说,人民出版社的办社宗旨和工作业绩、工作精神、工作作风、工作态度、工作人员的素质和品格诸方面构成了它的优良传统。我们之所以要研究人民出版社的社史,正是为了继承和坚持这种优良传统,在新的历史条件下,在新的实践和新的征程中发扬光大。这正是人民出版社这块品牌的意义和价值之所在。

二、关于人民出版社建社始于1921年的哲学思考

说人民出版社的建社应当从1921年李达创立人民出版社算起,应该是可以的,我是这样思考的:

我们讲人民出版社的创立和发展,这讲的是机构史。从机构史的角度来讲,任何机构都不是古已有之的,都是从无到有、从小到大、从弱到强的,就拿中国共产党本身来说,也是遵循着这一规律的。中国共产党的中央委员会、中央宣传部这些机构,开始时都没有成形的、成套的机构,现在要讲中央宣传部这个机构的历史,恐怕也要从李达担任中央宣传主任讲起。

讲一个出版社的历史,离不开这个出版社的办社宗旨、它所承担的任务、它的服务对象、它的出版物范围、它在党所领导的革命历程中的作用、它所坚守的工作精神和工作作风等。从这些方面来说,1950年所建立的人民出版社与1921年创立的人民出版社是一脉相承的。它们都以坚信马克思主义和共产主

义、传播马克思主义和共产主义为自己的崇高信仰和办社宗旨，都以服务于党的建设、发展和奋斗为自己的根本任务，以共产主义的信仰者和广大党员、人民群众为自己的服务对象，以马克思主义和哲学社会科学各学科的经典著作、学术著作、解释性著作为自己的出书范围；它所出版的成千上万种、成万上亿册图书、杂志，在党所领导的革命、建设、改革历程中所发挥的动员群众、组织群众的巨大作用，在国家的学术文化建设、发展和积累中所发挥的积极作用，以及九十年来所形成的工作精神和工作作风，都可以说是一脉相承的。

再从出版人的角度、出版社基本队伍的构成来说，1950 年建立的人民出版社与前 28 年的历史发展也是一脉相承的。金冲及同志和其他专家学者都说，写出版社的历史，不仅要写出版社的机构设置、出版物，而且要重视写出版人，写出他们的业绩和精神风貌。这些宝贵的意见给我很深刻的启示，任何出版物都是作者与出版人合力创作的产品；记录历史，离开了人，只见物不见人是无法想象的。1950 年建立的人民出版社，从其人员构成，特别是其领导成员的构成来说，几乎都是在其前 28 年的历史发展中成长起来的。正是这样一支出版人队伍，形成了我们党和人民的出版事业、新中国的出版事业的开创者、建设者。要讲人民出版社的传统和精神，离不开他们。

我们党建党初期命名自己的出版机构为"人民出版社"，中华人民共和国成立后再建的第一家国家级出版社，仍然命名为"人民出版社"，我觉得还有一个更深层次的理论上的理由，或曰根据，那就是"人民"在马克思主义理论体系中的崇高地位，在人类历史发展中的根本作用。马克思主义认为，人民是人类历史发展的主体，是人类社会的主人，是人类社会发展的根本动力。我们党的党性与人民性是统一的,具有同一性。中国共产党从其创立的第一天起,就非常重视人民的历史性作用,党的宗旨就是全心全意为人民服务。党一直坚持贯彻立党为公、执政为民的原则。除了人民的利益,我们的党没有一己私利,所以毛泽东喊出了"人民万岁"的响亮口号。得民心者得天下,人心的向背是关系党的生死存亡的大问题。新中国成立后,党中央决定中央党报不用历史上曾经用过的《解放日报》、《新华日报》,而是选用《人民日报》,我想同我们党关于"人民"的根本理念是有关系的;我想这时选用"人民出版社"作为新中国成立后的第一家国家级的出版社的社名,同这一根本理念也是有关系的。我们党的出版事业,也就是中国人民的出版事业。

正是在上述几个方面,我进行了一番哲学思考,所以我认为讲人民出版社的社史从 1921 年讲起,是合乎逻辑的,是完全可以的,是顺理成章的。人民出版社 90 年的历史,是我们党所创立的党和人民出版事业历史的重要组成部分。人民出版社 90 年的历史业绩和传统,就是它的品牌,这个品牌是人民出版社的无形资产,是无价之宝,我们应当倍加珍惜!

(原载《中国新闻出版报》2011 年 7 月 14 日)

李达开创了党的和人民的出版事业
为马克思主义在中国的传播和
胜利作出了突出贡献

　　1921 年 9 月 1 日,在中国共产党第一次全国代表大会召开后不久,由于迫切需要用马克思主义武装全党的思想,我党在上海创办了自己的第一个出版社——人民出版社,由党中央的宣传主任李达主持。他亲自担任撰稿、译稿、组稿、校对和发行工作。秘密社址就在上海南成都路辅德里 625 号李达的家中,他新婚不久的夫人王会悟同志既帮助他做些工作,又作为一个"家庭"(机关)的成员,在白色恐怖下进行掩护。为了迷惑敌人,有时特意在书上把社址印成"广州昌兴马路 26 号"。当时,环境险恶,生活艰苦,李达经常通宵达旦地工作,肚子饿了就啃几个冷馒头充饥,有时甚至数日不出门,专心致志地翻译、撰著、编辑、出版马克思主义著作。为躲避反动派的搜查和破坏,他常常采用隐蔽伪装的方式出版革命的书籍。

　　为人民出版社的成立,1921 年 9 月 1 日在《新青年》第 9 卷第 5 号刊登《人民出版社通告》,宣告办社的宗旨:"近年来新主义新学说盛行,研究的人渐渐多了,本社同人为供应此项要求起见,特刊行各种重要书籍,以资同志诸君之研究。本社出版品的性质在指示新潮底趋向,测定潮势底迟速,一面为信仰不坚者祛除根本上的疑惑,一面和海内外同志图谋精神上的团结。各书或编或译,都严加选择,内容务求畅达。这一点同人相信必能满足读者底要求,特在这里慎重声明。"据李达生前回忆,当时准备出版四大系列图书:马克思全书15种,列宁全书14种,共产主义者(康民尼斯特)丛书11种,其他著名马克思主义著作9种,共计49种,其中包括《马克思传》《共产党宣言》《哥达纲领批判》《资本论》《列宁传》《国家与革命》《共产主义左派幼稚病》等。但由于环境险恶,物质条件匮乏,这个出版计划未能全部实现,据不完全统计,在1922年出版了十多种。1923年秋人民出版社迁到广州与新青年社合并。人民出版社是我党建立的第一家有组织地出版马列主义著作的出版机构,在中国的马克思主义传播史上占有特别的地位,李达在创建和领导党的人民的出版事业上作出了突出的贡献。

自从孙中山接受中国共产党意见,改组了国民党,实现国共合作后,革命书刊的出版又有很大的发展。党设置了中央出版局,初期由张太雷兼任局长。广州曾有人民出版社,1926年出版了《我们为什么斗争》,内有周恩来写的《国民革命及国民革命势力的团结》《现时广东的政治斗争》《现时斗争中之我们》3篇文章。

北伐战争中克复武汉后,革命形势蓬勃发展,中央出版局迁到武汉,党在汉口后城马路(今中山大道)开办长江书店和长江印刷厂,都由中央出版局管理。

1927年"四·一二"反革命事变后,革命出版工作转入地下。第二次国内革命战争时期,党在上海设立无产阶级书店,随后又设立华兴书局等秘密出版机构,1929年起印行马克思列宁主义著作,编辑《上海社会科学研究学会丛书》《中外研究学会丛书》多种,并曾使用启阳、春阳书店名义出书。

1931年,中华苏维埃共和国临时中央政府在江西瑞金成立,苏区中央执行委员会人民委员会下设中央出版局和中央印刷局,至1934年,江西中央革命根据地出版报纸40余种、杂志30余种、书籍200余种以及大量画册、小册子,其中刊物有《猛进》、《红色战线》、《火线》、《苏维埃建设》、《马克思主义讲座》、《赤焰》等,周刊有《斗争》、《红星等》,日刊有《红色中华》等。

红军长征胜利到达陕北后,1937年1月,中共中央从陕北的保安迁到延安,由张闻天、秦邦宪、凯丰组成中央党报委员会,下设出版科、发行科。4月24日,中共中央机关刊物《解放周刊》创刊,中央党报委员会发行科以"新华书局"的名义发行。从10月30日起改称"新华书店"。此后,在陕甘宁、晋绥、晋察冀、晋冀鲁豫、苏皖、山东等敌后抗日根据地也相继建立新华书店,统一经营编辑、出版、印刷、发行业务。从本年7月1日起,中央党报委员会编译的书刊,一律用"解放社"的名义出版,由新华书店发行或总经销。1939年6月1日,中共中央发行部在延安成立,9月1日改为中共中央出版发行部,部长由李富春兼任。1941年12月,中共中央为加强与统一出版发行事业的管理,决定撤销中共中央出版发行部,成立中共中央出版局,统一领导出版印刷发行工作及指导各地有关出版工作。中央出版局局长由博古兼任。1938年、1939年出版了《社会主义从空想到科学的发展》、《法兰西内战》、《哥达纲领批判》、《政治经济学论丛》等多种马克思恩格斯著作;1938年解放社出版《列宁选集》,同时还出版了《马克思恩格斯论中国》、《列宁斯大林论中国》等书,1942年编辑出版了《马、恩、列、斯思想方法论》。1943年党中央作出《翻译工作的决定》,指出必须提高马克思主义经典著作的翻译质量,组织机构负责译校工作。

解放战争期间,各解放区的书刊出版工作更为活跃。抗日战争胜利后,1945年11月在沈阳成立东北书店。在解放战争期间,先后在东北各地成立了16个分店、185个支店、100多个分销处,形成了遍及东北全区的发行网。1949年7月,东北书店改称东北新华书店。西北、华北、华东、中原(后改中南)各解放区先后成立了新华书店总店或总管理处。重庆解放后,又建立了西南新华书店。随着解放战争的胜利发展,在国民党统治区的生活书店、读书出版社和新知书店在出版进步书刊方面也很活跃,根据党的指示,于1948年10月26日在香港成立三联书店总店,统一经营。

各抗日根据地、各解放区的出版机构和国民统治区进步的出版机构,不仅出版发行马克思列宁主义经典原著,党中央的文件和党的领袖包括毛泽东、朱德、刘少奇、周恩来等的论著的单行本,晋察冀日报社于1944年7月还编辑出版了第一本《毛泽东选集》,由新华书店发行。在出版发行上述著作的同时,还出版发行鲁迅、郭沫若、邹韬奋、范长江、艾思奇、胡绳、范文澜、郭大力、王亚南、丁玲、赵树理等一大批文学家、记者、哲学家、经济学家、史学家的作品、论著,出版了大量通俗读物、中级读物、辅助读物、各级教科书,不仅在党的、革命队伍的思想建设、宣传鼓动方面发挥了重要作用,而且在根据地、解放区的教育、科学、文化、学术建设方面发挥了重要的作用,使我们的党、我们的革命队伍有科学的革命理论的指导和武装,因而具有坚强的、勇敢的革命精神,而且是一支具有丰富的、高度的文化素养的崇高的精神追求,行进在人类文明发展大道之上的文明之师。

李达是人民出版社的创始人,也是我们党的、人民的出版事业的创始人和领导者,他本人还是我国的一位著名的马克思主义的理论家、哲学家,一辈子勤奋研究和著述,他的大量论著,特别是著名的《社会学大纲》,用中国读者容易理解的语言和形式,传播、阐释马克思主义的基本原理,为马克思主义在中国的传播和胜利是作出了重大贡献的,毛泽东曾称赞他为"理论界的鲁迅"。1950年12月1日重建的人民出版社,毛泽东亲笔题写了人民出版社的社名,继承了1921年9月1日建立的由李达主持、领导的人民出版社的光荣传统,以及中央苏区、各抗日根据地、各解放区出版机构的优良传统。我们的党,无论是建党的初期,还是在革命战争岁月、和平建设时期、改革开放年代,一直都非常重视在实践中坚持和发展马克思列宁主义。重建的人民出版社由著名的马克思主义理论家、哲学家、史学家胡绳担任社长,仍然把出版马列主义著作放在首要位置,几十年来,与中共中央编译局亲密合作,系统地、大规模地、高质量地出版了马列主义著作的单篇本、选集、文集,出齐了《马克思恩格斯全集》中文第一版共50卷,现在正在继续出版根据国际版135卷编译的中文第二版;出齐了《列宁全集》中文第一版39卷后,又出齐了《列宁全集》中文第二版60卷。同时还出版了学习、研究、普及马列主义的大量学术著作、通俗读物、辅助读物,还出版了更多的有关毛泽东思想、邓小平理论、"三个代表"重要思想和贯彻落实科学发展观的论著,一贯非常重视马克思主义的中国化、时代化、大众化。我们党的、人民的出版工作的这种优良传统和严肃认真、一丝不苟、充满激情、与时俱进的工作精神是十分可贵的,我们一定要十分珍惜,并在新的历史条件下发扬光大。我们党在建党初期建立第一个出版社时,将出版社命名为"人民出版社";在中华人民共和国成立后,在我们党取得全国政权后,将党的出版社仍然命名为"人民出版社",是有深刻的寓意的,这说明我们党的党性与人民性具有内在的同一性,我们的党没有自己的特殊的利益,一切以人民的利益为依归,我们党的出版事业也就是人民的出版事业。在当今建设中国特色社会主义的历史条件下,我们更应加深对这一深刻寓意的理解,更自觉更坚定地落实到我们的所有实践中去。

(写作此文时,参考了《李达文集》第一卷人民出版社1980年版、方厚枢著《中国出版史话新编》河南大学出版社2010年版、陆米强:《建党时期人民出版社成立始末》、戴文葆:《光荣啊,人民出版社》、王元慎:《李达:被毛泽东称为理论界的鲁迅》等著作、文稿,在此一并致谢。)

(2011年2月22日)

关于"胡绳现象"、"曾彦修现象"
的理性思考

　　20 世纪 50 年代,胡绳担任过人民出版社社长,他是我国著名的马克思主义的哲学家、理论家、史学家,一辈子从事哲学社会科学的研究和著述工作,而且以学习、研究、传播、实践马克思主义为自己人生的第一要务,而这又一直是人民出版社的办社宗旨;他一生写了大量著作,最后有 20 卷本的《胡绳全书》存世,这就为人们研究他的思想、学说提供了方便。他的著作如实地记录了对马克思主义的理解和阐释,而这种理解和阐释又反过来指导他如何做好人民出版社的编辑出版工作。所以,研究他对马克思主义的理解和阐释的历史发展,也可以说是在了解人民出版社的一段真实的历史。

　　马克思主义诞生后的一百多年的历史,其发展是波澜壮阔的,也是艰难曲折的,有辉煌的胜利,也有挫折和失败。斯大林对马克思主义进行了严重的歪曲和篡改,其流毒对中国也产生过严重的影响,对我们党的事业曾经造成过严重的危害。这在我社老社长胡绳的思想和著作中也有反映。"无产阶级文化大革命"严重错误的沉痛教训,唤醒了中国许多信仰马克思主义人们的良知,他们在拨乱反正、正本清源中丢弃了错误的东西,恢复了率真的品格。这种自我反思、自我批判、自我扬弃、求真务实、与时俱进的精神是非常可贵的。人们把这种现象称做两头真的"胡绳现象"。

所谓"两头真",说的是他们的青年时期和老年时期,对马克思主义的研究、理解、传播、实践是比较率真的,能够讲心里话,能够讲比较真实的话,而在中年时期由于受到"斯大林主义"的严重干扰,则有点言不由衷,讲过错话假话,宣扬过斯大林的那些错误的东西。所有这一切,在他们的思想和著作中是留下了明显的痕迹的,人们能够感觉到,所以引起了人们对两头真"胡绳现象"的关注和思考。

人类是对象性存在物,不仅将客观世界作为对象,而且将人类自身与人类的思维及其成果作为对象,进行思考,所以人类不仅具有对象性思维能力,而且具有自我反思能力和自我批判能力,这是人类所独具的本质力量。正因为具有这种本质力量,所以人类才能够永远进步,永无止境地向前发展。马克思主义之所以长盛不衰,在其创立后的一百多年中,在全世界发生了引领社会发展的强大的革命性作用,所以,这种自我反思能力和自我批判精神就成了马克思主义的本质特征,成了它的标志性特点。马克思、恩格斯在其毕生的理论思维和革命实践中,都坚持和弘扬着这种精神,在几十年的波澜壮阔的奋斗中始终保持着蓬勃生机和活力。马克思主义的信仰者、继承者,也必须具备这种能力和这种精神,才能成为真正的马克思主义者。胡绳老社长,在"文化大革命"后的反思中,正是因为找回了这种自我批判、自我扬弃、自我更新的精神,才出现了可贵的两头真"胡绳现象"。一个人需要有自我反思、自我批判、自我扬弃、自我更新的能力和精神,同样,一个政党也需要这种能力和精神,如果缺失这种能力和精神,那么这个政党就会枯萎,就会丧失生机和活力。所以,一个郑重的党、一个承担着重大历史使命的党,千万不能轻视这个问题。

"胡绳现象"并不是胡绳一个人所独有的、孤立的现象,而是一大批老共产党员、老革命家的一种共有的现象。我社另一位老社长曾彦修的所作所为,同样令人注目,我将这种现象称做"曾彦修现象"。其实,"曾彦修现象"也是"胡绳现象"的一种表现形式。在"曾彦修现象"中,值得重视的是对斯大林那一套错误的理论和实践进行的清理和批判。

曾彦修长期担任人民出版社的社长和总编辑,他具有令人注目的独立思考精神,坚持了马克思主义的革命批判精神。他不计个人的得失安危,也不顾年老体弱,以70岁、80岁、90岁的高龄之躯,花了二十多年将近三十年的心血,写了一部可以传世的、令人瞩目的《天堂往事略》。在这部分为上下两册的书中,他使用了大量的档案和翔实的史料,对斯大林的那一套错误的理论和实践进行了系统的揭露和批判。他对马克思主义的态度,是经过理性思考和实践检验的信念的选择,是对精神家园的寻觅,而不是宗教式的顶礼膜拜。这是一种什么精神?这是一种对历史、对人民、对事业极端负责任的精神。

马克思讲过,哲学是时代精神的精华。这是讲哲学的应然的品格和形象。作为一个在历史中、现实中活动、实践的具体的人,他的哲学思想也很重要,是他思想的灵魂,在他的思想体系中居于决定性的、指导的地位。但它是否正确,能否成为时代精神的精华,则不是依据自我夸张和自我认定,而是要经过实践的、历史的、人民的检验才能判定。马克思所创立的新哲学,是以现实的人为本的唯物史观,而斯大林的哲学则是阶级斗争拜物教哲学。对于斯大林哲学,曾彦修在《天堂往事略》中,曾作过透彻的评论。斯大林为《联共(布)党史简明教程》四章二节所写的《辩证唯物主义与历史唯物主义》，是斯大林哲学的集中体现。这篇文章是怎样产生的呢？曾彦修经过严谨的考证，在《天堂往事略》中说，1930年12月9日，苏联红色教授学院召开党组织会议，宣布"哲学只能为现实的斯大林的政治需要服务"。曾彦修接着强调地指出："此后几年形成的苏联哲学，即各种大中型的辩证唯物主义与历史唯物主义教程，简要地说就是一曲斯大林颂，特别是斯大林的阶级斗争拜物教颂了，'哲学'已经变成阶级斗争必然越来越严重的指导教程了。"在曾彦修的论著中，不仅有对马克思主义哲学与斯大林哲学的研究和评论，而且有对马克思主义的真精神的研究和评论与对斯大林是如何曲解、篡改了这种真精神的系统的揭露和批判，包括经济、政治、法学、军事、文化、艺术、科学、教育等方方面面。

有人曾根据斯大林自己的表述，将斯大林的哲学世界观概括为是"以物为本"。应当承认，这个概括是相当准确的。斯大林在《联共(布)党史简明教程》四章二节中说："辩证唯物主义是马克思列宁主义党底世界观。其所以叫做辩证唯物主义，是因为它对自然界现象的看法，它研究自然界现象的方法，它认识这些现象的方法，是辩证的，而它对自然界现象的解释，它对自然界现象的了解，它的理论，是唯物主义。"请仔细、深入地琢磨斯大林的这段话，在斯大林所观察的世界中是无人的，是一个洪荒的自然界。在斯大林的这个解释、这个定义中，人与社会是不在他的哲学视野之内的，是被排斥在他的世界观之外的，因而他的哲学世界观是只见物不见人的、无人的、非人的世界观。对于这种无人的世界观不需要有多深的学问，只要具有普通的常识和正常的思维能力，便可以看出其残缺不全，荒谬不经。我们同这些人的分歧就在于他们认为斯大林的这种世界观是正确的，就是马克思主义的世界观，而我们认为斯大林的这种世界观并不是马克思所创立的新世界观即"关于现实的人及其历史发展的科学"，而是倒退到旧唯物主义，半截子的唯物主义去了。这种"以物为本"的世界观，必然导致"以金钱为本"、"以资本为本"、"以权力为本"、"以阶级斗争为本"等荒谬的方面去。斯大林哲学是阶级斗争拜物教哲学，在中国还有另外一个说法，就是"以阶级斗争为纲"哲学，它们的精神实质是同一的。斯大林对人的藐视、蔑视，对人的践踏和摧残，种种反人道主义的倒行逆施，其思想根源统统可以从这种哲学中去寻找。曾彦修在《天堂往事略》一书的概述中，对于斯大林这一套错误的东西在中国的流毒和影响作过这样的分析：近七十年的中国，相当彻底地改为以"斗争哲学"来决定一切，所谓"阶级斗争，一抓就灵"。几十年的"斗争哲学"所带来的是些什么后果，是大家都清楚的。一个民族的灵魂被彻底改造了，几十年地被斯大林、日丹诺夫的一套彻底改造了。曾彦修认为，所谓斯大林哲学实际上应当称为日丹诺夫哲学。从这种沉痛的经历中，曾彦修得出了这样的经验教训："中国以后要永远坚持'以人为本'的立国思想，而苏联则恰好相反，那里是以人为末，民命不如草芥。我这话能乱说吗？看完了这本书，自可作判断，所谓的维辛斯基的'法学'就是这么个东西。"（见该书第4页）曾彦修批判了斯大林的阶级斗争拜物教哲学，批判了斯大林的那一套本末倒置的理论与实践，也就在恢复了马克思所创立的以人为本的唯物史观的权威，也就是在维护马克思所创立的时代精神的精华，摒弃了斯大林的那种与时代精神、与人类文明发展大道背道而驰的、不得人心的错误的哲学和做法。

　　"曾彦修现象"是一种特别难能可贵的历史现象,是真正应当认真研究和弘扬的。他对马克思主义真精神的理解和把握,他对斯大林错误的理论和实践的清理和批判,不是一时的心血来潮,不是个人情绪的宣泄,而是一种真功夫,不仅需要有高超的认知能力,而且需要有高尚的人文情操和道德修养,需要无私无畏和大智大勇,所以他的人格魅力是十分感人的,是真正应当充分肯定的中国共产党人的真品格。他不仅是我们人民出版社的光荣和骄傲,而且是我们党的一种光荣和骄傲,人们应当十分珍惜。

　　反思能力,自我批判和自我扬弃能力,是一种吐故纳新,是一种自我更新,是人类所独具的特殊的本质力量,是人类所独有的宝贵品质。骄傲自满、故步自封、教条盛行、思想僵化,是对这种本质力量的反动。人类如果丧失了这种本质力量,也就失去了生命力和创造力,也就丧失了蓬勃生机。对于每一个人是这样,对于每一个政党,每一个国家也是同样,有反思、自我批判、自我扬弃能力就是具有强大的内在能力,是自身强大的表现。所以,人们应当十分珍惜这种本质力量,要千方百计保护这种能力,开发这种能力,培育这种能力。

　　任何人的思想、学说、论著,都应当接受实践、历史和人民的检验。从胡绳到曾彦修,他们都是现实的具体的在历史的时间和地域的空间中活动的人,他们的思想和论说,也必然会有历史的、时代的烙印和局限性,他们所说的话也不可能句句是真理。但他们的思想和论说都已经记录在他们的论著之中,已经形成了一种历史的客观的存在,对他们的论著,我们应当采取与对别的任何人的论著一样的实事求是的、分析的、批判的态度,对之进行严格的检验,肯定经过检验证明是正确的东西,批判、否定经过检验证明是错误的东西,也就是说,对他们的研究和论说也应当采取反思的、扬弃的态度和方法,这是唯一科学的正确的态度和方法。他们对自己所采取的也正是这种态度和方法,我们应向他们学习。

(2011 年 3 月 10 日)

谈谈人民出版社的优良传统

中国共产党已经英勇奋斗了 90 个春秋,2011 年 7 月 1 日,我们全党和全国人民将隆重庆祝建党 90 周年。中国共产党是一个有崇高理想、有科学的革命理论指导的政党。我们党的理想和指导思想就是马克思主义。马克思主义是全世界无产阶级和全人类求得全面、彻底解放的精神武器,是科学地、正确地认识世界和改造世界的世界观和方法论。

中国共产党从她诞生的那一天起,就一直非常重视马克思主义在中国的传播和实践。中国共产党诞生不久,党中央于 1921 年 9 月 1 日就在党的诞生地上海建立了党的第一家出版社,命名为人民出版社,由刚刚当选为党中央的宣传主任李达担任负责人,从此开创了党的,也是人民的出版事业。1949 年中华人民共和国成立后,党中央又于 1950 年 12 月 1 日在北京重建了人民出版社,重建的人民出版社以著名的马克思主义哲学家、理论家和历史学家胡绳为社长。重建的人民出版社一脉相承了李达所建立的人民出版社和在党的发展历程中相继出现过的党的出版机构的优良传统,所以,今年 9 月 1 日,我社将隆重庆祝建社 90 周年。回顾建社 90 年的风雨历程,我们应当很好地总结、继承和弘扬我社的优良传统。我以为,我社的优良传统概括地说有这样几条:

第一，坚定地信仰马克思主义，高度自觉地传播和实践马克思主义，以马克思主义作为党的指导思想。中国共产党在运用马克思主义来指导党的实践活动中，逐步形成了一些优良的传统，例如马克思主义基本原理同中国实际的紧密结合，在实践中坚持和发展马克思主义，坚持马克思主义的中国化，形成了具有中国气派的毛泽东思想、邓小平理论和中国特色社会主义理论体系。党的这一根本之点也就成了我们人民出版社的一个根本的特性和优良传统。这一点，从李达建立人民出版社的第一天起就非常注意尝试这样去做。重建后的人民出版社就更自觉地坚持这样做。90年来，人民出版社始终把传播、实践和发展马克思主义放在自己工作的首要位置。几十年来，我社历届领导班子，经常讲要增强人民出版社意识，要增强政治责任意识，要增强大局意识，首要的一条就在这一方面。坚持弘扬这一优良传统，对于今天来说，具有特别重要的意义。经过三十多年的改革开放，我国的生产力获得了突飞猛进的发展，我们的社会大大地进步了，我们的人民也开始逐步地富裕了起来，出现了利益主体的多元化。在今天的社会历史条件下，坚持马克思主义、坚持马克思主义同中国实际相结合的中国特色社会主义理论体系具有特别的重要性，也增加了难度，这是我社新一代出版人要着力开创性地解决的一个重大课题。

第二，全心全意为人民服务，为读者服务，为著译者服务的工作精神。全心全意为人民服务，是对全党统一的要求，具体到我们出版社来说，就是要全心全意为读者、为著译者服务，为全体社会成员服。为读者服务，集中到一点，就是要为读者提供健康有益而且营养丰富的精神食粮。这一点，说起来容易，做起来可是不容易。过去，我们的老编辑、老出版，对于出书，从选题创意策划到组稿、审稿、加工、整理、发稿,从封面设计、版面设计到校对、印刷、发行,可以说每一个工作环节都兢兢业业,精益求精,一丝不苟,充分体现了全心全意为人民服务的精神。

全心全意为作者服务,我社的许多老编辑在这方面做的是非常出色的。为作者服务,首要的一条是对作者的书稿负责。对作者的书稿,我社的许多老编辑可以说像对待亲生的儿女一样加以爱护。我社的许多老编辑过去处理书稿,往往不是粗心地通读一遍,顺手改动几个文字的、技术的差错就算完事,而是要到资料室找来一大堆参考书,不但要审查有什么新的见解、新的创意,而且要审查有没有抄袭行为;不但要审查政治上、理论上、学术上有没有差错,而且要核对重要的史料、引证和数据;不仅要注意政治导向的正确,学术、思想内容的科学性、准确性,而且要统一、改正文字上、技术上、规格上的不一致和差错。我社过去的许多老编辑全心全意为作者服务,不仅仅表现在对书稿高度负责上,而且有时还为一些老学者、老作者进行生活上的服务,甚至为他购书购物购火车票,逢年过节送温暖。

正是这种全心全意为作者服务的精神,感动了作者,所以我社的不少老编辑获得了作者译者的好评和表扬。他们常常是口头表扬,但在我社的档案中也还保存不少著名的专家学者的信件,例如郭沫若、胡乔木、侯外庐、翦伯赞、薛暮桥、胡绳等人的表扬信。当然,现在要完全恢复过去许多老编辑的这种种具体做法,大概不太可能了,但他们的这种严肃认真、一丝不苟的工作精神是永远值得学习和发扬光大的。

干一行,爱一行。干编辑出版这一行,你如果不爱这一行,是无论如何也干不好的。编辑出版这一行是个服务性行业,要能安心坐冷板凳,耐得寂寞,有的时候社会地位并不太高,有时还不如高等学校和科研院所，所以有一阵子流行"思校"、"思所"，而我社又有不少能人学者，他们也有能力和水平从事教学和科研，但是我社绝大多数编辑工作者，总是把做好本职工作放在第一位，在做好编辑工作的前提下，他们也兼做一些学术方面的科研工作。这种敬业精神也是值得提倡的。

第三，艰苦奋斗、不畏艰难，开拓创新、与时俱进的工作作风。在建党初期，在白色恐怖和革命战争的年代，环境的险恶和艰苦，是人们共知的，就是新中国成立后，我国还长期处于物质生活资料匮乏、供应不足的情况之下，人民的生活还相当艰苦，人民出版社的许多老职工长期拿的是低工资，工资十年八年不调不增，无论是办公条件，还是生活、住房、交通条件是相当艰苦的。就是在这样的条件下，人民出版社的老职工长期保持了昂扬向上的工作精神，任劳任怨，从不怨天尤人，坚持开拓创新、与时俱进。

现在，国家发展了，人民逐步富裕起来，人民出版社的年轻人赶上了好年代，待遇不断提高，生活不断地改善和富足。我今天讲这一点，是为了说明，物质丰富了，生活提高了，艰苦朴素的作风可千万不能丢。现在不少腐败分子，他们所以失足，其中一个重要的原因就是忘掉了、丢掉了艰苦朴素的作风。无论我们国家怎样富裕了，特别是一部分人先富起来的情况下，千万不能忘记还有千百万人民群众不是很富裕，甚至还相当艰难。我想，艰苦朴素的作风总是不能丢，这是我们共产党人的政治本色，丢掉了艰苦朴素的作风，什么丑恶腐败的行为都能干得出来。

第四，团结合作、同心协力，严肃认真、一丝不苟的工作态度。一个单位，如果没有团结协作的工作氛围，互相扯皮，闹无原则纠纷，你整我，我整你，成天不安宁，是无法从事正常的工作的,是建立不起正常的、和谐的工作秩序的。在人民出版社长期工作过的老同志,离退休以后,还常常怀念这种良好的小环境。许多老同志已调离人民出版社,但他们还常常怀念人民出版社这种良好的人际关系,过年过节人民出版社举办什么集体活动,他们都争相回来参与。有一些已调到外地多年的老同志,有机会回到北京,也常常回到社里来看望老同志。这种氛围的形成,这种感情的形成,不是一人之功,也不是一时之功,而是长期潜移默化和大家共同努力的结果,所以特别宝贵。

严肃认真是人民出版社的一个非常著名的工作精神。毛主席为1950年10月召开的"全国新华书店出版工作会议"所作的题词是"认真作好出版工作"。几十年来,人民出版社的全体职工在"认真"二字上是下了真功夫的,就拿编辑加工和校对工作来说,《毛泽东选集》可以做到不错一个字一个标点,其他图书的编校质量绝大多数也是上乘、一流。要做到这一点,没有严格的工作制度和纪律,严肃认真的工作精神和工作作风是不可能的。

第五,实事求是,求真务实,不计个人名利的思想作风。人民出版社的历届老领导,从来严于律己,宽以待人,他们当领导,不是为了"当官",而是为了干事业。我们那时对这些老社长、老总编,首先不是把他当做什么"长"、什么"老总"、"老板",而是把他们当做老师。他们在群众中的威信也不是因为手中握有很大的行政权力,而是因为他们有学问、有能力、有实干精神,能严于律己,宽以待人,有一种人格魅力。几十年中,我从未听说过他们为了加官进爵而跑官要官。就他们的资历和水平,有时下面的同志为他们鸣不平,有人议论人民出版社应申请升格为副部级单位,那时子野同志、彦修同志总是批评这些同志,并且不准再议论这件事,表明了他们的高风亮节。

人民出版社的这种好作风,还有一件小事值得说一说。我社的社领导,从老社长胡绳到叶籁士、曾彦修、王子野、陈翰伯、王益,都没有官僚架子,而是一派文人学者的风度,人们从来不用官职"社长"来称呼他们,总是称他们彦修、子野、翰伯,或老叶、老王。人们感到这样很亲切,用官职相称倒感到很生分,很不自然。现在有一种舆论要取消出版社的行政级别,要逐步淡化官本位,我觉得人民出版社的这个老传统、好传统倒是值得提倡的。

我将这些老社长、老领导视做老师,不是客套话,而是有真情实感的。1950年、1951年我在华东人民出版社编辑部当青年编辑,当时叶籁士同志还未调到北京来担任人民出版社副社长,而是担任华东人民出版社社长、总编辑。他是我国著名的语言文字学家,为了提高我们的语言文字修养和能力,适应编辑工作的需要,给我们青年编辑开办了语法修辞学培训班,并亲自授课。他授课有一个显著的特点,就是特别重视同编辑业务的紧密结合,重视基本技能的操作训练,不但给我们做语法修辞学理论上的讲解,而且经常给我们作测试和改错的操作训练。这些试卷中的例句都是他在长期编辑工作中积累的,是很费工夫的,而且这些试卷都是他亲自拟定的,可见其认真负责和对培训工作的重视。当时,杨瑾和我,还有一大批青年编辑都是他的学生,在测试中,不是杨瑾得第一名,就是我得第一名。我的语法修辞学和逻辑学知识和操作技能就是那时打下的基础。后来,1962年至1964年,我在越南外文出版社担任中文专家,为越南外文出版社和《越南画报》社的中文译稿做定稿工作,也学习叶老的做法,将越南中文翻译译稿中的病句、病例记录下来,加以归纳整理,然后根据汉语语法修辞学的理论给他们分析讲解。两年中,我编写了10万字的讲稿,每个星期给他们讲解一次,越南中文翻译反映很有帮助和益处。

胡绳是我国著名的哲学家、理论家和历史学家,我在中央党校读书时,他还到校来为我们讲过专题课,所以也是我的名副其实的老师。王子野同志是哲学家、美学家,新中国成立初期他还翻译出版过希腊哲学简史,曾彦修同志是理论家、杂文家,陈翰伯同志是理论家,王益同志是逻辑学家,他们同时又都是新中国第一代著名的编辑出版家,他们经常在报刊上发表文章,其论著和论文我是很注意阅读和学习的,从中获益良多,所以将他们视做老师也有真情实感。

人民出版社的历届老领导,他们信守不唯书、不唯上,而唯实的实事求是、求真务实的作风,把对上级负责同对人民负责、同对全社职工负责统一起来。工作上遵守政治纪律、组织纪律和宣传纪律,思想上、工作上又坚持实事求是、求真务实、从不盲从,而是服从真理、坚持真理。他们用脑子在工作。这种作风也熏陶和培养了人民出版社广大党员和干部。这一点,在"文化大革命"十年动乱中表现特别明显。"文化大革命"开始时,许多党员很不理解,所以总是跟不上形势。后来,林彪、"四人帮"的倒行逆施,越来越猖獗,越来越暴露,所以广大党员多数就根本不想跟了。不但不想跟,而且在当时的情况下还进行了不少抵制。在"四人帮"掀起反复旧回潮、反击右倾翻案风的时候,虽然有两个造反派贴了大字报,他们想乘机捞一把,但根本没有几个党员和干部紧跟他们,当时主事的陈翰伯等同志更加自觉地进行抵制,所以这两个造反派非常孤立,后来都灰溜溜地离开了人民出版社。这给我留下了深刻的印象,至今记忆犹新。这些老领导的这种实事求是,求真务实,不计名利的高风亮节,具有强有力的感人魅力,值得我们永远学习。

(2009 年 7 月初稿,2011 年 7 月修改)

向范用同志学习

——在范用同志追思会上的发言

　　看了范用同志亲笔所写的遗言和讣闻,我非常感动,他让我们看到了一个真实的范用,一个无私无畏的范用,这是他一生人品和风格的真实写照。他是一个真正的人、大写的人。他身上有许多优秀的品质是值得后人学习的。他爱书,更爱读书。他爱书爱到痴迷的程度。他爱书所折射的是爱人,爱读者,爱作者,爱所有爱读书的人。他的这种品格,在出版界、文化界、艺术界、学术界,总之,在整个知识界是非常知名的,是很多人都很钦佩的。

　　范用同志是一位著名的老编辑家、出版家,为新中国出版事业的发展是作出了重要贡献的。1982 年评职称时,人们普遍认为他只要申报,是完全可能评上编审的。当时我在职称改革办公室工作,就动员他申报。但他考虑多年没有评职称,历史欠账太多,名额很少,所以他坚决不申报,把名额让给了别人,这令我非常感动。

　　张慈中、宁成春、马少展等装帧设计方面的名家、大家,对范用同志在书籍的封面设计、版式设计方面的贡献是充分肯定的。实际上,在书籍的装帧设计方面,范用同志的设计理念、设计风格、设计的创造性和对美的追求,人们是充分肯定的,也深深地影响了一大批设计家的成长,我们这些担任过出版社领导工作的人都自叹不如,想向他学习都学不好。过去好多属于他创意设计的封面他都不署名,他是不计个人名利的。

(2010 年 9 月 18 日)

怀念袁清芳同志

袁清芳同志离开我们已经两年多了,但是大家仍然深深地怀念着他,为什么会这样?我想这同他几十年如一日的"老黄牛精神"有着密切的关系。

20个世纪五六十年代,袁清芳同志担任我社的总务科长。那个年代,我社的办公和职工居住条件都很艰苦,物资又极为匮乏,所以要当好总务科长是非常困难的。那时,我社职工都住在平房中,房屋长年失修,破破烂烂,夏天刮风下雨,屋顶漏水,墙体倒塌是常有的事;住平房,没有现代化的取暖设备,冬天家家户户要安装煤球炉和风斗,春天要拆火炉、清洗烟筒;水龙头漏水,马桶、下水道堵塞是经常发生之事;职工红白之事,总务科更要忙活,总之,事务很多很杂,有些又非常细小,但是袁清芳同志总是热情、认真地做好每一件事情。那时也并没有成套的电工、水暖工、木工等服务人员,常常是袁清芳同志亲自动手去干,他又懂行会干,只要得到同志们的求助,他总是二话不说,提着工具包上门服务,常常是不分白天黑夜,不管刮风下雨,说干就干,不讲任何价钱和报酬。

王仿子同志在《我在人民出版社的经历》一文中描写过袁清芳同志,他说:"总务科长袁清芳同志,进城以后还保持着淳朴的作风,克勤克俭,是管吃、管住、管用的好管家。修建纸库期间,他和宋青常整天在工地上监督施工,风吹日晒,又黑又瘦,不肯有丝毫的懈怠。"这一宝贵的记载,非常准确、非常传神,我特地予以转述,以资纪念。

袁清芳同志的这种工作精神,不仅感人至深,更为重要的是在那个物资短缺、生活艰苦的年代,他为社领导分担了关怀群众生活的重担。在那样的年代,物质生活虽然比较清贫,但是精神生活还是比较充实的、健康向上的,人与人之间的距离和感情是很近很亲的,虽然来自上面布置的政治运动经常不断,也曾伤害过人际关系,但在人民出版社这个小环境中仍透露了某些人间的温暖和和谐的气息。这是当时社内上上下下共同努力的结果。这里面也有袁清芳同志们一份功劳,所以老社长曾彦修同志在袁清芳病重住院期间,以其年满90高龄、多病体弱之身,还要坚持亲自到病床前看望他,这不是一般的应景式的探视,而是一种真情的表达,是向他表示最后的敬意和最后的谢意,这也是代表了大家的,所以袁清芳同志很感动,得到很大的安慰。

(2011 年 3 月 18 日)

少年岁月杂忆

我的母亲名叫唐秉贞,在舅家排行老大,所以舅家人都称她为大婄(音 pu)。这个字一般的词书中没有收录,《汉语大字典》收录了。"大婄"系盐城地区的方言,意即"大姑",按照大排行,我母亲是老六,所以又称六婄。因为嫁给我父亲薛华吾(鸿文),又称薛家大婄。

唐君鄂(秉沂)、唐君照(秉光)、唐小石(秉辰)、唐秉琳、唐秉煜是我的五位舅舅。我的这五个舅舅,都是大学生,我母亲识字不多,文化不高,但她这个老大,在她的父、母(即我的外公外婆)以及弟弟、弟媳(即我的舅舅、舅妈)面前是颇受尊重的,因此,我们作为他(她)们的外孙、外甥,从小也是颇受宠爱的。

抗日战争爆发前,我只有四五岁,现在留在脑海中的记忆已经很稀少了,残留的大概只有如下几点。

我母亲的婆婆(即我的奶奶),是个很封建的婆婆,脾气又不好,所以我母亲常常受气。那时,我家和舅家都住上冈镇,所以外公外婆常派老舅(即五舅唐秉煜)接我母亲回娘家散散心。我那时才三四岁,但已能自己走路了,我弟弟薛德泰比我小一岁半,母亲总是抱着他随我老舅回娘家。我外公比较胖,大概患有高血压症,给我留下了红光满面的印象。我弟弟因为小,回到外公家常常是睡着的,而他又爱打呼噜,所以外公赐给他一个绰号叫"小老虎"。母亲回到外公家，外公见了总是谑称"小老虎来啦!"我们母子倍感亲切。

外公家院子里有一口井，夏天常把西瓜放到水井里"冰镇"，见我们到了，便让人从井中把西瓜捞上来慰劳我们。

我外婆是位慈祥和蔼的老人，她文化不高，但爱看旧戏文，爱听说书，记忆力又特好，所以满脑子的故事。我们回到外婆家，总是围在她的身边听她讲故事。她是讲故事的能手，人物性格，生活场景，她总能讲得栩栩如生，有声有色。

外公去世后，下葬在草堰口乡下。下葬那天，母亲带我去了。那时七七事变还未爆发，上冈镇相当繁华，作为水陆码头，已有汽车通草堰口。那天，我第一次坐汽车，刺鼻的汽油味实在不好受，闻了直想呕吐，给我留下了终生难忘的记忆。我记得外公的灵柩并没有马上葬到地下，而是在一块高岗上砌了一座砖廊，可能还是一个临时性的措施，过些时日还要永久性地葬到地下的。

1937年，在我5岁那年，爆发了七七事变，日寇侵略中国的战争全面爆发了，中国陷入了战争的灾难。我的童年，是在颠沛流离中度过的。上冈镇被日本鬼子占了，我们逃难到陈家洋、沙沟、石桥头等地。到了该上学的年龄了，但根本无学可上，经过两三年的流离失所，新四军东进，新的军部在盐城建立，在苏北开辟了抗日民主根据地。这时，我的大舅唐君鄂、二舅唐君照、三舅唐小石先后回到家乡，参与抗日民主根据地的创立。黄克诚率领一支八路军南下，在盐阜(盐城阜宁)地区与新四军会合。盐阜地区成了以黄克诚为师长的新四军三师的根据地。我大舅当了当时的县参议长，二舅担任县长、县委书记。我们一家，受到几位舅舅的影响，也都先后参加了革命工作。首先是我

332

的大哥薛德谦(参军后改名为薛益生),那时才十五六岁,正在读中学,由二舅介绍参加了新四军,经过一段医务培训,当上了军医,在抗日战争和解放战争中南征北战,出生入死,救死扶伤。新中国成立后,他在上海上军医大学深造,毕业后长期担任中国人民解放军舟山要塞陆军医院的副院长、院长。

在1941年前后,我父亲为了让我能够上学,将我从石桥头送到当时住在洪家大湾的大舅家。大舅妈陈家琏对我照顾得无微不至,像对待亲生儿子那样。在那里我同比我小一岁的表弟唐沅一道上老观尖小学读书。

过了几个月,我父母也结束了颠沛流离生活,率全家迁至抗日民主根据地。父亲参加了革命,后来还入了党。他曾先后担任过县里办的江淮油米厂(又称新宏昌油米厂)的经理、中学总务主任等职务。父亲当了油米厂的经理以后,我就随父母在工厂所在地蔡家舍附近的新王庄居住,在新王庄小学读书,并担任儿童团团长,扭秧歌搞宣传,站过岗,放过哨。陈克天同志(我们晚辈称他为陈大爷)当时担任我们县的县长,他的夫人洪斌阿姨曾担任过江淮油米厂的指导员。1943年冬天,我因搞文艺宣传着了凉,得了一场重病,当时诊断为脑膜炎,高烧不止。我父母连夜雇了一只小船,将我送到朦胧镇的一家诊所治疗。青霉素这种药那时刚刚传到中国,当时叫做匹尼西林。医生给我打了两针,病情很快得到控制,烧退了。父母对我的照料和护理体贴周到,使我很快恢复了健康。

我的舅父们是抗日民主根据地的领导干部,我到了根据地,在舅父家住了几个月,从小就受到了革命精神的熏陶。

当时,大舅是县参议会的议长,二舅担任县委书记、县大队政委,他们的革命战友生活都很艰苦,有时也到大舅家来打打牙祭。

大舅家住在唐河东岸的洪家大湾,老观尖小学在河的西岸。表弟唐沅小我一岁,我俩每天早晨乘渡船过河去上学。没过几个月,我们家就从石桥头搬到了洪家大湾,住在河西岸。当时比我小的还有我弟弟薛德泰、妹妹薛德咸、表弟唐沈、唐渝等,我和唐沅带着几个弟妹玩耍。弟妹都比我小,所以都称德谦为"大哥",称我为"小哥"。唐河边长着菱角,秋初,菱角长成了,我这个"小哥"就带着弟妹们,搬出夏天洗澡的大木盆,放到河里当做小船,坐在上面采菱角。大木盆在水中摇摇晃晃地漂浮,我们坐在上面一面用手划水,一面采摘菱角,边采边吃。菱角鲜嫩,胜似水果,美极了。现在回想起来还非常神往,真想再回过去过一过这童年的生活。

马宾同志,当时是县大队的副政委。我还记得一个关于他的小故事。唐河冬天结冰,马宾同志为了锻炼身体和锤炼革命意志,数九寒天曾在唐河中破冰冬泳。当时我很钦佩,至今还记忆难忘。

大舅唐君鄂,除了担任县参议长,还先后担任射阳中学、苏皖五分区第二高级中学校长(我的大姐薛德坤、表弟唐沅和我,都在这所中学中读过书,所以他又是我们的校长和老师)。抗日战争胜利前夕,我们已搬迁到合德镇(现在射阳县政府所在地)居住。胜利日那天,镇上各界群众举行了庆祝胜利的提灯游行,我们手拿小彩旗,提着红灯笼参加了游行,庆胜利,兴奋异常,人人笑逐颜开。这时,我大舅担任校长的射阳中学也已迁到合德镇,校址就是现在射阳中学的原址。我和唐沅因未读完高小,所以上了射阳中学的预备班。大约上了半年课,学校又迁至上冈镇,校址设在南头的文庙中。但是,时间过去不久,国民党军队就对苏北解放区发动进攻,飞机经常在上冈上空扔炸弹、扫射,我们还常能捡到机枪弹壳当玩具。为避免伤亡,学校从镇上移到南厢的周家灶上课。后来,国民党军队占领了交通线和城镇,学校又迁至上冈西乡的北郑庄、陈村等地。学校没有固定的校舍,学生住在农民家中,课堂设在较大的民房或乡村小学的课室内,而且随时跟随战争形势的变化,抬起双脚搬迁,有时就是一只小板凳,一只讲义夹,坐在空地上上课。在这种游击战争的环境下还坚持办学,说明解放区政府对文化教育工作的高度重视。战争环境虽然艰苦,有时也有牺牲,当时有一位著名的校长名叫赵敬之,就是在偷渡封锁线时牺牲的,但这种环境对人的锻炼是多方面和快速的。1946 年 7 月,国民党军队对苏中解放区发动了疯狂的进攻,天上飞机狂轰滥炸,地上沿着交通线发动进攻。我解放军实施运动战,粟裕将军率领华中野战军在苏中完成了"七战七捷"作战,挫败国民党军队的凶焰后,我苏中、苏北解放军主力主动向山东解放区撤退转移。我大舅就是在这时生病,坐着担架随军撤退,先撤至沂蒙山区,在敌机轰炸时负伤,后又转移到胶东日照军区医院治疗,但医治无效,于 1947 年 9 月病逝。逝世前,留下了六首告别诗,现在还记得最后一首:寄语华中诸亲友,妻儿还希多照顾。濒死我有一字酬,此字无它即是"布"。意即致布尔什维克的敬礼! 当时名为中学,但实际上不但担负着为解放区的建设培养人才,而且还担负着为党、政、军机关输送干部的任务。我在初中快毕业时,华中工委下属的华中《新华日报》派了张一鸣同志到我们学校来招收工作人员,我就报了名。当时共有 10 名同学报名,我们经过两天的行军,从串场河西步行到河东的华中工委所在地合德镇附近,后被分配在华中新华书店当校对。

　　唐克是我的堂舅，他大排行十五，我们称他十五舅。当时在黄克诚部抗大五分校当政治部主任，抗战胜利后，黄克诚部根据党中央的战略部署挥师奔赴东北。那时，我大姐薛德坤已在射阳中学入党，毕业后和她的爱人江宁同志一起在抗大五分校工作，也一起随军奔赴东北战场，参加了东北解放战争。解放战争胜利后，长期在沈阳工作。

　　二舅唐君照，当时是县长、县委书记、县独立团政委。他是个大学生，知识分子型干部，在当时的同级干部中，算是文化水平、理论水平较高的。据说，他做报告很生动，很能抓住听众。我当时很小，在我的心目中他的形象是很高大的。二舅与二舅妈苏风同志（当时担任区委书记），是在蔡家舍结的婚。结婚后第一胎生了个男孩，名叫唐湖。当时，二舅、二舅妈流动性大，住处不定，唐湖有一段时间就放在我母亲处抚养。1947年年底，我已入党并参加了革命工作，当时在华中工委属下的华中新华书店工作。1948年春夏，二舅当时担任华中第11地委的组织部长，身体不太好，住在合德镇附近的乡间休养，离我们机关住地大约十里地，我去看望他，得知三舅已于不久前病逝的消息，甚为悲痛。当时三舅担任射阳县委书记。在二舅处，见到不少国统区出版的《展望》《观察》等进步期刊，我贪婪地阅读了这些杂志。临走时，二舅派他的警卫员李洪送我，让我骑他的小川马回机关住地。这是我生平第一次骑马。这匹小川马非常温驯，是大哥为了二舅的安全，在他路过二舅住处时，用这匹小川马换走了二舅原来骑的那匹高头大马。中华人民共和国成立后，二舅调至南京工作，后来长期在党的干部学校和高等院校做领导工作，并讲授马列主义理论课。他知道我在人民出版社工作，这个出版社出了大量马列主义原著，他写信告诉我他需要一部《列宁全集》，我买了一套《列宁全集》中文第一版赠送给他。听说他写了1万多张读书卡片，讲授马列主义理论引经据典，而且很生动，很受学员欢迎。他写的读书卡片"文化大革命"期间散失了，十分可惜。

三舅唐小石（秉辰），是个文化人，当过盐阜五分区的文教处长、射阳中学的负责人、射阳县委书记。他多才多艺，我还记得抗战初期，他在上冈镇的街头演过宣传抗日的活报剧，可惜我把剧名忘了。我记得，在我们家住新王庄时，他一次路过我们家时，我父母买了螃蟹，我母亲还亲手做了拿手的江苏菜狮子头慰劳他，我们也跟着美餐了一顿。

四舅唐秉琳、五舅唐秉煜，抗战期间不在苏北根据地，人在江南。我们当时人小，也不知道他们在江南干什么。父辈们谈起他们，总是神秘兮兮的，我们也不敢多问。到了1947年苏北党组织为了加强对江阴要塞我地下党组织的联络，派唐仲衡（又名唐秉钧，我们称他为"钧二舅"）去江阴设立地下联络站。当时我已入党，父辈们讲这件事已不像以前那样神秘，我才知道四舅、五舅是在国民党军队中做秘密的地下工作。淮海战役结束后，我们作为后方机关随华中工委搬迁到淮阴和淮安之间、运河边的板闸镇驻扎。这时书店的印刷厂与报社的印刷厂合在一起出版《新华日报》，报上天天都用大字标题刊登全国各战场的捷报。过大年（春节）时热闹非常，从苏南来了一批男女洋学生，给我们表演了新疆舞，演唱了《康定情歌》、讽刺蒋家王朝的流行歌曲以及《团结就是力量》等革命歌曲，我们这些"土包子"大开眼界、大饱眼福、兴奋异常。就在我军正在加紧准备渡江作战的时候，五舅从江南偷渡到苏北，在盐城见到了二舅，并由二舅陪他到驻于淮阴的华中工委领导机关汇报江阴要塞我地下党准备迎接大军渡江的情况并领受指示。这件事当时是绝密的，我并不知道，是渡江后二舅告诉我的。4月下旬，我随军渡江，参加无锡市的接收工作。当时，江苏省设两个行政公署，苏南行署设在无锡，我在苏南新华书店编审科工作。我百万雄师势如破竹地突破长江天堑，其中就有江阴要塞在唐秉琳、唐秉煜等人组成的地下党组织领导下举行起义的一份功劳。大军渡江后，二舅唐君照被任命为中国人民解放军江阴要塞司令部的政委。当时，他到无锡苏南军区领导机关和苏南区党委汇报工作，特意找到我，带我乘坐他的小轿车一起到了江阴，在要塞司令部住了几天，也见到了多年未见的四舅唐秉琳。关于五舅偷渡回苏北汇报情况和江阴要塞起义的详细情况，就是这时听他们告诉我的，我为舅辈们的英雄业绩而感到自豪和光荣。这次未能见到五舅，听说他在前线做联络工作。解放后，第一次见到多年未见的五舅，是在1950年5月我已从苏南调到上海新华书店华东总分店编辑部以后，五舅出差来上海，我们舅甥相见，他给我绘声绘色、生动具体地讲述了地下党组织领导江阴要塞起义的故事。我当时感到，江阴要塞起义富有传奇色彩，真可以写成小说或拍部电影。

我因从小在抗日民主根据地和解放区成长，在那里上小学、读中学，当过儿童团，站过岗，放过哨，耳濡目染，受的是革命教育。我的世界观、价值观、人生观是在舅辈们的身教言教下形成的，所以政治上早熟。我是在1947年4月间，在苏皖边区第二高级中学初中部读书时，由音乐教师朱文（她是我校副教导主任王祖德的夫人）、同学薛素魁介绍加入中国共产党的。当年我只有15岁，但因学校还未建立团组织，所以就直接入党，但预备期定为3年，到年满18岁时转正。当时学校住北郑庄，庆祝

"五四青年节"时,这个地区的中学都集中到位于陈村的海南中学开庆祝会。庆祝会在海南中学的操场上举行。同时还举办了演讲比赛,我登台参加比赛,得了二等奖。我的入党宣誓仪式也是在这个期间举行的。入党后,1947年暑假期间,苏皖五分区地委举办了新党员培训班,我参加了将近一个月的学习。马克思主义、科学社会主义、《共产党宣言》、巴黎公社等基本理论知识,都是在这时学到的,当时感到很新鲜、很振奋。我们一家,从父亲、大哥、大姐、二姐(薛德巽,后改名薛德训)、三姐(薛德涣,后改名薛金生)、三弟薛德泰和我,先后走上革命的道路,并都加入了中国共产党,是同舅辈们的引导和教育分不开的。回顾我的一生和我们一家人,在我的心中一直把舅父们当做革命的引路人,对舅辈们怀有深深的感激之情。在有关唐家五兄弟的书出版之际,我拉拉杂杂写了点滴回忆,略表我对舅辈们的怀念之情。

(原题《舅家杂忆》,原载《唐氏五兄弟》,
中央党史出版社 2007 年 11 月出版)

回忆我在华中新华书店工作的岁月

　　1947 年下学期,我在建阳县立初级中学毕业,校长唐彩庭
为我签发毕业证书。初冬,华中工委建立不久,华中《新华日
报》社就派工作人员张一鸣来我们学校招收了 10 名毕业生。
当时,华中工委在通榆路东射阳县合德镇附近的耦耕堂,建阳中
学则在路西建阳县的陈村,通榆路一线在 1946 年国民党军发动
全面内战和对山东解放区的重点进攻时,曾被国民党军占领,建
立了封锁线,但两侧农村地区仍在我军的控制下,我军民坚持原
地斗争。我们 10 个同学与张一鸣组成了一个临时小分队,在
1947 年年底,在刚刚被我军收复的监城城区穿越了通榆路。当
时天气寒冷下着大雪,行军比较艰苦。我们于 1948 年元旦前夕
安全到达华中工委驻地。当时我们除了带了学校的集体介绍
信,我因 1947 年五四青年节时已宣誓加入中国共产党,所以还
带了转党员组织关系的证明信。在合德附近住下后,我们等待
分配工作。那时正在下着大雪,天气寒冷,在我们的屋子中生了
炭火盆。没过几天,几个同学分配到华中《新华日报》当报务
员、译电员,我和马锦标(后改名为马彪)同学分配到华中新华
书店当校对员。当时华中新华书店(又称华中韬奋书店)的经
理是周天泽(周天泽同志随军渡江后担任苏南新华书店经理、
新华书店华东总分店经理,大区撤销后曾调到北京担任过中华

人民共和国文化部计划财务司司长,现已在文化部离休)。书店经理部、编审科驻在别的村子里。当时,书店不仅编辑出版革命理论读物、革命领袖著作、时事政策读物、文化教育读物,还出版通俗文艺读物等。我们几个校对员同印刷厂的工人师傅们住在一个村子里,不但白天要干活,有时为了赶急件晚上还要在煤油灯下校对,这对视力影响较大,我的近视的毛病就是那时落下的。我不仅把校对当做一种职业,把校对报刊图书当做一种工作过程,要聚精会神地消灭排版过程中的一切差错,而且把校对当做一种学习过程。我们所校对的书稿都是精神产品,都是知识财富、文化宝藏,对其进行校对、有时甚至要校对两、三遍,所以是一种很好的学习机会,我像海绵汲水一样如饥似渴地从中汲取理论的、历史的、文化的、知识的养分,不断地充实自己、提高自己。我在哲学方面的启蒙教育是在煤油灯下校对艾思奇的《大众哲学》和俞铭璜的《新人生观》等革命理论书籍而获得的。我同当时的排字工人朱新桥、刻字工人曹德富很要好,可以说是好朋友。新中国成立后朱新桥在南京江苏新华书店担任过副经理。曹德富爱打排球,当时印刷厂是铅字排版,除了用铜字模铸铅字,有些生僻字没有铜字模,所以专门配备了刻字工人,曹德富心灵手巧,在很小的五号字的铅坯上很快就能刻出一个字来。他还用牛角材质为我刻了一枚私人图章。当年他为我刻的图章,至今我还保存着,作为那个岁月以及我们友谊的一种纪念。

我们和印刷厂的工人师傅愉快的过着集体生活。解放战争的节节胜利,从战略防御转为战略进攻。前线传来的胜利消息给我们以欢欣鼓舞。但是,淮海战役前,华中工委也面临过一段严峻的形势,当时国民党军的黄伯韬兵团企图从西向东突袭华中工委驻地合德地区,我们印刷厂都把印刷机、切纸机和其他器材埋到地下,坚壁清野,人员准备从海路撤退到山东去,但是形势发展很快,黄伯韬兵团突袭华中工委的企图不但没有实现,反而被我华东野战军主力兵团团团包围,并被一举歼灭,我华东、中原野战军完成淮海战役的第一个重大的胜利,华中工委也转危为安,并随着淮海战役的胜利发展,从合德迁到淮阴。我们印刷厂也把埋到地下的器材、机器挖了出来,打包装船,跟随工委机关一起西迁淮阴。我们的船队路经阜宁搬迁到运河之滨淮阴和淮安之间的板闸镇驻下。这时,华中《新华日报》和华中新华书店的印刷厂合并为一个印刷厂,一面天天坚持出版《新华日报》,用大字标题传递着胜利的消息,同时还印制了不少为大军渡江后接收江南大城市的各种参考资料。这时,在我们驻地附近的大路上,天天都有我威武雄壮的主力部队南下,我们队伍的装备真正是鸟枪换炮了,坦克、卡车、炮车纵队隆隆通过,看了真是令人振奋。

我们在板闸镇欢度了 1949 年的春节,人们载歌载舞欢庆胜利。这时从江南各大学来了不少男女大学生。这些洋学生为我们表演了生平第一次见到的新疆舞蹈、康定情歌和在江南国统区青年学生中流行的反蒋小调等节目,真是大饱眼福。

过了春节,为随军渡江的准备工作更是一步紧似一步,很快将我列入了随军渡江的后方团队的名单,通知我作好随军渡江的准备。我们随军渡江团队很快就从板闸镇出发,沿着运河移师泰兴附近的一座庙宇中待命渡江。1949 年 4 月 20 日夜至 21 日,在西起九江湖口、东至江阴长达五百余公里的战线上,我百万大军强渡长江。国民党军江阴要塞官兵,在我华中工委领导的唐秉琳、唐秉煜等地下党员的领导下举行起义,保证我东线大军顺利渡过长江天堑。我们后方团队也在两天后从江北岸的八圩出发,在天空还有国民党空军飞机扫射的情况下快速地渡到了南岸江阴,并日夜兼程到了无锡。

我军解放无锡后,立即建立了以陈丕显为书记的苏南区党委,行政公署主任是管文蔚。这时苏南新华书店的经理是周天泽。苏南新华书店很快就开始了工作,履行着宣传群众、动员群众、组织群众的传统职责。渡江后,我在苏南新华书店编审科工作,并参加了时事政治半月刊《苏南大众》的创办工作。编辑工作同校对工作有不少相通之处。从此,我一直从事出版编辑工作。一年后,1950年5月我与苏南新华书店编审科科长陈允豪一起奉调到上海新华书店华东总分店编辑部工作。

(2008年3月22日)

谈校对工作的责任和辛苦及自己
学哲学研究哲学的历程

——致吴海平*的一封信

　　首先要谢谢您担任拙著的责任校对,现赠上一册,留作纪念,并请批评指正。年轻时,我在华中新华书店担任过两年校对,知道校对的辛苦。那时在农村解放区,没有电灯,在煤油灯下一字一句校对书稿,是很费很伤视力的。现在条件虽然好多了,但校对的责任和辛苦我是知道的。

　　您一字一句地校对过我的书,而且可能不只一遍,所以是完全有资格评论拙著的,我期盼着您的批评指正。说起哲学,人们往往有一种神秘、高深、莫测之感,其实哲学就是人类认识、解释和改造世界的思维方式、思想武器、认知工具和关于人生的价值理念,指导人们怎样去正确地认识和改造自然、社会和人自身。我哲学方面所受的启蒙教育还是在煤油灯下校对艾思奇的《大众哲学》和俞铭璜的《新人生观》等革命理论书籍时获得的,新中国成立后党组织送我进中央党校学习,才获得进一步系统的深造。我这个人,有一个习惯,就是爱思考,勤于写作,不喜欢吃喝玩乐,也不满足于一般地死记硬背僵死的教条,遇事总爱多问

　　*　吴海平,技术副编审,《以人为本　构建和谐社会40论》责任校对。

几个为什么,所以养成了不迷信和独立思考的习性。您读我的书,知道我在关于马克思主义真精神和一系列重要理论问题的理解上,在马克思主义哲学特别是唯物史观是怎样创立的及其基本观点的解释上,在人道主义和异化问题的认识上,在对党的方针、政策、路线和重大的战略指导思想的解读上,同胡乔木同志、同黄楠森教授等人辩论、商榷、切磋过。要知道,他们都是大理论家、著名哲学教授,同他们辩论,不但要有理论上、学术上的勇气和坚定不移的追求真理的精神,甚至要冒政治上被打压的风险。但我义无反顾地坚持同他们辩论,除了我坚信自己的基本理论观点外,您还可以发现,我所采取的态度和方法是一个文明的、民主的社会所应当允许的。我的态度和方法是,尽管我同他们的认识、理论观点有分歧,但我一直将他们作为平等的学者,当做同一营垒内的同志,采用民主的、说理的方法和态度,而且始终认为自己的认识和观点并不一定百分之百的正确,只要他们能驳倒我,以理服人,我愿意随时随地修正自己的错误。所以,我对他们心无恶意,不是为了整倒他们,而是心存与人为善,心地坦荡荡。我国宪法是保护全体公民的表达权和言论自由的,我在学术上、理论上在法律允许范围内的表达权,是受宪法保护的,我的学术上、理论上的勇气,正是因为深信这一点。我同这些大理论家、著名哲学教授辩论的问题,其实同我国的每一个公民都有切身的利益关系,每个人都可以加以评论,所以我也希望听到您的批评。

您长期从事校对工作,在汉语汉字的文字学方面有很深的造诣,我记得您因这方面的成就被评为副编审。听说您写了这方面的著作,不知出版了没有?如已出版,希望赠我一册,以便学习。如未出版,我愿意向人民出版社或东方出版社推荐。智福和同志出版了校对学方面的著作，我见到了，感到很好。我年轻时，在上海人民出版社出版过一本文化学习知识方面的小册子，书名就叫《容易写错的字和词》，是根据我在校对、编辑工作中积累的素材编写的。现在看来，那本小册子水平不高，文化含量很低，你们现在应当写出更高水平、内容更为丰富的论著，是为至盼，并祝您成功。

（2009 年 3 月 10 日）

征求对《薛德震哲学书信集》
稿本的意见并谈编辑工作经验

——致张小平的一封信

送上我新近编撰的《薛德震哲学书信集》的稿本。现在先不谈出版问题,而是向您这位老朋友征求意见,希望您能抽点时间看看,并提出进一步改进的意见。这个选题实际上是方鸣同志的创意和策划。我把他的这一建议告诉刘杲同志,他也很赞赏,并说这本书别人可能更爱看。我还准备在增强学术味和人情味方面再花点工夫。您如能写一封批评性的信评论我的学术活动,我会很欢迎。

在这本书稿中,收入了我同将近 50 位教授、研究员等专家学者的书信往来和思想的交流、和鸣。通过这些书信,可以得知我的一系列文章和观点是怎样形成的,它们产生的背景,我的写作意图和针对性,可以更清晰地看到这一系列基本观点的新意、新感悟之所在。

这些专家学者中,包括我国著名的哲学、心理学、社会学、现代文学等学科的教授、研究员,其中还包括一些著名报刊的高级编辑,他们都是著名的学者,有强烈的独立思考精神和马克思主义的批判精神,对别人的学术成果是不会轻率地作出评价的,所以我非常珍惜他们对我的论著的评论。我的学术成果,现在不但日益被更多的老一辈学者所接受,而且被一些青年俊秀例如周凡、兰文飞、孙强等认同,这都是对我的奖赏。

我们出版工作者,在职在岗时,常常专注于为他人作嫁衣裳,强调为读者、为作者服务,这是我们的职业道德所要求的,一般都不太重视为自己出书。我认为在我们人民出版社有一批同志对马克思主义人的哲学很有兴趣和研究,而且创作了一批有价值的成果,我们对这些学术成果不应妄自菲薄,而应倍加珍惜,并发扬光大。我希望你们这些比我年轻的同志接下接力棒,继续前进! 这是我的所盼。

不要把写文章看得太神秘。我们做编辑的,一辈子不知写了多少审稿意见,这些审稿意见,实际上就是书评文评。我的关于人学的许多文章,实际上就是书评、读后感,其中有评胡乔木、卢之超、黄楠森、陈志尚等人的,也有评周扬、高放、张世英、陈晏清、朱滢等人的。这些书评、读后感都可以说是我的审稿意见。您已审读过我的多部书稿。我想一定会有审读意见,会有自己的看法。把这些审读意见加以整理,增强其系统性、逻辑性、说理性,就变成了很好的文章。您对我的文章、书稿可以有肯定,也可以有批评,对于批评我更欢迎,因为是对我的真诚的帮助。我在职时经常提倡编辑要认真写好审读意见,写得好的我表扬,写得差的我批评。这个习惯至今还保持着。上面这番话,可以说是经验谈,供参考。

(2009 年 5 月 18 日)

对人道主义和异化问题的大批判这一学案在出版史上应有所记载

——致出版史学家方厚枢*先生的一封信

　　送上《以人为本　构建和谐社会40论》一册,请批评指正。这本书,是自党中央提出以人为本的科学发展观和稍后制定构建社会主义和谐社会的重大战略指导思想以后,我对之进行跟踪学习、研究的心得体会。跟随着党中央实践和理论上的创新,写出了我的新感悟、新解读,我的思想认识也在不断地递进和深化,深感党的创新实践和创新理论真正具有说不尽的丰富的哲学内涵。

　　您在研究新中国的出版史,我想请您特别关注一下这本书的最后三篇文章。这三篇文章是对25年前周扬同志提出人道主义和异化问题后遭到新一轮大批判的反思,讲了我觉得应当汲取的经验教训。

　　周扬经历了"文化大革命"十年浩劫的惨痛教训,痛定思痛,自我反思和自我批判了"文化大革命"前理论上的失误,讲出了自己对马克思主义真精神的新的理解、新的认识。这本来

　　＊　方厚枢,编审,出版史家,主要著作有《中国出版史话》、《中国出版通史·中华人民共和国卷1949—1979年》各章。

是一件大好事,也是我国宪法所保护的全体公民的基本权利,但是却遭到了无端的打击,表明了长期肆虐的"左"毒尚未清除。与对周扬进行大批判的同时,还批判了人民出版社出版的研究和探讨马克思主义人道主义和异化问题的三本书,即《人是马克思主义的出发点》、《关于人的学说的哲学探讨》、《人性、人道主义问题讨论集》,形成了当代中国出版史上的一件学案。我觉得在新中国出版史的论著中,对此事应当加以论说,总结其经验教训,对于做好当今和今后的出版工作是大有好处的。"左"的流毒未除只是一个方面,但是我们的党、我国人民经过"文化大革命"的洗礼,毕竟进步了,进一步成熟了,我们党内健康的、清醒的力量毕竟是主流。

在改革开放初期,涉及人民出版社的出版事件,还有一件是对翻译出版外国政治学术图书的严厉批评,此事曾彦修、张惠卿同志是亲历者,您如有兴趣可采访他们两位。

(2009 年 3 月 22 日)

回忆我同汪子嵩先生的交往与友谊

2011年2月8日，春节期间老朋友雷永生教授来电话，互致节日的问候后，雷教授说，他们正在编一本庆贺汪子嵩90华诞的纪念文集，约我写一篇文章，我欣然接受了这一邀约。

我与汪子嵩先生在20世纪的五六十年代就认识了。他是一位著名的哲学家、学者，当时经常在报刊特别是理论、学术报刊上读到他的文章，对他的了解主要是通过媒体，可以说是一种精神交流。后来，直接与他接触是由于我为《人民日报》撰稿。

粉碎"四人帮"，结束"文化大革命"后，面对着接近崩溃边缘的国民经济和沉痛的血的经验教训，全党全国人民进入了拨乱反正、正本清源的历史时期，实际上是人们在进行沉重的郑重的反思，在总结和汲取经验教训。正是在这时和接着进入的改革开放的早期阶段，我在重新学习马克思主义和进行反思之时，开始了对马克思主义人学的研究。当时热议的是人道主义和异化问题，争论的焦点是有没有马克思主义的人道主义？马克思主义对人道主义和异化问题应当持怎样的态度？当时我在人民出版社担任哲学编辑室主任和副总编辑，我社策划和编辑出版了《人是马克思主义的出发点》等三本专题论文集。我自己也撰文参与争鸣，并将其中的几篇比较重要的文稿投寄给了《人民日报》。当时,汪子嵩先生担任《人民日报》理论部的负责人,我的文稿都是经他之手处理的,他每次都要将打出的小样并附一短笺寄给我,让我校阅。最近,我统计了一下,自从1980年12月25日我在《人民日报》上发表了《"人"在马克思主义哲学中的地位》一文以后,至1986年6月13日发表的《精神文明建设是一种主体性建设》,短短5年半,共发表了7篇文章,其余5篇的题目是:《人的状态与实事求是》、《对联产计酬责任制的哲学思考》、《论"富"——党的富民政策断想》、《在实践中发展历史唯物主义》、《改革对哲学的呼唤》。从题目就可以看出这些文章是同中国改革开放的进程同步的,都是在为建设中国特色社会主义的伟大事业服务的。这些文章,后来都编入了我在中国社会科学出版社出版的《人的哲学论说》一书之中,成为我的关于马克思主义人的哲学研究成果的重要组成部分。

《人的哲学论说》一书正式出版后,我给汪子嵩先生敬赠了一册,请他批评指正。他欣然命笔,写了一篇《执著的探索——读薛德震〈人的哲学论说〉》,充满激情地评论了拙著。我对汪先生作为著名的哲学家、理论家对我的评论是非常珍惜的,心存深深的感激之情。

我同汪先生的交往与友谊还因一项重大的学术建设工程而更加亲密,这就是约请汪先生主持撰著《希腊哲学史》。大家都知道,古希腊是人类文明的重要发祥地之一,是西方文明的源头。古希腊哲学在人类哲学史、思想史上占有显赫的地位。世人也都知道,汪子嵩先生是我国在世界上知名的研究希腊哲学史的专家。在改革开放的盛世,我社将撰著出版大部头、多卷本希腊哲学史这一宏大的学术出版工程列入了长期出版规划。这时,自然地将目光聚集汪子嵩先生的身上。我社派出哲学编辑室的编辑拜访汪先生,热忱邀请他出面主持、组建一个学术团队来完成这一历史性的宏大的学术建设工程。汪先生毫不迟疑地接受了这一诚邀,主持、组建了包括范明生、陈村富、姚介厚等著名专家学者的强大的学术团队。经过多年的努力,前两卷于1988年和1993年在人民出版社正式出版面市。在我1999年离休时,后两卷还未出版,在离职之际是我最为牵挂的一件大事,我向当时的哲学编辑室主任陈亚明同志强调地交代,一定要将《希腊哲学史》这一宏大的学术出版工程放在编辑室工作的重要位置之上,抓紧抓好,要精心组织,精心操作,力求做成精品。又经过十多年的努力,第三卷于2003年出版,第四卷于2010年出版。经过三代人28年的共同努力,终于完成了这一宏大的学术出版工程。2010年8月20日,由人民出版社和浙江大学共同举办《希腊哲学史》第四卷新书首发式在北京京伦饭店召开,有一百多位著名的专家学者和媒体的编辑记者参加了这一盛会。《希腊哲学史》第四卷正式出版,标志着这项绵延近30年的学术出版工程画上了圆满的句号。

这部宏篇巨制,中国学者和中国出版工作者投入了巨大的人力物力财力,富有中国特色和中国气派,不仅资料丰富翔实,对古希腊哲学原著文本的翻译、考证花了大气力,而特别可贵的是融进了中国当代哲人的智慧、见解和解读,既对得起古希腊众多的智者、耀眼的群星,也没有辜负中国古代诸子百家、圣者贤人,是东西方文明的交汇,是中希哲学思维的结晶和精华,更为重要的是满足了当代中国人的高尚的精神享受和崇高的价值追求,对全人类的哲学的发展和繁荣作出了中国的贡献,将会长久地在世界学术之林中闪耀着光芒,在人类哲学长河中奔腾。为此,我要向汪子嵩先生和他所率领的学术团队致以崇高的敬意和热烈的祝贺!

马克思主义是科学性与价值观的统一

——为《共产党宣言》发表 160 周年而作

一、《共产党宣言》中的科学性与价值观

　　《共产党宣言》(以下简称《宣言》)公诸于世已经 160 年了，经过 160 年全世界各国被压迫、被剥削、被奴役的劳动者前赴后继的革命风暴和建设新社会的不懈奋斗的洗礼和考验，《宣言》仍然保持着旺盛的生命力，仍然焕发着强大的震撼力和穿透力，仍然是全世界各国无产阶级和全人类求得全面彻底解放的精神武器。为什么会这样？这是因为《宣言》既是科学真理，同时又凝聚了世世代代人们崇高的价值理想和精神追求，它是科学性与价值观的有机统一。过去我们在研究、阐发、宣传《宣言》时，比较多的是强调它的科学性，这没有错。但是如果只是讲这一方面，而不同时讲它是一种崇高的价值观，甚至将人类共同追求的价值理想说成是资产阶级的，将其变成资产阶级的专利，那不但会陷入片面性，而且最终会走向科学性的反面，演化成为谬误。所以，今天在纪念《宣言》发表 160 周年之际，我们在阐发《宣言》的科学性的同时，应该同时强调指出它是全人类共同追求的价值理想。

　　19世纪40年代,无产阶级和劳动者所掀起的革命风暴席卷欧洲大陆,决心埋葬吃人的资本主义旧世界。正是在此之际,马克思、恩格斯为了为这种革命提供精神武器,欣然接受当时国际工人秘密团体"共产主义同盟"的委托,为该组织起草了这个详细的理论和实践纲领。所以,《宣言》着重阐发了无产阶级革命的必要性、必然性及其斗争的战略策略,而在后来相继发生的俄国革命、中国革命等等革命实践中,根据当时革命斗争形势的需要,着重阐发其科学性即符合人类社会特别是资本主义社会发展的客观规律性,是完全必要的、正确的。

　　但是,《宣言》不仅包含着人类社会特别是资本主义社会发展的客观规律性,即《宣言》所具有的真理性,它还对资本主义社会中无产阶级、劳动者所遭到的非人奴役以及资本家对无产阶级的残酷压迫和剥削进行了无情的揭露和抨击;而《宣言》中对埋葬资产阶级旧社会后所建立的新社会的憧憬,则饱含着全人类共同追求的崇高的价值理想。这种崇高的价值理想凝聚成一句话就是:"代替那存在着阶级和阶级对立的资产阶级旧社会的,将是这样一个联合体,在那里,每个人的自由发展是一切人的自由发展的条件。"①46年以后的1894年1月,当卡内帕请求恩格斯为即将出版的《新纪元》周刊从马克思的著作中找一段题词,表述未来新时代的基本思想时,恩格斯回答说:"除了从《共产党宣言》中摘出下列一段话外,我再也找不出合适的了。"②恩格斯找到的正是我在上面引用的这一段精辟的论述。马克思在《资本论》中进一步坚持和发展了《宣言》中的这一重

---

① 《马克思恩格斯选集》第1卷,人民出版社1995年版,第294页。
② 《马克思恩格斯全集》第39卷,人民出版社1972年版,第189页。

要思想,强调指出,代替资产阶级旧社会的未来更高级的新社会,是"以每个人的全面而自由的发展为基本原则的社会形式"。① 无产阶级和全人类在这种解放中失去的只是枷锁,而得到的则是整个世界,人将成为自然、社会和自身的主人,人将获得全面而自由的发展。

自由、平等、民主、法治、人权、博爱、公平、正义等,是人类在漫长的历史进程中共同追求的价值理想和共同创造的文明成果。马克思主义不但没有脱离人类文明发展的这条光明大道,而且正是这条光明大道发展的必然结果,集中地、忠实地揭示了这种崇高的价值理想。正因为《宣言》中浸透着这样崇高的价值理想,并且将其同深邃的科学性紧密相结合,所以160年以后人们再读《宣言》时,仍然会深感它的强大的震撼力、穿透力和说服力,仍然会感到它的勃勃生机和青春活力。

对于《宣言》和《资本论》中所表达的这种崇高的价值理想,在马克思逝世后,恩格斯在其晚年所撰著的《家庭、私有制和国家的起源》中,不但做了历史的考察,而且做了科学的预测。马克思恩格斯对于美国学者路易斯·亨利·摩尔根深入印第安人居留地进行长达40年考察、研究的成果《古代社会》一书的公诸于世是非常重视和赞赏的。马克思曾经打算根据摩尔根的研究成果,从唯物史观的立场出发撰写一部关于人类史早期阶段的专著,并为此对《古代社会》一书做了大量摘录和批注,但可惜未能如愿便与世长辞了。恩格斯的著名论著《家庭、私有制和国家的起源》可以说是在某种程度上执行了马克思的遗愿。恩格斯在自己的著作中大量地使用了马克思的摘录和批注。恩

---

① 《马克思恩格斯全集》第23卷,人民出版社1972年版,第649页。

格斯根据摩尔根所提供的大量史实,深刻地揭示了私有制和家庭、国家产生的过程,推翻了关于人类社会自古以来就有私有制的传统观点,证明在人类历史的早期阶段存在着以氏族制度为基础的氏族公社所有制。摩尔根考察了印第安人在氏族公社所有制下的生活方式,发现民主、自由、平等、博爱等古代价值观是建立在这样的生活方式基础之上的,是氏族社会团结、和谐、富于活力的保障。恩格斯站在唯物史观的理论高度,对于摩尔根的这种思想是非常赞赏的。正因为如此,恩格斯非常罕见地在《家庭、私有制和国家的起源》的结尾处大段地引用摩尔根的原话作为自己这部著作的结束语:

> 自从进入文明时代以来,财富的增长是如此巨大,它的形式是如此繁多,它的用途是如此广泛,为了所有者的利益而对它进行的管理又是如此巧妙,以致这种财富对人民说来已经变成了一种无法控制的力量。人类的智慧在自己的创造物面前感到迷惘而不知所措了。然而,总有一天,人类的理智一定会强健到能够支配财富,一定会规定国家对它所保护的财产的关系,以及所有者的权利的范围。社会的利益绝对地高于个人的利益,必须使这两者处于一种公正而和谐的关系之中。只要进步仍将是未来的规律,像它对于过去那样,那么单纯追求财富就不是人类的最终的命运了。自从文明时代开始以来所经过的时间,只是人类已经经历过的生存时间的一小部分,只是人类将要经历的生存时间的一小部分。社会的瓦解,即将成为以财富为唯一的最终目的的那个历程的终结,因为这一历程包含着自我消灭的因素。管理上的民主,社会中的博爱,权利的平等,普及的教育,将揭开社会的下一个更高的阶段,经验、理智和

科学正在不断向这个阶段努力。这将是古代氏族的自由、平等和博爱的复活,但却是在更高形式上的复活。①

在恩格斯看来,摩尔根所说下一个更高阶段的社会,或如马克思所说代替那资产阶级旧社会的新的"劳动者联合体"、"自由人联合体"的新社会,应当如摩尔根所说:将是古代氏族的民主、自由、平等、博爱的复活,但却是在更高形式上的复活。

二、马克思恩格斯是正确对待《宣言》的榜样

160年后,在我们重温《共产党宣言》,纪念它160岁生日的时候,还应该重视160年以来时代的变化、人类改造客观世界的实践的发展以及科学技术的突飞猛进,在充分肯定《宣言》的价值和作用的同时,还应当沿着《宣言》所开辟的全世界无产阶级和全人类解放的道路继续前进,不断坚持和发展《宣言》所代表的马克思主义的真精神。

在《宣言》发表25年后,马克思恩格斯在为1872年德文版所写的序言中就已经提出了这个课题。他们说:"不管最近25年来的情况发生了多大的变化,这个《宣言》中所阐述的一般原理整个说来直到现在还是完全正确的。"但是,马克思恩格斯紧接着又强调指出:"这些原理的实际运用,正如《宣言》中所说的,随时随地都要以当时的历史条件为转移,所以第二章末尾提出的那些革命措施根本没有特别的意义。如果是在今天,这一段在许多方面都会有不同的写法了。由于最近25年来大工业有了巨大发展而工人阶级的政党组织也跟着发展起来,由于首

---

① 《马克思恩格斯选集》第4卷,人民出版社1995年版,第178—179页。

先有了二月革命的实际经验而后来尤其是有了无产阶级第一次掌握政权达两月之久的巴黎公社的实际经验,所以这个纲领现在有些地方已经过时了。"①马克思恩格斯在这篇序言中为我们树立了如何正确对待《宣言》以至整个马克思主义的榜样。

中国共产党人是《宣言》忠实的信仰者,同时又是坚定的实践者、创新者。中国共产党人第一代领导集体的核心毛泽东,将《宣言》和整个马克思主义与中国的具体实际情况相结合,创立了具有中国气派的新民主主义革命理论,领导中国新民主主义革命取得了伟大的胜利;中国共产党第二代领导集体的核心邓小平以及以后各届中央领导集体,又创立了中国特色社会主义理论体系。这一理论体系坚持完整地理解马克思列宁主义和毛泽东思想,创造性地将其与当代中国的"历史条件"即新的时代特点和基本国情相结合,具有鲜明的中国特色。这一理论体系由邓小平理论、"三个代表"重要思想、以人为本的科学发展观和构建社会主义和谐社会等重大战略指导思想组成,充分体现了《宣言》和马克思主义的科学性同价值观的统一,是对《宣言》和整个马克思主义的坚持和发展。正是在这一创新理论的指导下,中国特色社会主义实践取得了辉煌的胜利。

三、科学性与价值观的统一需要不断地丰富和发展

从总体上说,在马克思主义中,科学性和价值观是统一的,是有机结合和不可分割的。但是在科学社会主义的实践发展和理论创新中,其具体内容和侧重点是有所不同和不断发展的。

---

① 《马克思恩格斯选集》第 1 卷,人民出版社 1995 年版,第 248—249 页。

这种不同和发展,决定于实践和理论思维在历史发展的不同阶段所面临的形势和任务的变化,表现为主观辩证法和客观辩证法、逻辑和历史的统一。

马克思主义的科学社会主义在其思想发展中大体上可以分为如下四个层次:

1. 首先强调为了满足人类生存和发展的需要,人类必然要从事劳动,因而这种活动的基本特点是自由自觉的,不是人自身以外的力量强迫的,因此马克思重点阐述了人的解放和全面而自由的发展是人类历史发展的根本动力和根本目的。这一点构成了"关于现实的人及其历史发展的科学"即马克思"第一个伟大发现"唯物史观的根本原理。

2. 发现了人的解放的物质承担者无产阶级,以及实现这种解放的具体途径——通过无产阶级的阶级斗争和实行无产阶级专政,实现向消灭阶级和无阶级社会的过渡,最终实现全人类的解放。

3. 探讨这种解放的历史必然性即历史发展的客观规律性,研究革命斗争的战略和策略。

4. 当谈到这一切的必然结果即未来社会制度时,立即可以看到马克思早期思想的重新出现,既社会的人的解放,强调人的全面而自由的发展,指出自由自觉的劳动是人的本性,民主、自由、平等、博爱等是人类共同的价值追求。这绝不是偶然的词语的重复和回归,而是马克思主义的科学社会主义思想发展的辩证逻辑同历史发展的客观辩证逻辑的统一和必然结论。

从1844年开始,马克思已经阐明了第一点和第二点,并且原则上肯定了第三点,后来,马克思的研究进一步深入系统地论证了第三点,肯定了第四点,即在新的研究成果的基础上返回或承接了第一点。这种发展是很自然的,当无产阶级正处于水深火热、饥寒交迫的境地时,不提出解放他们的神圣任务,就不可能成为马克思主义者;而面对急风暴雨式的阶级斗争现实,面对正在酝酿或已经发生的革命风暴,如果还仅仅停留于关于人的解放的泛泛议论,也不是一个真正的马克思主义者。但是,在社会主义革命成功、无产阶级和劳动者获得解放以后,如果忘记了革命的根本目的,让思想感情和理论思维的范畴仍然停留在急风暴雨式斗争的年代,那他也绝不是一个彻底的马克思主义者。马克思本人绝不是这样的。在早期,他带着火一样的激情强调人的价值和人的解放。但绝不是仅限于此。他诉诸革命斗争,诉诸群众和无产阶级,诉诸历史发展的客观进程。后来,他深入透彻地论述了资本主义将会为新的更高级的社会形式所代替的历史必然性,揭示了社会发展的客观规律,并为无产阶级和共产党制定了社会主义革命的战略和策略,但他绝不是抛开了人。恰恰相反,一方面,他把社会发展的必然性理解为人们从自然界和社会关系中争取自身解放的客观进程,因而自然地把人民群众理解为历史发展的主体力量。另一方面,每当谈到革命的目的、谈到社会发展的必然归宿时,他总是表现出对人的需要、人的自由和福祉的满腔热忱,表现出对人类本性的深刻理解,表现出对适合人的全面而自由发展的社会条件的强烈关注。这里,我们有必要全面回顾一下马克思和恩格斯有关社会主义社会科学形态的论述。马克思在《1844年经济学哲学手稿》中指出:"共产主义是私有财产即人的自我异化的积极的扬弃,因而是通过人并且为了人而对人的本质的真正占有;因此,它是人向自身、向社会的(即人的)人的复归,这种复归是完全的、自觉的而

且保存了以往发展的全部财富的。"①1848 年马克思恩格斯在
《共产党宣言》中指出:"代替那存在着阶级和阶级对立的资产
阶级旧社会的,将是这样一个联合体,在那里,每个人的自由发
展是一切人的自由发展的条件。"②在《资本论》中,马克思指出
在社会发展的新阶段,"联合起来的生产者,将合理地调节他们
和自然之间的物质变换,把它置于他们的共同控制之下,而不让
它作为盲目的力量来统治自己;靠消耗最小的力量,在最无愧于
和最适合于他们的人类本性的条件下来进行这种物质变换"。③
恩格斯在《反杜林论》中说:"当社会成为全部生产资料的主人,
可以在社会范围内有计划地利用这些生产资料的时候,社会就
消灭了迄今为止的人自己的生产资料对人的奴役。不言而喻,
要不是每一个人都得到解放,社会也不能得到解放。因此,旧的
生产方式必须彻底变革,特别是旧的分工必须消灭。代之而起
的应该是这样的生产组织:在这个组织中,一方面,任何个人都
不能把自己在生产劳动这个人类生存的自然条件中所应参加的
部分推到别人身上;另一方面,生产劳动给每一个人提供全面发
展和表现自己全部的即体力的和脑力的能力的机会,这样,生产
劳动就不再是奴役人的手段,而成了解放人的手段,因此,生产
劳动就从一种负担变成一种快乐。"④

　　由此可见,社会主义社会是科学性与价值观相统一的产物。
在科学社会主义中,人总是作为主体和目的出现的,占有至为宝

---

① 《马克思恩格斯全集》第 42 卷,人民出版社 1979 年版,第 1203 页。
② 《马克思恩格斯选集》第 1 卷,人民出版社 1995 年版,第 294 页。
③ 《马克思恩格斯全集》第 25 卷,人民出版社 1974 年版,第 926—927
　页。
④ 《马克思恩格斯选集》第 3 卷,人民出版社 1995 年版,第 644 页。

贵和至高无上的地位。如果抽掉马克思主义、科学社会主义中丰富的阶级情感,抹杀它的强烈的、崇高的价值追求,就是对马克思主义的极大歪曲。这同那种把马克思主义变成一般的人道主义说教,抹杀它的科学力量的企图一样,是马克思主义本身所不容许的。

四、结束语:从"幽灵"到阳光、春风和大地

总之,马克思和恩格斯一贯坚持在促进社会发展和进步的同时,促进人的全面而自由的发展和进步,这正是马克思主义科学性与价值观的统一所要求的。马克思主义是科学,是基于人、通过人并且为了人的科学。它以现实的人为出发点,以人的需要及其历史活动为内在根据,以人民群众的实践为唯一中介,以人类的彻底解放为最终目的。因此,它是对人的全面肯定的学说,人既是追求价值理想的主体,又是科学研究的客体,所谓全面肯定,就是把人既作为价值对象又作为科学对象的肯定。在这里,人不仅是目的,而且是主体,是动力,是从事实践活动的、具有丰富的必然属性的客观存在物。既然人是一个具有各种规定性的客观存在物,那么,第一,尊重和肯定人就是尊重和肯定客观存在,这是唯物主义者最基本的立场,也是一切社会事业成败的决定性要素。可见,对人的尊重这样一个价值要求,实际上是一个严肃的科学要求。第二,人及其种种属性既然具有客观性,它就不仅是必须尊重的价值对象,而且是必须加以研究的科学对象。只有准确地认识了人的客观属性及其发展变化的规律,我们才能做到在科学的意义上尊重人、动员人、改造人,自觉而且卓有成效地为人类谋福祉。这样一来,对人的全面肯定就

体现了科学性与价值观的统一。这种统一必然是一切科学的社会理论和社会形态的基础。马克思主义的力量,科学社会主义的优越,其源泉和根据就在于它是科学性与价值观的统一,在于它对人的全面而彻底的肯定。

在 19 世纪 40 年代的欧洲,共产主义像一个"幽灵"在大地上游荡,使统治者胆战心惊;而在人民当家做主的国度里,它却像宝贵的阳光、和煦的春风和丰收的大地。

党的十六届三中全会所制定的科学发展观的完整表述是:"坚持以人为本,树立全面、协调、可持续的发展观,促进经济社会和人的全面发展。"这实际上就是以现实的全体中国人的需要、福祉为根本的出发点,以经济社会(包括经济、政治、文化、教育、科学、社会等方方面面)的全面、协调、可持续发展和进步为中介,以理想的人即全面而自由发展的人的生成和发展为归宿、为目的,是完全符合马克思主义、科学社会主义的科学性与价值观相统一的要求的,是适应新的历史条件的马克思主义的创新理论。

(原载《马克思主义与现实》2008 年第 3 期)

关于阶级、阶级斗争和无产阶级专政理论的再学习

——重读《共产党宣言》、《国家与革命》、《论人民民主专政》的新感悟

阶级、阶级斗争和无产阶级专政问题,是马克思主义的基本理论。但是这一理论在"文化大革命"中遭到了严重的曲解和篡改,造成了严重的后果,其流毒至今仍困扰着某些人的头脑。粉碎"四人帮"以后,邓小平有针对性地提出要完整地准确地对待马克思主义和毛泽东思想。最近,我又重读《共产党宣言》、《资本论》、《反杜林论》、《家庭、私有制和国家的起源》、《国家与革命》、《论人民民主专政》等名著,在这一理论问题上有一些新的体会,现在写出来与大家共切磋。

一、从《共产党宣言》关于阶级斗争
历史表述的修正说起

《共产党宣言》第一章的第一句话原来是这样说的:"至今一切社会的历史都是阶级斗争的历史。"恩格斯在 1888 年《宣言》的英文版上加了一个注:"这是指有文字记载的全部历史。"为什么要作这样的修正? 恩格斯接着作了这样的说明:"在

1847 年,社会的史前史,成文史以前的社会组织,几乎还没有人知道。后来,哈克斯特豪森发现了俄国的土地公有制,毛勒证明了这种公有制是一切条顿族的历史起源的社会基础,而且人们逐渐发现,村社是或者曾经是从印度到爱尔兰的各地社会的原始形态。最后,摩尔根发现了氏族的真正本质及其对部落的关系,这一卓绝发现把这种原始共产主义社会的内部组织的典型形式揭示出来了。随着这种原始公社的解体,社会开始分裂为各个独特的、终于彼此对立的阶级。关于这个解体过程,我曾经试图在《家庭、私有制和国家的起源》(1886 年斯图加特第 2 版)中加以探讨。"在 1888 年《宣言》英文版序言中,恩格斯在说明《宣言》的核心的基本思路是属于马克思的这个问题时,还说:马克思认为从土地公有的原始氏族社会解体以来人类的全部历史都是阶级斗争的历史,即剥削和被剥削阶级之间、统治阶级和被压迫阶级之间斗争的历史。

从马克思和恩格斯对于人类阶级社会和阶级是怎样产生、何时产生的表述的这种修正中,第一,使我们感受到他们是怎样在理论的创造中坚持实事求是的。当人们对人类史前史的研究中发现新的历史事实以后,他们毫不犹豫地修正了自己的原来的不科学的、不正确的表述。第二,这种修正具有重大的理论价值和意义。马克思曾经说过,发现人类社会存在阶级和阶级斗争并不是他的功劳,在他之前,资产阶级的历史学家和经济学家已经论述过了。资产阶级的思想家受其阶级地位和阶级利益的局限,自然地倾向于认为阶级和阶级斗争的存在是自始就存在而且永远会存在下去。而作为无产阶级的革命家和思想家的马克思、恩格斯看到摩尔根等人类古代史学者发现在氏族公社社会曾经存在原始公有制,他们非常高兴,而且欣然地接受了这些学者的科学成果,修正了自己的表述和理论。

二、马克思关于阶级、阶级斗争和 无产阶级专政完整的表述

马克思 1852 年 3 月 5 日在致约·魏德迈的信中,对于阶级、阶级斗争和无产阶级专政,曾经作过一个完整的表述,他说:"……至于讲到我,无论是发现现代社会中有阶级存在或发现各阶级间的斗争,都不是我的功劳。在我以前很久,资产阶级历史编纂学家已经叙述过阶级斗争的历史发展,资产阶级的经济学家也已经对各个阶级作过经济上的分析。我所加上的新内容就是证明了下列几点:①阶级的存在仅仅同生产发展的一定历史阶段相联系;②阶级斗争必然导致无产阶级专政;③这个专政不过是达到消灭一切阶级和进入无阶级社会的过渡……"这三点新内容是紧密相联、缺一不可的完整整体,在强调前两点的时候,千万不能忘掉第三点,对于马克思关于阶级、阶级斗争和无产阶级专政所讲的这三点意见,特别需要完整地准确地理解和把握。

关于第一点,正如我们在前一节所看到的,马克思、恩格斯在 1848 年撰写《共产党宣言》时,表述尚不十分准确,那时还说"至今一切社会的历史都是阶级斗争的历史"。这种说法,则是一切剥削阶级的思想家都可以接受的,因为他们的思维逻辑是要将阶级、阶级斗争的存在说成是古已有之,是永恒的社会历史现象。而马克思、恩格斯修正了《共产党宣言》中不正确的表述,这样就从根本上同资产阶级的思想家区别了开来。

马克思、恩格斯为什么那么重视摩尔根《古代社会》一书的

出版,就是因为摩尔根历经40年对印第安人居留地的考察、研究,写成的《古代社会》一书有许多重大的新发现、新成果。马克思曾经打算根据摩尔根的研究成果,从唯物史观的立场出发,撰写一部关于人类史早期阶段的专著,并为此对《古代社会》一书做了大量摘录和批注,但可惜未能如愿便与世长辞了。恩格斯的名著《家庭、私有制和国家的起源》,可以说是在某种程度上完成了马克思的遗愿。恩格斯在自己的著作中大量地使用了马克思的摘录和批注。恩格斯根据摩尔根所提供的大量史实,深刻地揭示了私有制和家庭、国家产生的历史过程,实际上也就是揭示了阶级和阶级斗争产生的历史过程,推翻了关于人类社会自古以来就有私有制、就有阶级存在的传统观点,证明在人类社会的早期阶段存在着原始公有制和没有阶级、自然也就没有阶级斗争的历史。

恩格斯在《家庭、私有制和国家的起源》中,全面详尽地分析了家庭和私有制的产生过程。他说,家庭同私有制一样,都是历史的产物。家庭作为人类的一种社会存在方式,也是生产力发展到一定阶段的产物,而绝不是伦理观念的产物,也不是性爱的产物。由于产生了私有制,所以产生了阶级,因此马克思说"阶级的存在仅仅同生产发展的一定历史阶段相联系"。

马克思强调阶级斗争必然导致无产阶级专政,在欧洲大陆当时无产阶级同资产阶级的阶级斗争异常激烈,武装的反革命对无产阶级革命群众进行残酷镇压的形势下,马克思、恩格斯为从思想上武装无产阶级,当时十分强调通过暴力革命打碎旧的国家机器,建立无产阶级专政,是完全顺理成章的,是完全符合无产阶级的根本利益的。但是,即使在那样的形势下,马克思并没有迷恋无产阶级专政,他在强调无产阶级专政的必要性的同时,还特别清醒地强调"这个专政不过是达到消灭一切阶级和进入无阶级社会的过渡"。在下一节中,我们还会见到列宁引证《反杜林论》、《家庭、私有制和国家的起源》阐述恩格斯关于无产阶级专政"自行消亡"的思想,表明马克思、恩格斯是真正的、彻底的马克思主义者、共产主义者。

三、列宁关于只有承认阶级斗争同时也承认无产阶级专政及其"自行消亡"才是马克思主义者的表述

列宁在《国家与革命》一书中的一句话,是人们讲无产阶级专政时特别爱引用的,这便是:"只有承认阶级斗争、同时也承认无产阶级专政的人,才是马克思主义者。"①这句话,在"文化大革命"中曾经被反复地引用过,那是为炮制"以阶级斗争为纲"和"无产阶级专政下继续革命的理论"服务的,是为实行"全面专政"服务的。这种对马克思主义的断章取义、歪曲和篡改,已经随着"文化大革命"的失败和结束而破产了,但是人们并没有对之进行深究,进行深入的反思和批判。其实,对列宁的《国家与革命》中的论述,作这样的引用本身就是一种断章取义,就是一种歪曲和篡改。正是在《国家与革命》中,列宁还同时反复论证了只有承认阶级斗争、无产阶级专政,同时也承认无产阶级专政必然"自行消亡"的思想,才是真正的马克思主义者。现在就让我们来看看列宁是怎样说的。

就在人们常爱引用的这句话的前面紧挨着,列宁还有一大

---

① 《列宁选集》第 3 卷,人民出版社 1995 年版,第 139 页。

段话说:"马克思学说中的主要之点是阶级斗争。人们时常这样说,这样写。但这是不正确的。根据这个不正确的看法,往往会对马克思主义进行机会主义的歪曲,把马克思主义篡改为资产阶级可以接受的东西。因为阶级斗争学说不是由马克思而是由资产阶级在马克思以前创立的,一般说来是资产阶级可以接受的。谁要是仅仅承认阶级斗争,那他还不是马克思主义者,他还可以不超出资产阶级思想和资产阶级政治的范围。把马克思主义局限于阶级斗争学说,就是阉割马克思主义,歪曲马克思主义,把马克思主义变为资产阶级可以接受的东西。"正是在《国家与革命》中,列宁同时还引用恩格斯在《家庭、私有制和国家的起源》中的一段著名的论断:"阶级不可避免地要消失,正如它们从前不可避免地产生一样。随着阶级的消失,国家也不可避免地要消失。在生产者自由平等的联合体的基础上按新方式组织生产的社会,将把全部国家机器放到它应该去的地方,即放到古物陈列馆去,同纺车和青铜斧陈列在一起。"①

然后,列宁又用了整整一节的篇幅来论证"国家"、"无产阶级专政"自行消亡的问题。列宁还是首先引用了恩格斯在《反杜林论》中关于无产阶级的国家不是"被废除"而是"自行消亡"的思想。接着,列宁批判了机会主义者对国家消亡论的歪曲和篡改。列宁指出:"实际上恩格斯在这里所讲的是以无产阶级革命来'消灭'资产阶级的国家,而他讲的自行消亡是指社会主义革命以后无产阶级国家制度残余。按照恩格斯的看法,资产阶级国家不是'自行消亡'的,而是由无产阶级在革命中来'消

---

① 《马克思恩格斯选集》第 4 卷,人民出版社 1995 年版,第 174 页。

灭'的。在这个革命以后,自行消亡的是无产阶级的国家或半国家。"①

所以,列宁完整的准确的表述应当是:只有承认阶级斗争,同时也承认无产阶级专政和无产阶级专政"自行消亡"的人,才是真正的马克思主义者;只承认阶级斗争和无产阶级专政,不承认无产阶级专政"自行消亡"的人,还不是彻底的马克思主义者。

四、毛泽东关于阶级、阶级斗争和政党、国家权力"自然地归于消灭"的表述

有人可能会说,现在谈论无产阶级专政的"自行消亡"是不是为时过早了? 我认为,现在谈论这个问题,不仅在理论上是必要的,同时在实践上也是必要的。

第一,从理论上认清这个问题,根本不存在早晚的问题。从马克思、恩格斯,到列宁、毛泽东,他们在马克思主义创立后,在论述阶级、阶级斗争和无产阶级专政问题时,从来都没有忘记或回避要讲消灭阶级和阶级斗争,以至无产阶级专政的消亡,即使在马克思、恩格斯生活的时代,在他们还未取得社会主义革命的胜利和取得政权前,就反复地全面地论述过这个问题。列宁也是在无产阶级革命胜利前系统地全面地阐述了这个问题。毛泽东也是在中国革命胜利、中华人民共和国成立前夕在《论人民民主专政》这篇著名论文中透彻地全面地论述了这个问题,他说:"人到老年就要死亡,党也是这样。阶级消灭了,作为阶级

---

① 《列宁选集》第3卷,人民出版社1995年版,第124页。

斗争的工具的一切东西,政党和国家机器,将因其丧失作用,没有需要,逐步地衰亡下去,完结自己的历史使命,而走到更高级的人类社会。我们和资产阶级政党相反。他们怕说阶级的消灭,国家权力的消灭和党的消灭。我们则公开声明,恰是为着促使这些东西的消灭而创设条件,而努力奋斗。共产党的领导和人民专政的国家权力,就是这样的条件。不承认这一条真理,就不是共产主义者。"①

第二,阶级、阶级斗争、无产阶级专政和政党、国家权力问题,是马克思主义的基本理论问题,而对这样的理论问题,在无产阶级的革命实践中又曾经遭到过"左"的或右的片面理解,造成过严重的危害,所以无论从理论上说,还是从实践上说,都存在一个如何全面地准确地理解和把握的问题。

第三,毛泽东在《论人民民主专政》中明确地指出:"消灭阶级,消灭国家权力,消灭党,全人类都要走这一条路的,问题只是时间和条件。""对于工人阶级、劳动人民和共产党,则不是什么被推翻的问题,而是努力工作,创设条件,使阶级、国家权力和政党很自然地归于消灭,使人类进到大同境域。"②由此可见,毛泽东认为从人民民主专政建立的那一天起,共产党、工人阶级、劳动人民就应当努力工作,创设条件,使阶级、国家权力和政党很自然地归于消灭。当然,这是一个十分漫长的历史过程,需要经历几代人、十几代人、甚至几十代人的努力奋斗才能完成的历史任务,不能设想一觉醒来、一个早晨阶级、政党、国家权力就通通消失了,不见了,那是十分可笑的、幼稚的想法。但是,正因为其

---

① 《毛泽东选集》第四卷,人民出版社1991年版,第1468页。
② 《毛泽东选集》第四卷,人民出版社1991年版,第1468、1469页。

十分漫长而且艰巨,所以我们又不能遗忘这个伟大的理想目标,而是应当时刻不忘为实现这个理想的目标而创造条件。毛泽东在中华人民共和国成立前夕就已经提出了这个任务,现在,我们正在中国特色社会主义道路上阔步前进,更不应当忘记这个根本任务。马克思、恩格斯曾经多次用"自由人联合体"、"生产者联合体"、"自由平等的生产者联合体"来描述未来理想社会的组织结构和人际关系,凝聚了人类对未来社会的崇高理想,给人们以很大的启迪,是一笔珍贵的思想遗产,在我们的改革开放和所从事的中国特色社会主义事业中,在社会组织结构和制度的设计、建设中是应当加以继承和发展的,不断地进行量的积累,采用渐进的量变的方法,为逐步实现理想目标而努力工作。

这不仅是一个漫长的艰巨的历史过程,而且是一个复杂的辩证的历史过程,一方面不能忘记阶级、政党、国家权力最终是要消亡的,另一方面还要看到人类社会在当前的现实的历史发展阶段,还得运用甚至还要加强政党和国家权力的作用,正如我国宪法中所说:"在我国,剥削阶级作为阶级已经消灭,但是阶级斗争还将在一定范围内长期存在。中国人民对敌视和破坏我国社会主义制度的国内外的敌对势力和敌对分子,必须进行斗争。"也正如《中国共产党章程》所说:"在现阶段,我国社会的主要矛盾是人民日益增长的物质文化需要同落后的社会生产之间的矛盾。"

阶级、阶级斗争和政党、国家权力的消灭、消亡是一个长期的、漫长的、渐进的过程,而且是有人参与的主体与客体之间相互作用的辩证的社会历史发展过程,而权力、官位又常常同荣誉、金钱、美色相联系,具有极大的诱惑力和腐蚀力,所以我们的党中央经常告诫全党各级干部不仅要经受改革开放的考验,经受社会主义市场经济环境的考验,而且要经受长期执政的考验,就其内容来说,恐怕就包括要抵制、克服、战胜这种诱惑与腐蚀。要想不被诱惑或腐蚀,需要掌握权力者有很高的主体性条件,很高的共产主义觉悟,很强的历史使命感和历史责任感,很强很持久很坚韧的自我控制和自我约束能力,同时还要有很艰巨的社会环境建设,要有很健全的制度制约,很严格的机构监督、群众监督、舆论监督,要使全体社会成员增强主体意识、主人公意识,在党的十七大报告中明确地提出了"加强公民意识教育,树立社会主义民主法治、自由平等、公平正义理念",等等,以保证掌权者不被权力诱惑、腐蚀成为社会的"异己力量",不被从人民的公仆异化成为人民的老爷。不懂得阶级、阶级斗争、政党和国家权力最终是会消灭、消亡的理论,只能说是半截子的马克思主义者。半截子的马克思主义者不是说还有一半马克思主义,用毛泽东的话来说"就不是共产主义者",也就是说不是马克思主义者。因此,不做半截子的马克思主义者,不仅是一种理论上的需要,而且是一种实践的需要,具有重大的现实意义,并且是会碰到种种阻力,需要花很大的力量,采取种种切实的措施克服这种阻力。现在,我国全体人民,正在党的中国特色社会主义理论体系的指引下,坚定不移地走中国特色社会主义道路,坚持以人为本,构建社会主义和谐社会,遵循毛泽东所说"努力工作,创设条件,使阶级、国家权力和政党很自然地归于消灭,使人类进到大同境域。"作为共产党人,作为马克思主义者,这个远大目标千万不能遗忘!

（2008 年 10 月 1 日）

啼 血 的 杜 鹃

——高放《中国政治体制改革的心声》读后

一、民主建设需要扎扎实实的制度建设，
　　而不能仅停留在理论宣传和舆论
　　造势的层面

　　腐败可以说是民主程度的测试剂、体温表；民主则可以说是根治腐败的根本之策、锐利的武器。

　　改革开放以来，党中央就一直在高倡反腐败，并采取了一系列严厉的反腐败措施，如果不是这样，不知腐败可能比今天还会严重多少倍。但即使党中央采取了如此严厉的反腐败之策的情况下，腐败并没有从根本上被扼制，反而有蔓延之势，这值得我们严肃反思、认真总结，并痛下决心加快根治这一顽症的根本之策——社会主义的民主制度建设。

　　加强社会主义民主和法制建设，我们党可以说年年讲、月月讲、日日讲，但是为什么还没有从根本上解决问题？症结何在？读了高放教授的新著《中国政治体制改革的心声》（重庆出版社出版），我得到了一些启发和感悟，民主建设不能停留于理论宣

传和舆论造势的层面,而必须进行扎扎实实的制度建设,也就是要认真地、实实在在地进行政治体制改革。

二、政治体制改革,要把握好"度", 快了不行,慢了也不行

政治体制改革,不能像"文化大革命"那样进行急风暴雨式的所谓"革命",而是一种认真地进行增量积累式的体制内的改革。因为是增量积累,所以特别艰难,快了不行,慢了也不行,"度"是必须很好把握的,但是又不能因为强调把握好"度"而停滞不前。

在政治体制改革上是存在封建残余等严重的阻力的,这一点邓小平已作过分析。正因为存在这种严重的阻力,所以要有十分坚定的决心、要用十分大的力量来冲破这种阻力。正是在如何推进政治体制改革、加强社会主义民主制度建设这个问题上,本书可说是一种呕心沥血的力作。

作者是把社会主义民主概括为党内民主、人民民主和党际民主三个领域,并着力论述了在这三个领域中如何进行民主和法治的制度建设,如何使民主和法治制度化、规范化、程序化,提出了一系列具体的设想和建议。这些设想和建议都不是空对空的议论,而是建立在扎实的马克思主义的理论基础之上和对国际共产主义运动、中国革命经验教训的深刻总结的基础之上,包括汲取了人类在民主和法治建设方面共有的文明成果,使人读起来感到有血有肉、言之有物、言之成理。特别值得肯定和赞扬的是,作者并没有因为这个问题政治上敏感,而且自己曾经遭到过误解,而有丝毫的顾虑和回避,而是畅所欲言、秉笔直书,毫不

吞吞吐吐,言他人之未言、不敢言。表面上看这是一种勇敢,而实质这却是一种忠诚,是一种襟怀坦荡、忧国忧民之情怀。

作者在自序中说:"我时常想起宋朝诗人王令在七绝《送春》中留下的千古绝句:'子规夜半犹啼血,不信东风唤不回。'古代传说子规,即杜鹃鸟啼叫最苦时会啼血。清末诗人黄遵宪(1848—1905)在《赠梁任父同年》中还有肺腑之言:'杜鹃再拜忧天泪,精卫无穷填海心。'但愿我呕心沥血、忧思含泪呼唤政治体制改革的心声会得到东风的回响。"但愿高放教授的这一心声能得到东风的回响,是为我为之作评的至盼。

三、我们的民主是社会主义须臾不可离的民主, 是我们的一种内在需要

"民主",现在在世界上成了一个很时髦的词,成了个别国家手中推行单边主义、霸权主义的工具,哪个国家、哪个民族,如果不合它的心意,不顺它的眼,它就说那里不民主,就打着"民主"的幌子搞颠覆,甚至武力推行其所谓民主。这是一种极大的讽刺。我们过去说"革命"是不能输出的,实际上"民主"也是如此,你把"民主"讲得天花乱坠,但你用刺刀、枪炮、战争把"民主"当做礼物送人,是没有人会接受的,是必然会失败的。民主只有成为一国人民、一个民族的内在需要时,而且民主的实现形式、方式必须适应不同国家、民族的历史、文化特性和现实情况,并由各国各民族在实践中创造、选择,才能在那里根深叶茂、开花结果。

《中国政治体制改革的心声》,字里行间闪烁的都是社会主义须臾不可离的民主,都是中国人民和几代仁人志士所追求的

民主,都是中国人民内在的一种需要,而绝对不会接受外部输入的"民主",中国人民吃帝国主义、霸权主义侵略的苦头已经够多的了,而且绝对不会忘记历史的经验教训。高放教授在几十万言的论著中,所论证、所建议的民主、法治建设的一系列新说,都是结合中国的具体国情,具体的历史、文化特性的肺腑之言。这些建言都是中国的"土特产",不是从西方来的舶来品,而且只是供我们党和中国人民创造和选择的建言。

四、民主是我党的一面旗帜,
谈论民主不应成为顾忌

民主,在我们党的长期奋斗历程中,在中国人民长期进行的武装斗争中,是一面鲜亮的旗帜,我们党在取得全国政权前,就已经积累了实行新型民主的经验。对于这种经验,我们应当进行认真的总结,并在新的实践中发扬光大。不知从什么时候起,民主在一些人的眼中,似乎成了人们谈论的一种顾忌。这是很不正常的,是社会主义社会所不应有的一种怪现象。高放教授的新著,冲破了这种忌讳,书中不仅引经据典地讲述了他的一系列民主新说的活水源头,即马列主义经典原著,而且紧密结合中国人民所进行的社会主义民主、法治建设的实践,做了有说服力的论证。

(原载《北京日报》2006 年 7 月 3 日)

对马克思主义原汁原味的解读

——高放先生《马克思主义与社会主义新论》读评

最近喜获高放教授的新著《马克思主义与社会主义新论》，饶有兴趣地开始了阅读，而且越读越有兴味，越读越发现书名中这个"新"字的意义和价值。这个"新"并不是标新立异之新，也不是单纯地为了"追新"而新。这个"新"，完全是建立在马克思主义本意之上的，是对原汁原味的马克思主义的新发掘，是在现代条件下对马克思主义的新解读。

一、追求人类解放是马克思主义的核心主题

弄清楚马克思主义的真正含义，是坚持和发展马克思主义的出发点。但过去在马克思主义是什么的问题上，有这样那样的误解、曲解甚至是歪解。高放在该书的重点部分《马克思主义是人的解放学——加强对马克思主义科学整体研究献议》一文中，给马克思主义下了一个定义：马克思主义是"马克思恩格斯创立的无产阶级和全人类解放的科学"，也可以简化为五个字的定义：马克思主义是"人的解放学"。

过去在一些人的印象中，马克思主义是和阶级斗争联系在一起的，那么，说马克思主义是"人的解放学"，是否符合马恩的

本意？高放认为,他的这个定义完全符合马克思、恩格斯思想的本意。对这一点,我完全同意。因为这是就马克思主义创始者本人原创的根本意图和历史本来的真实面貌来说的。

马克思主义创立后,在这么多年的实践和发展中,交织着胜利、成功和挫折甚至在一些国家和地区的暂时的失败。在这个过程中,学术界出现了对马克思主义各种各样的解读和定义,不少政党和革命者还根据这些不同的解读和定义,进行了各种各样的实践和试验。如果从马克思主义发展到今天的现实实践来说,高放在书中作出这个定义也是迫切需要的。全书共分四编:关于马克思与马克思主义;关于科学社会主义;关于世界资本主义与世界社会主义;关于中国特色社会主义。这四编中的主要论说都是以历史的眼光、从理论思维的高度、总结正反两个方面的经验教训,所以这个定义给人以厚重的历史感、强大的逻辑力量和强烈的现实感,是具有说服力的。无产阶级与全人类的解放问题,在马克思、恩格斯创立马克思主义时起就作为一个现实的课题提上了议事日程,进入了马、恩的视野,并成为马克思主义的核心主题。今天,无产阶级与全人类解放已成为一个时代的和实践的课题摆在世人的面前,在这个时候,高教授提出这个定义,表现了理论的与时俱进。

二、把马克思主义定义为"人的解放学", 有利于厘清一些人思想上的"迷障"

从作者作出这个定义后学术界、理论界的反映来说,高放教授的这个定义可以说是有的放矢,切中了长期流行的观点的要害。一篇文章、一部书出版后,如果引起社会上广泛的、强烈的反响,无论是正面的肯定、赞扬,还是反面的否定、反对和批评,都说明它产生了值得关注的社会效果。高放教授的这些新论发表后,有人肯定、赞成,有人否定、反对、批评,我认为这都是正常的思想现象,不足为奇为怪,因为真理是在辩论中发展的。有论者认为,高放教授的定义丧失了无产阶级的阶级性和党性,"马克思主义作为一种特殊意识形态,是一种有党性的学说,其基本意义就在于它不是一切人的解放的学说,而只是无产阶级解放的学说。如果离开无产阶级的解放而大谈人的解放,这只能是毫无意义的空谈。"对于这种批评,高放教授采取引用马克思、恩格斯原著的方式做了有力地回答。"当代要如何对待马克思主义"、"重新精读马列的点滴感悟"、"要澄清对'中国特色论'的种种误解"、"怎样理解马克思恩格斯思想的转变与发展"……高放在书中的一系列新论说明了批评者把马克思主义说成"只是无产阶级解放的学说",是违反马克思主义的原意的。

对于马克思主义是不是"只是无产阶级的解放学、而不是一切人的解放的学说"这个问题,我们还是看看马克思、恩格斯自己是怎样说的。除了高放教授已作的引证外,我们还可以补充大量的引证,马、恩在1845年合著的《神圣家族》一书中指出,无产阶级"能够而且必须自己解放自己"。马克思还指出,无产阶级是这样的一个阶级,它"若不从其他一切社会领域解放出来并同时解放其他一切社会领域,就不能解放自己的领域"。① 马、恩在后来的一系列著作中不但反复论述了无产阶级必须自己解放自己和能够自己解放自己,而且反复论述了无产

① 《马克思恩格斯全集》第1卷,人民出版社1956年版,第466页。

阶级只有解放全人类才能最后解放自己,其根本内涵就是"每个人的全面而自由的发展"(《资本论》),就是"每个人的自由发展是一切人的自由发展的条件"(《共产党宣言》)。无产阶级与全人类的解放这个核心主题,可以说是贯穿马克思、恩格斯全部著作中的一根红线。

从马、恩的这些论述来看,按照一些同志的看法,马、恩他们是不是也丧失了无产阶级的阶级性和党性?是不是在作"毫无意义的空谈"?真正的无产阶级的阶级性和党性不是一些同志所曲解的那一种,而是马、恩所代表的这一种!马、恩所坚持的这一根本原理绝对不是什么"空谈",而是颠扑不破的真理!多年来,怎样改进在我国广大干部、群众中进行马克思主义基本理论的教育问题一直是人们关注和探讨的一个问题。所以高放说:"人人生来都渴望得到自由解放,享有幸福美满生活,为此人人都要学习马克思主义,而且人人都可能愿意学习马克思主义。"

马克思、恩格斯已经明确为我们解决了这个根本问题,某些同志现在居然视而不见,这是一个值得人们深思的思想现象。针对资产阶级思想家想把阶级、阶级斗争永恒化的企图,马克思和恩格斯的一个伟大贡献就是论证了阶级的产生和存在、阶级斗争、阶级专政的出现和存在,都是一定历史时期的现象,绝不是一直存在的永恒的现象。这一马克思主义的基本原理,现在却被某些同志遗忘了,甚至不只是遗忘了,而且仍然把对马克思主义及其阶级性与党性的曲解当做金科玉律。这种曲解至今仍是某些人思想上的一种"迷障",挥之不去。理论研究贵在创新,只有敢讲真话、实话、新话、深话,才能在学术上有所建树。所以,高放在书中提出,"一个学者不能墨守成规、人云亦云,不能'左'右逢源"。这本书体现了高放教授的这种为学、为文之道。

在书中,围绕"人的解放学"这一核心主题,高放教授还从各个角度,展开了自己对马克思主义、科学社会主义的理解,不仅观点新、而且资料新,语言活,实现了理论研究的深度与语言表达的可读性之间的统一,使理论变得可读,可亲。

（原载《北京日报》2007 年 9 月 17 日）

推进建立当代中国哲学

——张世英先生《归途》一书读后感

收到张世英先生的新著《归途——我的哲学生涯》一书,我被张先生曲折的、执著的、丰收的哲学人生所吸引,饶有兴趣地读了起来,读着读着,发自内心的感想就油然而生。现在讲讲读后感。

张先生,从少年起,在父亲的教导下就确立了"要做学问中人"。但在青壮年时,走了长达 30 年的弯路,到 60 岁前后,才赶上改革开放的年代,又焕发了学术的青春,思想的硕果像喷泉一样涌流。后 30 年的成果,数量上超过前 30 年高达 6 倍。特别可喜的还不在数量,而在质量,质量之高令人叹服。特别可贵的是张先生的自我否定、自我扬弃、自我超越的真正的学者精神。张先生在回顾新中国成立后 60 年的哲学生涯时,非常坦然地说,前 30 年"我的著作和论文大多打上了'左'的教条主义的烙印,'大批判'成了这些论著的指归。"结束"文化大革命"十年动乱后,张先生认真反思和总结了前 30 年所走过的道路,深感"仿若一个飘摇在外、'一去三十年'的游子,踏上了自己思想家园的归途。我感到长期套在哲学脖子上的枷锁正在打开,'光明在望'。从此以后,我回到了纯正的学术研究的道路,开始了一个真正做学问的时期"。

改革开放，结束了"政治独断的教条主义的束缚"，这是客观环境变了，但是，作为一个学者、哲学家，能不能跟上这种客观环境的变化，清算和抛弃在"政治独断和教条主义的束缚"下所形成的思维方式和思维定势的羁绊，找回独立思考的精神，真正解放思想，同打上了"左"的教条主义烙印的旧作旧思想决裂，没有一点理论上、学术上的勇气，没有自我否定、自我扬弃、自我超越的精神，也是不行的。张先生特别可贵的是有这种精神，所以他取得了成功，取得了如此丰硕的成果。我们不仅要向张先生表示祝贺，而且要向张先生学习。

后30年，张先生的学术成果是丰硕的，张先生将其概括为"新的'万物一体'哲学"，把万物一体、天人合一与主—客关系结合起来。

张先生所讲的这种"新的哲学"的确同传统所讲的马克思主义哲学是有所不同，放在30年前，根本不会让其存在，更不会让其登上北京大学的学术殿堂。现在，不但让其存在，让其登上北大的学术殿堂，而且国家出版社还出版了张先生的多部新著。这说明我们的国家、我们的社会确确实实是进步了，独立思考，学术民主、学术自由得到了弘扬！由此，我又产生了一个更为广阔的感想，就是马克思主义哲学应当怎样面对这种新的现实、新的发展。

我们常说，要用发展着的马克思主义指导新的实践；还常说，要将马克思主义同中国实际相结合，要实现马克思主义中国化。"发展着的马克思主义"，"中国化的马克思主义"，是大不同于100多年前马克思、恩格斯的原旨马克思主义的，是加进了无数新的时代元素和中国元素的马克思主义。马克思、恩格斯生活的年代，没有出现过我们今天所面临的许多新情况、新课题,不可能从他们的 100 多年前的著作中找出解决今天所面临的所有新情况、新问题的现成答案,必须由现代人按照实事求是的原则和方法,研究新情况,作出新答案。所以,我觉得应将原旨马克思主义同"发展着的马克思主义"("中国化的马克思主义")这两个命题、两个概念加以区别。这样就可以避免出现两种弊端,一是不会被原旨马克思主义束缚住头脑和手脚,不敢创造、创新,老是墨守成规;二是不会把"发展"、"中国化"过程中出现的失误、错误甚至挫败,一股脑儿都推到马克思主义头上去。

如果我的上述想法能够成立,我想对于马克思主义哲学也可以这样做。我们应当将原旨马克思主义哲学同"发展着的马克思主义哲学"("中国化的马克思主义哲学")加以区别。哲学是时代精神的精华,哲学应面向人类生活,回答人类生存生活的现实问题。恩格斯曾经说过,随着自然科学每一个划时代的发现,唯物主义必然改变自己的形式。我想,恩格斯是把马克思主义的唯物主义也包括在内的。

张先生认为"哲学是以提高人生境界为目标的学问,是提高人生境界之学。""哲学是讲人对世界的态度,讲人怎样生活在这个世界上。"根据张先生对哲学的根本使命的这种理解和对哲学所作的界定,针对当代中国人所面对的人与自然、人与人的和谐遭到破坏的严峻现实,张先生主张把中国传统的"万物一体"与西方近代的"主体—客体"关系式结合起来,具体地说,就是把"主体—客体"关系吸取和充实到"万物一体"的精神境界中来,一方面避免中国传统的"万物一体"中那种不分你我、不分主体与客体之弊,一方面避免西方近代把"主体—客体"关系式奉为哲学最高原则所造成的流弊。这种哲学,张先生称为

"新的万物一体哲学"、"新的天人合一哲学",但它不是传统意义的"万物一体"、"天人合一",而是一种超越了主客关系的万物一体、天人合一的境界之学。张先生追求的最高境界是人的心灵自由。张先生主张中国哲学的发展前途既要召唤主客二分的主体性,以发展科学,发扬民主,又要超越主客二分和主体性达到天人合一、人与自然交融的高远的自由境界。没有主客二分和主体性,就没有科学的、进取的精神,但若停留于主客二分,则终因主客彼此在外、彼此限制而达不到心灵上的自由。这种自由只有在人与物交融、人与自然交融的天人合一境界中才能获得,这种自由高于政治上民主所给予的自由,高于获得科学上的必然性知识的自由,也高于道德上的自由。这里的关键在于超越——即超越主客二分,超越主体。超越不是排斥,不是抛弃,而是将主客二分和天人合一结合起来。

张先生认为,这样的哲学乃是一种能以高远的精神境界指导人们发挥主体性、奋发前进、执著追求的哲学。张先生相信,这样的哲学符合中国当今的需要,能引起当今中国人的共鸣。

张先生的"新的'万物一体'哲学",或曰"新的'天人合一'哲学",是面向人类生活的,没有回避人类面临的问题、难题,甚至困境。张先生的"新的哲学"也没有回避中国人民所面临的时代主题和实践课题,我能体会到张先生内心有一团旺盛的火,燃烧着,热烈地追求着人与自然、人与社会、人与自身的和谐相处、和谐发展。

张先生新的"万物一体"哲学、新的"天人合一"哲学,描述了人的生存生活境界。我理解张先生说的实际上就是"物我一体"。自然界孕育了人、产生了人、造就了人、养育了人;自然界是人的无机的身体,人是自然界的生命;人是自然界的自由的存在物,自然界由于有了人而具有了活力、能动性和灵魂。由于有了人,自然界才有了大脑。人不能自外于自然界,不能忘乎所以地凌驾于自然界之上。由于此,也就决定了人不能像征服者那样掠夺自然界、破坏自然界,而应善待自然界,像爱护自己的身体那样爱护自然界、保护自然界。"物我一体"决定了人类根本的生存生活态度,决定了人类应当怎样去构建自己的生存生活境界。其实这种哲学思维同马克思的哲学思维是相通的。马克思在165年前的《1844年经济学哲学手稿》中认为:"人把自身当作现有的、有生命的类来对待,因为人把自身当作普遍的因而也是自由的存在物来对待。""人靠自然界生活。这就是说,自然界是人为了不致死亡而必须与之处于持续不断的交互作用过程的、人的身体(马克思在上文说了'自然界是人的无机的身体'——引者注)。所谓人的肉体生活和精神生活同自然界相联系,不外是说自然界同自身相联系,因为人是自然界的一部分。"①并曾经预言:"自然科学往后将包括关于人的科学,正像关于人的科学包括自然科学一样:这将是一门科学。"②所以我说张先生的哲学与马克思的哲学不是相隔绝的,而是相通的,因为他们都是把人作为自然界的物质发展的最高形式来对待的,是作为"自由的存在物"来对待的,所以,人与自然界具有内在的、本质的一致性、统一性,研究这种一致性、统一性,就必然会产生"天人合一"、"万物一体"的境界之学,就必然会有关于这种境界的哲学,或如马克思所说:自然科学与人的科学将融合为同一门科学。

---

① 《马克思恩格斯全集》第3卷,人民出版社2002年版,第272页。
② 《马克思恩格斯全集》第3卷,人民出版社2002年版,第308页。

我们是马克思主义的信奉者,为了表示我们的哲学同马克思主义哲学的继承关系,所以我们的哲学是"发展着的马克思主义哲学",但就其实质来说,这种哲学应当成为"当代中国哲学"。张先生的"新的哲学",对于推进建立当代中国哲学是会有帮助的,发展着的马克思主义哲学是可以从中吸取营养的。

建立当代中国哲学,是全体当代中国哲学家的历史使命、历史责任,要靠他们共同的不懈的努力,不是靠少数人关在书斋中成天苦思冥想建立所谓更加完备的概念、范畴体系所能完成的,那不符合马克思主义的世界观和方法论。只有靠全体中国哲学家根据当代中国人所面临的时代的、实践的、生存和生活的课题,不断地思考、创作和言说,是一个没有尽头的过程,是一条波涛滚滚、永无止歇地奔向智慧海洋的哲学长河。

张先生学贯中西,有丰富的西方哲学史和中国哲学史知识,在其著作中充分地运用了这些知识,所以张先生的著作给人以厚重的历史感;张先生又是一位具有强烈的独立思考精神的学者,在其著作中闪耀着智者之思之论,给人以深邃之感;张先生还是一位诗人,在其著作中实现了诗与思的结合,给人以美的享受。就是这样一位大智大勇的学者,当别的学者指出其著作中的不足之处时,又表现得是那样的虚怀若谷。有些学者指出,张先生的哲学所讲的"万物一体"只是一种讲个人精神境界之学,只讲到"个人问题"而没有讲到"社会问题",需要用"社会存在论"来使"万物一体"的"生活世界"具体化和现实化。张先生认为"这些学者的意见切中要害",并表示"我的哲学探索还需要加大步伐,继续前进。"这种谦逊,表现了一种真正的学者风度。受这种风度的感动,我也想向张先生提一点建设。张先生的哲学是创新之学,任何新生的事物都不可能一下子就十全十美,就非常完善。张先生的哲学是以提高人生境界为目标的学问,是提高人生境界之学。但就《归途》一书来看,我觉得对张先生新哲学的现实意义及其社会历史价值,张扬得还很不够。如果从讲个人的人生境界提升到讲社会的、全人类的生存、生活境界,那么张先生的新哲学的现实意义和社会历史价值定会得到更充分的张扬。

最后,还有一个问题想借此机会请教一下张先生。在《归途》中,我看到张先生主要是在讲人与自然、人与人两个和谐问题,但我认为应讲三个和谐:人与自然要和谐相处、和谐发展;张先生讲"人与人的和谐",这里的第二个"人"是指他人,实际上是讲"人与社会的和谐"。还有一个"人与自身"的关系问题,人是把自己也当作客观存在的客体来对待的;人是具有自然之性和社会之性的;人不但要认识和改造自然界,认识和改造社会,而且还要认识和改造人自身。在这三种认识和改造中,人都面临着生存生活的境界问题,都存在追求和谐和心灵自由的问题。

在改造自然、改造社会中,人类现在面临着一系列严峻的问题。现在掌握核弹的国家还在增加,而已有的核弹足以将地球和人类毁灭几次,核战争、核恐怖严重地威胁着人类的生存;人们还在研制化学武器、生物武器、基因武器、反物质武器,同样威胁着人类的生存;温室气体和其他污染物的排放,气候变暖,生态环境遭到破坏,给人类的生存敲响了警钟;能源和资源危机、粮食危机、饥饿和贫穷问题、疫病流行、毒品流毒等也都向人类提出了挑战;国际恐怖主义活动日益猖獗,严重地威胁着无数无辜人们的生命;殖民主义、霸权主义、单边主义用枪炮和战争推销自己的价值观,威胁着世界的和平与稳定;最近,由于美国华尔街大银行家的贪婪,引发了全球性的金融危机,世人称"金融海啸"席卷全球,是资本主义固有本质和根本弊端的大暴发,严重地威胁着世界的经济发展和和平与稳定;经济全球化趋势的日益发展,地球越来越变成了一个"地球村",全球治理、建立和谐世界的问题也提到了世人的面前……

人和自然、人和社会关系中的不和谐因素有增无减,现在在人与自身关系中的和谐问题也日益引起了人类的关注。随着科学技术的突飞猛进,人类对基因、蛋白质结构认识的日益深入和精细,生殖技术、克隆技术日益进步,人对自身的认识和改造面临着越来越多的挑战和困扰。转基因技术的日益发展,基因选择、改造和重组,克隆人问题的提出,不仅向人类提出了生殖伦理问题,而且对人类的生存生活提出了挑战,人与自身的和谐成为比以往任何时代都重要的问题,我们应当像重视人与自然的关系、人与社会的关系那样重视人与自身的关系问题,将其放到当代哲学研究的重要位置,从哲学上研究人类怎样在这个世界上生存生活得更舒坦、更幸福、更自由,得到更全面更和谐的发展。

当今人类面临的这一系列严峻问题,大多是在人类追求发展和进步中相伴而生的,可以说是一种"成长的烦恼",而这一切正是党中央提出以人为本的科学发展观和构建社会主义和谐社会重大战略指导思想的大背景。以人为本的科学发展观和构建和谐社会已经成为我们的时代主题和实践课题。哲学的发展,同人的生存生活的境界是密切相联系的。张先生的哲学思维具有超越性、超前性,所以有人称为"希望的哲学"、"未来的哲学"。对中国人民来说,目前还是生存生活在要强调地呼唤增强主体性的历史阶段,研究"主—客关系"和如何正确处理"主—客关系",以提高人的生存生活境界,仍然是中国人民面临的时代的主题和实践的课题。

　　我的上述观点,在拙著《人的哲学论纲》和《以人为本　构建和谐社会 20 论》中曾有专题论述,不知对否,请张先生批评指正。

（在 2008 年 11 月 18 日张世英先生《归途》
一书出版座谈会上的发言）

从打着灯笼找人到找回"健康自我"

——朱滢先生《文化与自我》读后感

在作于1982年的《马克思主义哲学是人的解放学说的科学形态》第一节《从打着灯笼找"人"说起》中,我讲了这样一个故事:"翻开中外哲学史,可以发现寻找人的本质,探索人生奥秘的努力绵延不断,对这个问题的答案众说纷纭。古希腊有位哲学家,名叫狄欧若恩,他厌恶社会,崇拜自然,白天打着灯笼走路,别人问他这是干什么? 他回答说:'我在找人。'"然后,我分别叙述了中外哲学史上各派哲学家关于人的本质和人生奥秘的答案,真可谓浩如烟海,其中虽然包含着不少真理的颗粒,但是在马克思主义哲学产生以前,他们并没有真正找到"人",他们对人的认识都没有达到科学的形态,只有到了马克思那里,这个问题才可以说获得了称得上是科学形态的解决。①

三十多年来,我紧紧围绕这个问题进行研究和论说,最近因张世英教授的介绍,结识了一位心理学朋友,北京大学心理学教授、心理学系前主任朱滢,接触了他的科研的成果《文化与自

---

① 参见薛德震:《人的哲学论说》,中国社会科学出版社2004年版,第95—97页。

我》，我深深地感到要真正找到人，找到合格的、健康的自我，除了要进行哲学的研究和探讨，还应深入心理学的层次进行研究和探讨。我三十年的研究、论说还只是哲学层面的人、宏观层面的人，为了更深刻地理解"人"，还应深入到心理学层面去了解人。心理学对人的研究也有诸多方面，朱教授近几年主攻心理学上的"自我"。朱教授运用先进的自然科学的方法对各种不同人群的"自我"意识进行测验、研究，并借鉴外国心理学研究的成果，写出了《文化与自我》专著，学问非常专业，朱教授的成果中，有两点给了我深刻的启迪。

第一点是中国人与西方人对"自我"认知、概念、意识的显著差别。各个不同国家民族的人的"自我"意识具有鲜明的民族特点，特别是朱教授所论证的东西方人的"自我"意识的鲜明差别。朱教授在《文化与自我》一书中，首先介绍中西方哲学关于"自我是什么"的区别，他说："中西方哲学对自我的看法侧重点不同，西方哲学讨论个人认同问题，强调自我的主动性。中国哲学不讨论个人认同问题，而是强调自我与他人的关系的重要性，强调社会对个体自我的约束，从而展现出自我的局限性。中西方哲学对自我的看法极大地影响了中西方心理学对自我的看法。"[1]朱先生接着强调说："我想强调，西方哲学、西方心理学、西方（被试的）神经科学这三个层面自我概念（结构）上是一致的，即都突出个体的自我自身，排除自我与他人的联系。这就是哲学上突出个体自我的主动性，不讲个体与他人的关系，心理学上突出个体自我的独立性（与他人无联系），反映在大脑活动上，内侧前额叶只表征自我不表征母亲；中国哲学、中国

---

[1] 朱滢:《文化与自我》，北京师范大学出版社 2007 年版，第 2 页。

心理学、中国（被试的）神经科学这三个层面在自我概念（结构）上也是一致的，即都突出个体自我与他人的联系。这就是，哲学上强调本我决定自我，自我与他人、他物有着千丝万缕的联系（见本书中张世英"超越自我"），心理学上强调自我包含着父亲、母亲、好朋友等十分亲近之人，反映在大脑活动上，内侧前额叶既表征自我又表征母亲。总之，西方自我是独立的、非联系的自我。中国自我是互倚的、联系的自我，它们各自的特性贯穿在哲学、心理学和神经科学的不同层面上。"朱滢先生非常重视文化、自我与大脑三者联系的研究，于是开始寻找文化对自我的脑定位的影响，他说：如果能在脑成像研究中找到一种范式去寻找在自我意识方面存在着的文化差别，就可能发现文化与大脑之间的极吸引人的联系。朱先生在这种研究中得出这样的结论：自我是文化的产物，一般认为，东方亚洲文化培育了互依型的自我，而西方文化培育了独立型的自我。

朱先生的表述说明不同的民族文化传统、社会人文环境、家庭亲情互动、后天的教育学习等，对每个个人的自我意识、自我人格的形成以巨大的、深刻的影响。人既有共性，又有差别性，这种差别性是不能视而不见或忽略不计的。在世界经济日益一体化，地球变成"地球村"，人与人的距离越来越拉近的当今世界，越来越凸显人类共性的时候，更加不能忽视各种人类群体的差别性，尊重差别性、文化的多样性，才能真正求得全人类的和谐相处。而东西方哲学、心理学和（被试的）神经科学所显示的关于自我意识的差别，它们虽然各有所长，各有所短，但并不是绝对对立、水火不相容的，而在漫长的全球一体化的进程中是可以相容、互补到逐步统一的。

　　第二点启迪是关于"健康自我"意识的培养和形成问题。朱滢先生在2009年4月19日给我的信中说:"中国人健康自我的形成还有很长很长的路。""健康自我"问题的提出,说明现实的"自我"是存在不健康、不健全,甚至病态的状况的。

　　马克思曾经谈过,人的需要即人的本性。人的本性、人的本质、人的需要,是同一个序列的范畴。人的本性、本质是随着人类社会的不断发展而发展变化的,人的需要也是在这种发展中不断地人化、净化、健康化、文明化的。中国哲学史上,曾经出现过人类本性善、恶的争论,其实,"人性"这个词是中性的,这种争论是不懂得辩证思维的形而上学之争,人性既有善的一面,又有恶的一面。人是从类人猿进化而来的,恩格斯讲过,人是从动物发展而来的,所以,在人的身上,人性、人的本质、人的需要就带有兽性的一面,存在野蛮的一面。在人类迈向文明的进程中,人类依靠他所特有的反思能力、认识能力,经过不断的、无数次的反思和自我认识,不断总结经验教训,不断地人化、净化、健康化、文明化自己的本性、本质和需要。人类从野蛮走向文明的一部文明史就是这种发展变化的证明。人类至今仍然处于这种进化之中,而且以更快的速度、更好的效果进化中。我们党所倡导的坚持以人为本,促进人的全面发展就包含着这样的深刻的、丰富的内容。某些人以他曲解了的人性,用应当克服和改造的东西,来为自己的某些丑恶行为辩解,说他们的丑恶行为是符合人性的。这是徒劳的,在马克思主义关于人性、人的本质、人的需要的学说面前,他们的辩解、说词是苍白无力的,只不过是一块破碎的遮羞布。

　　再说,人们生活在现实生活的世界之中,并不是生活在无菌无毒无害的真空之中,既有健康的因子、力量催人上进,促人追求真、善、美,也有腐朽的因子、力量腐蚀人的灵魂,将人拉向假、丑、恶,所以人应时时警惕,不断地改造、塑造自己,不断地进行精神文明建设,促进人的灵魂的人化、净化、健康化、文明化,争做一个健康的自我。人啊,人,你面对着无数的诱惑和陷阱,请抖擞精神,勇敢地找回"健康的自我"。

当今中国,许多问题的解决,都有赖于每个普通人的主体意识的增强和"健康自我"的塑造。就拿现在人们比较关心的政治体制改革和政治文明建设来说,这个问题的解决,从深层次来说,还是决定于中国每一个公民的主人翁意识的增强,"健康自我"意识的增强,这样,人权、人的价值、人的自由、人的平等等等的获得,人的权利和责任(义务)的平衡等等,才能水到渠成。再拿对贪污腐败这一顽症的治理来说,也有赖于中国每一个人的主体意识的增强和"健康自我"意识的确立。首先,从客观环境方面来说,要加强健全的人民民主政治制度建设,使每一个公民都享受真正的民主权利,这样才能使一切有权有势者真正受到严格的公民监督,真正使他们心存"敬畏"。再从掌握权力者的主体方面来说,只有使每一个掌权者真正认识到他们手中的权力不是生来就属于他的,而是人民授予的,一切权力属于人民。而作为官员更应该知道怎样做一个公正廉洁的人民公仆;如果你做不到,授予你权力的人民随时能罢免你,使他从内心产生一种做一个廉洁公正的人民公仆的自觉要求。一个人只有牢牢树立了"健康自我"的坚强意识,才能成为一个真正的人。那些贪污腐败分子,实际上是丧失了人格,失去了"自我"。

对于当代中国人来说,既要加强现代化的全人类的立场、观点、意识的教育、培养和塑造,这样才能自觉地建设和谐社会和和谐世界;又要加强现代化的"健康自我"的立场、观点和意识的教育、培养和塑造。这两种教育、培养和塑造，相辅相成、相得益彰，这就是以人为本的和谐哲学所倡导、所要求的。

朱先生的书给了我很多教益和启迪。我在1986年和1996年曾在《人民日报》上发表过两篇文章，一篇题为《精神文明建设是一种主体性的建设》，一篇题为《精神文明建设是人自身的现代化建设》，现在看来，我虽然是从哲学上论述精神文明建设问题，但同"健康自我"的塑造也有密切的关系。朱先生心理学最新研究成果，对于我国人民精神文明建设以至物质文明、制度文明建设都具有重大的现实意义和价值，应当下大气力加以宣传和普及。"健康自我"的塑造、建设，需要主观和客观两个方面的条件。从客观条件方面来说，既然文化对人的"健康自我"的形成起那样大的作用，也就是说客观环境对"健康自我"的形成起到非常大的作用，那么，我们首先就应当使客观环境健康化，加强客观环境的现代化文明建设，使我们的客观环境从物质条件和制度条件等方面都逐步地现代化，沿着人类文明发展的大道阔步前进。从主观条件方面来说，应向我国广大人民群众，包括各级干部、官员，宣传、普及心理学关于"健康自我"形成的科学知识，使人们普遍形成建设"健康自我"的自觉要求，使"健康自我"的形成、塑造，成为人人自己的内在需要，也就是形成内在的强大动力。我之所以特别强调对干部、官员也要进行这方面的教育，是因为这些人往往认为自己是教育者，自己什么都知道，什么都懂，似乎不需要再学习、再受教育。但我认为教育者首先应当受教育，"健康自我"的塑造不只是普通平民百姓的事情，它首先应当成为各级干部、官员之事。这些人千万不要把自己视作"健康自我"塑造的"局外人"。那样多的贪污腐败分子的出现，其中原因之一就是他们缺乏塑造"健康自我"的自觉性。

　　我在读朱滢先生的《文化与自我》的同时,还在读张世英先生新近出版的《羁鸟恋旧林——张世英自选集》(北京师范大学出版社 2008 年 12 月第一版)。张先生在代序言《改革开放——我哲学生涯的分水岭》中说:"我认为哲学就是提高境界之学",又说:"它不只是个人的精神境界,而且更准确地说,是整个民族的精神境界。提高人的精神境界(无论个人的还是整个民族的),与继承和弘扬一个民族的历史文化传统有深切的联系。这样,如何提高人的精神境界问题就变成了一个如何继承和弘扬民族历史文化传统的问题。"(见该书第 6 页)张先生在这篇代序言的结束语中更深情地说,改革开放使他焕发了青春活力,而他把改革开放理解为一场反封建专制主义的思想文化运动。中国传统文化有精华与糟粕两个方面,这已是老生常谈。但欲思前进,则不能一味徜徉于对传统文化的颂扬声中,应当清醒地意识到,传统文化需要新生,需要我们多思考一点如何去其糟粕的问题。并强调地说:"我以为只有这样,就个人来说,才有可能摆脱封建主义的樊笼,回归本己的精神家园;就民族来说,才有可能达到文化创新、民族复兴的光明前景。"(同上书第 7 页)张先生以其哲学家特有睿智想得更深、看得更远、说得更准,既然一个民族的历史文化传统对"健康自我"的形成以深刻的影响,那么,人们从张先生的论说中就可以得到这样的启示:我们就应当看到其中既有精华,又有糟粕,怎样取其精华、去其糟粕,使影响人们"健康自我"形成的人文环境更加健康化,就成为塑造"健康自我"的一个重要任务。

　　张先生说哲学是追求崇高的、理想的精神境界之学,朱先生讲心理学要追寻"健康自我",两位先生的思想是相通的,我认为建设理想的社会和塑造理想的人,应当成为当代中国哲学和当代中国心理学的共同目标。

(《学习时报》2009 年 8 月 10 日

刊发了本文的摘要)

中国哲学转型的客观必然性和
现实重要性

近年来,哲学的转型已经逐渐成为我国学术界和理论界热
议的话题。我国的哲学转型已经在进行着,但我认为还仅仅是
开始。现在,我主要要讲一讲这种转型的客观必然性和现实重
要性。

一、人与社会的和谐发展呼唤哲学的转型

哲学是时代精神的精华,哲学要为时代发展的需要服务。
中华人民共和国成立已经六十多年了,我国从疾风暴雨式的阶
级斗争的年代转入和平建设与和平发展年代也已经几十年了。
在疾风暴雨式的阶级斗争年代,有为其服务、适应其需要的哲
学,"以阶级斗争为纲"就是当年哲学最为鲜明的特点之一。而
和平建设与和平发展的年代也需要为其服务、适应其需要的哲
学,就是以人为本的和谐发展哲学。

在我们中国,同崇尚马克思主义相比较,某些人可能更加崇
尚列宁主义。但是,列宁有一个根本的观点却长期没有引起人
们高度的重视。在俄国无产阶级还未取得革命胜利,还未建立
自己的政权之前,1902 年列宁在《对普列汉诺夫第二个党纲草

案的意见》中说，在无产阶级取得政权，建立了社会主义制度后，这时的社会主义的生产"不仅满足社会成员的需要，而且保证社会全体成员的充分福利和自由的全面发展"。后来，在十月社会主义革命胜利后，1919年在《俄共（布）纲领草案》中列宁又重复强调了这一观点。可见，这是列宁经过深思熟虑的一个纲领性的、根本性的观点。这一重要观点应当引起我们充分的、高度的重视。

列宁的这一重要观点说明什么问题呢？在无产阶级还没有取得政权、在进行疾风暴雨式的阶级斗争时，在一个阶级为打倒另一个阶级而进行浴血奋斗时，列宁就明确地阐述了无产阶级所建立的社会主义生产，要"保证社会全体成员的充分福利和自由的全面发展"。请注意这里的两个关键用语，一是"社会全体成员"，一是"充分福利和自由的全面发展"，不是一部分成员，更不是少数成员，而是全体每一个社会成员；不是一般的福利和有局限的发展，而是充分的福利和自由的全面发展。列宁的这一根本的、纲领性的思想，同马克思、恩格斯的思想是一脉相承的。这给我们一个很重要的启示，这就是无产阶级在取得革命胜利、建立社会主义制度后，共产党从革命党转变为执政党以后，必须真正地站在全体社会成员的立场，为全体社会成员谋充分的福利和自由的全面发展。这一根本要求在革命胜利前就已经提出来了，但那时还只是作为一种崇高的理想提出来的，而在革命取得了胜利，建立了社会主义制度后，它就成为了一个时时刻刻都要实践、落实的真正现实的课题与任务。这是不能有丝毫动摇的。对党的根本性质及其先进性来说，这可以说是一个真正的考验，是真假共产党的一块试金石。

无产阶级阶级地位翻天覆地的变化，共产党执政地位的确立,与之相适应,根本的哲学思想从"以阶级斗争为纲"转变为"以人为本和谐发展",就成了一个必然的、时代的、实践的课题与任务。苏联共产党搞了74年的社会主义,但是没有真正切实地按照上述列宁的根本指导思想去做,苏联在1991年发生剧变时,没有人民奋起保卫它,就是一个沉痛的经验教训。面对这样的教训,一切真诚地为共产主义而奋斗的人都应惊醒。

中国进行了28年艰苦卓绝的武装斗争,1949年终于取得全国胜利,成立了新中国。在经历了短期的过渡时期后,我们的国家从疾风暴雨式的阶级斗争年代进入和平建设的年代,关于实现哲学的转型,我们党和毛泽东都曾经作过努力。1956年9月,党的第八次全国代表大会,郑重地提出了国内主要矛盾已经不是阶级斗争,而是人民日益增长的物质文化需要同落后的社会生产的矛盾。1957年,毛泽东提出了要区分两类不同性质的社会矛盾和正确处理人民内部矛盾的重要命题。这些都是哲学上重大的创新思维,说明我们的党和毛泽东当时是真正代表着时代前进的方向,是真正具有创造性的马克思主义者。但是遗憾的是,后来发生了一些国际国内事件,很快就扭转了这一可贵的思路,打断了哲学转型的进程,到了"文化大革命"时期,以"以阶级斗争为纲"哲学更是发展到了登峰造极的程度。

"以阶级斗争为纲"的哲学,在我们党所犯二十年"左"的错误,特别是"文化大革命"这样严重的错误中造成了多么严重的恶果,至今人们记忆犹新。我们党及以邓小平为核心的领导集体,正是在严肃认真地总结并汲取了这种惨痛的经验教训以后,在党的第二个关于若干历史问题的决议中,毅然决然地摒弃了"以阶级斗争为纲"的哲学和"无产阶级专政下继续革命的理论",引导中国进入了以经济建设为中心的改革开放的年代。

和平与发展是当今时代的主题,我们的党已经深刻地认识到这种时代特点,而且从实践到理论,都在逐步地实现适应这种时代需要的哲学转型。但是,意识形态有惰性和保守的特性,"以阶级斗争为纲"的思维方式,"无产阶级专政下继续革命理论"的流毒并没有彻底地清除,不是有人至今还主张要重提"以阶级斗争为纲",要再来一次"无产阶级文化大革命"吗?

新一届党中央制定以人为本的科学发展观和提出构建社会主义和谐社会的重大战略指导思想,为这种哲学的转型开辟了广阔的道路。但是,以人为本和构建和谐社会的治国理政的根本理念提出后,却遭到了某些人的质疑。这说明什么呢?这说明哲学的转型是非常艰难的,这种转型还远未完成,仍需学界和国人加紧努力。我们应当看到,以人为本的科学发展观和构建和谐社会的重大战略指导思想的提出,的确为哲学的转型开辟了广阔的道路,这是一方面。另一方面我们也应高度重视,针对某些人的质疑,我们还应当为这种治国理政的根本理念的马克思主义本质作出更充分更系统的论证。我认为,这是党的"十八大"前我国马克思主义理论研究的一个重大的前沿课题。对于有人质疑,我们不要大惊小怪、惊慌失措,想当年毛泽东思想、邓小平理论、"三个代表"重要思想不仅有人质疑,而且遭到某些人的公开的、强烈的反对,毕竟真金不怕火炼。但是,也不能装作没有看到有人质疑,更不能有意地加以回避、加以掩盖。那样做,不是战斗的唯物主义者的风骨和品格。我们应当勇敢地面对,并作出有理有据的回应,坚持以理服人,扫清继续前进的思想障碍。

二、科学技术的新发展,人与自然、人与自身的
和谐发展呼唤哲学的转型

随着自然科学突飞猛进的发展,人类在改造自然的过程中,"异化"现象层出不穷,更严重、更可怕的"异化"的可能性正威胁着人类的生存和生活。核战争、地壳移动、火山喷发、小行星撞击地球、臭氧层变薄、气候变暖等人为的或自然的灾害,可能给人类造成灭顶之灾。据最近报载,美国正秘密研究"环境物理武器",人为地制造地震、海啸、山崩等自然灾害。这种武器威力巨大,所造成的破坏甚至超过任何一次大型核爆炸。人类无论是认识宏观世界,还是认识微观世界,乃至认识人类自身,都在无限地扩展,人类改造自然,改造自身的能力也在无限制地扩大、增强。人类的活动造成气候变暖对人类造成的危害,正在日益引起全人类的广泛关注。恩格斯说过,随着自然科学领域中每一个划时代的发现,唯物主义也必然要改变自己的形态。还告诫人们:我们不要过分陶醉于我们人类对自然界的胜利。对于每一次这样的胜利,自然界都报复了我们。西方哲学中的那种张扬"人定胜天",崇尚人对自然的征服的哲学精神,看来应当用中国传统哲学中的"天人合一"思想和马克思主义哲学的"物我一体"的思想充实之、改造之。

自然科学的突飞猛进的发展,人类对自然界改造无止境的扩展和深化,人与自然、人与自身的和谐相处、和谐发展的需要,都强烈地呼唤要构建适应这种需要的生态哲学。坚持以人为本,构建人与自然、人与自身的和谐相处、和谐发展的关系,应当成为这种哲学的主要特征。

人们说,以人为本的科学发展观是关于发展的世界观和方法论,也就是说它是一种哲学,是指导中国当今发展的哲学。这种哲学不仅要构建和谐社会,建立人与社会和谐相处、和谐发展的关系,而且要建立人与自然、人与自身和谐相处、和谐发展的关系。

三、共产主义发展的新契机呼唤哲学的转型

从国际上来说,世界已经逐步进入了"全球化"的时代。按照马克思、恩格斯的观点,生产力的大发展,经济、政治、文化、教育、科学、技术广泛的、紧密的世界性联系、交流、融合,是实现共产主义的重要的前提条件。所以,应当看到"全球化"为共产主义创造了新的契机。我们党中央提出在国内要坚持以人为本,构建社会主义和谐社会,在人与自然、人与自身的关系方面也要建立和谐相处、和谐发展的关系,同时还敏锐、勇敢地提出在国际上要建设和谐世界的重大主张。这也需要有新的哲学形态为其服务。

共产主义者以追求全人类的彻底解放和全面自由发展为最高理想。真正的共产主义者是普世价值真诚的追寻者,也是真正的普世价值积极的创造者,而以人为本和谐发展则应运而生地成为当今普世价值的一个重要内容。一个真诚地为共产主义而奋斗的马克思主义者是不应当害怕讲普世价值的,更不能将普世价值推给资产阶级,将其说成是资产阶级的专利品。那样做,恰恰是在美化资产阶级。人们经常说马克思主义是放之四海而皆准的真理,马克思主义本身就是一种普世价值。其实,真、善、美都具有普适性,真、善、美就是普世价值。

我们党、我国政府所提出的以人为本、建设和谐世界的重大主张，是我国国内政策的继续和延伸，是得人心的，得到全党和全国人民的认同和共鸣，而且在国际上也是得人心的。只要关注一下国际舆论，便可以发现，世界上的有识之士有一种共识：对于中国来说，首先需要国内以和谐的方式增长，因为这对中国本身和全世界都有好处；其次，中国的发展还应该与世界其他国家和谐进行，因为只有大家共同发展才可能持续、没有冲突地发展。（参见《中国须寻求内外"和谐发展"——海内外专家纵论中国定位》，《参考消息》2010年9月23日）

"全球化"的继续发展，为全人类的生存和生活、为全球的可持续发展提出了一系列需要解决的哲学课题，党和政府所提出的以人为本和谐发展的指导思想，将为适应这种共产主义发展新契机的需要而建立的新型哲学，作出自己的重大贡献。

四、实现哲学转型，建立富有中国特色的
当代中国哲学的现实重要性

从苏联流传到中国来的传统的哲学解释体系，其自然观只强调对立面的斗争，忽视对立面的统一与和谐，强调与天斗、与地斗，无节制地"征服"自然，"人有多大胆，地有多高产"是其著名口号，"大跃进"、"大炼钢铁"、"亩产放卫星"是其典型表现，所以在改造自然的过程中造成了严重的恶果；其社会历史观强调阶级斗争，"阶级斗争越来越严重"、"以阶级斗争为纲"是其著名的口号，将阶级斗争绝对化，是为阶级斗争拜物教服务的；其世界观只讲"以物为本"，是一种无人的、非人的、蔑视人、践踏人的哲学，其实践结果，无论是对自然界，还是对社会、对人自

身,都是残暴的。这种哲学,人们形象地称为"斗争哲学"。转型后的中国哲学应当是以现实的个人为本位的,追求人与自然、人与社会、人与自身和谐统一、和谐发展的哲学,概括地说,可称为"以人为本的和谐发展哲学"。

上面,我讲了哲学转型的客观必然性和建立当代中国哲学的迫切性,最后我想再讲一讲这项工作的现实重要性。哲学是属于人们世界观和方法论的学问,是关系全局、关系长远、关系根本、关系战略问题的学问。一个领导着13亿人口的大国、而且从事着前无古人的伟大事业的大党,如果没有创造性的理论思维,没有自己的符合时代需要和实践需要的哲学,这个党就不会有应有的深度、厚度和高度,就根本不可能根深叶茂、雄浑厚重、高瞻远瞩,就会显得根基浅薄,就会变成头重脚轻、风吹两边倒的墙头草,那是十分危险的。恩格斯讲过:"一个民族想要站在科学的最高峰,就一刻也不能没有理论思维。"现在重温恩格斯的这一教诲,尤感亲切。

党中央不仅总结了国内关于发展的经验教训,而且汲取了国际上关于发展的经验教训,其中不仅有苏联惨痛的经验教训,而且有发达国家和发展中国家在工业化、现代化发展的经验教训,制定了以人为本和谐发展的治国理政的根本的指导思想。这是一个具有重大历史意义与现实意义的创造性实践和创造性思维的重大成果,是治国理政理念的一次飞跃。但是这一思想理念却遭到了囿于传统哲学观念的某些人的不理解和质疑,影响着这一创造性思想的贯彻落实。因此推进哲学思维方式的转型就成为了一个重大的现实课题,这的确是关系着中国特色社会主义事业和中国改革开放、全面建成小康社会能否胜利的一件大事,不可等闲视之。

总之,时代的、实践的、科学的发展,都迫切地呼唤我们要实现哲学的转型,要构建富有中国特色的当代中国哲学,这是一种客观的、必然的要求,人们不能漠然对之,否则是会受到客观必然性的惩罚的。我们党所犯20年"左"的错误,特别是"无产阶级文化大革命"的惨痛恶果,就是这样的惩罚。

人类是"在思"的动物。"思"者,思想、思维、思考、思虑、思辨、反思之谓也。人产生于自然界,是自然界的重要组成部分,是自然界的神经和大脑。自从产生了人,世界的发展和进步就呈现为社会的发展与人的发展两个并行的历史进程,所以人对世界的发展和进步的评价就有两个并行的尺度,一是以物质生产力的发展和进步的实然的应然为价值尺度,一是以与人的发展和进步有关的内在的精神和理想的未然的应然为价值尺度,所以价值观同世界观、历史观一起构成了哲学的整体。"思"是无法阻挡、无法钳制的。哲学就是"思"的学问,是给人以智慧的学问。中国人应当用自己的头脑来思想、思维、思考、思虑、思辨、反思,应当建立自己的哲学。这是马克思主义中国化的一个极为重要的前沿课题。

五、推进人的科学与自然科学的综合

随着人的科学的发展与自然科学的发展,人类越来越应当站在全人类的立场上来思考怎样建立人与自然、人与社会、人与自身和谐相处、和谐发展的关系,推进人的科学与自然科学的综合,逐步走向一体化。这就是当代全人类所共同面临的哲学问题。一百六十多年前,马克思就曾经预见过,自然科学与人的科学将会发展成为一门科学。这一科学预见正在成为一个现实的课题。在建立这种新哲学中,我们中国人应当在五千年文明智慧的雄厚基础之上,对人类作出新的贡献。全人类也应在这个问题上共同努力,逐步取得共识,为全人类的永续的、和平的发展,共同繁荣而努力奋斗。构建以人为本和谐发展这种新型哲学,将在建立自然科学与人的科学的一体化中发挥重要的引领作用。

（原载《文化学刊》2011 年第 2 期,《马克思主义与现实》2011 年第 1 期刊发了本文的要点）

"以物为本"为什么不是
马克思的新世界观

——谈谈黄楠森教授的"理解"与"不理解"

　　最近读到西北地区周树智、胡义成、杨文极等一批教授、研究员就"辩证唯物主义世界观"问题与黄楠森教授辩论的文章，他们引证了大量马克思、恩格斯的原著文本，并与黄教授的论著加以对照，详加辨析，证明黄教授没有读过或没有读懂马克思、恩格斯的那些原著。我建议黄教授不妨将这些原著文本找出来再仔细地读一读，认真地思索思索，看看以前自己是不是有所误读误解。周树智等教授的文章哲学专业性很强，学术味很浓，具有较强的说服力和穿透力。我想另辟蹊径，用一些简明的事实与比较通俗的语言，来讲讲这个问题，参加争鸣。

一、从黄教授的"不理解"说起

　　列宁在《卡尔·马克思》一文中讲到《共产党宣言》这部纲领性文献时说："这部著作以天才的透彻而鲜明的语言描述了新的世界观。"黄楠森教授2008年在中共中央编译局召开的纪念《共产党宣言》发表160周年的座谈会上发言说，他对列宁在《卡尔·马克思》中说《共产党宣言》是马克思、恩格斯的新世界观"不理解"。"不理解"虽然只有短短的3个字,但却令我非常震惊,也引起了我的深思。最近在读周树智等教授就"辩证唯物主义世界观"问题同黄教授辩论的文章,更进一步激发了我的思考。黄教授之所以对列宁的说法"不理解",根本原因就是列宁的说法不符合后来苏联"红色教授"所炮制的斯大林的"辩证唯物主义世界观"的"理论"。黄教授被这种"理论"俘虏了,禁锢了自己的头脑,所以他说对列宁的说法"不理解"。这是把"红色教授"炮制的斯大林的"辩证唯物主义世界观"的表述极端抽象化、凝固化、教条化的一种做法。什么是世界观,连著名的哲学教授都说不清楚,不可理解,可见这个问题已被弄到何等抽象、何等僵化、何等神秘的程度。这种将世界观抽象化、凝固化、神秘化的做法必须破除。其实,人们所观察和认识的对象不仅仅是自然界,而且包括社会和人自身及其历史,世界观就是这种观察和认识的那些基本观点和方法,是不断发展和变化的,根本原因就在于自然界、人类社会和人自身是不断发展和变化的,人类的思维和认识能力也是不断发展和进步的,所以世界观是不能抽象化、凝固化和神秘化的。按照黄教授的这种做法,他不但不能理解列宁,也无法理解马克思、恩格斯本人对自己新世界观的表述。

二、马克思、恩格斯对自己新世界观的
表述黄教授是否能理解

马克思在《1844年经济学哲学手稿》中说:"对社会主义的人来说,全部所谓世界史不外是人通过人的劳动的诞生,是自然界对人说来的生成,所以,在他那里有着关于自己依靠自己本身

的诞生,关于自己的产生过程的显而易见的、无可辩驳的证明。"①这是马克思在讲他的新的世界观。被恩格斯称为"包含新世界观的天才萌芽的"马克思1845年春天写的《关于费尔巴哈的提纲》,共有11条,可以说条条都在讲人及其劳动、活动、实践和意识、宗教等,都是在讲他的新世界观。特别是第十一条,马克思做了这样的总结:"哲学家们只是用不同的方式解释世界,问题在于改变世界。"②这就是马克思新世界观的一个最根本的特点。而在1845年秋至1846年5月马克思、恩格斯共同撰著的《德意志意识形态》中,可以说通篇都在论述唯物史观,阐述他们的无产阶级社会革命论,也就是在论述他们的新哲学、新世界观。《共产党宣言》正是建立在马克思、恩格斯上述创立唯物史观时的一系列重要著作的雄厚基础上的,所以列宁说《共产党宣言》"以天才的透彻而鲜明的语言描述了新的世界观"。列宁这样说是有上引马克思、恩格斯对自己创立的新世界观的直接论述为依据的。黄教授是否对此也要表示"不理解"呢?将苏联"红色教授"炮制的斯大林的"辩证唯物主义世界观"的"理论"变成僵死的万古不变的教条,会闹出何等荒唐的蠢事!

苏联"红色教授"在他们编写的哲学教程中,把历史唯物主义仅仅说成是辩证唯物主义的基本原理在社会历史领域的"推广和应用",公然否定抹杀了马克思的第一个伟大发现唯物史观在人类哲学发展史上的创新价值和意义,是对马克思主义的一种蓄意篡改。按照恩格斯在马克思逝世后的总结,真正的马

---

① 马克思:《1844年经济学哲学手稿》,人民出版社2000年版,第92页
② 《马克思恩格斯选集》第1卷,人民出版社1995年版,第57页。

克思主义的创新哲学是唯物史观,也就是关于现实的人及其历史发展的科学。恩格斯将唯物史观和剩余价值学说概括为马克思的两个伟大发现是最为权威的,也是有深刻的道理的。但是,到了"红色教授"们那里,马克思的第一个伟大发现不见了,变成了只是辩证唯物主义基本原理的"推广和应用"。后来的只见物不见人的社会历史观,反人道主义,"阶级斗争越来越严重","残酷斗争,无情打击","斗争哲学","以阶级斗争为纲"等荒谬之论,统统来源于这种"推广和应用"论。

三、黄教授对以人为本的科学发展观持续质疑并不奇怪

黄教授已被苏联"红色教授"炮制的斯大林的"辩证唯物主义世界观"的"理论"所俘虏,被套牢,所以对以人为本的科学发展观和说科学发展观是关于发展的世界观与方法论,更加不可理解,因而持续质疑和反对,并不奇怪。

对马克思、恩格斯和列宁关于马克思主义新世界观的经典论述,黄教授表示"不理解",那么,他能够"理解"的是什么呢?他能够理解的就是苏联"红色教授"炮制的斯大林的"辩证唯物主义世界观"。黄教授是怎样解读这种世界观的呢?他认为这种世界观就是"以物为本"。他所写质疑科学发展观的系列文章清楚地表明了这一点。黄教授将马克思主义世界观就归结为一句"以物为本",真是把马克思主义哲学糟蹋到了极端贫困化的程度。"物"是无意识、无激情、无能动性的死的东西,它根本没有任何目的性的价值追求,以"物"为本只能得到僵硬的、冰冷的一潭死水,根本不可能有蓬勃的生机活力,根本不可能产生

"改变世界"的实践活动。一句"以物为本",能够给人们多少知识？增加多少智慧？增添多少力量？黄教授的这种论调，把哲学倒退到费尔巴哈，甚至比费尔巴哈还要落后的远古时代。这种"理论"对人们观察和认识极为复杂和瞬息万变的、每日每时都给人们带来层出不穷的矛盾和问题的客观世界（包括自然界、人类社会和人自身）到底能有多少帮助？对于建设中国特色社会主义的中国人民到底能有多少动员和指导作用？到底能有多少帮助？这同马克思主义哲学不只是要解释世界，而且是要改变世界，真是相距十万八千里，甚至可以说是背道而驰的。马克思、恩格斯一百多年前就已经超越了这种哲学，说它已经"终结"了，但是黄教授仍然要死抱住它不放，真是一种极大的讽刺。

我在《理论前沿》杂志 2006 年第 3 期发表了《"以人为本"与马克思主义的世界观》一文，反驳了黄教授以及与他持有相同观点的人们。在这篇文章中，我系统地辨析和批驳了将马克思主义的世界观归结为"以物为本"为什么是错误的。这篇文章已编入我的《以人为本　构建和谐社会 40 论》一书，有兴趣者可以参阅，我在这里就不重复了。在这里我只想强调地问黄教授一个问题：马克思《关于费尔巴哈的提纲》第一条批评说："从前一切唯物主义（包括费尔巴哈的唯物主义）的主要缺点是：对对象、现实、感性，只是从客体的或者直观的形式去理解，而不是把它们当做感性的人的活动，当做实践去理解，不是从主体方面去理解。"①你的这种论调是不是又回到了这种旧哲学？

根据周树智等教授的分析和论证，斯大林的所谓"辩证

---

　　① 《马克思恩格斯选集》第 1 卷，人民出版社 1995 年版，第 54 页。

唯物主义世界观"，既不辩证，也不科学，那是倒退到了马克思主义前的旧唯物主义，是"旧唯物主义的复辟"。人们不能不察。

黄楠森教授还会拿斯大林来当最后的挡箭牌。那么，就让我们来看看《联共党史》四章二节中那篇斯大林的《辩证唯物主义与历史唯物主义》哲学是怎样产生的。据人民出版社老社长、老延安曾彦修同志的考证，1930年12月9日，苏联红色教授学院召开党组织会议，宣布"哲学只能为现实的斯大林的政治需要服务"，并说："此后几年形成的苏联哲学，即各种大中型的辩证唯物主义与历史唯物主义教程，简要地说，就是一曲斯大林颂，特别是斯大林的阶级斗争拜物教颂了，'哲学'已经变成了阶级斗争必然越来越严重的指导教程了。"在这种历史背景下，1938年出版的《联共党史》四章二节那篇斯大林的《辩证唯物主义与历史唯物主义》哲学是怎样形成的，它同"红色教授"有着怎样的渊源联系，也就一目了然了。

四、继续将"红色教授"炮制的斯大林 "哲学"当做"真经"是危险的

黄教授死死地抱住苏联"红色教授"为"斯大林的政治需要服务"所炮制的斯大林"哲学"不放，是他个人的悲哀，倒无大碍。但是，危险的是还有某些迷恋旧的"左"的那一套人们，还在竭力维护这种"哲学"，更严重的是他们还在拿这种"哲学"来质疑党中央所提出的以人为本的科学发展观与构建社会主义和谐社会的重大战略指导思想，实际上是在质疑三十多年来从邓小平理论、"三个代表"重要思想到科学发展观等一整套创新实

践和创新理论。党中央一再要求全党要有忧患意识，这就是一个巨大的危险，人们不能不严重警惕。

（原载《文化学刊》2011 年第 1 期，
标题稍有改动）

《人的哲学论纲》增订本前言

一

以人为本的唯物史观即历史唯物主义,是研究社会的(人的)历史发展及其规律的科学。这门科学是马克思创立的。但是,这门科学在其历史发展中,遭到了某些人的误读误解,逐步演变成了只见物不见人的"无人的历史观"。这种历史观在苏联和在中国的实践中都造成了严重的危害。在中国经历"文化大革命"十年动乱的破坏,国民经济濒临破产的边缘,广大人民群众遭受了苦难。在结束十年动乱后,人们痛定思痛,进行理论上的反思,即人们通常所说的正本清源,拨乱反正。在这个过程中,我对长期流行的马克思主义哲学的解释体系进行了批判性的反思和纠校,先后写了几十篇论文,后来汇集整合出版了两本书——《人的哲学论说》和《人的哲学论纲》。《人的哲学论纲》可以说是我的第一本比较系统地阐释以人为本位的社会历史哲学,凝聚了我的前20年的思想成果,可以说是我的关于社会历史哲学的一本阶段性成果。

在党中央制定以人为本的科学发展观以后,我沿着二十多年前开辟的思路,继续思考和论说人的哲学,又写了几十篇文章,先后出版了《以人为本 构建和谐社会20论》和《以人为

本　构建和谐社会40论》，还出版了《征途——薛德震哲学书信集》一书，对于以人为本位的社会历史哲学又有了一些新感悟、新认识。只见物不见人的世界观、历史观、发展观，不尊重人，不是爱护人、解放人、发展人，而是藐视人、践踏人、摧残人的。对这种思想现象应当进行更广阔更深刻的反思。这种只见物（包括"金钱"、"资本"、"权力"、"阶级斗争"等等拜物教）不见人的思想现象，不仅在苏联、在中国肆虐过，而且在更广泛的范围内肆虐过，它所导致的恶果，人们不仅在上个世纪见到过、经历过，在新世纪也见到过、经历过；不仅在改造社会的过程中见到过、经历过，而且在改造自然、改造自身的过程中见到过、经历过；不仅在发展中国家见到过、经历过，更在发达国家见到过、经历过。按照马克思的根本观点，资本主义社会就是一个"以物为本"的社会，因为在那里是"死劳动"统治"活劳动"，是"物"统治"人"。① 物质资料的生产固然重要，那是人类赖以生存的物质基础，但是，无论是在中国还是在外国，搞GDP崇拜，单纯、片面追求GDP的高速增长，发展都是不可持续、协调、全面的，都是"以物为本"而不是"以人为本"，最终都是人类自己吃苦头。现在的党中央正是在严肃地深刻地总结和吸取了这种经验教训后，才勇敢地创造性地制定了以人为本的科学发展观，所以人们说这种发展观就是有关发展的世界观和方法论。这种世界观和方法论，是迈向未来更高级社会的世界观和方法论，因为马克思还有一个根本观点，就是未来更高级的社会是"活劳动"统治"死劳动"，是"人"统治"物"，是"使一切不依赖于个人

---

① 马克思的原话见《马克思恩格斯全集》第49卷，人民出版社1982年版，第48—49页。

而存在的状况不可能发生",也就是说是"以人为本"的,是人获得全面自由发展的社会。①在学习和贯彻落实科学发展观时,如果不能结合沉痛的历史的经验教训来进行思考,是不可能真正深刻地理解其重大价值和意义的。《人的哲学论纲》一书于2005年12月出版了第一版,时间又过去了五年,近年来在这种新感悟、新认识的基础上,加以梳理整合,现在出版增订本。

撰写学术专著,最好不要使用争鸣论战的写法,而应使用平实正面论说的笔法。写专著当然会运用、吸收多年研究的思想和写作成果。在编撰本书的过程中,使用正面论说的笔法,虽然吸收了我多年从事马克思主义人的哲学的研究成果,但感到也有一些局限性,在运用和吸收以往成果方面,也会有某些损失和牺牲,在思想的厚重度、深广度和活跃度诸方面都会有一些缺失。所以在编撰增订本时,我尝试了一种新的编排方式,就是在正面阐释的每一章的后面,加进"参考篇札"。这20篇"参考篇札"是经过精心挑选的,并用心地撰写了按语,讲述了各篇写作的背景、价值之所在和作为有关章节参考的理由,不仅可以透视我三十多年来研究马克思主义人的哲学的心路历程,而且可以使《论纲》一书的内涵显得更丰满一些,并可激活人们的思考,对我的论说进行检验、考核,与原来的章节形成了一种互补关系,相得益彰。这种做法是打破传统的撰著方式的一个大胆的尝试,希望能得到读者和学者们的批评指正。

在有关人的哲学的著述论说中,我所使用的写作样式,如果

---

① 马克思的原话见《马克思恩格斯选集》第1卷,人民出版社1995年版,第122页。《马克思恩格斯全集》第46卷,人民出版社2003年版,第928—929页。《共产党宣言》和《资本论》中也有相关论述。

加以归纳分析,大体上有这样四种:一是正面论说的;二是争鸣论战的;三是运用我所理解的人的哲学的基本理论知识为党的重大战略指导思想和重大的方针政策作论证的;四是读书看报或沉思时有所心得而写下的读书笔记、读后感、随想录。这几种笔法各有优缺点,当时也是随意采用,但我无论采用哪一种写法,都力求贯彻理论紧密联系实际的根本原则。这种理论联系实际的写法,因同当代人改造自然、改造社会和改造自身等实践活动联系密切,而且因为在这种联系中实际上检验了马克思主义人的哲学的真理性,所以,除了给人以现实感,而且也可以给人以说服力。我认为,这样做是符合马克思主义哲学不仅要说明世界,而且要改变世界这一根本特性的。

本书第一版正文共有 12 章,增订本的第一章和第十三章是新增的,现在正文共有 14 章。这次对导论做了较多的增补,对其他各章作了少量的增补和修订。增订本除了导论和正文 14 章 50 节,另外收录了不同时期写的不同样式的文章 20 篇,作为"参考篇札"编排在有关章节的后面,供参阅。这 20 篇包括 4 种写作样式的文章,时间跨度从 1980 年到 2010 年,涵盖了 30 年。所选 20 篇文章绝大多数还是选了正面论说的,争鸣论战的只选了一篇与邱真争论的,其他的都未选。从中可以看出我的关于人的哲学问题的研究和著述,同中国的改革开放是同步的,以及我的关于人的哲学的一系列基本理论观点是怎样跟随着中国改革开放的进程而形成、发展、深化和系统化的,是怎样同呼吸共命运的。

我在阅读中常有一种体验,就是一种写作样式的文章读久了,会产生视觉疲劳和思维迟钝之感。这时如果选读一些其他写作样式的文章,会收到恢复视觉享受和激活思维之效。我的这种编排方式,除了可以恢复我的人的哲学思想发展的历史面貌,供人们研究和评说,也是这种阅读体验的产物,不知对其他读者能否产生同样的效果。

二

我在《人的哲学论纲》跋中曾经说过,我的这本书,从更广泛的意义上说是"我观马克思主义",或曰"我的马克思主义观"。

中国的"无产阶级文化大革命"给人们的经验教训实在是太沉痛、太深刻了。在"文化大革命"后对马克思主义的正本清源、拨乱反正中,我重新学习马克思主义,并不断地将自己对马克思主义的新感悟、新理解、新认识记录下来,写成论文公开发表。在我的一系列文章中,不但发掘了被苏联的"红色教授"们长期掩蔽、埋没、篡改了的马克思列宁主义的许多重要内容,而且发掘了马克思、恩格斯、列宁本人在他们思想发展的不同时期,对自己以前的一些论点、观点、论述所作的修正、纠校之处,恢复了马克思列宁主义的许多本来的、真实的面貌,从中可以看到马克思、恩格斯、列宁是怎样与时俱进,怎样不断地发展和更新自己的思想和理论的,可以看到真实的马克思列宁主义真正是发展着的学说,更加坚定了自己对马克思列宁主义的崇尚。

对于中国共产党认真严肃地总结了"文化大革命"的经验教训,真正抛弃和改正了自己的错误,迈进改革开放年代后的创新实践和创新理论,也就是坚持走中国特色社会主义道路和中国特色社会主义理论体系,及其一系列重大的方针、政策和基本路线,我是坚决拥护的,并不断地用自己手中的这支笔为其鼓与呼,不断地自觉自愿地为其解读和论证。同时我也坚持了一种根本态度,并不是盲目的孤芳自赏,并不一味地固执己见、故步自封。我对自己的理论成果一直采取冷静的自我批判的态度,坚持要经受实践、历史和人民的检验。我在后来编辑和出版自己的文集时,一直采取一种严肃的态度,就是保留文章最初发表时的原始面貌,除了个别文字的订正,原来的基本理论观点和表述一概保持原貌。我之所以采取这种做法,完全是为了接受历史的检验。现在回过头来读我几十年前的文章,虽然基本的思路、基本的理论观点保持了一致,但是细心的读者可以品评出其实细微之处是有不少的修正和纠校的。在表述的系统、精确、周密方面是有不少变化的。我是研究马克思主义关于人的哲学的,就拿对"人"这个最基本的概念和范畴的界说和表述来说,在三十年中论说的广度、深度和精度都有不少的改进。再拿在实践中运用人的哲学的基本理论来说,人类生存生活所面临的挑战和问题是层出不穷的,是永无止境的,人的哲学的论域是无比广阔的,论题是永远不会枯竭的。所以我说哲学是一条波涛滚滚奔腾不息的智慧的长河,哲学在人类的历史发展中应当永葆青春活力。我诚恳地希望读者朋友用严格的批评批判的眼光来审视我的这些成果。我相信我的这些东西也是有历史的、认识的局限性的。

我们党所制定的以人为本的科学发展观与构建社会主义和谐社会的重大战略指导思想,是中国人民在党的领导下建设中国特色社会主义的伟大实践中,对马克思主义的坚持和发展,是活生生的中国化的马克思主义。马克思在创立唯物史观时,讲过一段非常著名的话,是人们后来经常引用的,他说:"批判的武器当然不能代替武器的批判,物质力量只能用物质力量来摧毁;但是理论一经掌握群众,也会变成物质力量。理论只要说服人,就能掌握群众;而理论只要彻底,就能说服人。所谓彻底,就是抓住事物的根本。但是,人的根本就是人本身。"①自从党中央提出以人为本的科学发展观与构建社会主义和谐社会的治国理政的根本理念以后,在全党全国人民中所产生的巨大的动员和指导作用,再一次强有力地印证了马克思的"理论一经掌握群众,也会变成物质力量"这一著名论断的正确。让我们在党的领导下,昂首阔步地走向未来!

① 《马克思恩格斯选集》第1卷,人民出版社1995年版,第9页。

《人的哲学论纲》增订本导论

一、人类自觉地认识自己是一个历史性的课题

中国工人阶级和人民群众,在黑暗的半封建半殖民地的旧中国,身受封建主义、官僚资本主义、帝国主义三座大山的压迫剥削,在饥寒交迫的悲惨境况下求解放,在用马克思主义武装起来的中国共产党的领导下,在艰苦奋斗中完成了从自在的阶级到自为的阶级的转化,实现了阶级意识的觉醒,团结战斗,流血牺牲,取得了中国新民主主义革命的胜利,推倒了三座大山,建立了新中国。接着又进行了社会主义改造,走上了社会主义的道路。在反思和总结了"无产阶级文化大革命"十年动乱的经验教训后,又进入了开创中国特色社会主义事业的新征程。

中国工人阶级、中国人民及其先锋队中国共产党,在中国革命、建设和改革开放中,既取得了辉煌的胜利,也取得了丰富的经验教训,在三十多年的改革开放中,在建设中国特色社会主义的伟大实践中,逐步形成了中国特色社会主义理论体系。邓小平理论、"三个代表"重要思想和以人为本的科学发展观、构建社会主义和谐社会的战略指导思想,是这个理论体系的重要组成部分。

以人为本的科学发展观和构建社会主义和谐社会的战略指

导思想,是对马克思主义、毛泽东思想和中国特色社会主义理论体系已有成果的坚持和发展,具有丰富的、深邃的理论内涵,适应实践的时代的需要,提出了人类要正确地认识自己和改造自己的重大的理论课题。同工人阶级要从自在的阶级转化为自为的阶级一样,全人类也有一个从自在的状态到自为的状态的转化问题。社会主义现代化建设的现实,和向共产主义迈进的崇高使命,都凸显了这个任务的现实性和紧迫性。

毛泽东在《实践论》的结束语中有一句哲学名言:"世界到了全人类都自觉地改造自己和改造世界的时候,那就是世界的共产主义时代。"正是为了这个时代的早日到来,人类必须更自觉地认识自己和改造自己。以人为本的科学发展观和构建社会主义和谐社会的战略指导思想正是这样应运而生的。"以人为本"的根本目的是为了构建和谐社会;构建和谐社会的根本方法必须实行"以人为本",所以,以人为本的科学发展观和构建和谐社会的战略指导思想,是建设中国特色社会主义的世界观和方法论。我们这样说的根本的、深层的根据就是人本身既是目的又是手段。

人类对自己的认识,可以说源远流长。自从三千多年前古希腊德尔斐神庙门前出现"认识你自己"的铭文以来,尽管无数哲人智者面对人类,反思自身,苦苦求索人之奥秘,但人类自我认识的历程,看来仍然是刚刚开始。人同他的生命一道仍然是一个古老而又常新的谜。

翻开中外哲学史,可以发现寻找人的本质,探索人生奥秘的努力绵延不断,对这个问题的答案众说纷纭。古希腊有位哲学家,名叫狄欧若恩,他厌恶社会,崇拜自然,白天打着灯笼走路,别人问他这是干什么? 他回答说:"我在找人。"

　　关于什么是人和人的本质,历史上有各种各样的定义。柏拉图说"没有羽毛的两脚动物是人",他的朋友跟他开玩笑,把一只拔光了毛的公鸡提到他的面前,说这就是柏拉图的"人"。洛克认为"具有概括的观念,乃是使人与兽完全不同的关键"①。卢梭认为"人是生而自由的,自由和平等是合乎人的天性的,是天赋予人的权利",现代的人是已经被私有制和文明污染过了,自然状态才是人的"黄金时代",处于自然状态的人才真正合乎人的本性,人类的不平等是由于外部的偶然的原因造成的。②到了费尔巴哈,则认为"理性、爱、意志力"是人的"绝对本质"③。

　　在中国哲学史上,关于人的学说同样也是源远流长的。孔子的"仁学"实际上就是古代的"人学"。孔子以后的哲学家,几乎没有一个不研究人的问题。孟子认为有恻隐之心、羞恶之心、恭敬之心、是非之心即所谓"仁、义、礼、智"四端者才能谓之人,否则为"非人也"④。荀子的观点同柏拉图则相反,他认为"人之所以为人者,非特以二足而无毛也,以其有辨也。今夫狌狌形笑亦二足而无毛也,然而君子啜其羹,食其胾……夫禽兽,有父子而无父子之亲,有牝牡而无男女之别。故人道莫不有辨。"⑤

　　至于说人怎样才能从苦难中解脱出来,答案更是五花八门。基督教原罪说认为,由于亚当和夏娃违背上帝的禁令偷吃了伊

---

① 转引自《十六—十八世纪西欧各国哲学》,三联书店1958年版,第335页。
② 参见卢梭:《论人类不平等的起源和基础》,商务印书馆1997年版。
③ 参见《费尔巴哈哲学著作选集》下卷,三联书店1962年版,第28页。
④ 参见《孟子·公孙丑章句上》。
⑤ 参见《荀子·非相》。

甸园中的智慧果,启迪了情窦,产生了情欲,犯了罪,从此产生了人类,震怒的上帝把他们逐出了天国的乐园,降到尘世来吃苦受罪。这个原罪是亚当和夏娃的子子孙孙、世世代代永远赎不完的,每个人生下来就是有罪的,除了信仰基督以求得赦免以外,是没有别的办法可以逃脱末日的审判的。

佛教轮回说认为,世间无常,人生就是苦难,主张出家修行,以求再生,叫做生死轮回,在轮回中善有善报,恶有恶报,要人们安于今生的苦难,以求来生的幸福。

欧洲文艺复兴时期的人文主义者则把世俗的、现实的东西和宗教的、精神的东西对立起来,反对神的压迫,主张人性的解放。他们把资产阶级所理解的"人"抬到过去封建阶级的"神"的地位。他们的著名口号是:"我是人,人的一切特性我无所不有",用资产阶级"人性"的"圣光"打掉了封建阶级"神性"的"圣光",在他们看来,只要资产阶级认为是"人"所具有的一切,不管是好是坏,都是合理的,都是自然的。

空想社会主义者傅立叶认为,人的各种欲望,即人类的情欲,是人的基本特征。社会发展的动力是永恒的"情欲"。在"情欲引力"论的基础上,傅立叶仔细规划了他的"和谐社会"的空想方案,他认为可以通过情欲的引力把剥削者和寄生虫吸引到自觉的劳动中来。

关于人的本质和人生奥秘的答案真可谓浩如烟海,其中虽然包含着不少真理的颗粒,但是在马克思主义哲学产生以前,他们并没有真正找到"人",他们对人的认识都没有达到科学的形态,只有到了马克思那里,这个问题才可以说获得了称得上是科学形态的解决。马克思、恩格斯创立的新哲学——唯物史观,科学地解决了对人的认识问题,可以说是人类认识自己的崭新的哲学成果。但是,人的哲学在中国的历史命运却是令人遗憾的,曾经一度造成了"谈人色变"的可悲局面。在现代中国,再一次引起人们对人的哲学广泛的关注和热烈的探索,可以说是从关于真理标准问题的讨论开始的。"人不能两次踏进同一条河流"这句两千年前古希腊哲学家的至理名言,在新的意义上又一次被发现:实践的流水形成历史长河,一切理论都处在它的无情冲刷和筛淘中,只有它才是检验真理的唯一标准。表面看来,这个结论只是人们对实践力量的理论确认,然而,它所隐含的更深刻的意义不久便显示了出来:由于实践——历史的力量说到底不过是它的主体即人的力量的印证,所以恢复人的实践的权威正是实践的人的自我确认,主体思想的解放正是思想主体的觉醒。于是,正如我们所看到的,以往作茧自缚的头脑和手脚放开了,党领导人民拨乱反正,开拓创造,充分表现了实践主体的历史主动精神。

多少年来,人们力图在各个方面、以各种形式认识自己和确立自己,经历了一个由隐到显、由抽象到具体、由一点到全面的发展过程。农民,这个我国最广大的阶层,首先以联产承包责任制的形式将自己的需要和目的,在社会主义劳动中确立起来,表现了他们作为社会主人的首创精神,作为实践主体的能动性和作为完整的人的潜力和价值。随后,各行各业的责任制开始普遍确立起个人对社会的责任,从而使个人作为社会一独立要素的能量与活力受到尊重和确认。与此同时,国家也开始了政治生活的民主和法制建设的健全化进程,人民的权利在政治上和法律上不断得到加强,尊重人、塑造人、造就全面发展的社会主义新人之风正在逐步形成。十多亿人开始作为社会主义大厦的十多亿个支撑点、社会主义建设的十多亿个动力点和社会主图画的十多亿个色彩点表现出前所未有的生机与活力。

"人的实践"必然产生"人的理论"。随着人在社会主义实践中的活跃,理论上也出现了一个活跃的人。政治经济学关于社会主义生产目的的讨论,直接导出了党的十二大报告中"不断满足人民日益增长的物质文化需要是社会主义生产和建设的根本目的"的科学结论;人才学破土而出,发出了"发现人才、培养人才、爱护人才"的强烈呼声;亿万中国青年焦渴地探索人生的意义,向社会、向知识、向未来、向着一切可能性寻求和创造自己的价值;优生学、教育学、心理学、营养学等一系列以人为对象的学科很快成为雅俗共赏的"热闹"学科;哲学老人则在更深的层次上思考着:人是什么? 社会主义社会发展的动力是什么? 人与社会主义现代化建设的关系如何? 人的创造性潜能如何才能得以充分发挥? 社会全面进步与人的全面发展是什么关系? 20世纪70年代末80年代初,在中国兴起了一场新的启蒙运动,它的主潮是人的重新发现与马克思主义人的哲学的复兴。

历史发展的道路是曲折的。正当人们觉得春回大地,热烈地讨论着人的问题、人的哲学之时,中国理论界、哲学界又遭遇了一次倒春寒。在人道主义、异化问题上持传统观念的人们,抓住周扬在纪念马克思逝世一百周年大会上的学术报告,大作文章,再一次掀起了批判人道主义和异化问题的惊涛骇浪。

但是,经过"文化大革命"洗礼的中国共产党人和中国人民毕竟更加成熟了,更加理智了。这场新的大批判从一开始就遭到人们的不满和抵制,虽然热闹了一阵,但很快便草草收场了。人的问题、人的哲学在中国再一次大规模地兴起,是在21世纪初,党中央在十六届三中全会上正式提出"以人为本"的重要思想以后。党中央总结和汲取了国内国际在发展问题上正反两个方面的经验教训,总结和汲取了人类文明发展的成果,根据中国经济社会和人的全面发展所遇到的时代课题,根据新世纪新阶段的特点和需要,及时地提出了以人为本的科学发展观。以人为本的科学发展观一经提出,就受到全党全国人民的热烈欢迎和拥护,很快就形成了广泛的共识共鸣,在中国的改革开放和中国特色社会主义建设中,发挥了强有力的动员和指导作用。

二、人的哲学研究在中国兴起的历史必然性

不难看出,从实践到理论,中国人民正在全面认识和确立自己,以自己的旺盛生命力探求自己的富强与幸福之路。

这种认识、这种探求、这种实践的人和理论的人的生机勃发,绝不是偶然的。它首先是十年内乱的历史产物。历史每流一次血都使它热昏的头脑清醒一分,而历史的眼泪生来就是为了冲拭自己眼睛的。十年内乱的历史意义就在于它给了我们以深刻反省和历史沉思。十年间人民的遭遇、祖国的遭遇,使每一个自重的中国人都不能不思考:这是为什么? 严肃的自我认识正是这样由痛苦而引发的。

"理论的人"的兴起还有深远的历史原因。我国有悠久的封建专制传统,近代民主革命既不强烈也不持久,更不彻底。已逝去的先辈们的亡灵,像梦魇一样占据着人们的头脑,深深地积淀在意识的最底层。这种状态一有机会就会酿成历史悲剧。而当这种悲剧再次发生在 20 世纪下半叶时,怎能不引起人们对自己的批判的审视呢?

在"文化大革命"中走过来的一代青年,面对曾经一度被颠倒了的现实,不能不经过一个迷惘—探索—奋发的转变过程,而

这正是一个积极的自我认识过程。在这个过程中,无论是青年人还是教育青年的人也不能不热烈而严肃地谈论或关注人的问题这个主题。

对我国理论界来说也许更有意义的是,当他们带着现实问题重新学习马克思主义时,发现马克思主义作为共产主义运动的科学指南,并不像资产阶级学者所指责的那样,是脱离人或与人无关的,恰恰相反,它以现实的人的社会活动(生产劳动及由此而产生的社会关系等)为出发点,以人们的需要及其历史追求和社会展开为内在根据,以人民群众的革命实践为中介,以人类的彻底解放和全面而自由的发展为最终归宿。它是对人的全面肯定(价值肯定和科学肯定)的学说。这样,我国关于人的活动及其规律的学说从一开始就诞生在马克思主义的怀抱中。当然,也不能否认对这一学说的某些探讨曾经一度受到历史唯心主义思潮和形而上学思维方式的影响和干扰。

三、人的哲学的研究对象、理论价值与实践意义

人的问题的研究即人们的自我认识,不仅有历史必然性,而且有巨大的理论价值和实践意义。

人是社会的人,社会是人的社会。社会是由人组成的,历史是由人创造的,研究人类社会及其历史,不能离开人,就像研究任何一个系统不能离开其组成要素一样。而社会和历史不是"黑箱",马克思主义正是深入到它的内部结构中,从现实的人的物质属性及其劳动和交往入手,揭示了社会结构即人们的社会存在方式的形成、变化和发展的一般规律。很明显,正如由人们结合而成的社会关系是研究人的现实基础一样,科学地认识

人及其活动,也是科学地把握人类社会及其历史的前提。

社会主义和共产主义是人类解放的事业,是充分发挥人的创造性潜力、造就全面发展的新人、促进人类和谐与幸福的过程。但是,怎样调动人的积极性和培养人的优良品质呢?怎样实现生产的高速度发展并同时保证人的全面发展呢?这些问题离开对社会的人的研究显然无法圆满回答。所以,科学地认识社会的人及其客观属性,也是科学地指导社会主义现代化建设的需要。

各项工作都要人去做,人的各方面的状态直接决定着各项工作的状况。党的现行政策的成功,科学文化教育的重要和政治思想工作的作用,就在于它们能够激发或促成人的良好状态,进而推进各项工作。就是像"实事求是"这样的对于人们认识世界和改造世界至关重要的根本原则,在人们的认识活动和实践活动中能否真正做到,也同人的各方面的素质和修养有着密切的关系,不具备必要的素质和修养,即使你有"实事求是"的良好愿望,也是无法真正做到实事求是的。所以,科学地认识人及其共性与个性,也是科学地动员人、改造人和使用人,做好各项工作的前提。

每个人都面对着自己的人生并力求使它富有意义,但是,只有正确地认识了自己才谈得上正确地对待人生,只有懂得了人的价值是什么、在哪里和怎样实现的人,才会过上真正有意义的生活。所以,科学的自我认识又是任何一个人健康成长和有所作为的必要条件。

四、人的哲学的研究方法

人指什么?作为人、面对人而问人指什么,这不免使人觉得有些滑稽;然而人们在这个问题上所造成的混乱,使我们不得不把它作为一个严肃的、前提性的问题提出来。

有人说,讲人,讲的就是个人,很容易引起个人主义思潮,就像资产阶级意识形态那样;所以讲人是没有好处的。

又有人说,马克思讲过,人的本质是一切社会关系的总和;人就是人的世界,就是国家、社会。要讲人就讲社会、讲国家好了,讲人是没有必要的。

还有人说,讲人如果不在人之前加上"社会的"、"现实的"、"从事生产劳动的"等定语,就是指孤立的、抽象的人,这样的人实际上是不存在的,所以讲人是毫无意义的。

更多的不愿意贸然下断语的人也在思忖:当我们讲人时,比如在讲人的需要、人的活动、人的意识、人的价值和人的解放时,这里所说的人到底指的是什么呢?

所以,问题是非回答不可的。

简要地说,人们所讲的人,无非是一个对象化、客体化了的哲学范畴,是对具体的人的一个抽象把握,或对人类的一个一般概括。

将个别抽象为一般,是人类在长期实践中逐渐形成的一种创造性思维能力。原始人的思维完全是个别的、具体的,他们还不能把一般概念从具体事物中抽象出来。比如只有具体的"××山"或"三个××",而没有一般的"山"或"三"。北美洲印第安人和阿留申群岛人的语言中,有四百多种动词的变形,早上走、晚上走、穿鞋走等都专有表述,而无一般的"走"这个词。这些,说明了原始人思维的具体性。人们在长期的劳动和接触中,在要求有所普遍表达的努力中,渐渐产生了概括思维能力,象形文字是它的第一个产物。比如在埃及和中国的象形文字中,许多表示运动的动词都有脚的图形,许多表示说话的动词都有口的图形等。而从象形文字到符号文字的飞跃,则进一步表明人类的抽象思维能力已经完全抛弃了原始直观的、感性的依赖性。难怪当毕达哥拉斯派哲学家们第一次发现许多组不同事物的共同属性——某个一定量、即"数"的时候,当他们进而发现数的运算中的一些奥秘如"一些量没有公约数"时,他们是那样兴高采烈,于是断定数就是存在由之构成的原则,甚至就是存在由之构成的基质。毫无疑问,当我们讲人时,使用的就是人类所特有的、现代又高度发展了的抽象思维能力;人,指的就是一个从广度到深度都有待扩展和发掘的完备的单纯的存在物,即人的共相或一般。

将个别抽象为一般,是一切科学研究的必要前提。马克思主义在研究人类社会时也广泛使用了这一方法。科学哲学的创始人亚里士多德首先提出了归纳——演绎的方法。他认为,每个特定事物都是质料与形式的结合。质料使特定事物成为独特的个体,形成使这个特定事物成为相同事物的类的成员。形式即共有的性质。正是由于归纳,人们才从感觉经验中得出有关它的概括。比如,a_1 有性质 P,a_2 有性质 P,a_3 有性质 P,所以,所有的 a 都具有性质 P。然后,人们就可以从这种共性出发去具体地推断和分析所有 a 的形态,即演绎。列宁也曾经说过:"如果不先解决一般的问题,就去着手解决个别的问题,那么,随时随地都必然会不自觉地'碰上'这些一般的问题。"①马克思在研究政治经济学和哲学时,非常熟练地使用了抽象思维的方法。他在《资本论》第一版序言中说:

---

① 《列宁全集》第12卷,人民出版社1959年版,第476页。

"分析经济形式,既不能用显微镜,也不能用化学试剂。二者都必须用抽象力来代替。"①他在另一处地方讲到生产的抽象时说,好像一说到生产,总是指在一定社会发展阶段上的生产,指的是某个一定的历史时代,"可是,生产的一切时代有某些共同标志,共同规定。生产一般是一个抽象,但是只要它真正把共同点提出来,定下来,免得我们重复,它就是一个合理的抽象……没有它们,任何生产都无从设想"②。由此可见,马克思和列宁都是非常重视、充分肯定并广泛使用了抽象思维方法。

接着,马克思还表达了一个更为重要的思想,这就是:抽象或一般不仅作为一种理论形态,而且作为一种存在形态,它的发生具有历史的规定性,或者说它是历史发展的产物。他说:"最一般的抽象总只是产生在最丰富的具体发展的场合,在那里,一种东西为许多东西所共有,为一切所共有。这样一来,它就不再只是在特殊形式上才能加以思考了。"比如在美国——马克思接着指出,个人很容易从一种劳动转到另一种劳动,一定种类的劳动对人们说来是偶然的,因而是无差别的,所以,"在这里,'劳动'、'劳动一般'、直截了当的劳动这个范畴的抽象,这个现代经济学的起点,才成为实际上真实的东西"③。

综上所述,我们可以得出两点结论:第一,科学的、合理的抽象对于科学研究来说是必然的和必须的。科学的抽象实际上是一个客体化(将对象当做感性的客观实在物来观察)——简化(略去对象的个别的规定性即偶然的东西而把握其实质)——

---

① 《马克思恩格斯全集》第23卷,人民出版社1972年版,第8页。
② 《马克思恩格斯选集》第2卷,人民出版社1995年版,第3页。
③ 《马克思恩格斯选集》第2卷,人民出版社1995年版,第22页。

综合化(将各个别的性质及其各方面归纳起来)——概念化(把这个归纳起来的内容即共性凝练为一个一般概念来使用)的过程。作为这个过程的结果的概念,内含着同类事物的质的规定,但它正如黑格尔所说,不过还是一个从广度和深度上都有待展开的单纯的感性确定性,即有待展开的规定。对人,当然也可以作这样一个一般的抽象,而当我们把人类及其社会历史当做客观对象来研究时,离开这种科学抽象就是不可能的了。比如马克思《资本论》中的人,就是作为人格化了的经济范畴出现的。当我们将人作为哲学范畴来使用时,遵循的也是人类所特具的同一思维方式。

第二,对人的科学的合理的抽象,也是社会历史发展的必然和必须。按照马克思的观点,在人(其他事物也一样)的具体发展还十分简单的时候和地方,这种抽象由于没有客观的真实性而很难产生。比如在严格的奴隶等级或封建等级制度下,抽象地一般地谈论人的价值和尊严等是绝对不可能的,这不仅是指奴隶主阶级的禁止,而主要是指由于客观上没有这种真实存在因而不可能普遍产生这种抽象的意识。随着人类进步所导致的人类平等之逐步成为现实,人的某些无差别的同一性才逐渐被人们所认识和确立,因而对人的一般的理论抽象就有了可能。这一点即使不追溯得如此遥远,只在近代历史发展中也看得很清楚:在阶级剥削和压迫依然存在、人与人之间的不平等依然存在的社会条件下,人的一般抽象至多只能作为一种软弱无力的平等要求或虚伪的平等宣传存在着,如在资本主义社会中,但在社会主义向共产主义过渡的过程中,由于从经济基础上消除了人剥削人的现象,实行在真理和法律面前人人平等的原则,等等,所以,对普遍的具体的人的一般抽象,便可能首先作为经济范畴(如社会主义生产的目的是为了满足全体社会成员的需要),尔后作为哲学范畴提出来,这是完全合乎历史逻辑和认识逻辑的,这种合理的现象不管人们自己多么无意识甚或惊诧,都是必然要发生和发展的。其实在马克思恩格斯关于社会主义社会形态的表述中(无论早期还是晚期),人的抽象是广泛使用的,而在对资本主义社会形态的分析中,则较多地使用阶级分析的方法。

说到这里不难看出,人这个概念,作为一个科学的抽象,绝不等同于个人。个人相对于这个个人或那个个人来说,本身也是一个抽象,即对个人的抽象。人的抽象不等同于个人的抽象。人的含义要比个人广泛得多、深刻得多。这么说,不仅仅是因为它既不是这个人也不是那个人,而是所有人的泛指;而且,它包含着人的一切现实形态,也包含着人的总和;而由于整体大于它的各个部分的总和,所以人的抽象又比总和要丰富,包含着人之为人的一切形式和中介。由此可见,个人的抽象不仅不能代替人的抽象,相反,当我们说到个人时,在一定意义上恰恰是相对于人的一般而言的。这正像我们可以从松树、桃树、热带树、常青树等中抽象出一个树的概念来,而不能说树就是某种个别的树;相反,当我们说"一棵松树"时,恰恰是相对于一般的树而言的。实际上,当有的人在说"马克思主义并不是不讲人,但很少讲个人"时,不也是已经把人的抽象与个人的抽象分别开来了吗?当人们讲"人的问题"、"人的理论"等范畴时,难道仅仅就是"个人问题"、"个人理论"吗?当马克思说人的解放时,恩格斯说人将成为自然界的主人时,毛泽东说世间一切事物中人是第一个可宝贵的时,难道他们讲的都是人的个体形态吗?是个人解放、个人成为自然界的主人、个人是第一个可宝贵的吗?

　　同样,人也不等于社会。社会作为人存在和发展的形式,反映并决定着人的本质,人与社会具有质的统一性。所以马克思说人的本质在其现实性上是一切社会关系的总和。但是我们应注意到,当马克思这样说或我们如上那样说时,实际上已经把人同社会明确地区分开来了。很明显,尽管人与社会不能各自孤立地存在,然而两者作为概念进而作为研究对象毕竟是两个而不是一个,不能用其中一个来代替另一个。而且仅是两者之间的关系,就是值得广泛深入研究的课题,这也说明两者的不等同性。因此,我们怎么能武断地认为社会研究可以不包含人的研究呢? 怎么能用对社会的研究来否定对人的研究呢?

　　如果硬要问人这个抽象的指谓是什么,那么,让我们来试作如下的表述:

　　人是人的个体与类的统一。这种统一具有三个层次。一是作为社会存在物的个体,这是人的恒久的现实形态。二是作为个体的属的类,即人类,这也是人的恒久的现实形态。三是介于两者之间的集合体,如家庭、阶层、阶级、人群、人民等,这是历史的变化着的人的形态。人正是所有这些人的存在形态的统一或凝集。为什么这样说呢? 因为实际的人就是这样存在着。人总是以多重性表现着自己,而且在不同的历史时代又有不同的表现形态,所以,人是不能用人的个体或群体等一种形态来概括的。

　　当然,我们还可以说,人是地球上生命进化的产物,它具有自动调节、自我意识、代谢、变异和遗传等高级生命的全部属性,它的个体发育是在 46 个染色体编码的遗传程序的控制下实现的;但是,我们又必须说,人在自然地和历史地进化中已经获得了无限发展的能力,已经具有巨大容量的遗传多样性和社会可塑性,它作为群体和社会的成员已不再是纯粹的生物个体。所以,我们只能说人是作为个体—社会的矛盾统一体而存在的一种社会性动物。

为了更便于理解人的指谓,我们还可以看人是相对于什么而言的。与人相对的无非是:①自然界(无机物、植物、动物等);②人与自然界相互作用的结果即创造物(如社会生产力、物质文化财富等);③人、自然界、创造物相互联系的中介(如意识、劳动、占有、分配等)。当然,这些或者是被人所认识或者是被人所创造和改造的事物中,都必然具有某些属人的属性,是作为人的对象物而存在的,但它们显然不能包含在人的抽象中。当我们下文谈到人是社会历史的主体和唯物史观的主体时,也正是相对于这些事物(另外还有上帝、神明等虚幻事物)而言的。

总之,我们看到人作为如上的一个抽象,既不等于虚幻的人,也不等于个体的人,又不等于社会。它应当是一个合理的、正确反映其客观真实性的抽象。客观真实的人既不是虚幻的,也不是片面地作为个体或作为群体而存在,而是同时以这些形态存在着,是个体与类、个人与社会的统一。

社会的人的研究领域如此宏大和精微、通俗和深奥,以至于任何一个社会科学家都不敢说自己与这个领域无关或者把握了这个领域。作为背景交代,我们刚刚简述了这项研究在我国的兴起及其意义,而本书的内容仅仅限于:把人及其全部丰富属性引入人类社会及其历史的研究中,探讨其作为社会和历史的主体与客体(自然)的相互作用,以及他们自身之间的相互作用,探讨主体、其活动和状态对社会发展的意义以及他们自身在社会制约下的变化和发展,探讨主体的自觉活动与历史发展客观规律的相互关系,以证明主体的自觉能动性与社会历史的客观规律性之并行不悖,等等,从而揭示人与社会的发展及其动力,以及怎样才能开发这种动力。还着重阐述了研究人的哲学对于建设中国特色社会主义的价值与意义,论述了物质文明、制度文明、精神文明三个文明建设以及人与自然、人与社会、人与自身三个和谐发展同促进社会全面进步、人的全面发展的关系,同共产主义理想的社会与理想的人的生成的关系,同实现从必然王国到自由王国飞跃的关系。

从事中国特色社会主义现代化建设,每时每刻都会面对和处理层出不穷的、千难万险的、千丝万缕的现实问题和任务,事关国家民族和人民群众的生产生活问题无小事,所以必须务实求真、扎扎实实、踏踏实实地真抓实干,不能陷入清淡和空论。但是作为领导着十三亿人口大国的执政党,作为承担着实现全人类彻底解放、实现共产主义崇高理想的执政党,又千万不可陷入事务主义、经验主义,丢掉宏观的战略思考和深层次的哲学思维,没有这种思考和思维,就会变成头重脚轻、风吹摇摆的"墙头草",是很危险的。必须将这两个方面很好地结合起来。这种结合是很难很辛苦的,但是必须坚持不懈、坚忍不拔地坚持做好。

《人的哲学论纲》增订本跋

　　《人的哲学论纲》增订本即将付梓，在告一段落之际说几句话。

　　人类的哲学长河将会继续奔腾不息，人的哲学还会继续向前发展，为实现这一心愿，我撰写了一份《以人为本　构建和谐哲学系列丛书选题策划书》，提出了第一批 6 本书的编撰设想。以后还可以根据需要陆续增加新选题。我一辈子为我社策划了不少选题，这份策划书为此再做一点微薄的贡献，供今后开发选题和组稿的参考。我即将年满 80 周岁，岁月不饶人，这个庞大的撰著计划，我是无法亲力完成了。我的这本《人的哲学论纲》，虽然是我三十多年来也可以说是毕生研究人的哲学的结晶，但也只能算是这份策划书中所列第一本《社会历史哲学——以人为本位》的雏形，其余 5 本的选题设想是更加粗糙的胚胎。我的这些雏形和胚胎如果能够引起青年才俊们的青睐和思考，对我来说就是一种极大的荣幸和安慰。现将这份"策划书"作为附录收录在后面，企盼能够成为接力者的新起点。

　　我一辈子为人民的出版事业耕耘、服务，1999 年离休前的半个多世纪主要从事编辑出版工作，为他人作嫁衣裳，虽然也写点东西，那是一种业余作业；离休后，十多年来一天也没闲着，重操旧业，但这时主要不是为他人服务，而是自己动手撰编自己的书,十余年共撰著和主编了 8 种 17 本书(包括与老伴合作主编的书),除了两种 11 本书是在中国社会科学出版社和河北教育出版社出版,其余 6 种(包括这一本)是在人民出版社出版,社里的同志们在我在职时支持我的工作,在我离职后又为我的书的编辑、出版、发行而辛勤劳动,我心存深深的谢意,在此道一声谢谢,并鞠躬致敬!

(2011 年元旦)

关于社会主义政治文明建设的几个问题

人民成为社会的主体、社会的主人,这是社会主义社会最根本的特点、最大的优势,也是人类社会发展的一个极大进步。社会主义社会的政治文明建设、政治体制改革,应当以此为最根本的出发点。

一、政治文明建设要着重解决扩大社会主义民主和
健全社会主义法制的问题

随着人类社会不同发展阶段社会主体的变化,社会政治制度也发生着演变。社会主义社会实行的是人民民主制度,目前我国的社会主义政治文明建设要着重解决扩大社会主义民主和健全社会主义法制问题。民主是社会主义题中应有之义,邓小平曾经反复强调,没有民主就没有社会主义,民主与社会主义有着本质的联系,这是由人民是社会主义社会的主体、主人这一本质所决定的。社会主义事业是前无先例的,所以社会主义民主也只能在探索中前进。我们已经建立了人民代表大会制度、共产党领导的多党合作和政治协商制度,建立了与民主党派长期共存、互相监督、肝胆相照、荣辱与共、合作共事的社会主义政党制度,还进行了政治体制方面的其他一些改革。现在党中央又

提出了要扩大社会主义民主,可见这种民主还需要进一步发展和完善。社会主义民主建设又是同社会主义法制建设密切相联系的,所以党中央又提出了要健全社会主义法制的任务。怎样扩大社会主义民主和健全社会主义法制,是我国政治体制改革和政治文明建设的一个重要课题。

为了解决这个课题,需要制定一系列具体的政策及相应的法律、法规和制度,这是应当集中全党、全国人民的智慧来加以解决的。中央已经多次为经济体制改革和精神文明建设作过专门的决定,现在应当与之相配套为政治体制改革和政治文明建设作出专门的决议,使政治体制改革和政治文明建设在党的强有力的领导下平稳地、有序地、健康地向前推进。

二、政治权力的传承交接问题应当成为 政治文明建设的一项重要内容

政治文明建设其中一项重要内容,就是有关政治权力传承交接的领导制度、组织制度、干部制度的改革和创新。

这个问题,在国际社会主义的发展史上,在共产党的执政史上,有过严重的经验教训。邓小平在总结"文化大革命"十年浩劫的经验教训时,在他所作的经中央政治局讨论通过的那篇著名的《党和国家领导制度的改革》讲话中严肃地指出,从党和国家的领导制度、干部制度方面来说,主要的弊端就是官僚主义现象,权力过分集中现象,家长制现象,干部领导职务终身制现象和形形色色的特权现象,并具体地分析了这些现象的种种表现和产生的原因、解决的办法。在做了这种具体分析后,邓小平总结说:"我们过去发生的各种错误,固然与某些领导人的思想、

作风有关,但是组织制度、工作制度方面的问题更重要。这些方面的制度好可以使坏人无法任意横行,制度不好可以使好人无法充分做好事,甚至会走向反面……不是说个人没有责任,而是说领导制度、组织制度问题更带有根本性、全局性、稳定性和长期性。这种制度问题,关系到党和国家是否改变颜色,必须引起全党的高度重视。"①在二十多年的改革开放中,我们党和国家在领导制度、组织制度、干部制度方面也的确进行了不少改革,取得了长足的进步,有不少可喜的文明成果,但是,在党的十六大强调提出加强政治文明建设,十六届三中全会决定又两次重申要扩大社会主义民主、健全社会主义法制的今天,重温这些教导,仍然使人感到十分亲切和耳目一新、振聋发聩。

领导制度、组织制度、干部制度,都涉及政治权力的传承交接问题,这个问题的解决是应该提到加强政治文明建设的议事日程上来了。在这个问题上进一步加以解决,进一步加强民主化、法制化和程序化,关系到我们党和国家的长治久安。

三、制定社会主义政治伦理的基本守则

进行政治文明建设,免不了要涉及政治伦理问题。对于当政者、掌权者,除了一般的为人之道外,还应当提出更严格的、更有针对性的政治伦理要求,这在政治文明建设中是一项重要内容。在这方面,应广泛听取专家学者和老百姓的意见,为执政者、掌权者制定具体的、明确的伦理道德行为守则,并严格执行之。

---

① 《邓小平文选》第二卷,人民出版社1994年版,第333页。

为政者的诚信应当成为第一要务。瞒上欺下、搞数字政绩、报喜不报忧,尔虞我诈、妒能嫉贤者千万不可掌权,根本不配当领导者。

为人正派、公正是为政者的必备条件,对人对事都应秉公办事。对近者亲远者疏,对敢于监督揭发自己者怀恨打击报复者也不配当领导。

为政者是人民的公仆,执政为民是对为政者的基本要求。贪赃枉法、以权谋私者不但不能当政,而且应当受到严厉的法律制裁。

为政者必须勤政爱民。吃喝玩乐、腐化堕落,对人民的疾苦漠不关心者,不能当领导。

为政者应当严于律己、宽以待人。对己宽对人严,手电筒照人,对别人尽看缺点、不足之处,对自己却放纵任为、争宠邀功者,不配当领导。

为政者应远小人近君子。对吹牛拍马、抬轿子吹喇叭、阿谀奉承者提拔重用,对不合自己心意者压制打击者,搞裙带关系、"一人得道鸡犬升天"、任人唯亲唯派者,没有为政掌权的资格。

吃苦在前、享受在后。这种优良的品德为政者应当继续发扬光大。

贿选拉票、跑官要官、买官卖官,贿赂买卖双方都违反了为政的伦理道德,发现一件严肃查处一件,绝不能让其坏了政风政纪。

与黑社会相勾结,充当保护伞,称霸一方,危害百姓者,应当坚决制裁,绝不手软。

小肚鸡肠,大事不闻不问,专注于小是小非,闹无原则纠纷;遇有责任互相推诿、上推下卸,遇有权利互相争夺、各不相让,不能团结共事者,不能为官。

这里提到的有些问题超出了伦理道德的范畴，但是对于为政者、掌权者先作为政治伦理的要求提出，如果触犯了刑律，当按法律加以制裁。

四、政治制度文明建设要与经济、文化、科学、教育等各项制度文明建设协调发展

社会主义政治文明不但要与物质文明、精神文明协调发展，而且政治制度的文明建设，与经济、文化、科学、教育等各项制度的文明建设也要协调发展，它们之间是相辅相成、互为条件、互相促进、互相制约的。在二十多年的改革开放中，我国的经济、文化、科学、教育等方面的体制改革、制度创新，都取得了长足的进步，取得了不少文明成果。我国的政治体制改革虽然也进行了一些尝试和改革，但相对比较滞后。其实这也属于正常现象，正如邓小平在讲政治体制改革时多次谈到的："这个问题太困难，每项改革涉及的人和事都很广泛，很深刻，触及许多人的利益，会遇到很多的障碍，需要审慎从事。"①尽管他看到了政治体制改革的困难，他仍然多次强调政治体制改革的必要性、重要性和迫切性。他在肯定经济体制改革进行得比较顺利和取得了很大成绩的时候，多次强调："重要的是政治体制不适应经济体制改革的要求"，"不改革政治体制，就不能保障经济体制改革的成果，不能使经济体制改革继续前进"②。可见政治体制改革的重要性和关键性。

---

① 《邓小平文选》第三卷，人民出版社1993年版，第176页。
② 《邓小平文选》第三卷，人民出版社1993年版，第176页。

　　党的十六届三中全会遵循邓小平理论的指导,再次强调了要坚持社会主义物质文明、政治文明和精神文明的协调发展。中国特色社会主义是社会主义市场经济、社会主义民主政治和社会主义先进文化协调发展的伟大事业。因此,要积极稳妥地推进政治体制改革,扩大社会主义民主,健全社会主义法制,巩固和壮大爱国统一战线,加强思想政治工作,为发展社会主义市场经济提供强有力的政治保证。要大力加强社会主义文化建设,着力建立与社会主义市场经济相适应、与社会主义法律规范相协调、与中华民族传统美德相承接的社会主义思想道德体系,弘扬和培育民族精神,不断提高全民族的思想道德素质和科学文化素质,为改革和发展提供强大的精神动力和智力支持。

五、加强舆论监督与民意调查

　　加强政治文明建设,还有一个重要方面是不可忽视的,就是要加强舆论监督,建立畅通的民情民意的采集、公示、反馈机制。

　　现在,一些贪污腐败分子并不太害怕群众监督,因为他们手中有权,一是可以封堵防范,借口"保密"把他们的丑行掩盖起来。二是对于敢于揭发者实施打击报复。三是他们可能还有保护伞、说情网。一旦犯事,纷纷出马,有的包庇,有的说情,为其解脱。但是,他们却非常害怕舆论监督,他们的腐败行为一旦在媒体上曝光,就很难逃过党纪国法的惩处。所以,舆论监督是防腐倡廉的一个重要武器。当然舆论的作用还不仅仅限于此,它还是立党为公、执政为民的方针得到落实的好助手。可是这个武器的运用,现在还是不很顺畅,媒体的编辑、记者、老总们还有不少顾虑,不适当的干扰还是有的,这里就涉及一个对媒体的依法保护问题。

现在,我国还未出台新闻法、出版法,对媒体的管理还停留在政策管理的层次,还未上升到法律管理。谁都知道,法律管理比政策管理更具有权威性、稳定性和长期有效性。怎样按照宪法规定的原则精神制定新闻法、出版法,在我国新闻出版界、法学界、政治学界已经酝酿、讨论了多年。怎样在媒体的责任与权利之间求得平衡,既能体现宪法中的有关新闻、出版、言论自由的原则,给媒体以法律的保护,又能体现媒体自身的责任,加强自律、责任意识,在媒体违规违法时可依法制裁,是有不小的难度,但总可以通过借鉴国际上的通常做法,总结我国自己的经验来加以解决的。

与舆论监督紧密联系的还有一个舆情即民情民意的采集、公示、反馈机制的建设问题。这种机制我国不能说完全没有,但还不是很健全、很规范、很畅通、很有影响力。在我国早已有党、政领导机关接待上访信访的机制,解决了不少问题,但这还只能被动地接受送上门来的信息,还缺少可以主动设置议题,包括就重大政策措施的出台、重要的人事任免、各级干部的考核等重要事项主动地征询人民群众意见的机制。现在已经出现了某些民调机构,某些媒体上也出现了一些民意、民调的内容,某些党政机关也采取了一些调查民意的措施,但毕竟还只是一些雏形,很不规范、也缺少影响力,亟须制定专门的法律法规来加以促进和规范,使之成为独立的、规范的、透明度高的、公开公正的民调机制,使之逐步发展和成熟起来,成为我们党和政府依法治党治国的得力助手。

(原载《岭南学刊》2004 年第 2 期)

知情权和表达权是我国
公民的"基本权利"

在这次四川汶川大地震后的抗震救灾中,信息的公开、透明、及时,创造了中国的历史之最,获得了国内外舆论的普遍欢迎和赞扬。为什么会是这样?这是因为知情权是现代人权的一个重要内容,是一种基础性的权利。而中国在改革开放中在这方面获得了显著的进步,这是中国人权事业取得的一个重大成就。与知情权密切相关的,还有一项重要人权就是表达权,知情是实现表达权的一个重要的前提条件。

知情权和表达权,都属于我国宪法所规定的我国公民"基本权利"。当然,这些基本权利的实现同我国物质文化基础的建设和发展是密切相联系的。随着我国物质文化基础的建设和发展,我国全体公民的基本权利也获得了长足的进步和发展,这是可喜可贺的。在肯定我国人权事业的发展和进步的同时,我们还应看到,我国是一个有着长期封建传统的国家。封建传统对人的主体性的长期压抑,造成了我国在知情权和表达权等人权事业建设方面需要做大量的启蒙工作。

这种工作,其实毛泽东早就在做了。早在延安时期,他就在同黄炎培谈历史的周期率时说过,我们已找到新路,我们能跳出这周期率。这条新路,就是民主。只有让人民来监督政府,政府才不敢松懈。只有人人起来负责,才不会人亡政息。

在取得全国政权后的初期,毛泽东还是非常清醒的,他反复教育全党要谦虚谨慎,要戒骄戒躁,要广泛听取人民群众的意见。他说过,对于党和国家的领导者来说,最可怕的是"万马齐喑",人们不敢讲话。1956年2月19日,有人反映有位苏联学者对《新民主主义论》中关于孙中山的世界观的论点有"不同看法",他回答说:"我认为这种自由谈论,不应当去禁止。这是对学术思想的不同意见,什么人都可以谈论,无所谓损害威信。""如果国内对此类学术问题和任何领导人有不同意见,也不应加以禁止。如果企图禁止,那是完全错误的。"①1956年9月24日,在《吸取历史教训,反对大国沙文主义》一文中,毛泽东指出,自由、平等、博爱是资产阶级的口号,"而现在我们反而为它斗争了"②。其实,民主、自由、平等、博爱等价值观,并不仅仅是资产阶级的口号,我们党在新民主主义革命时期,就高举这样的大旗同蒋介石的反动独裁统治进行坚决的斗争,而且按照恩格斯《家庭、私有制和国家的起源》一书的结束语所引用摩尔根《古代社会》中的论述,民主、自由、平等、博爱这样的价值观在古代氏族公社所有制下就存在了,而在代替资产阶级旧社会的新社会将在更高形式上复活。所以,民主、自由、平等、博爱真正应当称做是共产主义者的价值观。1957年2月27日,毛泽东在《关

---

① 《毛泽东文集》第七卷,人民出版社1999年版,第9页。
② 《毛泽东文集》第七卷,人民出版社1999年版,第127页。

于正确处理人民内部矛盾的问题》这篇著名论文中又强调地说："我们的宪法规定：中华人民共和国公民有言论、出版、集会、结社、游行、示威、宗教信仰等等自由。"①这种种自由权利可以说都属于表达权。我国宪法规定年满18周岁的公民有选举权和被选举权，选举权也是一种表达权，是用选票进行表达。我国公民对国家机关及其工作人员还有批评、建议权，对其违法失职行为有申诉、控告或者检举权，这也属于表达权。知情权、表达权与人的生存权、劳动权、财产权、发展权、休息权、受教育权等构成人权的基本内容。

社会主义社会是一种公民社会，是全体公民的现实的利益共同体，或者如马克思、恩格斯所说，我们所要建设的新社会是"自由人联合体"、"自由平等的生产者联合体"。对于这种新社会中的人们应具有怎样的价值观，应享有哪些基本权利，是新社会每一个成员所关注的，也是社会主义者、共产主义者不断探索的课题。党中央从中国特色社会主义的本质要求和新时期改革与发展的实践出发，坚持和发展马克思主义，提出了"以人为本"的价值观。"以人为本"的价值观内涵很丰富，包含了民主、法治、自由、平等、人权、博爱、公平、正义、人格尊严等价值理想，包含了充分肯定人的生存权、劳动权、财产权、发展权、休息权、受教育权、知情权、表达权等基本权利。把"以人为本"作为我们党根本的价值观和治国理政的根本理念，完全符合马克思主义的世界观和历史观的要求，是科学的、正确的，所以一经提出就得到了全党全民的认同、共鸣和拥护。这是对中国现实的社会主义社会发展规律认识的深化，我们应当非

---

① 《毛泽东文集》第七卷，人民出版社1999年版，第207页。

常珍惜。只有当"以人为本"真正成为我国全体社会成员包括"官"与"民"的自觉行动,我们的社会主义和谐社会才能真正建成。

(原载《学习时报》2008 年 8 月 25 日)

共产主义者的世界观与价值观

最近,在平面媒体和网络媒体上,有一个问题引起了比较广泛的关注和争鸣,就是普世价值观问题。我也想就这个问题发表点意见,参与争鸣。

一、马克思、恩格斯关于共产主义者世界观和价值观的理论

如果要问谁有资格讲普世价值观的话,我想人们会很朴素地想到共产主义者,因为共产主义者是以追求全世界无产阶级和全人类的解放为根本目的的。但是,按照马克思主义的世界观和方法论,世界上不存在永世一成不变的、凝固的东西,一切都是发展的、变化的。这是从纵的方面来说的。从横的方面来说,在现实的社会中,人们的利益追求既有共性的一面,又有差别性的一面,各种不同的群体、阶级、阶层的利益是多元的,所以价值观必然呈现出既有共性,又有差别性,适合每一个人的整齐划一的价值观事实上是不存在的。但是,在人类世世代代的发展中,的确又存在某些共同的价值理想和追求,"天下为公,世界大同"就是古今中外世世代代仁人志士的一种崇高的价值理想和追求。如果没有这种价值追求,怎么可能在 19 世纪中叶形

成科学的共产主义的理想呢？但是,资产阶级、殖民主义者、国际霸权主义者是不会有这种价值追求。所以,还是用人类在漫长的历史进程中追求的共同的价值理想来表述更贴切一些,更科学一些,也可以为更多的人所接受。

马克思主义有一条基本原理,观念是一种精神性的东西,它是建立在物质基础之上的,共同的价值观是建立在社会成员根本利益一致及其社会生活方式基础之上的。这一点,马克思、恩格斯早就告诉过我们。

1848年,马克思和恩格斯在其合撰的《共产党宣言》中就说过:"代替那存在着阶级和阶级对立的资产阶级旧社会的,将是这样一个联合体,在那里,每个人的自由发展是一切人的自由发展的条件。"

后来,马克思在《资本论》这部经典名著中又强调地指出未来的理想社会,"联合起来的生产者,将合理地调节他们和自然之间的物质变换,把它置于他们共同控制之下,而不让它作为一种盲目的力量来统治自己;靠消耗最小的力量,在最无愧于和最适合于他们的人类本性的条件下来进行这种物质变换"。并指出:代替资产阶级旧社会的未来更高级的新社会,是"以每个人的全面而自由的发展为基本原则的社会形式"。

民主、法治、自由、平等、人权、博爱、公平、正义、人格尊严等,是人类在漫长的历史进程中共同追求的价值理想和共同创造的文明成果。对于《共产党宣言》、《资本论》等一系列著作中马克思、恩格斯所表达的这种崇高的价值理想,在马克思逝世后,恩格斯在其晚年所撰著的《家庭、私有制和国家的起源》中,不但做了历史的考察,而且对其未来的发展做了科学的预测。

马克思、恩格斯对于美国学者路易斯·亨利·摩尔根深入印第安人居留地进行长达 40 年考察、研究的成果《古代社会》一书的公诸于世,是很重视的,而且非常赞赏。马克思曾经打算根据摩尔根的研究成果,从唯物史观的立场出发,撰写一部关于人类史早期阶段的专著,并为此对《古代社会》一书做了大量摘录和批注。但可惜未能如愿便与世长辞了。

恩格斯的名著《家庭、私有制和国家的起源》,可以说是在某种程度上执行了马克思的遗愿。恩格斯直截了当地将自己论著的副题标注为"就路易斯·亨·摩尔根的研究成果而作"。恩格斯在自己的著作中大量地使用了马克思的摘录和批注。恩格斯根据摩尔根所提供的大量史实,深刻地揭示了私有制和家庭、国家产生的原因和过程,推翻了关于人类社会自古以来就有私有制的传统观念,证明在人类历史的早期阶段存在着以氏族制度为基础的氏族公社所有制。根据翔实历史事实所作出的这一科学论证,具有非凡的巨大的历史意义,这就彻底地打掉了剥削阶级思想家把私有制说成是古已有之、而且会永远存在的将私有制永恒化的企图。

摩尔根考察了印第安人在氏族公社所有制下的生活方式,发现民主、自由、平等、博爱等古代价值观是建立在这样的生活方式的基础之上的,是氏族社会团结、和谐、富于活力的保障。恩格斯站在唯物史观的理论高度,对于摩尔根的这种思想是非常赞赏的。正因为如此赞赏,恩格斯非常罕见地在自己的《家庭、私有制和国家的起源》的结尾处,大段地引用摩尔根的原话作为自己这部著作的结束语。在恩格斯看来,摩尔根所说下一个更高阶段的社会,或如马克思所说代替那存在着阶级和阶级对立的资产阶级旧社会的新的"劳动者联合体"、"自由人联合体",应当如摩尔根所说,将是古代氏族的民主、自由、平等、博爱的复活,但却是在更高形式上的复活。看来,恩格斯是完全同意摩尔根的看法的,在未来的新社会,古代氏族社会的民主、自由、平等、博爱等价值观,将会在更高阶段的社会生活方式的基础上以更高形式复活,将成为未来理想社会所有成员共同的价值观。我们所从事的中国特色社会主义事业,正是为了实现马克思和恩格斯的这种价值理想。

二、中国共产党人在新民主主义革命时期在共产主义世界观和价值观指导下奋斗

上面,我们从马克思主义思想史的角度,从马克思主义是无产阶级和全人类解放的科学的根本宗旨的角度,论述了民主、法治、自由、平等、人权、博爱、公平、正义、人格尊严等,是人类在漫长的历史进程中共同追求的价值理想和共同创造的文明成果。这种价值观是真正属于马克思主义的,是属于共产主义者和共产党人的。现在,我们再从中国共产党人的奋斗史来看看这个问题。

1921年,马克思主义与中国工人革命运动相结合,诞生了中国共产党。中国共产党成立后,领导中国工人阶级和劳动人民,进行了波澜壮阔、英勇顽强的新民主主义革命。在那场革命中,"打倒吃人的旧社会!""过去是牛马,现在要做人!"这些朴素的、出自群众之口的,但却是震撼人心的口号,无疑是革命的口号,同时也是包含着马克思主义价值观的口号。在新民主主义革命时期,我们党遵循马克思主义的基本原理、经过严肃的理论思考而提出的争取民主、自由、平等、人民权利的纲领、口号,则更包含着深刻的马克思主义价值观的内容。

　　思想的批判同武器的批判并举,但武器的批判是以思想的批判为前提的,如果没有从思想上、舆论上对旧社会"吃人"的本质、种种惨无人道的罪行的淋漓尽致的揭露和批判,那么,要动员起千百万劳苦大众,拿起枪杆子,流血牺牲,对旧社会进行武器的批判,是无法想象的。当然,如果仅仅停留于思想的批判,而不进行武器的批判,那么,这种批判也只能是苍白无力的。

　　在新民主主义革命时期,我们党不但在公开的宣传中对"吃人"的、惨无人道的旧社会进行了无情的揭露和批判,而且在革命队伍内部的思想教育和战斗动员中,这种揭露和批判则更是催人声泪俱下,如诉苦运动等。

　　对旧社会的"吃人"的、惨无人道的本质的揭露和批判,是同对新社会自由幸福、民主平等、公平正义、同志友爱等新型的人与人的关系的理想教育同时进行、相辅相成的。如果只有对旧社会非人道的种种惨状的控诉和揭露,而没有对新社会新型的人际关系的憧憬、追求和奋斗,那么,这种揭露也只能是廉价的怜悯和空洞的说教。

　　只要简单地回顾一下我国新民主主义革命的历史,无论是在抗日民主根据地、解放区生活过的人们,还是在国民党统治区生活过的人们,对于当时我们党在思想舆论上,在民主、自由、平等、人民权利等领域占有何等强大的话语主动权和主导权,在这些方面对国民党的法西斯专制主义的揭露和批判是何等的犀利和有力,可以说记忆犹新。毛泽东在延安与黄炎培先生关于怎样打破历史的周期率的谈话,把民主放在何等重要、何等关键的位置,更是人们所熟知的。我们党成为执政党以后,应当把这一段光辉的历史继续发扬光大,把这方面的话语主动权和主导权继续牢牢地掌握在自己手中。

三、当代中国人民在共产党的
领导下形成的价值观共识

自党的十一届三中全会以后,自我们党的第二代领导集体领导全党全国人民迈入改革开放年代,开创了中国特色社会主义道路,形成了中国特色社会主义理论体系以后,我国不仅在中国特色社会主义事业方面取得了世界瞩目的伟大成就,而且在共产党人和中国人民应具备什么样的价值观,夺回话语主动权和主导权方面,也取得了骄人的成就!

"以人为本",在当代中国首先是每一个平民百姓的价值理想、价值追求。全体平民百姓,不仅希望要以自己为本,而且希望要以全社会所有他人为本,因为"以人为本"中的"人"包括了所有社会成员,包括你、我、他。同时,"以人为本"又是中国共产党和中国政府以及每一个干部的执政理念,也可以说是党和政府以及每一个干部的最根本的价值观。

我们知道,社会与个人是一个统一体,构成了一种现实的利益共同体。社会是由每一个个人组成的,全部每一个个人构成社会有机体。个人与社会存在着客观的、必然的双向的价值追求,个人希望社会能满足自己的物质文化需要,能为每个人谋福祉;而社会则要求每一个个人为社会作出贡献,尽每一个社会成员的责任和义务。而社会对个人的价值要求,则是通过社会的领导者表达的,在今天的中国则是由各级党和政府及其干部为代表出现的。所以,个人与社会的双向价值追求,实质上是通过人对人的价值追求来实现的。

个人与社会除了存在客观的必然的双向价值追求,同时也

461

可以形成共同的价值取向。共同的价值取向是建立在根本利益一致的基础之上的。在我们中国,已经建立的根本社会制度是中国特色社会主义,全体社会成员形成了一种利益共同体,所以胡锦涛总书记多次反复地讲:"要树立和落实科学发展观,首先必须全面准确地把握科学发展观的深刻内涵和基本要求。坚持以人为本,就是要以实现人的全面发展为目标,从人民群众的根本利益出发谋发展、促发展,不断满足人民群众日益增长的物质文化需要,切实保障人民群众的经济、政治和文化权益,让发展的成果惠及全体人民。"①

　　有人纠缠于某些哲学概念、范畴例如民主、自由、平等、博爱是哪个阶级首先提出来的,于是就认定这些概念、范畴就永远属于那个阶级所专有。其实,这是不懂得哲学发展史、思想发展史的一种观念。只要翻开哲学史、思想史,便可以发现马克思主义哲学中的许多概念和范畴,都是资产阶级甚至更早以前的哲学家、思想家曾经使用过的,但是经过马克思、恩格斯的改造,赋予它们新的含义和内容,便可以成为马克思主义的概念和范畴。在本文第一节中,我们已经见过马克思、恩格斯并没有因为资产阶级的思想家使用过民主、自由、平等、博爱等而拒绝使用这些概念和范畴,而是赋予这些概念、范畴以共产主义的思想、内容,使其成为自己思想体系的有机构成。我们党的历代领袖,也都继承了马克思、恩格斯的这种做法,我们在本文第二节中已经讲过了,这里不多说了,现在只说胡锦涛总书记,也是坚持、继承了这种科学态度。他曾多次讲过,我们所要建设的社会主义和谐

---

① 《十六大以来重要文献选编》(上),中央文献出版社2005年版,第850页。

社会是按照民主法治、公平正义、诚信友爱、充满活力、安定有序、人与自然和谐相处的社会。在党的十七大报告中，他还提出要"加强公民意识教育，树立社会主义民主法治、自由平等、公平正义理念。"在2008年6月30日的讲话中说："中国共产党成立以来的87年，是为中华民族独立、解放、繁荣和中国人民自由、民主、幸福而不懈奋斗的87年"。在总结抗震救灾的经验时，他又对以人为本和博爱做了马克思主义的诠释，他说："在抗震救灾斗争中，各级党委和政府把以人为本作为最高准则，把挽救人的生命作为重中之重，再次生动诠释了立党为公、执政为民的执政理念。人民群众说，世间有真情，人间有大爱。中国共产党人最博大的爱就是爱人民，最深切的爱也是爱人民，最真挚的爱还是爱人民。"

民主、自由、平等、人权、博爱等概念和范畴，虽然资产阶级的哲学家、思想家用滥了，但是马克思主义、共产主义者对之进行改造，赋予它们新的含义和内容，完全可以将其改造成为自己思想、理论体系的有用成分。

正因为当代中国人民共同的价值取向是建立在根本的共同利益基础之上的，所以自从党中央提出以人为本，构建社会主义和谐社会的战略指导思想以后，很快就形成我国全民的价值共识。在今日的中国，普通的平民百姓除了追求民主、法治、自由、平等、人权、博爱、公平、正义、人格尊严等价值理想，同时希望社会的领导者、执政者实行"以人为本"，真心诚意地满足人们的愿望；而社会的领导者、执政者则应当将"以人为本"作为治国理政的根本理念，永远做人民的公仆，而不要异化成人民的老爷。所以，"以人为本"就成了当今中国"官"与"民"的共同的价值追求，共同的价值观。也正因此，在党中央在科学发展观中提出"以人为本"以后，获得了全党全民的高度认同和热烈拥护，就不奇怪了。这种广泛的共识共鸣，正是建立在这种共同的价值观之上的。"以人为本"在指导科学发展、指导改革开放、指导中国特色社会主义事业、指导各项工作、指导抗震救灾中之所以能够发挥如此强大的力量，其根据也在于这种共同的价值追求，共同的价值理想，这也正是社会主义优越性的最为根本的原因。

（2008 年 11 月 5 日修改定稿）

党的执政地位与思维方式的变革

党的十六届四中全会在《关于加强党的执政能力建设的决定》中强调地指出："无产阶级政党夺取政权不容易,执掌好政权尤其是长期执掌政权更不容易。党的执政地位不是与生俱来的,也不是一劳永逸的。我们必须居安思危,增强忧患意识,深刻汲取世界上一些执政党兴衰成败的经验教训,更加自觉地加强执政能力建设,始终为人民执好政、掌好权。"

胡锦涛总书记反复强调,坚持以人为本,全面、协调、可持续的科学发展观,是我们继承和发展党的三代中央领导集体关于发展的一系列重要思想,从新世纪新阶段党和国家事业发展全局出发提出的重大战略思想,反映了我们党对发展问题的新认识,对于全面建设小康社会、加快推进社会主义现代化具有十分重要的指导意义。关于构建社会主义和谐社会,胡锦涛总书记强调地指出:我们党提出构建社会主义和谐社会,既是对我国改革开放和现代化建设经验的科学总结,也是在新的国内外形势下提高党的执政能力、贯彻落实科学发展观、更好地推进我国经济社会发展的战略举措,并号召全党同志都要从这样的战略高度,深刻认识构建社会主义和谐社会的重大意义,自觉地承担起和谐社会建设的历史任务。

党中央所制定的以人为本的科学发展观和构建社会主义和

谐社会的战略指导思想,可以说是具有划时代意义的马克思主义的创新理论。对于这一创新理论的哲学价值与意义,我们应当进行深入的研究,并加以阐发。

我们应当客观冷静地深入地想一想,像毛泽东这样的立下过卓越功勋的伟大领袖,晚年为什么会犯下"文化大革命"十年动乱这样严重的错误?从哲学上说,就是由于对中国共产党经过 28 年的武装斗争,建立了新中国,夺取了国家政权,成了中华人民共和国的执政党这样翻天覆地的伟大变化,没有上升到哲学层面来认识它的意义,实现哲学层次的思想变革。马克思说:"哲学都是自己时代精神的精华"①,恩格斯说:"随着自然科学领域中每一个划时代的发现,唯物主义也必然要改变自己的形式"。② 20 世纪自然科学突飞猛进的发展,出现了多少划时代的发现,特别是中国革命的胜利,古老中国的社会制度发生了翻天覆地的变化,这样的发展和变化必然会引起哲学模式和思维方式的变革。但是,我们的思维方式和哲学模式仍然停留于疾风暴雨式的阶级斗争时期,"以阶级斗争为纲"、"无产阶级专政下继续革命"等理论上的错误,都和这一点有着密切的关系。

中国革命胜利,新中国建立后,我们的国家从疾风暴雨式的阶级斗争年代进入和平建设的年代,关于实现思维方式和哲学模式的变革,我们党和毛泽东曾经作过努力。1956 年 9 月,党的第八次全国代表大会,郑重地提出了国内主要矛盾已经不是阶级斗争,而是人民日益增长的物质文化生活需要同落后的社会生产的矛盾。1957 年,毛泽东提出了要区分两类不同性质的

---

① 《马克思恩格斯全集》第 1 卷,人民出版社 1956 年版,第 121 页。
② 《马克思恩格斯选集》第 4 卷,人民出版社 1995 年版,第 228 页。

社会矛盾和正确处理人民内部矛盾的重要命题。这些都是哲学上的重大的创新思维。但是遗憾的是,后来发生了一些国际国内事件,很快就扭转了这一可贵的思路,打断了这一哲学模式和思维方式转换的进程,犯了20年"左"的错误,到了"文化大革命"时期,"斗争哲学"更是发展到了登峰造极的程度,造成了极为严重的后果。

理论上谬之毫厘,实践上就会差之千里。粉碎"四人帮"后,以邓小平为核心的党中央纠正了这一错误,从政治上、理论上清算了"以阶级斗争为纲"和"无产阶级专政下继续革命"等错误理论。在改革开放的新的历史时期,邓小平反复倡导"重新确立实事求是的思想路线"①;提出了社会主义的本质"是解放生产力,发展生产力,消灭剥削,消除两极分化,最终达到共同富裕"②的"社会主义的本质"论,并强调"社会主义发展生产力,成果是属于人民的"③,"社会主义财富属于人民,社会主义的致富是全民共同致富。社会主义原则,第一是发展生产力,第二是共同致富。"④邓小平还强调衡量改革开放成败、对错的标准是"三个有利于":"应该主要看是否有利于发展社会主义社会的生产力,是否有利于增强社会主义国家的综合国力,是否有利于提高人民的生活水平"⑤;反复强调党的路线、方针、政策和我们所做的一切工作都要以人民拥护不拥护、赞成不赞成、高兴不高兴、答应不答应为衡量的标准;再三强调安定、团结和稳定

---

① 《邓小平文选》第三卷,人民出版社1993年版,第255页。
② 《邓小平文选》第三卷,人民出版社1993年版,第373页。
③ 《邓小平文选》第三卷,人民出版社1993年版,第255页。
④ 《邓小平文选》第三卷,人民出版社1993年版,第172页。
⑤ 《邓小平文选》第三卷,人民出版社1993年版,第372页。

的极端重要性。在党的第十二次全国代表大会所修改通过的
《党章》中恢复了党的八大关于国内主要矛盾的正确表述,以及
十六大《党章》增加了江泽民所提出的"三个代表"重要思想,等
等,所有这一切都为新一届党中央领导集体提出以人为本的治
国理政的根本理念和构建社会主义和谐社会的重大战略指导思
想,做了理论上的准备,开辟了思维方式和哲学模式变革的道
路。这种思维方式和哲学模式的变革,既是对前人的继承,又是
一种创造性的发展,对于它的哲学意义和价值,我们应当充分地
重视。

　　1985年1月14日,我以雷亮为笔名,在《光明日报》上发表
了《改革与思维方式的超前变革》一文,论述了在改革开放中思
维方式超前变革的必要性和可能性。1985年7月19日又在
《人民日报》上发表了《改革对哲学的呼唤》,提出了要进一步确
立人在自然界和社会中的主体地位,增强人的主体意识和自觉
的责任意识;对生产力的发展要进行价值评价,把着眼点放在提
高经济建设的社会效益、提高人的生活质量和人的全面素质上
来;进一步研究和发掘主体的潜能、积极性和创造性;更自觉地
运用促进社会进步的动力杠杆——人的需要系统;正确把握和
不断增强人的自由度,增强社会发展和进步的科学性;正确处理
人的物质幸福同人的全面发展的关系等改革与人的全面发展的
哲学问题来进行研究。这两篇文章都编入了拙著《人的哲学论
说》一书中,现在看来,这些问题的提出是适应了时代发展和新
的实践的需要的。哲学是一种世界观、方法论,马克思主义哲学
包括了世界观、历史观和价值观,是无产阶级和全人类谋求全面
彻底解放的精神武器,是认识世界和改造世界的认知工具。它
的具体的表达形式或曰模式,不是一成不变的,不是僵化的,而

是随着无产阶级和全人类认识和改造世界的实践需要,也就是时代的需要而不断地改变的,而与时俱进的。所以马克思说它是时代精神的精华。因此它的具体形式要随着自然科学和社会科学划时代的发展而发生变化,随着人类思维能力的发展进步而改变。新中国的建立,特别是改革开放日益发展和深化,呼唤着哲学模式和思维方式的变革。从党的八大提出中国社会主要矛盾的新表述,从毛泽东提出要区分两类不同性质的社会矛盾和正确处理人民内部矛盾的新命题,到党的十二大重提我国社会的主要矛盾是人民日益增长的物质文化需要同落后的社会生产之间的矛盾,到邓小平所创立的建设中国特色社会主义理论和江泽民关于"三个代表"的重要思想,再到新一届党中央领导集体提出"以人为本"的治国理政的根本理念和构建社会主义和谐社会的重大战略指导思想,实现了我们从疾风暴雨式的革命战争年代到和平建设和发展年代的哲学模式及思维方式变革的艰难历程,是一种应运而生,是一种艰巨的求真务实的与时俱进,是实践和理论思维的丰硕成果,我们应当十分珍惜,并努力挖掘、阐发它的哲学价值和意义。这种哲学价值和意义是可以长期地、稳定地、规范地发挥作用的。

（作于 2008 年 11 月 10 日,原载
《今日中国论坛》2009 年第 1 期）

哲学的应然形象与品格

　　马克思主义哲学是世界观、历史观、价值观，又是方法论、认识论和逻辑学。它们之间有着内在的统一性。它们的关系应当是和谐的，而不应当是互相矛盾的。例如，不但世界观、历史观与价值观是统一的，不是相矛盾的，而且世界观、历史观、价值观与方法论、认识论、逻辑学之间也是相统一的。不能说世界观、历史观是唯物主义的，而价值观却是唯心主义的；也不能说世界观、历史观、价值观是唯物主义的，而方法论、认识论、逻辑学却是唯心主义的。反之亦然。

　　哲学是人类理性思维、抽象思维的产物，具有思辨和反思的特性，有其精密的概念、范畴、逻辑体系，但哲学的内容是丰富多彩的、多维度的、多层次的，是随着人类生存生活状态的发展而不断变化的，不同时代、不同国家民族、不同人群各有不同特色的哲学，所以，不同特色的哲学的逻辑体系既有相对稳定性的一面，还有不断发展和变化的一面，不是停滞和僵死的。

　　哲学在阶级社会中具有阶级性，但同时也具有全人类性，而且随着人类社会向着社会主义社会的发展，随着全球化的历史性进程，其全人类性会越来越凸显。各具不同特色哲学之间的关系不是水火不相容的，不是互相消灭的。而是互相激荡、互促发展的。人们提倡不同哲学之间的对话、交流，正是为了达此目的。

哲学以其真理性使人们心悦诚服，因此，从容不迫的叙事说理、务实求真、实事求是，是其显著的特点。不讲道理，强词夺理，是无法以理服人的，只能是在糟蹋哲学，使哲学名誉扫地，使人们远离哲学。

哲学不但研究客观世界、人类社会发展的规律，而且研究人类思维发展的规律。逻辑学就是研究人类思维规律的。哲学与逻辑学有着内在的一致性。思想混乱、语无伦次、偷换概念、自相矛盾、不讲逻辑，是无法令人相信其为哲学的。哲学不仅应当给人以逻辑的力量，而且给人以逻辑美的享受。

哲学的显著特点是其抽象性和思辨性，但这只是其特性之一。哲学源于人类的生存生活，源于人类的实践活动，它还应具有自己的生动的活生生的形象，它的形象应当是清新亮丽的，是丰满健美的，而不应当是几根干枯的枝条。

哲学是一种理性思维，哲学思维的成果凝聚为思想、理论、学说，既具有能动性、创造性和张力，也具有保守性、惰性的另一面。哲学一经产生，并形成体系，就会给人一种先验模式之感，自觉或不自觉地追求体系的绝对完美、精致、天衣无缝，原教旨主义、教条主义就是这样产生的。某些自命为权威的人士，如果不能自觉、自我节制，极易成为这种主义的头面人物；如果手中掌握绝对权力，那就会更加危险，是会造成思想惨案的，世界历史上的宗教裁判所、现代迷信制造了多少这样的惨案，人们不应遗忘。

哲学是时代精神的精华，不仅反映世界、描述世界、解释世界，而且要改变世界。哲学是追寻人类美好境界的学问，是对真、善、美的追寻，并追寻真、善、美的和谐统一。人类的实践也是按照真、善、美的规律进行创造的,所以哲学本身的形象和品格也应当是真、善、美的,而不应当是假话连篇、面目丑陋可憎的。

（原载《北京日报》2009 年 8 月 17 日,报纸
刊发时标题简化了,现恢复原题）

在实践中坚持和发展马克思主义哲学

　　有人要把马克思在《资本论》中关于西欧资本主义起源的历史概述,彻底变成一般发展道路的"历史哲学理论",说"一切民族,不管它们所处的历史环境如何,都注定要走这条道路",把马克思关于西欧资本主义发展道路的概述变成一条死的公式,原封不动地照抄照搬到俄罗斯,对于这种企图,马克思非常生气地说:"但是我要请他原谅,他这样做,会给我过多的荣誉,同时也会给我过多的侮辱。"①马克思的这种态度应引起后学者的高度重视,这是一种真正的科学态度。恩格斯说过,马克思主义不是教义。把马克思主义变成万古不变的教义,死的教条,到处生搬硬套,那是对马克思主义最大的糟蹋,是马克思、恩格斯坚决反对的。

　　有一种现象值得我们深刻地思考,马克思、恩格斯,列宁、毛泽东都没有热衷于写他们的哲学教科书,是他们没有时间和精力吗? 绝对不是。他们著作等身,为什么就是没有留下现在人们所谓的哲学教科书,这是由他们的哲学不只是要解释世界,而且是要改变世界的本性所决定的。他们的哲学思维就存在于《黑格尔法哲学批判》、《1844 年经济学哲学手稿》、《关于费尔

---

　　① 《马克思恩格斯选集》第 3 卷,人民出版社 1995 年版,第 341—342 页。

巴哈的提纲》、《德意志意识形态》、《共产党宣言》、《政治经济批判》及其序言、《剩余价值理论》、《资本论》、《反杜林论》、《家庭、私有制和国家的起源》、《路德维希·费尔巴哈和德国古典哲学的终结》、有关自然辩证法的十篇论文、札记和片段、马恩与各方面的学者朋友讨论哲学问题的大量书信,列宁的《唯物主义和经验批判主义》、《哲学笔记》、《国家与革命》,毛泽东的《实践论》、《矛盾论》、《论持久战》、《关于正确处理人民内部矛盾的问题》等论著论战之中。他们的哲学就活生生地存在于对革命、对实践的指导之中,就存在于对世界的认识和改造之中,就存在于对人类生存生活的美好境界、理想境界的追寻和创造之中。这一重大的思想文化现象,值得热衷于炮制终极的、"精致的"哲学体系的人们好好地深思和反省。

马克思、恩格斯彻底摒弃、终结了黑格尔、杜林等人制造终极哲学体系的狂想,人们不能重蹈黑格尔、杜林等人的覆辙。

马恩没有写自己的哲学教科书,是由马克思主义哲学的本性所决定的,同时也是马恩作为真正的马克思主义者的极高明之处。人们可以设想一下,如果马恩真的留下了一部以他们的名字命名的哲学教科书,那就会真的留下了一部终极的哲学体系,它不仅会紧紧地束缚住马克思自己的头脑和手脚,不可能根据历史前进的步伐创新自己的哲学思维,而且会严重地束缚他们思想的信奉者的头脑和手脚,使他们不敢越雷池一步,不敢在新的实践中有创新的哲学思维,那只能是窒息人们的聪明才智,其不良后果可能会比苏联"红色教授"的哲学教程还要严重。

人们常说,马克思主义最伟大的精神就是它的彻底的革命批判精神,丢掉了这一精神,也就从根本上丢掉了马克思主义。今天,我们要想坚持马克思主义,就应当坚定不移地坚持这一光辉的传统,在改造世界的新的实践中坚持和发展马克思主义哲学。

当然,在知识层面上编写一些哲学普及读物、哲学教材一类的读物,还是必要的,以便传授一些哲学方面的基本知识。但是,在编写这类读物时,人们应该特别注意清理苏联"红色教授"们在20世纪30、40年代所编写的马克思主义哲学教程体系所存在的曲解、篡改、片面性、局限性等弊端。关于这方面的问题,现在中国学界已取得了越来越多的共识。这些"红色教授"在当时普遍存在的"左"的思想影响下,埋没了、掩盖了、曲解了,甚至篡改了马克思、恩格斯许多重要的哲学思想,他们的那种哲学教程是存在严重弊病的,如果把这类读物当成"经典",当成马克思主义哲学的化身,当成封闭的别人不得超越的终极体系,那是十分有害的。

人们还应该注意一个十分重要的问题,就是对这类读物的要求要有比较准确的定位,不可提出过高的不切实际的要求。更不可由某一个权威机关将某一种本本定于一尊,而应当允许有许多本本的存在。在这个问题上,应当提倡百花齐放,百家争鸣。中国从20世纪的五六十年代起,一直延续至今,就曾经允许过教授马克思主义哲学的教授们编写过多种版本的教材,这种好传统应当继续发扬光大。

一个根本的事实是,时代和实践都在突飞猛进地向前发展,工人阶级、劳动人民和全人类所面临的新情况、新问题是层出不穷的,不但大大地不同于一百多年前,而且也不同于几十年之前。现在全人类所面临的全球性的问题,比以往任何时代都要多,都要严峻,必须由全世界各国人民团结合作,共同解决。中国共产党人现在所面临的时代的、实践的课题许多都是当年马

475

克思、恩格斯、列宁、毛泽东所没有碰到过的,只能依靠人们在新的实践中创造性地加以解决,所以必须与时俱进。

在编撰马克思主义哲学教科书时,应当特别重视对马克思恩格斯原著文本的研究和解读,特别注意剔除苏联"红色教授"们附加上去或曲解了的东西,恢复马、恩原著文本的本来面目。

在这种研究和解读中,还有一点也是应当特别注意的,就是应当严格区别马、恩的原意和后来信奉者新增的东西。我们提倡要用发展着的马克思主义来指导新的实践,在这个过程中,应特别注意区分哪些是马、恩原有的,哪些是后来者发展了的,不能把后来者的东西硬说成是马、恩原来的东西,要马、恩为后来者负责。

对于无论是马、恩,还是后来者的思想、理论、观点,都应当坚持用实践标准来进行检验和鉴别其真理性。马、恩在世时,他们自己就坚持在实践中进行检验,修正了不少原来的认识和论点。马、恩逝世后,自然科学和人类社会的历史又获得了长足的发展,更应当坚持实践标准的检验。马克思的学生、后继者在马克思主义旗号下的一切新创造、新发展、新成果,更应当严格地接受实践的检验和校正。

马克思主义哲学教科书,不能仅仅停留于马、恩一百多年前的水平上,必须汲取后一百多年发展的新成果,而且今后还会有许多层出不穷的新发展。不这样做,就会把马克思主义哲学变成了一个封闭的体系,终极的真理,那是十分危险的,是一条死亡之路。但是,把后来发展着的东西加进去,也是充满风险的,应当特别的谨慎,来不得丝毫的傲慢和轻狂。

我们不能要求马克思、恩格斯在一百多年前解决我们现在所碰到的问题;我们也不能把属于后来人们的东西硬加到马、恩的头上,这样做他们会很生气的,会认为给了他"过多的荣誉",也给了他"过多的侮辱"。所以,马克思主义哲学教科书,必须十分注意提供有关马克思主义哲学历史发展的准确的知识。马克思主义哲学不是远离人类文明发展的大道、建立在空中的楼阁,它批判地继承了人类历史上一切优秀的哲学遗产,但它又是创造性发展了的哲学,不能给人以强烈的历史感,不可能是一部好的、真实的、科学的马克思主义哲学教材。强烈的历史感其中就包括强烈的现实感,因为现实的今天,明天就会进入历史。没有强烈的历史感和现实感的哲学教材不可能是一本好的教材。

辩证唯物主义的规律、范畴、概念本身没有任何过错,信仰、实践、保卫马克思主义的人们,从中的确汲取了智慧和营养,得到了真、善、美的熏陶和享受,在认识和改造世界的实践中取得了胜利和喜悦,错的是有人把它演变成了教条,到处生搬硬套,甚至将它异化成为棍棒用来打人,用来质疑中国共产党人在建设中国特色社会主义的伟大实践中创造性哲学思维的成果。正如马克思在《资本论》中关于西欧资本主义起源的历史概述本身没有任何过错,错误的是有人将其彻底地变成一般发展道路的"历史哲学理论",变成死的公式,不管其他民族所处的历史环境如何,将其生搬硬套到俄罗斯。应当批评和摒弃的只是这种生搬硬套,把正确的道理变成僵化的公式。

(原载《今日中国论坛》2009 年第 8 期)

附录　记者的采访和学者的评说

抓中国特色　抓中青年队伍

——访人民出版社副总编薛德震

《中国文化报》　檀　林

出版界存在着不少令人困惑的问题,问题到底出在何处?我向薛德震同志提出这个问题。

近几年,老薛是思想理论界引人注目的人物。他所主持编辑的大型丛书《三个面向丛书》,颇受读书界瞩目。在今年全国社科书市上,几天工夫,这套丛书就销售了三千多套,在出版界引起了震动。

年已54岁的薛德震一腔江苏"普通话",谈锋雄健,不时辅以手势加强语气。他说,改变出版不景气状况,一是体制要改,二是作为主体的出版工作者更要有改革精神。没有后者,前者难以实现。

我问:改革精神的内涵是什么?

老薛毫不迟疑地说,它至少包含两个方面,一是敢于突破现有出版体制,二是选题思想敢于来个大转变,不能仅仅就编辑角度来看待出书,来产生选题,应站得更高些。

但是,改革精神一旦进入实践领域,矛盾便纷至沓来。老薛首先抓出书选题调整。他认为调整选题,在某种程度上,就是调整出版社的生产关系,就要冲击旧有体制。"搞《三个面向丛书》,组织一批新选题,就要淘汰一批列入出书计划的旧选题。"但这种更新,直接涉及编辑之间、上下之间种种人际关系。但是,老薛他们敢于弃旧,打破既定程序,硬是闯出一条路子来,表现出改革者应有的气魄和实干精神。

老薛说,"丛书立足于中国现实,矢志于中国改革;立足于当代,着眼于未来。这不是一朝一夕的事。但谁抓住了青年读者群,占住了这块阵地,谁就能走向未来,不至于落伍。丛书有总体考虑,眼下我们先抓出'一个中国特色'、'两个中青年队伍'……"这段话,概括了这套丛书从选题到编辑出版的整个指导思想。

丛书编辑主要选择了有大学文化程度的青年读者,并做了大量调查了解,研究他们读书状况、求知心理和精神需求,把他们作为丛书主要读者对象,从而产生丛书第一批选题。这对于一个历史悠久的政治书籍出版社来说,在编辑思想上是一个重要的转变。薛德震着力抓中青年编辑队伍,已摸索出一套新的管理组织办法,即成立一个业余编辑班子,主要由中青年编辑兼职,搞好本职工作外,业余编辑丛书,并制定出一套相互制约的措施。由于发业余编辑费,引起了某些矛盾,老薛仍然坚持按劳分配、多劳多得的原则,不为"平均主义"看法所动摇。老薛编辑的丛书以中国中青年学者研究的著述为主。他主张丛书要传播新知识、新观念,对国外精神文化,中国学者要将之化为中国的血肉,便于中国社会肌体吸收。

我望着这位从事哲学类图书编辑工作有三十多年历史的老编辑,强烈地感到他心胸中尚有更高的一层思想没有明确说出来。于是,我不禁问到:从出版角度看,为精神文明建设服务应主要抓什么?

老薛坦率真挚地笑了。他说:"还是要抓一个中国特色,两个中青年队伍。抓住了现实,就抓住了未来。"

我倏然憬悟了:这是出版家的战略眼光。

(原载《中国文化报》1986 年 10 月 22 日)

立足中华　面向世界

——访三个面向丛书主编薛德震

《人民日报》海外版　曹照琴

近年来,人民出版社推出的《面向现代化　面向世界　面向未来丛书》(以下简称《丛书》)十分畅销。虽然出版社声称这套丛书是以在校大学生和坚持自学的青年为主要对象,但我这个中年人读了,也感到耳目一新。

这是一套大型综合性的学术丛书,自1985年推出首批8本以来,今年又推出了第二批10本,预计年底前后将推出第三批。

一、面向世界　大胆改革

《丛书》内容十分丰富,具有强烈的时代感和现实感。正如有些读者说的,它是世界的一扇小小的窗口,向人们展示了当今世界的新思潮、新学科、新信息;它像现代化的一间小小的思想实验室,供人们研究新情况、新问题、新发展;它吸引人们追求新文化、新价值、新人生,去创造人类美好的未来。

今年55岁的人民出版社副总编辑薛德震同志,是《丛书》的倡导者。他已在出版界辛勤耕耘了近40个春秋,有着丰富的编辑出版工作经验。当我请他介绍一下《丛书》出版的意图及其特点时,他首先欣喜地告诉我:这套丛书是人民出版社近年来出版的最受欢迎的书籍之一,在北京市第二、三届社会科学书市上,都是畅销书,有的重印三次也满足不了读者的需要。

在谈到这套丛书出版的意图时,薛德震说,读书界对人民出版社有一种评论:这是一家严肃的出版社,所出图书是信得过的,但可惜书籍的面孔显得呆板,从内容到形式都有某种程度的老化现象,和读者需要有很大差距。为适应改革和现代化建设的需要,贯彻邓小平同志关于"面向现代化,面向世界,面向未来"的指示,立足于中国的现实,努力反映当今世界的新思潮、新学科、新信息,引导读者正确认识国外现代的各种流派和思想,研究中国的新情况、新问题,我们组织了这套丛书。这也是出版改革的一次小小的尝试。

二、消化吸收　中西融通

薛德震向我介绍了《丛书》的两大特点。他说,《丛书》最大的特点是内容新。它大量引进了当今世界的新思潮、新学科、新信息。这里有研究社会主义的改革道路的,有论述历史发展规律和当代社会图景的,有介绍新学科成果的,也有探讨人类思维和科学方法论等方面的论著。《丛书》里的"引进",不是单纯地翻译、介绍国外的东西,而是经过中国作者的消化和吸收,力求结合中国实际,做到中西知识融通。面对世界新的挑战和课题,作者并不回避我国现代化建设中碰到的问题和群众思考的热点,而是满腔热情地和读者一起探讨,没有架子,不搞生硬的说教。

例如在《哲学与当代世界》一书中,作者站在理论的高度,谈论着哲学、科学、音乐、绘画,论述了全球性的生态问题、现代人的精神危机、现代化建设的宏观战略、人类文化发展等许多重大问题,启迪人们思索:什么是哲学？它和现实世界的关系究竟如何？引导人们站在理论思维的高峰,把哲学同整个世界的问题结合起来,使哲学面向世界、面向现代化。这是以整个世界为背景的哲学思索。

文化的问题是现代化建设的一个重要问题,应当怎样建立一种中国的现代化文化形态？《文化的冲突与抉择——中国的图景》一书为我们绘制了一幅中国文化发展的战略宏图。作者概述了中国文化面临的猛烈冲击与严峻的抉择。全书分上、下两篇。上篇"冲突:传统文化的命运";下篇"抉择:现代文化的建构",分别论述了"中国传统文化对外域文化的影响"、"外来文化冲击中的中国传统文化"、"现代化进程与文化发展"、"马克思主义与文化发展"、"现代化为主的文化发展趋势"等一系列重大理论问题,表现了新一代青年学人对中国现代化问题的关切以及思考的深度。

在即将出版的第三批《丛书》中,《走向系统、控制、信息时代——"三论"的崛起与社会进步》,介绍了20世纪80年代世界上掀起的新技术革命及几十年来崛起的系统论、控制论和信息论。作为具有强烈方法论色彩的边缘学科,"三论"的影响遍及世界每个角落。这种现象说明了什么？"三论"的发展与社会发展联系的机制是怎样的？它给社会生活、人们的思维方式带来了什么影响？《丛书》引导人们思考和探索。

三、培养青年　不断提高

关于《丛书》的另一个特点,薛德震说,那就是"三青"。即:

作者、编者、读者，全以青年人为主。《丛书》的作者是近年来思想文化界涌现的优秀中青年。他们朝气蓬勃，善于思考，思想敏锐，接受新东西快，同时，语言也生动活泼。在这套《丛书》中，他们和读者一起对话，共同探索，息息相通。《丛书》的编辑队伍也是主要由年轻人组成的。人民出版社的青年编辑们利用业余时间完成了大量的工作。

谈到这里，在座的两位青年编辑告诉记者：薛德震为出版《丛书》费尽了心血。从组稿、编辑到出版，他事必躬亲。他大胆启用青年人，信任他们，给他们压担子，放手让他们干，同时又热情帮助，耐心指导，有了问题，主动承担责任。

这时，薛德震打断他们的话说："因为是编给青年人读的，我就有意识地多用青年人，青年编辑最了解80年代青年读者需要什么样的精神食粮。"他说，这套丛书虽然受到欢迎，但也存在许多不足。如：还不够系统。针对这个问题，他们将对《丛书》的现有选题做较大程度的充实和调整，从《丛书》的大系列的初步拟定到15个小系列，以加强整体效果。个别书还不够理想，有的书虽然很受欢迎，非常实用，但理论性不强；有的书，理论性强，但又太专，读者面窄。此外，关于经济理论、心理学方面的介绍还比较少，书的封面装帧效果也较差。他说，这些，他们将在今后的工作中加以改进。

（原载《人民日报》海外版1987年8月25日）

突出人民出版社的性质
注重创新丰富出书品种

《新闻出版报》 郭毅青

人民出版社有着 40 年的光荣历史,是中国共产党向全党、全国人民进行马克思主义理论宣传和进行思想政治工作的一个重要阵地,负有特殊重要的政治责任和历史责任。该社社长兼总编辑薛德震告诉记者,在新的一年里,该社将进一步以宣传马列主义毛泽东思想为己任,为坚持和发展马列主义作出应有贡献。

在选题规划和出书品种上进一步突出人民出版社的性质。关于马列主义和毛泽东思想经典原著的出版,除制定的"八五"选题规划以外,今年将完成和上马几项重点骨干工程,以形成马列主义宣传教育的强势,如出齐《列宁全集》中文第二版 60 卷;上马跨世纪的出版工程——《马克思恩格斯全集》中文第二版,全集均由马、恩写作时用的原文翻译出版,共 60 卷、几千万字。今年还将为庆祝建党 70 周年出版《毛泽东选集》一至四卷,并推出一批有影响的重点书,如《中国共产党党史》(上卷)、《老一辈革命家手迹选》、《中国共产党七十年历史图集》等,我国老一辈无产阶级革命家文集也将在今年陆续出版。

注重创新,拓宽和丰富出书品种。这是从总体上促进我国人民的马列主义文化水平提高的迫切需要。薛德震说,一方面,该社要积极引导、团结、组织有关专家学者以马列主义的立场、观点、方法研究当代世界、当代中国,撰写出版一批高水准的社科类学术专著;另一方面,从人民感兴趣的问题入手,积极出版马列主义和思想政治教育类普及读物,在拓宽出书品种和丰富多彩方面多下工夫,为社会主义现代化建设提供智力的支持和精神的动力。

　　为了确保选题计划的落实和出书质量,该社将强化领导班子和队伍建设,完善选题论证制度,从出版工作的各个环节上加强管理,建立多出好书的内在机制。

(原载《新闻出版报》1991 年 1 月 7 日)

一辈子为他人作嫁衣裳

——记人民出版社社长兼总编辑薛德震

杨 寿 松

薛德震同志现在是人民出版社社长兼总编辑、编审。我为了写这篇传记,约他同我谈谈他的经历。40年的编辑生涯,他只用了一个多小时就讲完了。最后,他还叮嘱我:"我的经历平淡无奇。如果要我谈感想,就是一条:没有中国共产党的培养,就没有我的一切。你可别把我写'冒'了。"我想,他总是时时想着不要突出自己,作为一位有43年党龄的老同志,当然是一种美德。但是,作为新中国自己培养的编辑家,将他的成长、创业的道路如实记录下来,就不是宣扬他个人的问题,而是为社会主义编辑出版事业谱写培养专业人才的篇章了。

他不肯多讲自己,我只好多找文字材料。下面分四个方面来介绍他。

一、在党的培育下锻炼成长

薛德震1932年生于江苏建湖县。五六岁上小学念书时,日本帝国主义大举入侵我国,全国人民被迫进行抗日战争。他的家乡也经常被日寇、伪军轮番扫荡,生活动荡不安。当地的农村没有小学,他没有上学的机会,在家跟父亲学习识字,并就近读了一年私塾。

当时,建湖一带也有生活相对安稳的地方,那就是新四军建立的抗日民主根据地。薛德震的舅父在根据地工作,他父亲到根据地参加了革命,一家迁到了根据地。他到了一个完全不同的新天地,如鱼得水。当儿童团团长,搞文艺宣传,扭秧歌,站岗放哨,同时上了根据地小学。根据地采用这些生动活泼的形式来培养少年的思想意识和组织能力,似乎已是一种传统,它的深远影响至今仍在经历者身上产生着积极的作用。

抗日战争胜利后,薛德震上了中学。由于解放战争接踵而来,他的中学是在经常迁移校址极不安定的条件下度过的。为了避开国民党军队的围追,有时一天迁一个村,住在农民家,睡在门板上,手里拿着讲义夹,坐在小板凳上听课。这种艰苦的锻炼,使薛德震政治上早熟,1947年五四纪念日,他刚刚15岁就被接受加入了中国共产党。因为年龄小,所以预备期为三年,到年满18岁时转为正式党员。当年暑假,他到盐阜区地委办的党训班学习,对科学社会主义理论和中国革命史、世界革命史有了进一步的了解。

1947年年底,薛德震被调入华中新华书店任校对,从此开始了他的编辑出版生涯。

当时,解放战争正节节胜利,天天捷报频传。他所校对的《新华日报》(华中版)每天都有胜利的消息,他为新中国的即将诞生振奋不已。想到自己上正规学校时间不多,他利用校对书刊报纸的有利条件,积极工作,并通过工作增长了文化科学知识。两年的校对工作,对求知欲较强的少年薛德震来说,犹如读了两年书。在老同志的悉心帮助下,他不但熟悉了每部书稿的整个排校印制过程,知识水平和理论水平也有提高。

1949年4月,中国人民解放军百万雄师过大江,薛德震所在的后方机关随军渡江,参加了无锡的接收工作。后来,组织上调他到苏南新华书店编审科任见习编辑,协助老同志编《苏南大众》。不久,又调入上海,在新华书店、华东总分店编辑部(后又更名为华东人民出版社、上海人民出版社)工作。可以看到,由于新中国出版事业亟须发展,尤其需要培养新生力量,薛德震所担负的任务越来越重了。这是工作的需要。而就他当时的文化、知识水平来说,还有力不胜任的忧虑。他没有退缩,而是知难而进。在这一时期,他参加语法修辞学习班,攻读吕叔湘、朱德熙合著的《语法修辞讲话》,结业考试得了第一名;他参加华东局党校举办的业余夜校,专攻政治经济学,结业时写了一篇论述经济规律客观性的文章,被选刊在党校编印的小册子上;他在老同志严格要求不写错别字的影响和带动下,搜集自己和别人经常写错的字和词,分门别类,指其正误,编写成小册子《容易写错的字和词》,由上海人民出版社作为文化学习小丛书的一种出版;他响应社领导"练笔"的号召,争取机会编写文稿和撰写论文,如社会发展史连环画册说明词,论文《过渡时期总路线反映了社会主义基本经济法则的要求》曾在《解放日报》上发表,以及书稿加工整理工作经验,等等。

在短短的三年时间里,精力旺盛的青年薛德震,工作不分昼夜,学习如海绵汲水,还担任团支部书记,与青年同志一起学习政治,学习文化,他的奋斗精神,可以说是在和时间赛跑。1953年,他被评为全社的先进工作者。不过,至今他仍认为,这一切都是在党组织和老同志们的严格要求和精心培养下取得的。当时社内的人际关系非常和谐亲切,长者关心后辈,后辈热情奔放。他今天仍深深地铭记着叶籁士、宋原放等同志对他的教诲，深深地感谢他们对他的严格要求。

二、把服从工作需要放在第一位

1954年春，上海人民出版社推荐薛德震到马列学院（后来改称中共中央高级党校）新闻班学习深造，推荐不是保送，还要通过考试。经过一个月的紧张准备，他考取了。8月入学时，他算是全班既无职务、年龄又是最小的小弟弟。

整整两年的学习，既系统又深入。苏联专家讲课，艾思奇等名家任辅导员。课程有马克思主义哲学、政治经济学、马列主义基础、中共党史、党的建设、世界近代史、新闻工作的理论与实践、苏共报刊史等。经过了一段工作实践以后，再来系统地学习马列主义理论，就有了不同的深度和广度。这为他以后从事哲学编辑工作和学术研究打下了良好的基础。

毕业时，他被分配到人民出版社编辑部。他没有提任何个人要求，愉快赴任。按他个人条件来说，他爱好马克思主义理论和哲学，也有写作能力，去从事专门的研究岂不更符合个人志趣？然而，他没有提，以党的需要为重，到出版社工作。

到了出版社以后，虽然分配在哲学组，但不久就开始整风反右运动。此后，工作部门几经变动，他都愉快地服从工作需要。除参加运动和下放劳动锻炼外，他还先后参加了《李大钊选集》、《中国思想通史》、《社会科学辞典》等的编辑或词条编写工作。

1960年8月，他奉派去越南外文出版社担任中文专家。哲学专业需要搁置一段时间，他又愉快地服从组织的安排。在越南工作期间,他担任越南外文出版社和越南人民画报社中文稿的定稿工作,同时还担任援越文教专家组党支部副书记、书记。这期间,完成越方中译稿的文字定稿工作就算完成了任务,但他并不满足这样,而是利用所有空余时间搜集了越南中译稿中语法、修辞、逻辑方面的病句,编写了十多万字的《语法、修辞、逻辑讲稿》,给越南的中文翻译人员讲课,得到越南同志的好评。永远不满足于一般性地完成工作任务,在工作中力求有所开拓,有所创造,是薛德震从青年时代就养成的一种良好的工作精神。

从越南回国后到"文化大革命"开始前的近四年中,他的工作变动仍很频繁。如参加了哲学方面一系列书稿的编辑工作;参加了《蒋介石言论集》编辑组的领导工作;担任过孙中山、宋庆龄、廖仲恺、何香凝、朱执信、柳亚子六本文集编辑组的代理组长。在工作中,他善于尊重和团结老编辑老专家,充分发挥他们的作用;同时,他也时时以认真精神和严谨作风要求自己。几年中,他获得了多方面的编辑工作的锻炼,扩大了自己知识面,也提高了组织领导编辑工作的能力。有一段时间,没有机会做哲学书籍的编辑工作,他就利用业余时间研究伯恩斯坦和加罗蒂的哲学思想,写了几万字的《伯恩斯坦修正主义哲学思想批判》笔记,写了评加罗蒂《人的远景》一书的论文,其中一部分先后刊载于《新建设》杂志和《红旗》杂志《内部未定稿》上。

三、在保持和发扬优良传统上倾注心血

1988 年 11 月,新闻出版署任命薛德震为人民出版社社长兼总编辑,将领导国家政治书籍出版社的重担交给了他。

当时,有两方面的问题增加了他工作的难度。一是社会上

的资产阶级自由化和一切向钱看的思潮甚嚣尘上,编辑出版马克思主义政治理论书籍发生了种种困难;二是社内某些编辑人员思想上产生了非政治化倾向,某些工作人员不能坚持行之有效的规章制度。薛德震受命于困难之时,他理解到这是党对他的信任,必须迎难而上,他着力抓了三件事:

第一件是思想作风建设。薛德震通过全社工作人员大会、干部会和个别谈心,讲人民出版社几十年艰苦奋斗、认真工作的优良传统,肯定大家的成绩,指出不足之处,鼓励每一个工作人员继续为党的出版事业贡献力量。他反复和大家谈人民出版社的工作人员应当具有人民出版社意识的重要性:在人民出版社的各项工作中,只能以党的指导思想即马列主义、毛泽东思想进行工作,必须严格遵循党的路线、方针、政策,必须遵守党的宣传纪律,必须在政治上同党中央保持高度的一致,绝不允许在我们的编辑出版工作中以个人的想法或好恶为标准各行其是。如果不是这样以党的意志为我们的意志,而是各行其是,那么人民出版社也就不成其为党和国家的政治书籍出版社,不成其为马列主义、毛泽东思想的重要的思想舆论阵地,也就失去了人民出版社存在的意义和价值,也就自己否定了自己。

第二件是制度建设。20 世纪 50 年代,人民出版社曾经有过完善的规章制度。随着时间的推移和人员的更迭,原有的制度或不适应新的情况,或者无法实行,薛德震从社内一些环节经常发生差错和社会上存在不正之风等现象中,深感建立规章制度的重要。1989 年一年中,在他的推动和主持下,一共拟订或修订了 13 项社内规章制度。其中重要的有:《贯彻社长负责制工作条例(试行)》、《关于各级领导干部保持廉洁、抵制不正之风的暂行规定》、《编辑出版工作基本规定》、《关于选题论证、审

批的规定》、《关于协作出版图书的若干规定》、《关于人事调配
工作暂行规定》、《关于职工生活困难补助办法》、《关于职工公
费医疗的暂行规定》等。通过这些制度,可以使社内绝大多数
行政干部做到清正廉洁,以形成一个较强的领导群体;同时,也
可以使某些环节的无序状态得以改变,减少工作中的失误和
差错。

第三件是选题的开发和论证。薛德震从多年编辑工作经验
中深深感到,要把人民出版社办好,除了抓人的思想作风和制度
建设外,还必须紧紧抓住选题开发这一环。因为没有好选题就
出不来好书。

上任之初,他就和编辑室的主任们商量,除了继续出好《列
宁全集》中文第二版和《马列著作选读》外,我们必须继续抓好
政治理论读物的选题,努力组织第一流水平的学术著作。他说,
不出好政治理论读物,我们就是失职。经过一年多的努力,人民
出版社 1990 年已有几种政治理论读物和学术著作得奖;1991
年中国共产党成立七十周年前夕,还将有一批政治理论著作
出版。

选题论证,是他根据既要坚持社会主义出版方针,又要适应
改革、开放的新形势的总原则,提出的一个新办法。原来实行的
选题由总编辑个别审批的制度,在信息量快速增长的今天,已不
适应新形势的需要,但如将选题审批权下放到编辑室,又不利于
社会主义出版事业的健康发展。薛德震经过审慎的思考,找到
了一个较好的结合点,这就是选题由论证会集体审定、社长签
批。选题论证会由社领导成员,有关业务部、室负责人和责任编
辑组成;选题经过集体论证,通过的,由社长签字批准;未通过
的,社长也尊重集体决定。经过近两年的实践,可以看到实行这

一制度具有三个优点：一、既符合改革要求，又坚持了社会主义方向；二、既发挥了社领导的主导作用，又发挥了编辑、出版、发行等部门的积极性；三、可以集思广益，减少片面性和失误，又可防止资产阶级自由化和格调低下出版物的侵入。1990年上半年，中宣部出版局和《新闻出版报》都肯定和介绍了这个制度。

四、精心编辑，潜心学术

薛德震的编辑生涯，是由点到面逐渐扩大的。20世纪50年代初期到60年代中期，他由编辑到代理编辑组长，由审读、加工一部部具体书稿，到复审一个方面的书稿；70年代中期到80年代中期，他由专管哲学方面的编辑工作，扩展到分管党史、政治、哲学、经济、历史等众多门类的选题计划和书稿终审。

但是，无论工作面如何扩展，也无论头绪如何纷繁，按职责应由他完成的审读、加工、抽查、写详尽的报告和记录，他都是一丝不苟，认真执行。当编辑时，他经手的书稿，一定从头到尾、一字不落读几遍，不仅从政治、理论和专业方面把关，还改正书稿中的错别字；当编辑室主任时，他负责书稿的复审，凡是现实性、政治性较强的稿子，他都从头到尾通读，为的是书稿不出政治性差错；当副总编辑时，他复审几个专业的书稿，更是小心翼翼，总要抽读书稿中的相当章节，细心把关。他写的书稿审读报告，分析透辟，文字简洁，曾在社内业务交流刊物《求精》上作为范本刊登，并被上海、山西等地选入编辑应用文教材。

作为编辑室主任、副总编辑和总编辑，审读书稿只是任务之一，还有一项重要任务就是编制选题规划和发稿计划。十多年来，薛德震经手编制的选题有数百种，在政治、哲学、经济、历史等方面编出了一大批好书,有的已成为保留书目,有的在社会上获得了奖励。

薛德震还注意随时总结编辑工作经验,撰写这方面的文章。近十多年中,在多种刊物上,他发表的关于编辑工作的经验、体会等文章十多篇。

编辑应当怎样摆正学术研究与编辑工作的位置?薛德震认为,不能满足于一般地完成工作任务,把自己变成一个熟练的"编辑匠";而应该高标准、严要求,在完成编辑工作的前提下,加强学术研究,在某一个学科领域内取得较深的学习和研究成果,获得较高的鉴别能力,把自己培养成为"编辑—学术工作者"。他这个想法,从他开始当编辑那天起,好像就有了某种雏形,此后几十年,他一直坚持着、实践着。

他结合编辑工作,在近十多年中,为拓展自己的知识领域和提高学术水平,参加了三个方面的活动:

一是多次参加全国性的有关哲学问题的学术讨论会。他的发言,有的刊登在专业刊物上,有的登载在会议简报上。这说明他对哲学问题的研究具有了较高的水平。

二是应中国社会科学院研究生院、北京大学、中国人民大学、复旦大学、南京大学、武汉大学、河北大学等院校之邀,为这些院校的研究生评阅硕士、博士论文,参加研究生的论文答辩,或者为高校教师晋升专业职务撰写"同行专家鉴定意见"。薛德震参加这些活动,不只是学术界对他的学术成就和地位的承认,也是他加强出版社同学术界的联系,并从中发现新生力量和好的选题与稿件的机会。近十多年来,人民出版社中青年作者队伍中,有一部分就是他从各种学术活动中发现和结识的。

三是发表了一批论著。薛德震一直爱好马克思主义理论和哲学,他勤于思考和笔耕,在完成大量编审工作的同时还写了不少论著,先后撰写了有关辩证唯物主义、历史唯物主义,以及为改革、开放服务的和编辑学出版学方面的论文几十篇,总字数六七十万字,他经手编辑的书也有四五百种之多。这些数字,正是他实践"编辑—学术工作者"这一宗旨的最好说明。

作为新中国自己培养的第一代编辑家,薛德震的创业道路体现了许多特色:

他从小在党的教育培养下成长,因此,党叫干什么就干什么,从不讲价钱,也从不计较名利;尽管他对马克思主义理论和哲学具有较高的研究水平,也有从事专业写作的优越条件,但是,当党把他分配到编辑出版战线时,他将个人的爱好放在第二位,把党和人民的需要放在首位,义无反顾地为他人作嫁衣裳,干了一辈子编辑出版工作;对工作、对自己、对同志都严格要求;要他当助手时,他就发挥助手的作用,当他当一把手时,他就团结一班人把工作搞好,去解决最难的问题,出了差错就主动承担责任,不推脱、不诿过于人。当然,薛德震说:"人无完人,自己也有弱点和缺点。"我想,一个单位的负责人承认自己也有弱点,这个单位作出成绩和贡献来,就为期不远了。

(原载《出版史料》1991年第2期)

出版应面向社会主义市场经济

——薛德震谈编纂"海外经济管理运作丛书"

《新闻出版报》记者　张秀平

特约记者　张小影

迎着阵阵扑面而来的盛夏热浪,记者来到人民出版社,看到经济编辑室的同志们正为编纂"海外经济管理运作丛书"忙得热火朝天。

这是一套规模宏大的丛书,暂定为 200 种,首批拟出 55 种。国内一批经济学界、管理部门的工作者和企业家们对这一选题表现出浓厚的兴趣;出版界许多有识之士也由此得到启迪:在我国由计划经济向社会主义市场经济的转换过程中,出版工作该怎样更好地为经济建设这个中心服务? 在北京人民大会堂,围绕这些话题,开了一次气氛热烈的座谈会。

记者与人民出版社社长兼总编辑薛德震的话题便由此开始。人民出版社自今年 3 月根据中宣部领导人建议,着手组织这套丛书的编纂工作以来,对此已有较深切的感受。

出版目的：普及市场经济知识
　　　　　介绍具体运作方法

谈及对市场经济的认识过程,薛德震感慨良多。他说,早在

1979年11月,邓小平同志就在一次谈话中明确提出:市场经济只限于资本主义社会,肯定是不正确的。社会主义为什么不可以搞市场经济呢? 社会主义也可以搞市场经济。以后,邓小平同志还多次谈到,计划多一点,市场多一点,不是社会主义和资本主义的本质区别。这一重要思想,对推动我国的改革开放和经济发展产生了很大影响。但是,由于传统观念的束缚和人们认识上的差异,十多年来,关于计划经济和市场经济是不是区分社会主义和资本主义的本质特征这个问题的争论一直没有停止过。小平同志南方重要谈话,再一次明确地从根本上打破了将市场和计划作为区分资本主义和社会主义的传统观念,使全党对于计划经济不等于社会主义,市场经济不等于资本主义,市场和计划都是经济手段这个问题的认识,从理论上和实践上逐步趋向一致。正是在这个历史条件下,人们急切地呼唤着这套丛书尽快出版。

薛德震说,目前,我国的理论工作者和实际工作者,都缺乏这方面的素质和知识,缺乏这方面的锻炼和经验。这就迫切需要向他们提供学会在市场经济中游泳的方法。因为,如果不解决好发展市场经济的"船"和"桥"的问题,反过来可能会动摇全党已逐渐趋向一致的基本认识。薛德震深有感触地说,解决学会在市场经济中游泳的问题并不比解决对市场经济的理论认识问题更容易。

编写原则:客观介绍　不妄加评论
多运用实例描述具体方法

薛德震告诉记者,当该丛书发起人、中宣部常务副部长徐惟诚最先提出这一编写原则时,他思想上还有不少顾虑。因为以往一提出版介绍国外,尤其是发达资本主义国家情况的图书时,首先强调介绍方法必须是分析性的、批判性的,其次必须有评论。有时尽管介绍的是一些具体的管理方法和经验,也千篇一律地加上一些思想批判性的文字,名义上是强调参考、借鉴,实际上往往是为给作者、出版者增加一点政治上的安全系数。现在要突破这个框框,确实需要点勇气。

在连续座谈、听取各方面意见后,他意识到,徐惟诚同志提出的这个编写原则,符合我国发展社会主义市场经济的总体要求。小平同志在南方重要谈话中强调:"社会主义要赢得与资本主义相比较的优势,就必须大胆吸收和借鉴人类社会创造的一切文明成果,吸收和借鉴当今世界各国包括资本主义发达国家的一切反映现代社会化生产规律的先进经营方式、管理方法。"由于资本主义发达国家的国情不同,发展市场经济的做法也各不相同,而各个企业的经营方式、管理运作方法更是千差万别;同时资本主义国家和企业之间在经营方式和管理方法上也有相互吸收和借鉴的地方,互有褒贬。我们要吸收和借鉴资本主义发达国家的先进经营方式、管理方法,首先要了解这些东西具体的、真实的运作过程、运作特点,把这些千差万别的方式方法如实地介绍过来,其次才是结合我们的国情去借鉴、消化、吸收。面对纷纭复杂的客观情况而采取过去那种千篇一律的主观评论性的介绍方法,不仅不能使读者满意,也无法实现实际工作上的借鉴。薛德震笑着说,经过这一番思考,我的思想解放了,定下这一编写原则,心中就坦然了。

对于这套丛书编写原则的具体含义,薛德震谈了他的理解。所谓客观介绍,就是对材料的介绍要尽可能地翔实、准确、公正、客观,如实地展现这些经营管理运作方式的全过程,包括利与弊,不能有片面性。

所谓不妄加主观评论,不是说不应评论,而是指不作简单的定性式的评论。要让事实说话,给广大经济学者、管理工作者、企业家留下思维空间,让他们去思考、去消化,更好地结合我国、本地或本企业的具体情况,去学习和借鉴海外的有关经验教训,不搞越俎代庖。

所谓多运用实例描述具体方法,是指纠正过去编写这类图书只停留在一般介绍、抽象议论,忽略实际操作方法的弊病,着力描述出不同国家、地区,不同企业的不同操作方式、方法,并辅以实例,尽量能让读者一看就懂,一学就会。薛德震说,这样做,也会使这套丛书更具可读性。

> 编辑:变重理论　为重实际
> 出版:不等征订　自定印数
> 发行:公开招标　独家包销

面对广大读者希望这套丛书出版得越快越好的呼声,薛德震和他的同事们经多次商议,表示要从编辑、出版、发行三方面,用改革的精神,打破以往惯例。

薛德震认为,人民出版社上上下下之所以欣然接受中宣部出版这套丛书的委托,不仅是为贯彻落实小平同志南方谈话办的一件实事,深得理论界和企业界欢迎,还因为通过出版这套丛书,将推动该社自身的改革。

过去,该社出版经济类图书,偏重理论著作,忽视了应用类图书。这套丛书的出版启发他们要改进工作,调整图书结构,才能及时为经济建设服好务。

按常规,出书先征订后出版,至少要 6 个月的周期。时不我待,他们决定,这套丛书不等征订就自定印数开印,这样,周期可缩短到两个月。

他们还打算在报刊发一启事:向各大发行所、城市书店联谊会或具有向全国发行能力的省店公开招标,谁的发行基数高,就将这套丛书的总经销权交给谁。

该社副社长兼副总编辑张树相、经济编辑室主任韩忠本向记者补充说,这套丛书首批 55 个选题,已大体安排就绪,年底以前有把握出版 10 至 20 种。此外,他们还正积极落实第二批选题的编写出版计划。

（原载《新闻出版报》1992 年 7 月 31 日）

"饮鸩止渴的事我们不干"

——访人民出版社社长兼总编辑薛德震

《经济日报》 李 星

买卖书号是一种什么行为？有人找上门来要"买"怎么办？社会效益与经济效益孰先孰后？出版单位求生存求发展的出路何在？不卖书号是不是就一定赔钱？

当记者将这些"是非分明"的问题一股脑儿开列在人民出版社社长兼总编辑薛德震面前时，这位在出版园地辛苦耕耘了47年的"老总"，一一作出了坦诚而明确的回答。

"买卖书号是一股歪风！"薛德震对这股歪风在出版界的泛滥深表忧虑。他说，若听之任之，只能是损害国家利益、欺骗广大读者、腐蚀出版队伍，有百害而无一利。

歪风乍起，这家建社43年的国家级出版社即有觉察，他们的态度是，"刮在门外坚决抵制，刮上门来一概回绝"。薛德震说，"前不久还有几个书商找到我们，要买个书号出什么《人体画册》，其中一人当面'拍'出5万元。为什么找我们？不就冲这块'人民出版社'的牌子吗！绝不可为金钱而败坏人民出版社的声誉，回答只能是一句话：'饮鸩止渴'的事我们不干！"

那么，出版社靠什么提高效益呢？薛德震认为，这包括社会效益与经济效益两个方面，有时两者难免发生矛盾，在这种情况下,人民出版社必须把社会效益置于首位。"一部书稿摆在面前,不能仅仅凭它可能达到的发行量决定取舍。有的会拿到几万甚至几十万册的印数,但用社会效益的标准一衡量,就毫无出版价值;有的眼前可能发行不了多少,但从长远来看,它是一种文化积累,将造福子孙后代,用社会效益的标准衡量,即使赔钱也要出版。"人民出版社近年推出的《列宁全集》中文第二版、《希腊哲学史》等好书,就是着眼于社会效益决定出版的。

赔钱毕竟影响到出版社的生存与发展,怎么办?"办法只能是立足改革、面向市场,把经济效益也抓到手!"薛德震答。近几年,人民出版社深化内部管理和运行机制的改革,采取读者问卷等多种形式进行市场调查,根据需求开发选题,出版了大量水平高、质量好、销路广的哲学社会科学各学科的学术著作和优秀读物。其中《邓小平论党的建设》、《马列著作青年读本》、《十四大辅导读本》等,发行量均在200万册以上,在宣传贯彻党的路线、方针、政策的同时获得了显著的经济效益。与此同时,他们还围绕经济建设这个中心,拓宽选题范围,出版了大量普及社会主义市场经济知识及现代科学技术知识的书籍,如今年面市的《著名学者论社会主义市场经济》、《海外经济管理运作丛书》、《大众证券投资知识丛书》等,都深受读者欢迎,相当畅销。

总体算账,从未卖过一个书号的人民出版社并未因此而赔钱。薛德震告诉记者,1982年至1992年的10年间,人民出版社上缴国家利税逾2000万元,预计今年利润可望达到550万元。

（原载《经济日报》1993年11月6日）

出版名人薛德震

《编辑之友》 罗 成

薛德震,1932年2月14日出生于江苏省建湖县。1947年在故乡加入中国共产党,同年参加华中新华书店工作。1949年4月随军渡江后,先后在苏南、上海等地的新华书店、华东人民出版社(上海人民出版社前身)做校对和编辑工作。1954年由上海人民出版社推荐,考入中央马列学院(后称中共中央高级党校),毕业后被分配到人民出版社工作。现任人民出版社党组书记、社长兼总编辑,中国出版工作者协会副主席、编审。

他一生似乎与出版工作有缘。1947年,他是个15岁的少年,就开始做出版工作;后来,除了脱产学习外,他就再也没有离开过出版岗位了。因为他的夫人杨瑾同志也是一辈子从事出版工作(现任文物出版社党委书记、社长兼总编辑、编审),所以,熟悉的朋友都开玩笑地称赞他们是一对夫妻出版家。

薛德震干编辑出版工作,是从校对、见习编辑、助理编辑、编辑、副编审、编审一步一个脚印、脚踏实地干出来的。无论是在苏北解放区、在苏南、在上海,还是到了北京,在人民出版社,他都坚持了这种实干精神。五十年代中后期,他先后参加了《李大钊选集》、《中国思想通史》、《社会科学辞典》等重要书稿的编辑或辞条编写工作。

20 世纪 60 年代初,他奉派赴越南外文出版社担任中文专家,较好地完成了越方中译稿的文字定稿工作,得到越南同志的好评。

"文化大革命"前,他参加了《蒋介石言论集》编辑组的领导工作,担任过孙中山、宋庆龄、廖仲恺、何香凝、朱执信、柳亚子六本文集编辑组代理组长,团结一批新老编辑、专家从事这一艰苦工作。与此同时,他还利用业余时间研究伯恩斯坦和加罗蒂的哲学思想,撰写研究论文。

薛德震 1982 年担任人民出版社副总编辑,特别是 1988 年担任社长兼总编辑后,着力抓了社内的思想作风和制度建设,反复强调全社职工要具有人民出版社是国家政治书籍出版社的意识;修订或制定了 20 多项社内规章制度,使各级干部、职工有序地开展工作,减少差错和失误;抓了选题的开发和论证,既调动编辑人员的积极性,又发挥集体智慧审定选题。几年来,他还认真抓了社内体制和运行机制的改革,在前任社领导开始的改革的基础上,又有了新的、稳步的前进。

他主张编辑不应只当"编辑匠",而应成为"编辑——学术工作者"。他认为编辑应当成为学者,但他同时又认为成为学者的编辑,既然仍担任编辑,就应将编辑工作放在首位。几十年来,他都是这样身体力行的。他对哲学非常爱好,也进行过认真的研究,写过一些引起学术界重视的论文,但从未因从事学术研究而影响他的本职——编辑出版工作,而是使两者相辅相成,互相促进。他前后写过哲学、语言文字和编辑出版学方面的学术论文 50 多篇,并同别人合写了一部哲学专著《社会与人》。他直接经手编辑的图书有四五百种。担任出版社的领导工作后,他参与了许多重点出版工程的组织领导和全社编辑出版工作的规划,有很多图书的编辑出版工作同他有直接或间接的关系。

薛德震踏踏实实干了 47 年编辑出版工作,现在仍坚持在党的编辑出版岗位上忙碌着。去年 10 月,人民出版社受到中宣部和新闻出版署表彰后,他受奖而不骄,并对社里同志们说:我们要坚守岗位,搞好团结,更加勤奋、扎实地工作,不要辜负党和人民的期望!

(原载《编辑之友》1994 年)

一步一个脚印的总编——薛德震

《中国文化报》　曾　伟

在北京第 6 届国际图书博览会上，人民出版社展出的十卷本《中国通史》、百卷本《中国全史》、《经济全书》、浪漫迷人的《东方书林之旅》6 大书系、《海外经济管理运作丛书》以及成系列的领袖人物传记、帝王传记和名人传记引起了国内外同行的注目。

当记者把这一信息告诉该社总编薛德震，并问他，人民出版社过去总是给人以老成持重、严肃有余、活泼不够的感觉，而这次却令人耳目一新，这种变化是怎样取得的时，他笑着回答说："人民出版社是政治书籍出版社，出版马列主义毛泽东思想经典论著、党和国家领导人的著作、党和国家的文件文献仍然是本社的首要任务，必须全力以赴地去完成。但是，在完成这一首要任务的同时，我社还必须出版高质量、高品位、高档次的学术文化书籍，力求在中国文化史、出版史上占有一席之地。这是社会的需要，也是我们追求的目标。"

为了实现这一目标，近几年，他们大胆地改革、创新，调整了社内体制和运行机制，修订或制定 20 多项社内规章制度。为了这个宏伟目标，薛总编没少熬夜，没少呕心沥血。

对薛德震来说，出版事业就是他的追求，他的生命。这位人民出版社党组书记、社长兼总编、中国版协副主席,今年六十有二,却已经献身于出版事业47个年头。从校对、见习编辑、助理编辑、编辑、副编审、编审,一步一个脚印,踏踏实实地走过了将近半个世纪。47年来,不管职务高低,他始终不忘对作者负责,对读者负责,更不敢忘对历史负责,对人民负责。

薛总编也是一个和蔼平易、朴实无华的老人,凡事都认认真真、实实在在。他对人很客气,但对书稿中的差错却不能容忍。"许多容易忽视的小问题很难逃过他的眼睛。"社内不少人这样评说薛总编。当有人问及他这一"招"是怎样练出来的时,他开怀大笑,说:"没办法,对出版物中的差错就好像见了苍蝇似的不能忍受,已经成了职业习惯。"

这"挑错"的功夫岂又是一日之功呢?这里体现的是一份责任心,一种敬业的精神。他说,我们的事业就是全心全意地为人民服务,既要为祖国的文化建设服务,又要为专家学者服务,更要为提高全民族科学文化水平服务。

有这样的总编当家,其出版物的质量、品位、风格自然受到各界人士的普遍好评。然而,薛总编并不以此为满足,他寄望于中国出版界的欣欣向荣。经济的发展必将带来文化的繁荣、出版的繁荣。对出版界的某些坏风气,他主张建立行之有效的约束机制,同时还要加强自我约束能力,共同创造良好的文化环境。

在记者采访时,不断有电话打进来,不断有人进他的办公室商量问题。社会活动频繁,领导担子繁重的他,心中总留有一点遗憾,他曾不无惋惜地说,多么希望有时间静静地多审读一些书稿,可现在难得有机会享受这份乐趣。

(原载《中国文化报》1994年9月25日)

铅华洗尽见真淳

《中华英才》 姜苏鹏

我虽谈不上是人民出版社忠实的读者,但是该社出版的书林林总总我也拥有几十本。换句话说,与他们的交情有不少年头了。所以,这次采访,感觉像是去会老朋友。

采访那天,天气不尽如人意。清晨,一场急雨过后,乌云仍恋恋不舍天空。天气预报说,午后将有大到暴雨。无奈,遇到这样的天气做采访,怕是心情也会受影响。还好,他的心情似乎不错。临场反应一流。

谈话自始他就滔滔不绝,言辞如滂沱的雨,丰沛、恣意。浸润其中,让人忘却时间的奔涌。偶尔,他会停顿下来,从身后的书橱里抱出一摞沉甸甸的书,旋即讲一些轶事,像是有意调节气氛,但实际上,这些事本身,积聚着历史,也积聚着荣耀。

薛德震,一个从事出版业长达49年的人,几乎与新中国的出版业同成长、同起落,他的一生会融入多少沧桑之变?千言万语,一经流泻便不可止。只是久了,故事已变成无法追索的片断,弥散在深谙的光影里,一阵阵地激荡。缘此,你渴望了解的不仅仅在于事业、家庭,乃至于一个人生命的全部。

招牌："中国第一家"的金字
招牌品位也是一流

跟他正面应对,要紧的是你的思维要跟得上他的思考速度。常常一个问题提出,他不但条理分明地给你解释,还会引申到其他问题。与之对比鲜明的是他混乱的办公桌。但这并不影响他的干练与果决。

我对他最初的认识归纳起来:第一他很忙,采访中电话不断。第二他坦诚,甚至毫不避讳。第三他严谨,几乎无懈可击。

人民出版社,新中国成立的第一家党和国家的政治书籍出版社,从她诞生之日起就像是含了金钥匙。毛泽东亲自题写社名,还拥有其他出版社望尘莫及的专有出版权。在这一点上他颇为自信:"我们社有政治优势。马列主义、毛泽东思想经典原著、邓小平文选、党和国家的文件文献、党和国家领导人的论著,国家规定只有人民出版社能够出版。另外我们还有品牌优势。高品位、高质量是我们几十年形成的一贯传统。这个牌子在海内外被广泛认同。我们社出版的学术著作在社会上享有很高的声誉。我国许多著名学者他们一生最重要的著作大都是在我们社出版。其中比较大的工程有:《郭沫若全集》历史编共 8 卷,范文澜、蔡美彪等著 10 卷本《中国通史》,翦伯赞主编《中国史纲要》,戴逸主编《简明清史》,侯外庐主编 5 卷本《中国思想通史》,冯友兰著 7 卷本《中国哲学史新编》,任继愈主编 4 卷本《中国哲学史》,以及《杜国庠文集》、《李达文集》、《艾思奇文集》。我国最著名的经济学家薛暮桥、孙冶方、许涤新、于光远、马洪、刘国光等在我社出版过文集或学术专著。学者们以能在人民出版社出书为荣。"

党和国家领导人对人民出版社的高度重视,在出版界也可谓首屈一指。人民出版社出版的许多书的书名都是由国家领导人亲自题写的。不仅于此,一些书的出版,还得到了党和国家领导人的亲切关怀。值得一提的,是1991年再版的《毛泽东选集》的封面设计是他参与策划的。他说:"当时也是绞尽脑汁,几个封面设计我都不满意。想来想去决定请小平同志题写书名,作为第二代中央领导核心,题写书名再合适不过。既区分第一版,又突出它的时代特色,结果社会反响很好。"

在一般人眼里,人民出版社是一块光鲜的金字招牌;在他的心里,人民出版社有着实实在在的定位。正因为她关系重大,担当着非同一般的社会角色,他形容自己每天都如履薄冰,生怕有什么对不起读者、对不起作者的事会发生。因此他在大大小小场合向他的同仁们反复强调:"增强人民出版社意识,增强政治责任意识。"

1988年他出任人民出版社社长兼总编辑以来,锐意改革,着力抓了社内的思想作风和制度建设,强调:"在政治上对党和国家负责,这不是抽象的口号,而是有非常丰富、实在的内容。我在社内经常讲,只要你在人民出版社工作,在你的工作中,在你处理的书稿中,就必须在政治上同中央保持高度的一致,以党的意志为我们的意志。绝不允许在编辑出版工作中以个人的想法或好恶为标准各行其是。如果不能这样,另搞一套,甚至搞相反的一套,那你就是在拆人民出版社的台,就是在搞自我否定,人民出版社也就失去了自身存在的价值。那些攻击党的领导和人民民主政权的及丑化党的历史、党和国家领导人的书,如果出自敌对势力控制的出版机构,不奇怪,而出自党所领导的、全民所有制出版社,则是令人震惊的。"情辞激烈,发聋振聩。正是这种强烈的责任感,多年来人民出版社没有出版过政治上有问题的图书,也没有出版过有重大差错的图书,更没有卖过书号。

选题:选题开发是第一位的经营活动
事情再忙也不可丢了这一项

一位熟识他的人对他有一番精辟的概述:"薛德震以他现有的位置,如果处在西方,他将是受人尊敬的出版业巨子。不过在中国,他同样受人尊敬。因为他是一个稳健的马克思主义者,同时也是一个思想解放的人。"随着话题的展开,对此我越发深信不疑。

在市场经济的冲击下,各大出版社为了保全自己在市场上的"地盘儿",都拿出了自己的"秘密武器"。人民出版社的"重量级武器"就是她的选题论证制度,这不但得到了中宣部出版局的充分肯定,也经受住了市场的检验。

还是听听他自己怎么说:"一个出版社的面貌怎样,是美还是丑,是高雅还是庸俗,是神采奕奕,还是萎靡不振,人们不看别的就看你出版的书刊,所以我们出版的书刊也就是我们的脸面。而书刊的面貌怎样,在很大程度上则取决于我们选题的优劣,选题的优劣关系到一个出版社的兴衰成败。出版社应当开发高品位、高质量的选题,淘汰平庸的、低水平重复的选题,建立与社会主义市场经济体系相适应的知识体系。建立这种知识体系是一个宏大的系统工程,它涉及哲学、社会科学和自然科学各个领域。就一个出版社来说,需要不断地清理选题,调整选题结构,以便不断地优化选题,形成为读者和市场需要的、又能反映出版社特色的出书体系。现在我们经常说出版社要从生产型改变为生产经营型,要适应社会主义市场经济体制的需要加强出版社的经营管理,在我看来,选题开发是出版社第一位的经营活动,所以要把选题开发放在社领导的重要日程之中,事情再忙也不可丢了这一项。与选题开发密切关联的便是选题的审批与管理。在这方面需要建立选题审批论证制度、选题管理制度、书稿档案制度。"

问他选题论证制度是不是他最先提出来的,他谦虚地说:"应该说是实际当中产生的需要。一方面防止出版过程中的一言堂,另一方面杜绝出版中的漏洞,以确保图书的质量,而建立的一个集体论证制度。除了对选题的总体构想、思想内容进行政治把关、学术把关,同时还要对经济效益和社会效益进行论证。"事实上选题论证制度是他在 1988 年根据既要坚持社会主义出版方针,又要适应改革、开放的新形势的总体要求提出的。原来实行的是由总编辑个别审批选题的制度,在信息量快速增长的今天,已不适应新形势的需要,但将选题审批权下放到编辑室,又不利于从全局把握选题结构。薛德震经过审慎的思考,找到了一个较好的契合点,这就是选题由论证会集体审定、社长签批。选题论证会由社领导成员、发行部主任、经理部经理和有关编辑室的主任、责任编辑组成。选题经过集体论证,通过后由社长签字批准。经过几年的实践证明,选题论证制度既调动编辑人员的积极性,又发挥了集体的智慧。

今年年初,人民出版社推出"民国学术经典文库",在市场引起不小震动,创出行销佳绩。这是继成功推出"东方书林之旅"之后又一引导文化消费的得意之作。外界评论:"文库的选题别出心裁,独具慧眼。编选方法旨在为读者重新审视历史提供一个新的视点。"

薛德震不无感慨地说:"我认为我们正规的、大型的出版社也应重视大众文化、市民文化读物的出版工作。小书摊上是有不少乌七八糟的东西,黑的、黄的、灰的都有。但是这种现象的存在,其中也有一个原因,就是我们没有出版高质量的可以占领小书摊的文化读物,而让不法书商钻了空子。因此出版社参与市场竞争,要积极的参与、引导,而不是消极适应。我们应当用健康有益、群众喜闻乐见的东西占领市场。"

策划:从事现代出版业没有强有力的策划是不可想象的

搞出版,薛德震是一个敏捷的射手,对捕捉的目标既狠又准,只要他一上场,令人无法忽视。

在与他的下属接触过程中,令我感到有趣的是他性格的魅力。有人以感性的口吻评述他:"就冲他的求贤若渴、知人善任,再苦再累我们也认了。"也有理性平实的说辞:"他常因属下达不到他对工作的要求而暴跳如雷,可是他向来对事不对人,所以被批评的人也不会觉得不服气。"还有的人说:"他把所有的聪明才智都用在工作上,对于工作以外的事务便相对地显得单纯。"

而他们当中的每个人都同意:薛德震的专业能力和策划水准相当出色。

他说:"在市场经济的大潮中有竞争是必然,没有现代出版意识注定要被淘汰出局的。而从事现代出版业,没有强有力的策划是不可想象的。"

其实在我们同薛德震的交流中,听到最多的两个字就是"策划"。就连在我们采访过程中,不断插过来的电话中,他与对方谈论最多的也是"策划"。于是"策划"诱发了我们强烈的好奇心。他破解道:"搞策划一直是我们出版社常抓不懈的重点。我只是从宏观上把握,具体操作都是同志们去完成的。例如我们出版社的几次成功策划:'三个面向丛书'、'东方书林之旅'最早提出策划的都是我们社里的青年编辑。我只不过参与一些意见,给予应该给予的支持而已。"

而薛德震所说的青年编辑之一的方鸣如是说:"就拿1985年搞的'三个面向丛书'这个策划为例。这是第一套综合性的以青年学者为群体的大型丛书,能够在人民出版社出版是很不容易的。他(薛德震)站在思想解放的高度,为我们排除一切阻力,使此套丛书得以顺利出版。并且在整个出版过程中,他事必躬亲,每一部书稿他都亲自复审。对于我们年轻人来说,就是全力以赴把书出好。"

我问薛德震搞策划什么样的思维最重要。他感言:"最主要的是要有强烈的创新意识。而要做到这一点,首先要有广博的文化素养。还要有现代出版意识,对出版业的大的发展趋势要心中有数。再者不断更新知识结构,善于同年轻人交朋友。另外,包装形式也要改变,不能总是停留在50年代的'土头土脑',不适应市场经济的发展。"

从包装又进一步谈到内容,我追问了一个人们普遍关心的问题,就是人民出版社过去给人的感觉总是"严肃有余,活泼不够",问他作何感想。他说:"严肃是应该的,要当好'排头兵'嘛。但过分就不好了。活泼不足,在这方面我们一直在加以改进,增强书的可读性,使我们的书更加贴近生活,亲近读者。如果注意一下我们最近出的一些新书,从内容到形式都有大胆的尝试。"

误区:编辑不看、不审、不加工、不整理就发稿 这种做法是一种"自杀"

毫不夸张地讲,薛德震这一辈子直接经手编辑的图书少则也有四五百种。问及对编辑的体验,他没有回答。但给我的感觉就如同他手中的那一杯清茶,品味起来只剩下淡淡的甘苦。

目前编辑在社会上是一个相当大的行业,据统计,现在仅出版社的编辑就有 3 万多人。

站在哲学的高度,他说:"人类在任何形态的社会中都要从事改造世界和认识世界的活动,所以人类任何时候都离不开出版物,都离不开出版工作,所以我们的事业是永恒的,是值得我们终身为之奋斗的。"

他主张编辑不应只当"编辑匠",而应成为学者。并以他的亲身经历言传身教:"我处理过的书稿大部分是专家学者多年甚至十几年、几十年研究的成果,处理这种书稿本身就是一种学习和享受。你如果善于找参考书,使用工具书,还可以向作者提出中肯的修改意见,这更是提高和充实自己的大好机会。在整个编辑工作中,对名家、大家,不卑;对无名之士,不亢。邹韬奋曾说过这样的话:不管是老前辈或幼后辈的,不管是名人来的或是'无名英雄'来的,只要好的一律采用,不好的一律不用。"

社会上有一种人,对编辑工作有一种误解,认为编辑工作就是剪剪贴贴、修修补补。他们认为编辑是一种简单劳动,不是创造性劳动。对此他严辞反驳:"编辑劳动的创造性并不亚于作家、学者劳动的创造性,这已由许多著名的编辑家的实践证明。例如孔子,是我国古代大学问家,同时也是我国古代最著名的编辑家之一。到了现代,像鲁迅、茅盾、叶圣陶既是著名的文学家,又是著名的编辑。不少著名的文学作品,其初稿只能说是一些粗坯,但由于编辑的雕琢加工,而成为名著,如《高玉宝》、《红旗谱》、《红岩》、《林海雪原》。胡乔木是我党的一名著名理论家,我社出版了他的文集。对文集的原稿,我社责编从内容到文字提了几十条意见,绝大多数意见都被他采纳了,他生前对我社编辑的工作一再予以肯定。面对这样大量的事实,怎么能说编辑工作是一种简单的劳动。人们常常把编辑工作比作'为人作嫁衣裳',这种说法如果不是在贬义上使用,而是对编辑奉献精神的褒扬,我觉得是对的。如果用这种说法贬低编辑工作的意义,由此得出编辑工作是非创造性劳动,我们不能赞成。"

他一生中最敬重的是鲁迅先生,他说:"鲁迅一生编辑和参与编辑的各种书籍有76种,丛书11种,帮助校阅并推荐出版的40余种。正如他自己所说为了能够'栽植奇花和乔木',自己'宁愿做无名的泥土',甚至'只要能培一朵花,就不妨做做会朽的腐草';为了能够使'英俊出于中国',他甘愿做'被踏'的'梯子'。他把生命碎割在给人改稿子、看稿子、编书、校字、陪坐这些事情上。这无疑是我们编辑工作者学习的楷模。"

他最深恶痛绝的就是一个编辑拿到一本书稿,不看、不审、不加工、不整理就发稿。他强调:"这种做法是一种'自杀',自我否定,自己否定了编辑自身存在的价值。"他本人对书稿中的差错极不能容忍。"许多容易忽视的小问题很难逃过他的眼睛。"社内不少人这样评说他。当问及这一"招"怎样练就的,他开怀大笑,"没办法,对出版物中的差错就好像是见了苍蝇似的不能忍受,已经成了职业习惯。"

人民出版社的编校质量在出版界闻名,曾创下《毛泽东选集》一个字、一个标点符号没错的奇迹。

兴趣:他对哲学的兴趣贯彻一生
影响他一生的各个方面

谈来谈去,他总是离不开干了 49 年也不厌倦的出版工作,每当问到关于他个人的情况,他总能巧妙地离题,他是一个很会"逃躲"的人。

他说自己的经历平淡无奇。但正是由于有了过去的他,才成长为今天的薛德震。1947 年 15 岁的他就开始了编辑出版生涯。从校对、见习编辑、助理编辑、编辑、副编审、编审一步一个脚印地干出来。无论是在苏北解放区、在苏南、在上海,还是在北京、在人民出版社,他的轨迹从未偏离过。他的学历也简单得可以:二年小学、二年初中、二年大学。他念念不忘在中央马列学院(后改为中央党校)学习的日日月月,这期间知识的"高压速成"让他一生受益无穷。当时作为第一期新闻班的学员,他还只是个没有职务、年龄最小的小弟弟。

他对哲学的兴趣贯彻一生,影响到他一生的各个方面,从信仰、品格到思维。他坦言自己是一个马克思主义的信仰者,无论何时何地何种情境从未丧失过对党的信念。他与别人合写的哲学专著《社会与人》,一家权威报纸的书评称这部书是"把人的问题的研究具体化的可贵尝试"。对马克思主义人学的深入研究,形成了他独特的世界观,关于人怎样在奉献中实现自身的价值,他谈起来津津乐道。他在《人民日报》发表的文章《精神文明建设是人自身的现代化建设》，在理论界颇有影响。

对于一生中只从事一个行业，他并不感到乏味，还津津乐道："每当看到经我的手出版的书，被人家作为文化财富，存放在书橱里，而且长久地流传下来，尽管作者不是我，但我的劳动得到社会的承认，这是一种最大的精神满足。"

问他如果有机会，是否选择其他职业。他说："这个职业很适合我的个性，因为我喜静，不好动。"但不可思议的是他最大的业余爱好竟是观看动作激烈的足球赛。想来这与他的竞争意识一脉相承。他说自己一生的遗憾，就是有些该做的事没有来得及做；有些事情能做得更好，但做得不理想。总感到一种不满足。

他对自己最简短的评价：没有虚度年华。

至此我又归纳出他的另两项特质：他是个真实的人，不拐弯抹角，也不多作修饰，更不用言语来包装自己。他还是个说服力很强的人，无论你事先是否与他的观点一致，但你确信他讲得有道理。

但直到我与他握手道别，有一点仍让我感到困惑：学者的气质、理论家的头脑、出版家的现代意识、企业家的经营理念是如何糅合在他一个人身上，又显得那样纯一与光华。

（原载《中华英才》1996 年第 18 期）

"优秀党员行政领导干部"薛德震

《新闻出版报》

　　1932年出生于江苏建湖。1947年5月4日加入中国共产党,现任人民出版社党组书记、社长兼总编辑,中国出版工作者协会副主席,中国版协人民出版社工作委员会主任。1996年被中共中央国家机关工委评为"优秀党员行政领导干部"。

　　在50年的出版生涯中,薛德震是通过不断的学习和奋斗跟随时代前进的。他从年轻时编写《容易写错的字和词》、《大跃进中的兴化》等通俗读物起步,其中经多年的学习和工作,编辑了《李大钊文集》、《中国思想通史》、《马克思主义在中国的传播》、《孙中山选集》、《宋庆龄选集》、《艾思奇文集》、《李达文集》、《马克思主义哲学纲要》、《中国哲学史》等一大批重要论著;撰写了《对联产计酬责任制的哲学思考》、《论"富"——党的富民政策断想》、《精神文明建设是一种主体性的建设》、《中国和苏联改革的比较》等一批引起理论界、学术界一定反响的文章,同时与人合著了《社会与人》一书,在学术研究领域做了把人的问题具体化的可贵尝试。在完成繁重的编辑出版业务和行政领导工作的同时,薛德震还非常重视总结经验,从事出版学、编辑学方面的理论研究,撰有《编辑工作在社会中的地位与作用》、《社长总编辑的社会角色及其职责》等10多篇论文。

　　薛德震入党和从事出版工作已 50 余年,为了党和人民的出版事业,他奋斗了半个世纪,还将继续奋斗下去。

　　　　　　　　　　　　　　　(原载《新闻出版报》1998 年 1 月 1 日)

一对夫妻出版家　比翼双飞酿百花

——访人民出版社社长薛德震和
文物出版社社长杨瑾

薛　冬

《出版广角》主编来电约我采写薛德震和杨瑾这对伉俪出版家,这个题目马上吸引了我。近年来我一直在从事出版报道,熟悉并采访过不少出版社社长、总编,像薛德震、杨瑾这样夫妻都是现任出版社社长,而且是荣获"优秀出版社"称号的一流大社的社长,在全国出版界可谓绝无仅有。

薛德震,是我国第一大出版社——人民出版社党组书记、社长兼总编辑、编审,中国出版工作者协会副主席。

杨瑾,是专业性很强的文物出版社党委书记、社长兼总编辑、编审,中国出版工作者协会理事。

两口子从事出版工作的时间,薛德震始于1947年,至今已49个年头;杨瑾始于1949年,到今年也已经47年了,夫妻俩为新中国出版事业辛勤奋斗的时间加起来接近百年!

在风云激荡的漫长岁月里,他们因出版而结缘,随出版而成长,在互相激励、互相帮助、互相竞赛中度过一生。他们走过的道路从一个侧面投射出新中国出版事业发展的历史轨迹,他们的劳绩与精神凝聚着我国人民出版史上承前启后继往开来的一代中坚人物的许多优秀品质。

一、悠悠不解缘

薛德震在政治上早熟,1932 年他诞生在革命根据地——江苏建湖,上小学时就当儿童团长,站岗放哨、搞文艺宣传,中学生活也是在解放区度过的,1947 年 5 月,刚刚 15 岁就加入了中国共产党,预备期 3 年。1947 年底,调入华中新华书店当校对。杨瑾比薛德震大 3 岁,在南京长大,毕业于苏州大学的前身国立社会教育学院新闻系。1949 年 1 月,在学校里参加了地下党领导下的新民主主义青年团,从事建团和学运等革命工作。

他们俩一个在苏北解放区,一个在苏南国统区,却几乎在同一时间走上革命道路,解放军渡江以后,又几乎同时进入上海人民出版社的前身——新华书店华东总分店编辑部。杨瑾是大学毕业后,于 1949 年 12 月考入的,薛德震是 1950 年 5 月从苏南新华书店调到上海的,两人从此认识,并结下了不解之缘。

回忆起在新华书店华东总分店编辑部那几年的生活,薛德震和杨瑾至今留有美好的印象,他们说:"那真是我们风华正茂、意气风发的年代。在老领导叶籁士、宋原放等的关心培养下,我们勤奋工作、刻苦学习,为做好编辑出版工作,打下了一生的基础。"

薛德震当时在理论组当编辑,对工作充满了热情,但文化基础并不厚实,一些错别字看不出来。编辑部主任叶籁士是语言学家,对编辑工作要求很严格,一一给他改正。薛德震把这当做无声的批评,下决心克服这一弱点。正好,这时叶籁士亲自给年轻编辑讲语法修辞课,让他们自己动手练笔,并帮助他们修改作业。薛德震恨不得把老师讲的每一个字每一句话都深深地印进脑海,由于刻苦学习,在结业时,以最好成绩获得了第一名。为了不断充实提高自己,他特地将编辑工作中经常见到的字词错误进行搜集、整理,分门别类地加以辨析,编成一本小册子《容易写错的字和词》,由上海人民出版社作为文化学习小丛书的一种出版。

杨瑾当时在文艺组当编辑,组织上知道她最缺的不是文化而是火热生活的锻炼,便派她到皖北宿县参加土改。1953年搞"普选",又派她下基层发动群众,宣传民主制度。杨瑾回忆道:"那时我很幼稚. 扎着两根小辫子,来到广阔复杂的天地里,不知如何进入角色,但以初生犊儿不怕虎的精神去闯. 确实受到锻炼,我在日后的工作中之所以有点魄力,就是那时锻炼出来的。"

杨瑾这几年在文艺组组长姜彬的鼓励帮助下,还曾经到浙江富春江边和江苏松江一带农村广泛采集小调、民歌、曲牌等民间文艺形式,并注入新的内容。她编写过多种通俗文艺作品,流传一时,民歌集《全国各族人民大团结》是解放初期受到好评的作品之一。她还配合抗美援朝写了一系列通俗作品,其中《罗盛教》、《朝鲜女英雄》等先后重印再版10余次。

'50年代初期,对于年轻的薛德震、杨瑾来说,是个火红的年代。他们一心向上,你追我赶。薛德震是社里的团支部书记,杨瑾是团支部组织委员,在出版业务和青年工作中都很活跃。每逢出版社组织学习,考试成绩不是薛德震第一,就是杨瑾第一。他们一起切磋,一起奋进,也常在一块儿谈心、唱歌、跳舞、郊游,随着时光的流逝,两颗淳朴热诚的心融合到一起:1954年春节,清秀的薛德震和漂亮的杨瑾结婚了。

二、"黑苗子"成材

1954 年 8 月,上海人民出版社破格推荐薛德震上马列学院(后改称中共中央高级党校)。经过考试,薛德震被马列学院新闻班录取。当时这个新闻班是第一期,学员多为全国各省市党报、新华社分社和广播电台的负责人,支部书记是从新华社广东分社社长任上前来学习、80 年代出任新闻出版署第一任署长的杜导正。薛德震那时才 22 岁,是新闻班里最年轻的小弟弟。

1954 年下半年,人民出版社副社长、副总编王子野出差到上海,了解到薛德震的情况,便想把他罗致麾下。他找到上海人民出版社负责人宋原放,要求先把杨瑾调到北京,调进人民出版社。这事很快办成了,1954 年 12 月,杨瑾来到人民出版社三联编辑部,在主任陈原、副主任戴文葆的领导下工作。以后,三联编辑部改为第五编辑部、历史组,再后改成中国历史组。杨瑾曾跟王子野说,她过去是文艺组编辑,王子野说:"文史不分家嘛"。就这样,杨瑾在人民出版社搞起了史学。薛德震于 1956 年从马列学院毕业,取得大学本科学历后也调进人民出版社,在哲学组。

这时的薛德震、杨瑾都是青年编辑,没有行政职务,但社领导却把他俩当做业务骨干使用,每有政治性强、时间紧迫的任务,王子野肯定把他俩拉上去。薛德震、杨瑾也拼命为组织争气,为自己争气,不管干什么都力求不辱使命,不处中游,更不讲任何价钱。他们先后参加编辑的《李大钊文集》、《马克思主义在中国的传播》、《五四期刊介绍》、《五四时期社团》等书就是这段时间夜以继日的心血结晶。

可惜潜心出书的好景不长。从 1957 年反右开始,运动一个接着一个,正常出版工作不断受到干扰。尽管如此,薛德震、杨瑾钟爱书籍、情系出版之心与日俱浓。薛德震下放江苏兴化期间,在劳动之余还编写了《大跃进中的兴化》在人民出版社出版。1958 年回到出版社后又立即投入《社会科学辞典》的编写工作。没过多久,1960 年 8 月,薛德震被派去越南,担任外文出版社中文专家。他除了完成越南外文出版社和越南人民画报社中文稿的定稿工作外,还把译稿中经常出现的语法、修辞、逻辑方面的病句搜集起来,编写了十多万字的讲稿,给越南的中文翻译人员讲课。1962 年,他重回人民出版社。刚回到社里,他又接受了一项政治任务。在反右倾之后,毛主席要求出反面教材,人民出版社和中华书局联合组织《蒋介石言论集》的编辑班子,由李侃主要负责,薛德震协助他工作。编辑组为这套书做了大量的组织工作,搜集了许多资料,花费了两三年时间,最后只在内部印出了一部分稿本。

这段时间杨瑾工作比较稳定,她在历史组组长朱南铣老专家的领导下,为开拓中国历史书籍出版局面,作出了相当的贡献。她不仅参加组织"四老"史书的出版工作,郭沫若的《中国史稿》、范文澜的《中国通史》、翦伯赞的《中国历史纲要》和吕振羽的《中国简明通史》,都是从这时起步的,而且努力拓宽史学书籍出版的思路和套路。

杨瑾学文出身,自幼爱好历史,知识面较宽。同时,在上海的 4 年出版编辑工作,为她打下了牢固的基础。所以她调到人民出版社后,很快进入"角色",加之她天性不满足于一般地做工作,她的身影便十分活跃地出现于全国历史研究与出版圈内。为了发掘稿源和作者,她跑遍了史学研究单位和大专院校历史系,无论哪儿开与史学有关的学术会,她都要争取去参加,对史学领域的研究课题和科研人员进行广泛的调查研究,并在此基础上组织了一支老中青结合的有较高水平的作者队伍。她眼界宽阔,开拓意识强烈,无论是现代史、近代史、民族史或者古代史,无论是学术专著或者资料书、工具书,只要是好书稿她都力争出版,而且工作精细,讲求质量,即使是一些名人、大家的书,她也不会马虎从事。比如,翦伯赞老先生的《中外历史年表》,以传统"正史"的观点称农民起义为"乱",杨瑾就提出来与翦老商量,用马克思主义历史观加以修改。

杨瑾在"文化大革命"前人民出版社的十几年中,负责编辑出版了四五十种学术水平较高的史学著作,有不少至今仍是保留书目,如李新等《中国新民主主义革命时期通史》、吴玉章《历史文集》、刘节《古史考存》、吴晗《读史札记》和《朱元璋传》、向达《唐代长安与西域文明》、陈述《契丹社会经济史稿》、牙含章《达赖喇嘛传》、翦伯赞等《中外历史年表》、王铁崖《中外旧约章汇编》、王忍之等《辛亥革命前十年间时论选集》、张允侯《五四时期社团》等。

这是一段难忘的岁月,之所以难忘,是因为当时他们正年轻,而且将青春融入了出版事业中。今天两人回忆起这段生活,不是津津乐道自己编了多少本重要的书,作出了多么重要的贡献,而是念念不忘这样三点:

一是老领导对他们的信任。薛德震、杨瑾当时都是青年编辑,但遇有重要任务,王子野敢于交给他们去完成。比如60年代,纪念"孙中山诞辰100周年",薛、杨同时被抽调出来,以他们为主组成编辑组,编辑孙中山、宋庆龄、廖仲恺、何香凝、朱执信、柳亚子6人文集。这在当时是很重要的大事,周总理亲自过问,廖承志同志和文化部副部长石西民亲自抓。经过艰苦的努力,终于编辑出版了《孙中山选集》和《宋庆龄选集》。其余几本都编成了稿本,但因为"文化大革命"而搁置了。

二是敬业爱业,不辞劳苦,不遗余力的工作精神。为了组稿、找资料,薛德震、杨瑾和同事们经常不计日夜地埋头伏案,不避风雨地外出活动,而工作条件却很简陋,别说住房窄小,出门只能挤公共汽车,连日用文具也是相当低档的。但他们从不计较、从无怨言,最大的快乐、最高的追求只是尽己所能把工作做好。

三是工作中一丝不苟的态度。薛德震和杨瑾记忆犹深的是当年编审工作之精心细密。那时每部书稿审读后都要认真写出有严格要求的审读报告存入档案。审读意见的撰写和质量成为编辑工作的重要一环和考核依据之一。修改作者稿件,要征得作者同意。给作者写信要先拟信稿,经领导批准后才能发出。访问作者时,也要写出访问报告。给作者打电话,要有电话记录。最后还要有稿件加工整理报告。薛德震当年写的书稿审读报告,曾被《编辑应用文》一书收入,杨瑾写的审读报告曾得到中宣部的肯定。

"文化大革命"中"走资派"被打倒了,薛德震、杨瑾没有什么职务,所以被称做"黑苗子"。后来,造反派从薛德震担任责任编辑的《马克思主义在中国的传播》一书中找"把柄",说该书有意抬高陈独秀,反对毛主席。借此把他关在人民出版社的一个小房间里达半年,造反派打他,硬逼他承认反对毛主席,家也被抄。1969年,薛德震、杨瑾带着两个女儿一起去了湖北咸宁文化部"五七干校"。

三、夺回耽误的时间

1972年，杨瑾先薛德震一年回到北京，参加经周总理批准的《文物》杂志复刊工作，此后几年历任编辑部副主任、主任。薛德震于1973年回到人民出版社哲学编辑室，以后几年，与杨瑾同样历任编辑室副主任、主任。

杨瑾调到文物出版社有些偶然。1972年国家文物局负责人王冶秋到湖北咸宁"五七干校"去调人，选中了杨瑾，这样，她被调进了图博口，参加《文物》杂志的复刊工作。1973年，《文物》杂志并入文物出版社。面对新的任务，杨瑾本着一贯的热忱、一贯的开拓精神，紧张而有效地工作着。她到《文物》杂志不久，震动世界的马王堆汉墓开始发掘。编辑部派她负责这一重大发掘的宣传报道。她及时编发了《马王堆汉墓发掘简报》，并就有关马王堆的一系列专题组织了讨论会，发表了一组组研究文章，还将《马王堆汉墓专刊》以最快的速度编辑出版，深受文物考古界的好评。此外，由杨瑾处理、改写的《武威出土的汉代医药简牍》和淄博、德化等窑址考古发掘简报，以及她主编的《中国古代窑址调查、发掘报告集》等，都受到考古、陶瓷专业工作者的肯定和赞扬。

1974年以后杨瑾担任《文物》编辑部副主任、主任。由于她和编辑部同志的努力，杂志质量不断提高。她密切注视全国重大的考古发现，多次深入发掘现场，参加各种学术会议，及时组织、发表一系列重大考古资料和有较高学术水平的研究文章。《文物》还经常刊登不同学术观点的讨论，并开办新栏目，扩大覆盖面，增加信息量。杂志声誉蒸蒸日上，在海外的发行量跃居

532

全国社会科学刊物的首位。由杂志倡议和联合有关单位主办的几个重大学术讨论会,对考古工作也起到了积极的推动作用。与此同时,杨瑾还创办并主编了《文物资料丛刊》、《文物集刊》和《书法丛刊》。1979年,她当选为中国考古学会理事。

薛德震于1973年从湖北咸宁"五七干校"回到人民出版社哲学编辑室,先是当编辑,以后的五六年时间里当编辑室副主任、主任。他主要做了两方面工作:一是编辑出版了几本重要文集和一批基础性图书,包括《艾思奇文集》(2卷)、《李达文集》(4卷)、《冯定文集》,以及《马克思主义哲学纲要》、《辩证唯物主义原理》、《历史唯物主义原理》、《哲学名词解释》等重要论著和《美学概论》、《中国哲学史》、《西方哲学史》、《现代西方哲学》、《伦理学》等大学文科教材。二是抓选题开发和编辑室的内部制度建设。他在当室主任那几年,不仅克尽职守地认真复审每一部书稿,而且下大工夫编制了每年的选题规划和发稿计划,为人民出版社尽快恢复"文化大革命"停顿下来的出版业务做了细致而重要的工作。

1981年,杨瑾先薛德震一年升任文物出版社副总编,1982年,薛德震升任人民出版社副总编。这时,他俩都已是年过半百的人了,他们说过去耽误的时间太多了,因而上任之后,更加拼命工作。

杨瑾在副总编任上,侧重管《文物》月刊和考古著作的出版,她的锐气不减当年,带领大家连续开发了考古报告系列、考古研究专著系列、国外考古名著系列、考古界老专家论文集系列、文物知识丛书系列等,为文物图书系列化打下了基础。

薛德震当了副总编后,分管政治、哲学、经济、历史编辑室。发表在《科技日报》上的《为满足时代需要而出书》一文,反映了薛德震抓编辑业务工作的指导思想。他说,人民出版社作为哲学社会科学多学科的综合出版社,也应跟上时代的步伐,为促进社会科学与自然科学的结合,为满足广大四化建设者渴求新观念、新知识、新方法的需要而努力。他根据我国现代化建设总体布局的要求,提出了改进人民出版社编辑出版工作的建议,并针对从选题到书籍的思想内容都存在某种程度的老化和时代感不强的现象,提出近几年要抓一批注重社会科学与当代科学技术相结合、时代感较强的图书。正是在他的倡议和具体组织、指导下,那几年人民出版社出版了几套较有影响的大型丛书,如"三个面向(面向现代化面向世界面向未来)丛书"、"干部之友丛书"、"社会主义探索丛书"、"当代世界与社会主义丛书"、"现代思想文化译丛"等。《中国文化报》记者檀林在题为《抓中国特色 抓中青年队伍》的采访记中说:"近几年,老薛是思想理论界引人注目的人物。他所主持编辑的大型丛书'三个面向丛书',颇受读书界瞩目,在全国社科书市上,几天工夫,这套书就销售了三千多套,在出版界引起了震动。"《人民日报》海外版记者曹照琴引用读者反映,赞扬"三个面向丛书"既是展示世界的一扇窗口,又像一间现代化的思想实验室,"吸引人们追求新文化、新价值、新人生,创造人类美好的未来"。这套书的作者、编者、读者,全以青年人为主。薛德震像他年轻时遇到的引路人一样,大胆启用青年人,信任他们,给他们压担子,放手让他们干,同时又热情帮助,耐心指导,有了问题,主动承担责任。

回忆起这段经历,薛德震和杨瑾说:"我们俩都不满足于一般性地完成任务,总要求自己有点开拓进取,所以都在副总编的位置上尽心尽力,为总编当好助手。"

四、缔造新的辉煌

1988 年,薛德震从前任总编张惠卿手中接班时已经 56 岁了。这年年底,他被任命为人民出版社社长兼总编辑。1989年,杨瑾接任文物出版社第一把手时也已届花甲之年。但他们都不因岁月不饶人而稍有松懈,而是在新形势下的新一轮比肩竞赛中,又各自创造出一段新的辉煌。

薛德震走马上任后,首先是牢牢把握住出版方向。人民出版社是党和国家政治书籍出版社,要把出版马克思列宁主义和毛泽东思想的原著,党和国家领导人的论著,以及党和国家文件、文献放在最重要的位置上。对此薛德震给予最大关注。他任社长以来出版这类著作近 180 种(卷),5000 余万字。每年占用出版社三分之一以上的生产力和资金,但都保证了优质高效,没有出现严重质量问题,没有造成任何不良政治影响。这些书中有许多是上级交办的,但薛德震不因此而丝毫放松自己的职责,如出版《邓小平文选》,该社坚持 10 个校次,责编、主任、副总编通读后,作为总编的薛德震还要一个字一个字地通读一遍,以保证不出任何差错。

人民出版社社是一个大社老社,面对改革开放大潮,同样无可回避地要改革一切不适应新形势的旧章陈习。薛德震主持全社工作后,进一步狠抓了出版社内部改革和图书质量,仅制度建设方面就亲自指导了几十个内部文件的制定,以强有力的制度管理,保证出版方向,提高两个效益。

在薛德震看来,讲政治,坚持正确的方向绝不意味着指导思想的保守和出书品种的单调。这几年人民出版社在不违反出书范围的前提下,对原来的出书结构做了调整,大大拓宽了选题面,改变过去主要限于出版马列经典和领导人著作以及重要文件、政治读物的较单一的局面,组织出版了一批紧密结合我国社会主义现代化建设实际,为改革开放和精神文明建设服务的读物;出版了一批思想新、知识新、方法新、语言新、时代感强的哲学和社会科学各门类的高品位学术著作。还以人民出版社副牌——东方出版社名义出版了一批内容健康、形式活泼、可读性强、发行量大的文化普及读物。据统计,以上这几类图书占全部图书品种的比重已由过去的 50% 增加到 85% 以上。10 卷本《中国通史》、百卷本《中国全史》以及"帝王传记系列"、"中外名人传记系列"、《民国学术经典文库》、《东方书林之旅》等,陆续问世,在读者中产生了广泛的反响,人们对人民出版社不禁刮目相看。近十年来,该社获奖图书达一百多种。在第一、二届国家图书奖中,该社有三种书获奖,一种书获提名奖。1996 年首都图书交易会上,人民版图书订货码洋 1160 万元,创造了人民社历史最高水平。

杨瑾呢? 虽然她长老薛 3 年,激情、活力,依然不让须眉。她领导文物出版社在整个文物系统中率先提出深化改革的总体方案。从调整机构,改革人事制度、分配制度,转变经营机制,拓宽对外合作出书,争取进出口贸易权、优化选题、调整出书结构,探讨双效益如何结合等方面入手,带头做了大量实际工作。

千改万改,出好书的宗旨不改。杨瑾执掌的文物出版社,即使在经济十分困难的情况下,也从不为社会上各种歪风邪气所动,没出过一本质量低下或社会效益不好的书,更没出卖过一个书号。他们始终坚持出书高标准、高质量,千方百计保证精品不断,佳作纷呈。《乾隆版大藏经》获中国古籍国家级特等奖。

《中国美术全集·玉器卷》，在德国莱比锡举办的"世界最佳图书展览会"上荣获"造型优美、印刷精良"奖。在1994年新闻出版署举办的首届国家图书奖评奖中，文物出版社一举夺得七项大奖，名列全国500余家出版社之首。我国考古界最高奖"夏鼐考古学研究成果奖"1995年全国有16种，文物出版社就占了11种；与台湾合作出版的《中国考古文物之美》(10卷)获得台湾最高图书奖金鼎奖。由于这些突出的成绩，文物出版社多次受到国家文物局和各新闻单位以及海内外出版界的称赞。

特别值得提起的是，为抢救历史遗产，在杨瑾参与主持下，文物出版社将濒于失传的《乾隆版大藏经》经过整理、校订，修补近三分之一后重新印刷。该书7240卷，724函，收录佛教典籍1675部，是中国现存的最大版刻图书。1991年，国家主席杨尚昆对泰国进行访问时，将该书作为国礼赠与泰国国王，受到泰国举国尊崇，被奉为圣物，供于王宫寺庙中。

杨瑾领导文物出版社不仅求高——高质量、高品位，求精——精美设计、精美印制，而且求全——全面观照、全方位胜利，也就是注意出书的多侧面和系列化，力争创造规模效益。只要看一看已经出版和正在进行的"重大考古发掘报告系列"、"地下出土文献系列"、"中国古代建筑系列"、《中国书法真迹大观》(27卷)、《巨匠》(40册)、《中国博物馆导览》(多卷本)、《中国美术文库》(多卷本)等宏伟工程，就知道这规模是多么令人叹为观止。再想一想，1989年杨瑾担任社长时全社仅有200万元流动资金，要保证每年出书一百余种，而且不掉分、不举债，就更会知道这其中的惨淡经营是多么艰辛了。

杨瑾的外貌，从青年到老年，给人印象最深的是一对炯炯有神、秀美深邃的眼睛。靠着这双慧眼，她知人识书，毫发分明；靠着这双慧眼,她从国内看到海外,在全国出版社中最早开展对外合作,版权贸易取得累累硕果。1993年文物出版社进一步争取到自己拥有进出口图书贸易权,1994年,还专门成立了对外事业部,这些都是在我国出版界领风气之先的举措。

真诚的耕耘会有应得的收获,也会得到社会的承认。薛德震夫妇领导的出版社在中宣部和新闻出版署表彰的30家优秀出版社中都榜上有名,我想这是两家出版社全体员工的最大荣誉,也是对两位出色当家人和班子成员的最高褒奖和最有力的肯定。

五、在奉献中实现自我

作为"东方之子",面对亿万荧屏观众,薛德震说他的人生座右铭是"在奉献中实现自身价值"。一辈子为人作嫁衣,献身出版事业就是这一座右铭的最好实践。但薛德震并不认为自己的使命仅仅是编稿,多年来他一直有这样的观点:编辑,也应该是个学术工作者。他提倡在首先完成编辑工作的前提下,从事学术研究,最好在某一学科研究得深一点,写出学术论文或专著来,取得和学者、作者们对话的资格,处理书稿才不会眼高手低。在编书之余,薛德震的确也在从事学术研究。这些年来,他写了几十篇论文,并与人合著了《社会与人》。

薛德震的论著,数量不算很多,但有新意有深度。在粉碎"四人帮"后,他倡导中国的马克思主义者应当研究人性和人道主义问题,应当在中国建立马克思主义的人学,在改革开放的年代又强烈呼吁增强人的主体意识,增强现代化建设者的积极性、创造性和社会责任感。在这方面他的不少具有开拓性的观点和见解,现在已逐渐被学术界所承认。一些与实际结合更为紧密的文章,如《对联产计酬责任制的哲学思考》、《论"富"——党的富民政策断想》、《精神文明建设是一种主体性的建设》、《中国和苏联改革的比较》,在理论界、学术界都引起过一定的反响。著名学者周国平说,当他读到《社会与人》时,便有一种亲切感,因为它正属于自己盼望已久的那一类书。这部著作是我国学术界把人的问题具体化的一个可贵尝试。"书中不乏新颖见解,如作者把'动力'与'动因'加以区别,认为人的劳动创造活动是历史发展的动力,而劳动的动因则是人的需要。令人印象深刻的是该书理论上的丰满性和书中处处体现出来的现实感。"

同样,杨瑾在文学、历史、考古方面的钻研和造诣,无疑也是她在文物出版工作中取得卓越成就的一个重要条件。

我想:如果她和薛德震不是那样全身心投入编辑出版事业,而给自己多留点时间,不是能写出更多的自己的东西吗?

然而,他们的心目中从来没有这样的"如果",他们从来就没有首先想到自己,而是一切从工作需要、读者需要出发。

薛德震说:"我一辈子搞出版,把人民出版社当做自己的家,我看到出版社兴旺,看到我们的书进入千家万户,就再高兴不过,哪有什么'如果'引出的遗憾?"

杨瑾说:"我年过花甲,仍坚守岗位,每天从早到晚毫不懈怠,有许多工作是在夜晚和休假日进行的。我常自律:即使明天离开岗位,今天仍应负责到底。"她的孩子补充说:"妈妈从来没有一个完全属于自己的星期天。"

老俩口默默无闻地为他人作了一辈子嫁衣,不仅面对丰硕成果无怨无悔,在家庭生活上也美满幸福。他们一有空就争做家务。两个女儿大的叫"薛阳",小的叫"薛锦","阳锦"同"杨瑾"正好谐音,她们在勤奋上进上也得到了父母的真传。连两个可爱的小外孙在二老的直接关怀下也挺争气,学习成绩经常名列前茅。

薛德震带我看他家的书房,面对十几个书柜的书,他感叹说:"我觉得此生满足了! 现在就是时间不够用,将来从领导岗位上退下来后,这些书够我们读的了。"杨瑾更是一副帆满气盈的"进攻"姿态,送我离开时连说:"我还不服老,怎么这么快就那么大岁数啦!"

（原载《出版广角》1986 年第 4 期）

把人的问题的研究具体化的可贵尝试

——评《社会与人》

周　国　平

前几年,读报刊上讨论人的问题的文章,常有空泛之感。国外这方面的研究已经进入非常具体的水平,不但有理论性的探讨,而且组织各学科作综合性研究。可是,我们却仍然围绕马克思主义要不要研究人这一类前提性问题争论不休,或者停留在对"人"、"人性"、"人的本质"这些概念的含义作抽象的论断。这种情况当然是不能令人满意的。当时我心怀一个愿望:不要再在门口相持不下了,径直深入大厦内部吧,但愿真正意识到人的问题的重要性和迫切性的同志写出有分量的学术著作,具体阐明人的问题或其某一侧面,这样的著作本身就是一个胜于雄辩的事实,标志着整个讨论水平的真正提高。

所以,当我读到《社会与人》(山西人民出版社 1985 年版)时,便有一种亲切之感,因为它正属于我盼望已久的那一类书。这部著作是我国学术界把人的问题的研究具体化的一个可贵尝试。

作者选择人与社会的关系这样一个难度颇大的重要理论问题作为研究的主题。我说难度颇大,是因为正是在这个问题上,我国学术界理论上的混乱久未得到澄清。谈到人与社会的统一,有些论者往往把人归结为社会,进而用社会取代人,实际上否定了人与社会的统一。而有些反对这样归结和取代的论者,又有意无意地回避正面接触人与社会相统一的思想,视为不利于人的丰富性的证词,多在人的其他属性例如生物属性、心理属性上做文章。

现在我们看到,正是在归结论者失误、一些反归结论者回避的地方,出现了这部富于探索精神的著作。作者指出,"马克思关于人与社会相统一的思想,不仅在谈到人的本质时有重大意义,在谈到社会的本质时同样具有重大意义,任何人也不能偏废一面。"这可以说是贯穿全书的一个中心论点和主要的方法论原则。由于它是在对社会的人和人的社会二者统一发展过程的十分具体生动的论述中体现出来的,因而相当有说服力。

书中不乏新颖见解。例如,作者把"动力"与"动因"加以区分,认为人的劳动创造活动是历史发展的动力,而劳动的动因则是人的需要。人的需要成了历史的逻辑起点。生产力是在需要向劳动的转化中形成和发展的人们满足自身物质需要的能力。生产关系构成需要向劳动转化的中介。社会生产方式是人们满足需要的方式。存在与需要的对立是导致社会革命的根本原因。很显然,这里对历史唯物主义体系提出了一种值得注意的新理解。

令人印象深刻的是该书理论上的丰满性和书中处处体现出来的现实感。

举一个例子:在论述生产力与生产关系的矛盾时,作者分析了利益、习惯和结构化所造成的生产关系的惰性,并进而指出:"维护既得利益的人、安于习惯满足现状的人,利用、夸大甚至趁机扩大改革所必然带来的一定的紊乱、不良现象或副作用,往往会使生产关系的变动半途而废或者很难顺利地、彻底地进行并深入下去。"(第221—222页)毫无疑问，如果见物不见人地看待生产关系，就不可能作出这样有血有肉的分析。同样，如果对于社会主义改革事业不是怀着高度的责任心，也不可能有如此深切的感受。

作者指出："当今的中国，迫切地需要增强人们的主体意识和社会责任感。"这是作者的肺腑之言，也是作者写作这本书的指导思想。正因为如此，书中不少篇章（例如关于科学进步与价值追求、社会进步与人的发展的最后两章）写得感情饱满，富有感人的力量。

当然，对于哲学中人的问题的研究，中国学术界在探索中，作者也在探索中。所以，书中许多论点是探讨性的，但正因为如此，就更能给人以启发。

我盼望有更多具体探讨人的问题的专著出现。我盼望中国学术界有一天真正加入关于人的问题的世界性对话。

（原载《人民日报》海外版1986年4月23日）

对社会历史主体的探讨

——《社会与人》评介

关 实 之

　　《社会与人》(山西人民出版社出版),是一本探讨社会历史主体及其发展的哲学专著。这个问题在我国哲学界研究还不多。从这个意义上说,对"社会与人"进行专题性研究,本身就具有某种创新的性质。

　　历史唯物主义是关于各种社会现象的普遍本质和社会发展的一般规律的科学。无论在哪一个历史发展阶段上,进行创造性社会实践活动的人,总是社会历史的主体。我们可以说,所谓历史实际上也就是社会历史主体的发展史。因此,要揭示各种社会现象的本质,要认识和把握社会发展的规律,就不能不(甚至首先必须)认识社会历史主体及其发展,也就是不能没有社会历史主体的自我意识。《社会与人》的哲学意义或价值,大概首先就在于此。

　　正如马克思所说,社会生活在本质上是实践的。因此,要揭示社会生活的本质,就要对人们的社会历史的实践进行科学分析,即对社会实践的基本结构进行解剖,并在此基础上阐明它的基本要素——主体和客体之间的相互关系及其相互作用的机制。《社会与人》的作者,正是从马克思主义的科学实践观出发,把现实的人首先规定为社会历史的主体,继而展开对历史发展动因,生产力和生产关系及其统一——生产方式以及社会意识和社会进步诸方面的系统论述。该书的这种程序结构,表明作者力图把恩格斯关于哲学基本问题的原理贯彻于整个历史唯物主义的理论体系,而不是把这一原理当做空洞抽象的声明。这与通常那种把生产力当做起点,并以生产力和生产关系的矛盾作为贯串理论体系的红线的结构安排,是大有区别的。这一点也表现了作者勇于探索的精神。

该书的另一个特点是:对哲学界众所瞩目而又争论激烈的一些问题不是回避,而是对各种不同的学术观点进行比较、分析,并提出自己的看法。例如,书中对人的价值问题就是采取了这种态度。作者首先评述了仅从主观方面和仅从客观方面出发来确定人的价值的观点,分析了二者的关系,指出了它们各自的片面性,最后提出:由于人本身就是个体与群体,主体与客体的统一,所以,片面地从内在需要出发,或片面地从外在需要出发,都不能真正实现人的价值。对人的价值,应当从主观和客观、主观追求与客观效果的统一中去判断,这样判断的结果必然是:"人的价值就在于人的自由自觉的发展同造福人类社会的创造的统一。"(第323页)

作者对当前我国正在进行的经济体制改革进行了哲学分析,尤其是对党的十一届三中全会以来我国人民(特别是农民)所表现出来的主体意识和历史首创精神,倾注了满腔热情。此外,对新技术革命及其对人类命运、对个人和社会的发展的意义,该书给予颇多关注,并做了有一定理论深度的探讨。所有这些,使本书具有一种鲜明而强烈的时代感。

(原载《人民日报》1986 年 5 月 12 日)

一本探索人在社会历史上的
地位问题的新书

席 炘

关于人在历史唯物主义理论中的地位问题，在近年关于马克思《1844 年经济学哲学手稿》和人道主义问题的讨论中，成了焦点问题之一。《社会与人》一书的作者就是带着这个我们普遍关心的问题从事探索研究的。他们认为：唯物史观绝不是仅仅从生产力和生产关系开始的，它的内容也不仅仅限于生产力和生产关系，它不是空中楼阁，而是有着坚实的，来自社会历史主体身上的内在根据。人怎样与自然发生矛盾，发生主客体关系呢？是由于人的需要；而需要向劳动的转化从一开始就是在社会中，在人们的联合即生产关系中实现的。

关于历史发展的动力问题，作者认为，在马克思、恩格斯看来，阶级斗争也不是历史发展的最后根据。我们常说的生产力与生产关系的矛盾，作为历史运动规律乃是一种动力的作用形式，而不是动力本身。实际上它是以生产力为根据的。而从生产力的内在结构来看，劳动者即人是其中唯一能动的要素。所以说人的劳动创造活动是人类历史发展的根本动力，动因是人的需要。人的需要是人的权利、人的尊严之所在。共产主义是肯定和发展它的。马克思承认人的需要是人的本质的属性。这就为人的行为和人类历史的动力找到了内在根据，为历史唯物主义思想体系提供了一条最基本的线索。

关于经济改革的必要性问题,作者从历史唯物主义的高度做了这样的分析:需要与劳动的相互作用使生产力的发展具有历史必然性,这种发展导致了新的社会成分、人们新的素质、新的历史要求;而生产关系则因其利益结构的本质而具有保守性。所以,生产力决定生产关系这一规律,无论以自然的、革命的还是改革的方式出现,都是人们的利益的触动、冲突和调整。生产关系对生产力的反作用也是通过其主体即人来实现的。

随着我国商品经济的发展,人与人的关系正在发生变化,人的价值的问题较前明显地提出来了。关于要不要承认人的价值,目前还有争议。作者提出的见解是:对人的价值必须从主观和客观的对立中来考察,从两者的统一中作出判断。如果仅从客观方面出发,依据环境的需要,强调人的才能、创造和贡献是人的价值之所在,但无视人的任何自由、幸福和全面发展的需求,人的创造才能就会受到压抑,逐渐萎缩。如果仅仅从主观方面出发,依据内在需要,强调个人的自由、幸福和全面发展是人的价值之所在,但忽视人对环境的责任,个人的自由发展终将受到环境的遏制,导致幸福受到威胁。作者的较为全面的观点是合乎社会主义社会的指导思想——共产主义原则的。

作者认为,有些历史唯物主义书籍只谈生产力、生产关系而很少谈人的一个原因就在于:过分强调人之异,即阶级之异,而忽略人之同,没有考虑到意识是能够在人之同方面起到愈来愈大的作用的。

作者指出,社会意识的保守作用与源于某一阶级政治经济利益的社会阻力有所不同。这种保守作用表现为一种习惯、传统,甚至是一个民族的思维方式。它不局限于哪一个阶级,而是限制着一个民族所有的人。社会意识的进步作用,就是马克思、恩格斯所说的"在某些带有较大的概括性的问题上,意识有时似乎超过了当代的经济关系。"关于进步意识的来源,作者指出:一是社会上被压迫阶层的广大劳动者,或未取得统治政权的阶层的理论家,最能产生对自身社会存在的批判的意识;二是科学知识敏锐地体察到事物发展的趋势和要求,甚至能使人摆脱自身利益和社会地位的制约。

此外,该书提出一种从纵的剖面分析社会意识形态的方法,即分为国家意识、群众意识、阶级意识、个人意识,并谈到它们之间既有不相容关系,也有相容关系,不可把阶级意识绝对化。这是颇有独创之处的。

作者在序言中给自己提出的任务是,把人及其全部丰富属性引入人类社会及其历史的研究中,揭示人与社会的发展及其动力,以及怎样才能开发这种动力。不待说,要改变历史唯物主义理论书多年来一贯沉闷枯燥的面貌,写出一部与新时代相称的著作,筚路蓝缕,创业维艰。该书亦不免在引进的新材料、新内容中,在提法叙述上,有尚待进一步斟酌的地方。例如将领导人物、理论界人物与普通工农、群众从思想水平上划分开,又如在自我塑造问题上,把受人尊敬列为目标之一等处。另外,此书对人性问题的看法,前后似有不够一致之处,对人性问题未作专章讨论,对人的全面发展问题阐述不够。这些我希望再版时能得到适当补充。

(原载《博览群书》1986 年第 9 期)

读薛德震《人的哲学论纲》等书的复信*

薛老：

您好。最近到沂蒙山区调研，并帮助他们筹备一个革命老区跨越式发展高层论坛，未在济南。回来见到前辈赐赠《唐氏五兄弟》、《人的哲学论纲》等四本书，并见来信，非常高兴。深感前辈礼贤下士之高风，只是未能及时回信，很为抱歉，请前辈原谅。

前辈是我国出版家，哲学家，仰慕已久，一直未能得见。前不久，从路遥先生处得知前辈是同乡，顿感亲切。

前辈的《人的哲学论纲》我只是粗略地翻一翻，实该坐下来认真拜读。为前辈深邃洞明的学养，卓有建树的哲学成就、与时俱进的品格与执著探索的精神而受教育。我是把这本书与前辈的《征途——薛德震哲学书信集》结合在一起拜读的。从前辈著作中看到人的哲学奔腾不息的理论长河，源头是马克思主义哲学，尤其是历史唯物主义，这也是马克思主义理论的真正源

---

* 作者李锦，新华社山东分社前副社长，著名记者、经济学和政治学学者，山东大学教授，以调查研究闻名，志在发现思想，引领社会。主要著作有《大转折的瞬间》、《中国边疆探秘》、《资本经营理论的提出》、《马克思主义的新发现》、《盐阜家谱》、《过年：中国农村的30个春节》等十多部。

头。前辈在1979年便写出文章掀起改革开放中人学的第一个浪头,而在1983年后参加人道主义与异化问题的大争论。在扑朔迷离的理论争论中能保持严谨的科学性、生动的论辩性及正直的人格。而在党的十六大以来,前辈又参与以人为本的重大课题的研究。特别是针对马克思主义只讲"以社会为本",不讲"以人为本"这一观点,前辈连续发表文章,掀开锋芒相对的激辩之潮,而前辈的《人的哲学论纲》出版实是这极为壮丽一章,揭示了人类历史长河奔流。我是以历史这一发展竖线来学习前辈的书的。而《人的哲学论纲》从整体上涵盖了"人学"的内涵,揭示了马克思主义哲学的人学路径、主题、方法论,是一横线的展开。前辈之人学研究有源、有流、有浪、有潮,时而奔腾湍急,时而舒缓慢行,也有与逆流碰撞而激起的壮丽浪花。

晚辈鲜明地感受到前辈对马克思主义哲学人学思想的发展与创新。前辈倘得宽余,实可写改革开放30年来人学研究的发展史论,或可为《薛德震传》准备资料。从书中得知前辈身体欠佳,曾两次心衰,当然是以保重身体为前提。前辈是中国人学研究大家,是学界之栋梁,国家之财富,前辈身体健康实是学界之幸,国家之幸,是盐阜家乡人民之幸。

我粗粗拜读前辈《人的哲学论纲》,对于前辈所论述的马克思主义人本观与历史唯物主义的内在统一,很有收益。前辈《人的哲学论纲》一书,给我感触最深的是社会发展动力分析。前辈破除了"阶级斗争是社会发展的动力"的迷信,也破除了"生产力与生产关系矛盾是社会发展的根本动力"的迷信,进一步破除了"生产力是社会发展的动力"的迷信,提出"只有人的劳动创造活动,才是人类社会发展的根本动力",最后前辈以"人的需要是驱使劳动创造活动的动因",这是连破"五关"了。

人的需要与社会发展动力之间的关联,凸显了人的主体性对社会发展的基础作用。人是社会发展的本源,社会发展的主体,也是社会发展的动力,这种思想对当今中国社会转型特别具理论指导意义。晚辈以为,人的消费才是社会发展的最终动力。前不久经济学界在北京开了一个"转变发展方式与消费主导论"的高层论坛,我在会上是第一个发言的,标题是《中国应当进行一次消费与生产目的的大讨论》。我的认识是,人民是历史前进的动力,人类的消费是历史的源动力。而单纯的经济增长主义,局限于物的发展,而忽视人的发展与需要,应当终结经济增长主义,向消费主导型社会转向,据此我提出对时代划分的看法,并大胆提出消费主导型社会的概念,认为消费主导型社会是以社会成员消费需求作为社会发展的主导动力和目标的社会。消费为主导的实质是以人的发展为中心。我是在会上第一个发言,反响较大。顺将刊登我发言的2010年5月24日《中国企业报》呈上,请赐教。

晚辈以为人学研究倘在经济领域展开,将具更明显的现实意义。从社会发展状况看,以人为本的科学发展观势必推动中国更快地走向"以人民幸福为目标、实现人的全面发展"的社会,这种倾向越来越明显了。前辈的人的哲学研究实是为中国与人类社会提供了哲学武器,提供了认识问题的方法。前辈的书实可与艾思奇的《大众哲学》、冯定的《平凡的真理》相比,则是人们宣传得不够,认识得不够,我亦有相读恨晚之感。日后一定抽时间慢慢品读。

我一边写信,一边翻读前辈的书,随手翻到156页,看到马克思主义发现,人类必须吃、喝、住、穿,然后才能争取统治……构成唯物史观大厦的基础的,不是意识、观念,某些范畴和原则,而是一个简单的、很明显的事实：人的需要的内在必然性。下面一段是在《路德维希·费尔巴哈和德国古典哲学的终结》中恩格斯的一段话，接着前辈又举例马克思在《资本论》中关于自由王国以必然王国为基础的一层意思，连续朝下看几页，觉出前辈的论述是多么深刻，有多么深切的问题意识，多么沉静的理论力量。这些内容，对研究经济学、社会学、政治学的人也将提供认识武器。

我虽晚生，然而在改革开放初即投入基层一线，亦关心理论，喜欢将报上理论文章剪贴装订赏读。汝信前辈的《人道主义就是修正主义吗——对人道主义的再认识》是有印象的，从汪子嵩文章中得知这是在 1980 年 8 月 15 日《人民日报》上发表的。这是开人学研究之先河的，实为人学思想"破冰"之作，后来您又提出马克思主义的哲学即是人的哲学的观点，提出人是马克思主义哲学的"出发点"，是"目的"的观念，这确是黄钟大吕般声响。前辈为中国思想理论解放是立了大功的，也是为盐阜家乡争了光的。我与前辈是同乡，亦为此而感到骄傲。

前辈的《以人为本　构建和谐社会 40 论》，我也只是粗略的翻看一下，看后除了感受前辈运用马克思主义经典著作解答现实问题的水平外，亦得出感悟。这些文章是 2004 年后写成的，且多是紧密结合当前形势写成的，前辈在 30 多年高强度的工作之后，能继续以高强度精神劳动捧出这一理论成果。这对我是深深的教育，或者说是刺激。这些文章多是前辈在 70 岁后写成的，一年内连出 3 本。我不到 60 岁，常为自己因勤奋得到周围称赞而窃喜，与前辈的勤勉、博学、慎思、明辨，实是难以相比。

比如前辈在此书的第一篇第一论"以人为本"中第二节，从经济上说就是我们的一切生产要以满足人的需要为目的,看了使人击节叫好,党中央强调的以人为本的科学发展观并未为很多人理解。目前很多干部仍是以产值为中心,思想就是转不过弯来,如看看前辈文章,当可以清醒。不仅是这些思想观点,前辈的追随时代前进而不歇脚的精神实是晚辈楷模。孔夫子是一辈子在官场上跑,到68岁才坐下来做学问,教学生,造就真正的孔子。前辈大半生为人作嫁衣裳,在晚年不断有大作问世,实是集平生智慧之大成。晚辈当以前辈为楷模,倍加珍惜时光,终生学习思考。

我少时在兴桥家乡读书甚少,后来曾在山东大学哲学系读研究生,虽对哲学感兴趣,然在前辈面前,实如孩童。然我有两点感受可供前辈参考。一个是哲学的体系问题,一个是哲学的实践运用问题。前辈提出的"以人为本的唯物史观"是一个思想体系,这是从马克思主义经典学家那里来的,然而,马克思主义经典学家对这个问题的研究体系并不是那么庞大,相应地,马克思对这个问题的研究更多地集中在生产力与生产关系矛盾运用中,在分配关系与劳动价值方面。对于"以人为本的唯物史观"体系建立,仍然有相当大的努力空间。再一个是实践运用问题,具体体现在经济学方面,目前在这方面进步相当缓慢,中国经济学家们基本上停留在生产与经济发展本身来思考问题,基本上没有以消费为出发点来思考这个问题,使得目前改革难以深入,经济增长方式也难以转变。经济学界没有转型,整个学界也没有转型。我以为,中国应当进行一次以人为本的哲学史观教育,在经济学界则要进行一次关于生产目的的讨论。这是我向前辈提供我发言的原因。我在这次发言中,把消费主导型社会看成中国未来发展方向,希望中国要从以经济建设为中心的社会中走出来，便是从以人为本的唯物史观出发的，从这个角度，我备感前辈的"以人为本的唯物史观"的意义重大。正因为中国学界思想并未转型，前辈研究这个问题仍有重大空间。

好了，拉拉杂杂写这么多，是信手写来。我已半退，然闲不住，是刚刚从乡下回来，明天又要下乡调研。恐怕一拖下来便久了，便匆匆复信。前辈的书我只是翻看一遍，有感而发，尚望家乡前辈原谅我的肤浅与浮躁。

呈上晚辈拙著《盐阜家谱》，这实是黄沙河 70 年发展史，前辈对家乡比我更熟悉、认识更深刻。我从 18 岁便离开兴桥，然根在黄沙河，家乡一草一木了然于心，总感自己对家乡恩债难尽，终而有此书。

另呈上最近出版的《过年》、《资本经营理论的提出》一书，望前辈指正。前辈在"致方鸣"中有"写文章不搞无病呻吟、无的放矢，力求独立主见，写出新意"；在"致沈宝祥"一文中，又赞赏"尊重事实，有勇气讲真话、实话、心里话"，我极拥护。吾虽晚生，然一直以独立思考、发现思想为己任，《资本经营理论的提出》可见我对资本思想探求的努力。去京时，将专程看望，聆听前辈教诲。

由家乡工人读书会认识路遥，又得识前辈，实是荣幸。

祝健康平安！

晚辈　李锦

2010 年 6 月 11 日　济南

一位资深出版家三十年的精神苦旅

——从《征途——薛德震哲学书信集》说起

林可济*

薛德震先生近作《征途——薛德震哲学书信集》(以下简称
《哲学书信集》)于 2010 年 4 月由人民出版社出版。这本书是
他在 20 世纪 80 年代以来参加关于异化与人道主义问题探讨、
争论有关史实的如实记载,也是他近三十年的漫长岁月中精神
苦旅的生动写照。

一

薛德震先生 1947 年 5 月加入中国共产党并参加革命工作,
从那时起,他就与图书出版事业结下不解之缘。直到 1999 年从
人民出版社社长兼总编辑的岗位上离休,历时半个多世纪。他
在职在岗时,尽心尽职地"为他人作嫁衣裳",而自己出书是在
离休以后的事情。他出的书,并不只是为了回忆难忘的往事,而
是为了坚持与发展马克思主义哲学和推进建设中国特色社会主

---

    * 林可济(1933—　),男,汉族,福建福州人。福建师范大学公共管理学
院哲学教授。

义的事业,从而具有极强的针对性与极大的现实意义。

中国社会科学出版社于 2004 年 8 月出版了他的《人的哲学论说》(以下简称《论说》)。从那时起,围绕着"人的哲学"这个主题,又有以下著作相继问世:

《人的哲学论纲》(以下简称《论纲》),人民出版社 2005 年 12 月出版;

《以人为本 构建和谐社会 20 论》(以下简称《20 论》),人民出版社 2006 年 9 月出版;

《以人为本 构建和谐社会 40 论》(以下简称《40 论》),人民出版社 2009 年 2 月出版。

(这里,还不包括他与人合著,由山西人民出版社于 1986 年 8 月出版的《社会与人》和他与杨瑾合作主编的由河北教育出版社于 2006 年 5 月出版的 10 卷本著作《中国园林之旅》)

在上述著作中,《论说》一书是他在 20 世纪 80 年代初以来的 26 年中。参加异化与人道主义问题争论的学术论文集,而《论纲》则是一本富有新意的自成体系的学术专著。《40 论》是在《20 论》基础上的扩展与补充而成,也可以说是《20 论》的增订版。薛先生自己把它们称之为关于人的哲学的"新论"(或"论辩")。这样,从《论说》到《论纲》再到"新论"(或"论辩"),理论上的探讨越来越深入,对当前的诸多现实问题的联系,也越来越紧密了。至于为什么还要出版《哲学书信集》,那是因为薛先生认为,这本以"亲历的人和事"、由"同朋友们的通信和有关文档记录"汇集而成的书,更"能够给人以真情实感","可以留下珍贵的记忆和精神财富"。事情正是如此。

二

稍微上了年纪的人都还记得,我国思想理论界在20世纪80年代发生了一场关于异化与人道主义的争论。那时虽然经过了关于"真理标准"问题的讨论,但是关于人道主义问题还是一个不能碰的"禁区"。正如薛先生所说,那是一个"谈人色变"的奇特的年代。

由于经历了十年动乱,人们痛恨那种湮灭人道,迫害人命,践踏人格的"兽道"行径。痛定思痛,终于开始了对人道主义问题的反思。《人民日报》等权威报纸,编发了一批包括薛德震先生在内的学者所写的关于人道主义的反思文章。此后,在1983年3月8日举行的纪念马克思逝世100周年学术讨论会上,周扬作了《关于马克思主义的几个理论问题》的报告,他的报告,主要谈了关于人道主义和异化的问题,这是他在经历了长期被监禁的痛苦生活后,对自己过去的"左"的错误的深刻反思。但事情的发展很快发生了人们料想不到的变化,周扬的报告受到了批判;因全文发表了这个报告,《人民日报》社长胡绩伟先生被迫辞职。正是在这种情况下,包括薛德震先生在内的一些有识之士,仍然继续执笔为文,提出了不同的看法。1984年1月,《人民日报》发表了《关于人道主义与异化问题》的长文。在此文发表之前,中宣部曾召开了有二三十位学者参加的讨论会,薛先生参加了这个会议并在会上讲了三点意见:他不同意胡乔木文章中只能在伦理道德意义上说社会主义人道主义的观点;也不同意会上有人关于要为"异化"概念举行葬礼的主张;他还认为,对于学术上、理论上不同意见之间的争鸣,"千万不能上政治纲,扣政治帽子"①。薛先生的三点意见及他后来陆续写成的关于异化和人道主义的一系列理论文章,后来都收集或融化到上述几本关于人的哲学的《论说》、《论纲》和"新论"(或"论辩")之中。现在,我们可以从《哲学书信集》一书中,看到薛先生许多学术观点问世所经历的清晰足迹。

薛先生认为,人道主义不是资产阶级的专利。"马克思主义有自己的人道主义"。马克思主义讲人的彻底解放和全面发展,本身就包含着人道主义。马克思主义不仅把"人"当做自己理论的出发点,而且还是它的整个学说的必然归宿。诚然,马克思主义的人道主义在本质上不同于资产阶级的人道主义,但不能因此而讳言它、否认它,更不能去阉割它、篡改它。马克思主义本身是世界观、历史观、伦理观、认识论、方法论的统一体,把历史观与伦理观割裂开来,硬说如果在历史观中讲人道主义就属于唯心主义的这种说法,是对马克思主义完整学说的肢解和曲解,是完全错误的。

薛先生还认为,"异化"概念也不是资产阶级哲学家的专用范畴,马克思也使用它,而且并不限于在早期著作中。在马、恩的文章中几十次、上百次地使用过这个概念。马克思还曾经对这个概念作过明确的界说。在前面提到的那次小型讨论会上,薛先生告诉与会者,马克思的话可以在《马克思恩格斯全集》第49卷第49页中找到。因为有人不信,当场有人就把书找来,在

---

① 薛德震:《征途——薛德震哲学书信集》,人民出版社2010年版,第151页。

该卷、该页上,果然写着这段话。这个戏剧性的细节已由薛先生录入书中。①

由于在现实的物质生产和社会生活中,确实存在着"把主体颠倒为客体以及反过来的情形",因此,"异化"现象就具有一定的普遍性。不仅在资本主义社会有,社会主义社会也存在。从这个意义上,薛先生认为,"异化"概念是"一个非常好的、充满辩证思维的哲学概念和范畴",是非常用得着的,千万"不能为它举行什么葬礼"。②

在 20 世纪 80 年代当时那种政治氛围中,薛先生之所以冒着相当的风险讲出了他认为该说的话,除了他具有深厚的马克思主义理论素养之外,更重要的是他还有常人所不具备的理论勇气以及对马克思主义的"真精神"执著追求的决心与毅力。

进入新世纪后,新一届党中央提出了关于"以人为本"的科学发展观和建设和谐社会的战略构想。薛先生非常赞赏"以人为本"的理念,认为,这是我党我国与时俱进的一个重要标志,是对我党优良传统的继承,是对我党历史错误的反思,也是我党顺应时代进步的突破。二十多年前关于人道主义的争论,理应达到是非分明了。但是,思想观念的转变并非一朝一夕之事。虽然原来对"异化"和人道主义持有异议的人,不好公开出来反对了;但却提出了诸如:不能"以人为本"而要"以物为本","以社会为本",认为"以人为本"就会变成以"个人"为本,从而导致个人主义泛滥,甚至于"天下大乱"等说法。这充分反映了此种看法的提

---

① 参见薛德震:《征途——薛德震哲学书信集》,人民出版社 2010 年版,第 151 页。

② 薛德震:《征途——薛德震哲学书信集》,人民出版社 2010 年版,第 151 页。

559

出和持有者的内心,存在着对"以人为本"理念的疑虑。针对这些看法,薛先生又继续撰文加以剖析,并结合实践,在广度和深度两个方面把他的原有的理论思考进一步推向前进。

例如,在《当代思潮》2004 年第 6 期发表的《"以人为本"的理论价值与实践意义》一文中,阐明了以人为本的科学发展观同社会主义社会的动力系统深度开发的辩证关系。为了反驳那种把马克思的"劳动异化论"说成是唯心主义的错误观点,薛先生还在《理论前沿》2005 年第 5 期发表了《劳动异化论是唯心史观吗》的文章。①

薛先生的文章,并不局限于哲学的层面,而且从多个视角展开论证。例如,在《马克思论劳动过程中人与物的关系》一文中,就是从经济学的视角,驳斥了对"以人为本"的质疑,从而使"以人为本"的丰富含义得到了充分的揭示。② 此外,薛先生还从政治学、社会学、心理学、环境科学等多个视角,对"以人为本"的理念做了颇具新意的论证。这只要举出一些文章的篇目就足以说明了:《对两个和谐发展的哲学思考》、《构建和谐社会的哲学思考》③、《评价社会发展和进步的两种尺度》④、《党的执

---

① 参见薛德震:《征途——薛德震哲学书信集》,人民出版社 2010 年版,第 32 页。

② 参见薛德震:《征途——薛德震哲学书信集》,人民出版社 2010 年版,第 34 页。

③ 《对两个和谐发展的哲学思考》,载《文汇报》2004 年 11 月 22 日。后来薛先生又写《构建和谐社会的哲学思考》,增加了"关于人与自身的和谐发展",载《今日中国论坛》2005 年第 7 期。参见薛德震:《征途——薛德震哲学书信集》,人民出版社 2010 年版,第 20 页。

④ 参见薛德震:《征途——薛德震哲学书信集》,人民出版社 2010 年版,第 25 页。

政地位与思维方式的变革》①、《共产主义世界观与普世价值观》②、《干部对平民百姓应有敬畏之心》③，等等。在《论纲》的"跋"中，薛先生还对社会主义的物质文明、制度文明和精神文明三者的关系，做了深入的论述。

薛先生在《哲学书信集》中多次告诉读者，收入《40 论》中最后的三篇文章，对于读者了解他在关于人道主义问题探讨、争论中的心路历程尤为重要。

三

我与薛德震先生认识于 20 世纪 80 年代的一次全国性的哲学问题研讨会上，后来没有更多的接触，但他撰写的关于异化与人道主义的论文，只要是看到的，就陆续地拜读了。他的学术论文的最大特点是引导读者直接面对马克思主义经典作家的论述，开门见山，观点明确，逻辑清晰，语言流畅，而且理论与实践紧密联系，有强烈的时代感和现实感。在文字的表达上，深入浅出，可读性强，深得马克思主义的"真精神"。即使是指名道姓的论辩文章，也是采取说理的方式，心平气和，充满自信，从容不迫，以理服人。我赞成他的观点，也欣赏他的文风以及他在论辩中所体现出来的平等

---

① 参见薛德震：《征途——薛德震哲学书信集》，人民出版社 2010 年版，第 28 页。

② 参见薛德震：《征途——薛德震哲学书信集》，人民出版社 2010 年版，第 90 页。

③ 参见薛德震：《征途——薛德震哲学书信集》，人民出版社 2010 年版，第 95 页。

姿态和坦荡胸怀。

2008 年 11 月 18 日,人民出版社召开了张世英先生《归途——我的哲学生涯》一书的出版社座谈会。刚好我写的《张世英哲学思想研究》一书,也由人民出版社于当年 8 月出版,因而得以应邀与会。会上,薛先生作了题为《推进建立当代中国哲学》精彩发言①,并以他所著的《论纲》一书赠我。读后,我对他的理论观点又有了进一步的了解。由于我长期以来从事自然辩证法(科学哲学)方面的教学与研究,对异化与人道主义问题所知不多,也没有写过这一方面的文章。2010 年 4 月,薛先生又以他的新著《哲学书信集》等书赠我。拜读之后,感慨良多。于是,趁不久前我赴北京之便,曾与薛先生相聚一叙。交谈中,薛先生的话题并不限于异化与人道主义,而是扩展到关于哲学的品格、哲学的社会功能等诸多方面。《哲学书信集》中有几篇文章就涉及到这些问题,例如,在《马克思主义哲学的应然形象和品格》中,薛先生认为,"哲学是奔腾不息流向智慧之海的一条长河",还指出,哲学除了有抽象的思维之外,还应该有文学的形象思维,有散文诗的意境,等等。② 他还说,他写《论"物我一体"哲学》一文的目的是"想对原来流行甚广的原哲学解释体系发起冲击,力求能有所突破"。③ 我很赞赏他的看法。作为一名长期从事哲学教学与研究的工作者,这也是我感兴趣并经常

---

① 参见薛德震:《征途——薛德震哲学书信集》,人民出版社 2010 年版,第 96—102 页。

② 参见薛德震:《征途——薛德震哲学书信集》,人民出版社 2010 年版,第 137 页。

③ 参见薛德震:《征途——薛德震哲学书信集》,人民出版社 2010 年版,第 55、96—102 页。

思考的问题。

薛先生认为,哲学是追寻真、善、美的,这与马克思主义所讲的未来理想社会中人的全面发展的目标是完全一致的。"人"作为马克思主义哲学的出发点与归宿,应当成为哲学的学习与研究的核心课题。讲哲学,不能离开了人,不能离开人对真、善、美的追寻。从这个意义上说,关于"人的哲学"的研究,应该是每一个哲学工作者不可推卸的责任。抱着这个态度,我返回福州后又仔细阅读了《哲学书信集》,感到薛先生不仅在异化与人道主义问题上掌握了马克思主义的"真精神",而且对马克思主义哲学应该具备什么样的作用也有深刻的领悟。纵览《哲学书信集》,从许多学者对薛先生所著书写的书评中,可以看到,学术界对薛先生的著作有很高的评价,特别要提到的是高放先生①和周凡先生②所写的书评,因为它们分别代表了老一辈理论家和年轻学者在对薛先生理论成果的评价上所达到的共识。

薛先生在他的书中,多次提到他对张世英先生的哲学思想的认同。张先生是我国当代著名哲学家和哲学史家,他关于"万物一体"的新哲学观的提出和对黑格尔哲学的精湛研究,在国内和国际的学术界都产生广泛的影响,并享有盛誉。在他所著的《归途》一书中,回顾了他在改革开放以来的三十多年精神旅途中如何回归自我的思想历程。这点张先生自己在一些文章

---

① 参见高放:《独立研究人学的最新成果》,载薛德震:《征途——薛德震哲学书信集》,人民出版社2010年版,第264—271页。
② 参见周凡:《以马克思主义方法研究人的问题》,载薛德震:《征途——薛德震哲学书信集》,人民出版社2010年版,第297—308页。

中做了说明①,也已为众多哲学界同仁所熟悉。而薛德震先生以《征途》为标题的《哲学书信集》,正如张小平、柏裕江两位先生给他的回信中所说的,是他"漫长的三十年精神苦旅"艰难跋涉的"征途"的真实写照。② 张世英先生的《归途》与薛德震先生的《征途》,从字面上乍看起来似乎相反,但从精神境界和人生追求上说,实则相反而相成,可以说是"殊途同归"! 因为这两本书的作者都是对社会的进步充满着使命感与责任感,对人类未来充满爱心的哲人。作为有睿智、有胆识、有激情并有着高远人生境的现代饱学之士,毫无疑义,他们是当之无愧的著名哲学家;但更重要的,他们又都是以天下为己任、体现着社会良知的爱智者。立志成为大写的"人",这是他们共同的人生追求。

我认为,薛先生的《哲学书信集》以及其他相关著作,它们带给读者的不仅是马克思主义关于人道主义问题的有关知识,而且还给人们以精神和人生境界方面的启迪与感染。20 多年前发生的那场关于人道主义问题的讨论虽然已经成为历史,但留给人们值得反思的问题太多了! 为什么在党的十一届三中全

---

① 例如,张世英先生在《"羁鸟恋旧林,池鱼思故渊"——我的追求》一文中说:"我从黑格尔转向尼采、海德格尔、道家和陶渊明,使我恍惚想到了自己的家。'羁鸟恋旧林,池鱼思故渊'。陶渊明不愿'以心为形役'而赋《归去来辞》;海德格尔因不甘'沉沦'而思回归'本真'。古今中外,诗人与哲学家,颇有异曲同工之妙。我在外飘游的时间已经太久了,也思恋自己的家,但家究竟在哪里? 我仍茫然。也许我只能在思家的路上不断追寻,而永远找不到家。"(载董驹翔等编:《哲人忆往》,中国青年出版社1999年版,第140页)

② 参见张小平、柏裕江的回信(2009 年 7 月 6 日),载薛德震:《征途——薛德震哲学书信集》,人民出版社2010年版,第141页。

会和关于真理标准问题的讨论之后，还会出现如此奇特的"谈人色变"的现象？为什么身居高位的权威人士或从事马克思主义理论研究的著名教授，竟然对马克思主义的理论采取了令人无法理解的态度？在今后的日子里，人们应当从哪些方面努力，以避免上述的情形再次发生在神州大地上？……对于这些问题的答案，细心的读者不难在薛先生书中的字里行间捕捉到，也可以在阅读该书掩卷后从自己的沉思中领悟到。

（原载《福建论坛》2011 年第 3 期》）

后　记

　　增订本即将付梓,借此机会就本该编入本书而未编入的几篇文章说几句话。为了避免重复,有3篇文章未收入本书,这就是:《〈关于人道主义和异化问题〉一文商榷——致程中原同志的一封公开信》,《晚年周扬理论上的一个重要贡献——兼论理论应当接受实践、人民和历史的检验》,《再论马克思主义的人道主义和异化问题——与卢之超同志商榷》。对研究新中国出版史,对研究改革开放三十多年来的思想历程,这三篇文章还是有用处的。另外还有一篇《以人为本构建和谐哲学系列丛书选题策划书》,对了解我的编辑出版生涯也有一点用处,本来也可以编入本书,但因这4篇文章已编入《以人为本　构建和谐社会40论》和《人的哲学论纲》增订本,这里只作存目处理,有兴趣者可以到上述两本书中查阅。

2011 年 8 月 18 日

责任编辑:夏　青
装帧设计:肖　辉

图书在版编目(CIP)数据

为他人作嫁衣裳——薛德震编辑出版文集(增订本)/薛德震著.
　-北京:人民出版社,2011.9
ISBN 978 - 7 - 01 - 010151 - 4

Ⅰ. 为…　Ⅱ. 薛…　Ⅲ.①编辑工作-文集②出版工作-文集
　Ⅳ. G232 - 53

中国版本图书馆 CIP 数据核字(2004)第 121031 号

为他人作嫁衣裳

WEI TAREN ZUO JIA YISHANG
　　——薛德震编辑出版文集(增订本)

薛　德　震　著

人民出版社 出版发行
(100706　北京朝阳门内大街 166 号)

北京中科印刷有限公司印刷　新华书店经销
2011 年 9 月第 1 版　2011 年 9 月北京第 1 次印刷
开本:880 毫米×1230 毫米 1/32　印张:18.25
字数:410 千字　印数:0,001-2,000 册

ISBN 978 - 7 - 01 - 010151 - 4　定价:42.00 元

邮购地址 100706　北京朝阳门内大街 166 号
人民东方图书销售中心　电话 (010)65250042　65289539